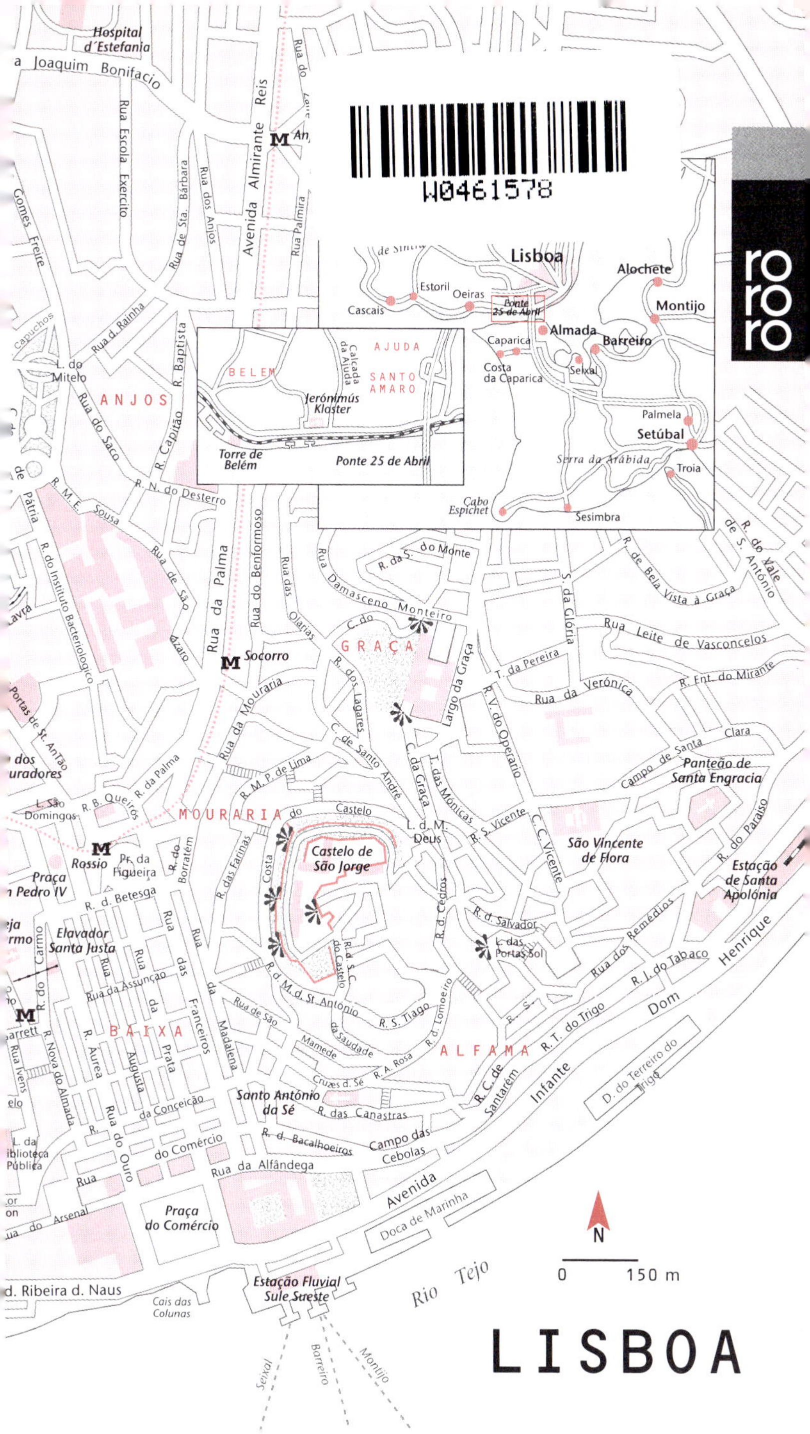
LISBOA
Hospital d´Estefania
Rua Joaquim Bonifacio
Rua Escola Exercito
Rua de Sta. Bárbara
Rua dos Anjos
Avenida Almirante Reis
Rua Palmira
Gomes Freire
Capuchos
Rua d. Rainha
R. Baptista
L. do Mitelo
ANJOS
Rua do Saco
R. Capitão
R. N. do Desterro
R. M. E. Sousa
Rua de São Lázaro
R. do Instituto Bacteriologico
Rua da Palma
Rua do Benformoso
Socorro
Portas de St. Antão
Rua da Mouraria
R. da Palma
R. B. Queirós
L. São Domingos
MOURARIA
Rossio
Pr. da Figueira
R. do Borratém
Praça D. Pedro IV
R. d. Betesga
Elavador Santa Justa
R. do Carmo
Rua da Assunção
BAIXA
R. Nova do Almada
Rua Ivens
R. Áurea
Rua Augusta
Rua da Prata
Rua dos Franceiros
Rua da Madalena
Rua do Ouro
Rua da Conceição
Rua do Comércio
Rua da Alfândega
Rua do Arsenal
Praça do Comércio
L. da Biblioteca Pública
d. Ribeira d. Naus
Cais das Colunas
Estação Fluvial Sule Sueste
Seixal
Barreiro
Montijo
Rio Tejo
Doca de Marinha
Avenida Infante Dom Henrique
D. do Terreiro do Trigo
Campo das Cebolas
R. d. Bacalhoeiros
R. das Canastras
Santo Antônio da Sé
Cruzes d. Sé
R. A. Rosa
Rua de São Mamede
da Saudade
R. d. M. d. St Antônio
R. S. Tiago
R. d. Lomoeiro
ALFAMA
R. C. de Santarém
R. T. do Trigo
R. J. do Tabaco
Rua dos Remédios
L. das Portas Sol
R. d. Salvador
R. d. Cedros
R. d. S. C. do Castelo
Castelo de São Jorge
Costa do Castelo
R. das Farinhas
R. M. P. de Lima
L. d. M. Deus
C. de Santo André
R. dos Lagares
C. da Graça
T. das Mónicas
R. S. Vicente
C. C. Vicente
São Vincente de Flora
Largo da Graça
GRAÇA
C. do Monteiro
Rua Damasceno Monteiro
R. da S. do Monte
Rua das Olarias
T. da Pereira
R. V. do Operário
Rua da Verónica
S. da Glória
R. de Bela Vista à Graça
Rua Leite de Vasconcelos
R. Ent. do Mirante
Campo de Santa Clara
Panteão de Santa Engracia
R. do Paraiso
Estação de Santa Apolónia
R. do Vale de S. António
N
0 150 m
BELEM
AJUDA
Calcada da Ajuda
SANTO AMARO
Jerónimús Kloster
Torre de Belém
Ponte 25 de Abril
Lisboa
de Sintra
Cascais
Estoril
Oeiras
Ponte 25 de Abril
Almada
Caparica
Costa da Caparica
Seixal
Barreiro
Alochete
Montijo
Palmela
Setúbal
Serra da Arábida
Troia
Cabo Espichet
Sesimbra

ANDERS REISEN HERAUSGEGEBEN VON TILL BARTELS

ROWOHLT TASCHENBUCH VERLAG

ANDERS REISEN

PORTUGAL

VON KIRSTEN WULF

MIT FOTOS VON
BERNHARD SCHURIAN

INHALT

REISEN IN GESCHICHTE UND GEGENWART

KUL-TOUREN

WEGE DURCH PORTUGAL

INFOTEIL

11.–18. Tausend September 1999
Neuausgabe
Veröffentlicht im Rowohlt
Taschenbuch Verlag GmbH,
Reinbek bei Hamburg, April 1995

Satz Stone PostScript,
QuarkXPress 3.32 (Dolev 800)
Umschlaggestaltung Beate Becker/
Walter Hellmann
(Foto: Visum, Gerhard Krewitt)
(Foto Umschlagrückseite: Tony Stone
IMAGES, Richard Elliott)
Layout und Grafik Alexander Urban
Karten Elsner & Schichor, Karlsruhe
Druck und Bindung
Clausen & Bosse, Leck
Printed in Germany
ISBN 3 499 60411 6

BEMVINDO A PORTUGAL

Der berühmte *Electrico*, die nostalgische Straßenbahn auf dem Umschlag, rumpelt noch immer über die Hügel von Lissabon. Das ist die eine Nachricht. Die andere: Moderne Straßenbahnen summen komfortabel durch die Hauptstadt und verdrängten viele der liebenswerten Vehikel.

Welches ist die gute, welches die schlechte Nachricht? Die eine Straßenbahn zuckelt so gemächlich durch die Hauptstadt, als ob sie beharrlich eine andere Zeit gegen das neue Tempo verteidigen wollte. Eine Art gewaltloser Widerstand gegen die europäische Dynamik, mit der sich vor allem Lissabon und Porto entwickeln. Doch zwischen den Großstädten und dem ländlichen Portugal liegen noch immer Welten – und das ist nur einer von vielen Kontrasten auf einer Reise aus dem grünen Norden in den sonnenverbrannten Süden. Man mag dem verschlafenen Portugal nachtrauern, im Alltagsgebrauch ist die neue Straßenbahn einfach bequemer. Portugal hat sich Europa geöffnet, aber erinnert sich seiner Geschichte.

Das einstige «Armenhaus Europas» eröffnete 1998 in Lissabon eine Weltausstellung mit aufregend moderner Architektur. Das Motto: «Die Ozeane – ein Erbe für die Zukunft». Im 15. Jahrhundert hatte das kleine Land dem Rest von Europa vorgemacht, wie man Seewege nach Afrika, Asien und Amerika findet. Viel mehr als Seefahrergeschichten wußte man eben auch lange Zeit nicht über den schmalen Streifen Land am Rand der Iberischen Halbinsel zu berichten.

1998 erhielt – längst überfällig – der portugiesische Schriftsteller José Saramago den Nobelpreis für Literatur. «Ich versuche Portugal sichtbar zu machen, das vor allem», sagt Saramago. Darin ist er sich mit vielen jungen Künstlern, vor allem Schriftstellern und Musikern, einig. Trotz – oder gerade wegen – Europa: Portugiesische Eigen-Art wird inzwischen kultiviert. Ob traditionelle Handwerkskünste, regionale Spezialitäten, die in Nobelrestaurants verfeinert werden, portugiesische Weine, die zu stillen europäischen Stars heranreiften, oder historische Gemäuer, die restauriert werden. Und was es heute noch mit der vielbeschworenen *saudade*, der speziellen portugiesischen Sehnsucht, auf sich hat, mag jeder für sich entdecken. *Paciência* – Geduld ist immer noch eines der Schlüsselwörter in Portugal: Man lasse sich Zeit, um durch dieses Land zu trödeln.

Das Ende einer Reise ist nur der Beginn einer neuen – nach mehr als vier Jahren erscheint nun die komplett überarbeitete Neuausgabe von *Anders reisen: Portugal*. Die Essays über Geschichte und Kultur wurden aktualisiert, ebenso die Reportagen durch die Regionen von Norden nach Süden, durch Porto und Lissabon. Das Buch eignet sich nicht, um Sehenswürdigkeiten abzuhaken. Vielmehr will es begleiten und helfen, eben jenes Eigen-Artige zu entdecken.

Kirsten Wulf

REISEN IN GESCHICHTE UND GEGENWART

GESCHICHTE AM RANDE EUROPAS

EIN BLICK ZURÜCK

Portugal ist ein kleines Land, aber – und dies sei im gleichen Atemzug hinzugefügt – mit großer Geschichte. Eine gute halbe Stunde genügt, um die Historie zu besichtigen: ein Spaziergang im Portugal dos Pequenitos, im «Portugal für Knirpse», einem Kinderpark in Coimbra. Hier schrumpfen sämtliche monumentalen Kirchen, Klöster und Paläste zu einer Miniaturstadt zusammen, daneben ducken sich Bauernhäuschen und Fischerhütten mit einigen echten Hühnern und Ziegen. Ein verträumtes Land wie im Märchenbuch, geschaffen für unbekümmerte Kinderaugen. Am Eingang flößt eine mächtige, steinerne Weltkarte ehrfürchtigen Respekt ein. Sämtliche Entdekkungsreisen portugiesischer Seefahrer sind darauf eingezeichnet: viele lange Linien von oben nach unten, sternförmig von einem kleinen Fleck in der Mitte ausgehend.

Portugal blickte in seiner Vergangenheit selten nach hinten, zurück zum Kontinent Europa. «Die Anziehungskraft des Atlantiks, dieses großen Meeres, bewohnt von Stürmen und Geheimnissen, war die Seele der Nation, und mit ihr schrieb man die Geschichte von Portugal», so der Ethnologe Jorge Dias in seinem Vortrag *Os Elementos Fundamentais da Cultura Portuguesa*. Dabei ist die ruhmreiche Epoche Portugals relativ kurz gewesen. Rund 150 Jahre waren es, aber bis heute wird dieses Kapitel im Lande besonders kultiviert.

Orgulhosamente sós, ein stolzes einsames Volk, so sah Salazar Portugal, das während seiner Diktatur fast für ein halbes Jahrhundert abgeschieden vom restlichen Kontinent und von jeglichem Fortschritt dahindämmerte und auf mancher Landkarte sogar Spanien zugeschlagen wurde. Portugal ist zwar der älteste Nationalstaat Europas, doch es liegt am Rand des Kontinents.

Viele Völker

Die Urbewohner waren kampflustige Lusitanier, Bergstämme, die nördlich des Tejo siedelten. Möglicherweise stammen die Lusitanier von den Kelten ab, die ab 600

Spaziergang durch die Geschichte:
Pflastersteine zeichnen
die Entdeckungsreisen nach

v. Chr. von Norden auf die Iberische Halbinsel gekommen waren. Einige keltiberische Siedlungsreste, *citânias*, sind heute noch zu besichtigen, wie die Citânia de Briteiros nahe Braga. Zudem gehen wahrscheinlich einige religiöse Riten der Portugiesen auf heidnische Kulte der Kelten zurück.

Die Römer drängen ab 200 v. Chr. auf die Iberische Halbinsel, zunächst aus strategischen Gründen, um den Krieg gegen Karthago zu gewinnen, doch als sie sich nach ihrem Sieg dauerhaft in dem fruchtbaren Land niederlassen, ist es das lusitanische Volk, das sich unter Führung des legendären Viriatus heftig wehrt und den neuen Machthabern mit ihrer Guerillataktik gehörigen Respekt einjagt. Immerhin nennen die Römer das Land zwischen den Flüssen Guadiana und Douro später Lusitania.

Die Besiedlung durch die Römer gleicht einer Revolution, die bis heute nachwirkt. Sie entwikkeln Landwirtschaft und Handel, Weizen und Wein werden fortan nicht nur für den Eigenverbrauch hergestellt, sondern auch für den Export. Die Bewohner sind gezwungen, die Felder für die neuen Herren zu bestellen und Steuern zu zahlen. Im Süden, dem heutigen Alentejo, der «Kornkammer», bauen Sklaven auf Latifundien vorwiegend Getreide an. Städte werden gegründet und durch Straßen und Brücken miteinander verbunden – ein Verkehrsnetz, das sich teilweise erhalten hat: Wo früher eine Römerstraße die Orte Olisipo, Scallabis und Aeminium mit Cale verband, verläuft heute in etwa die Autobahn von Lissabon über Santarém nach Coimbra bis Porto.

Ab dem 2. Jahrhundert n. Chr. setzt auch die Christianisierung der Iberischen Halbinsel ein, zudem entwickelt sich aus dem Latein später die portugiesische Sprache.

Um 409 n. Chr. erreichen die germanischen Völkerwanderungen die Iberische Halbinsel. Die Sueben verdrängen die Römer und gründen ein Königreich mit der bereits von den Römern angelegten Hauptstadt Bracara. Der Ursprung der kulturellen Unterschiede zwischen Nord- und Südportugal liegt schon in dieser Zeit, denn für die Sueben soll es einfach gewesen sein, die Römer aus dem späteren Nordportugal zu vertreiben, während sie ihre Macht im Süden noch halten können. Die Sueben führen im Norden die Erbteilung der Felder ein, und noch heute ist die kleinbäuerliche Landwirtschaft einer der vielen Unterschiede zum Süden mit seinen Großgrundbesitzern. Das Land zwischen Douro und Minho entwickelt sich eigenständig: Es gehört nicht zu der römischen Provinz Lusitania, und als nach den Sueben die Westgoten auf der gesamten Iberischen Halbinsel die römische Herrschaft beenden, bleibt diese Ecke zunächst ausgespart.

Im Jahre 711 n. Chr. überquert ein maurisches Heer die Meerenge von Gibraltar und nimmt im Handstreich die Iberische Halbinsel ein. Die Städte ergeben sich kampflos, und damit ist das arabische Weltreich nach nur einem Jahrhundert islamischer Eroberungen komplett: vom Indischen Ozean dehnt es sich bis zur iberischen Atlantikküste aus.

Einige Christen konvertieren, andere, die *moçárabes*, nehmen die Gewohnheiten und den Lebensstil der Mauren an, bleiben aber weiterhin ihrem Glauben treu. Christen haben den Mauren

Jahrhunderte auf engstem Raum: Die Säulen des römischen Tempels im Schatten der Kathedrale von Évora

zwar eine Steuer zu zahlen, können aber ihren Glauben weiterhin praktizieren.

Die traditionelle portugiesische Geschichtsschreibung behandelt die maurische Epoche, verglichen mit der römischen, stiefmütterlich. Die Archäologen finden in Lissabon, im Alentejo und Algarve römische Thermalbäder, Theater, Paläste und Friedhöfe unter der Erde, dagegen ist an maurischen Monumenten so gut wie nichts erhalten. Trotzdem ist die arabische Kultur vor allem im Süden, den sie immerhin fünfhundert Jahre prägte, alles andere als unbedeutend.

Im portugiesischen Wortschatz existieren zwischen drei- und sechshundert Vokabeln aus dem Arabischen. Sie bezeichnen Nutzpflanzen, die die Mauren einführten, wie *algodão*, Baumwolle, *alfarroba*, Johannisbrot, oder *arroz*, Reis. Die Begriffe erzählen vom klugen Umgang mit Wasser: *chafariz*, Brunnen, oder *azenha*, Wassermühle, oder stammen aus dem Bereich des Handels und der Wissenschaft, wie *álgebra* oder *zénite*. Wenn neue Wörter auf eine veränderte Realität deuten, dann war die islamische Kultur der christlichen schlicht überlegen. Aber nicht eine Ausgabe des Korans oder Aufzeichnungen arabischer Wissenschaftler und Poeten, sondern nur vereinzelte Steine, deren Inschriften von der islamischen Präsenz zeugen, erinnern noch an die arabische Kultur: Die Geschichtsschreiber saßen fast alle in den christlichen Klöstern.

Eine Nation wird geboren

Von der maurischen Epoche ist im Portugal dos Pequenitos natürlich nichts zu besichtigen, abgesehen von einem winzigen, weißgetünchten Haus aus dem Algarve, das auch in Nordafrika stehen könnte. Die sichtbare Geschichte der Monumente beginnt erst im Verlauf der *reconquista*, der sogenannten christlichen Rückeroberung, die von dem Königreich León im Norden Spaniens ausgeht.

Fraglich ist allerdings, was zurückerobert wurde, wobei die Betonung auf zurück liegt: Bevor die Mauren die Iberische Halbinsel besetzten, existierten weder portugiesische noch sonstwelche Grenzen, innerhalb deren irgend etwas hätte zurückerobert werden können.

«Die Vorstellung der gewaltsamen Rückeroberung von Land, das geraubt und deshalb verloren gewesen war, entstand in einigen christlichen Chroniken, die so versuchten, den Prozeß der Aneignung durch Eroberung zu legitimieren und eine Verbindung herzustellen zwischen dem Königreich von Léon und dem alten westgotischen Königreich», so der Historiker José Manuel Garcia in *História de Portugal – Uma Visão Global*.

Als Bestandteil des Königreiches von Kastilien und León entsteht die Grafschaft Portucale mit der Hauptstadt Guimarães, die Keimzelle der portugiesischen Nation. König Alfons VI. von León sucht für seine Eroberungspolitik gegen die Mauren Unterstützung aus Europa, und 1085 kommt Heinrich von Burgund. Er heiratet Alfons' uneheliche Tochter Teresa und erhält 1096 den Titel «Graf von Portucale». Der Sohn dieses Paares, Dom Afonso I. Henriques, gilt als der Vater von Portugal.

1112 stirbt Heinrich von Burgund, und Dona Teresa regiert fortan die Grafschaft Portucale. 1128 kracht es zwischen Mutter und Sohn: Nach der Schlacht von

São Mamede, nahe Guimarães, übernimmt Dom Afonso I. Henriques die Macht in der Grafschaft Portucale, und damit beginnt die Herrschaft der ersten Dynastie, des Hauses von Burgund.

Dom Afonso I. Henriques wird in die Geschichte als «der Eroberer» eingehen. Braga und Porto waren bereits 868 «zurückerobert» worden, Coimbra im Zentrum 1064. Vom Norden nach Süden drängt er in den nächsten Jahren mit der schlagkräftigen Hilfe von Kreuzrittern aus Europa die Macht der Mauren zurück.

Auf der portugiesischen Nationalflagge prangen noch heute sieben güldene Burgen, die die von Afonso I. Henriques besiegten maurischen Festungen von Leiria, Lissabon, Sintra, Santarém, Palmela, Montemor-o-Novo und Evora darstellen. Aber erst 1249, fast fünfzig Jahre nach dem Tod Afonso I. Henriques, wird die Reconquista mit der Eroberung von Faro im Algarve abgeschlossen. Der Süden Portugals ist nach den langanhaltenden Kämpfen, Eroberungen und Rückeroberungen komplett verwüstet, Afonso III. darf sich mit dem Titel «König von Portugal und Algarve» schmücken, und die Grenzen des Staates Portugal sind – bis heute nahezu unverändert – markiert; Lissabon wird 1260 zur Hauptstadt erklärt.

Als Dank erhalten die an den Schlachten beteiligten Ritterorden Ländereien südlich des Tejo. Zur Verteidigung der Grenzen errichten sie mächtige Burgen, die sich vom Norden nach Süden wie eine Befestigungskette parallel zur spanischen Grenze ziehen.

Wo die Macht der Mauren gebrochen ist, werden die Moscheen zerstört und Kirchen und Kathedralen errichtet. In keiner anderen Epoche entstehen derartig viele Sakralbauten in einer so kurzen Zeit wie im 12. und 13. Jahrhundert – mitfinanziert vom «Vater der Nation». In seinem Testament stiftet er sein Vermögen fast ausschließlich den Klöstern, christlichen Orden und für den Bau der wuchtigen romanischen Kathedralen im Norden.

Drei unterschiedliche Glaubensrichtungen und Kulturen befruchten sich bis zum 12. Jahrhundert gegenseitig: Christentum, Islam und Judentum. Natürlich dominiert die Kirche sowohl die höheren Schichten als auch die Landbevölkerung, denn sie hatte sich bereits in der Zeit der Sueben und Westgoten ausgebreitet. Die arabische Kultur lebt zum einen mit der moçarabischen Bevölkerung weiter, den Christen, die sich in ihren Gewohnheiten den Arabern angepaßt haben und die nach der Reconquista teilweise einflußreiche Ämter übernehmen. Zum anderen mit dem *mudéjar*-Einfluß, den Mauren, die sich dem Christentum unterordnen. Sie siedeln sich in den Städten – wie auch die Juden – meist in Gettos an, den *mourarias* und *judiarias*. Das Zentrum der arabischen Kultur liegt zwar in Sevilla, aber einige bedeutende Persönlichkeiten dieser Epoche kommen auch aus Portugal: Mediziner, Poeten und Philosophen, Historiker und Astronomen. Gelehrte, die auch das europäische Denken beeinflussen, entstammen diesem arabischen und jüdischen Kulturkreis.

Seit der Römerzeit leben Juden auf der Iberischen Halbinsel und stellen seitdem eine kulturelle Elite dar. Doch die Synagogen und Talmudschulen sind eine Konkurrenz für die christlichen Orden. Die ersten portugiesischen

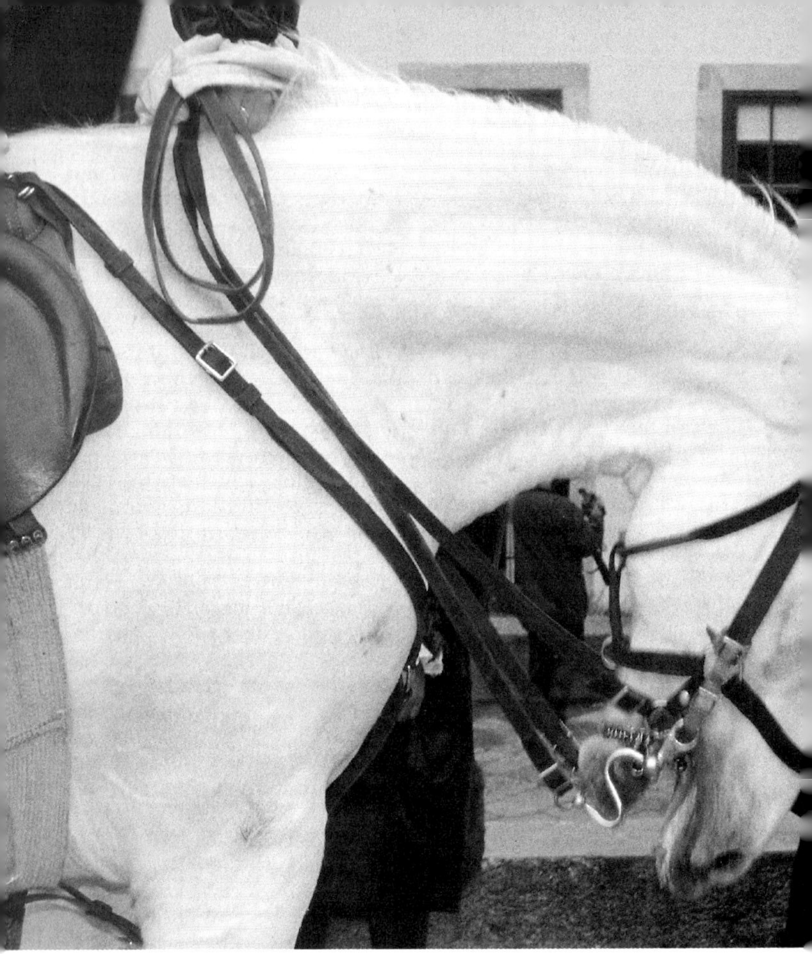

Könige nutzten noch jüdisches Wissen und beschäftigten die Andersgläubigen in der Administration des neuen Staates. Berufe, die eine höhere Ausbildung erfordern, wurden fast ausschließlich von Juden ausgeübt. Mit dem Abschluß der christlichen Rückeroberung setzt auch ein «kultureller Genozid» ein, wie der Historiker José Hermano Saraiva schreibt, der sich Ende des 15. Jahrhunderts fortsetzt, als Mauren und Juden zwangsgetauft werden. Durch die Inquisition flüchten 1492 etwa 100000 Juden aus Spanien nach Portugal. Vier Jahre später folgt der portugiesische König Manuel I. dem Beispiel der spanischen Krone und verordnet die Ausweisung aller Juden. Allerdings: diejenigen, die sich taufen ließen, könnten bleiben.

Die jüdischen Stadtviertel werden ausgelöscht, Synagogen in Kirchen umgewandelt. Die Juden führen fortan ein Doppelleben: Nach außen hin christlich, im Verborgenen jedoch praktizieren sie weiterhin ihre Religion.

Umzug in mittelalterlichen Kostümen zu Ehren der casa da misericordia

Doch auch das Lippenbekenntnis schützt sie oft nicht vor Folterungen und Tod. Allzugern bereichern sich Krone und Klerus an den Vermögen der Hingerichteten.

Immer Ärger mit dem Nachbarn

Unter dem «Bauernkönig» Dom Dinis (1279–1325), immerhin der erste von sechs portugiesischen Königen, der lesen und schreiben kann, entwickelt sich die junge Nation: Land- und Forstwirtschaft gedeihen, viele Städte erhalten Marktrecht, die Universität und die Handelsbörse werden gegründet.

Bereits 1308 unterschreiben England und Portugal den ersten Handelsvertrag, der Beginn einer langen «Freundschaft» nach dem Beziehungsmuster: militärischer Beistand gegen Handelserleichterungen, wodurch Portugal zeitweise zur Halbkolonie degradiert wird.

Die Grenzen zwischen Portugal und Kastilien werden 1297 im Vertrag von Alcanizes endgültig fixiert, was allerdings nicht viel zu bedeuten hat. Drei Kriege mit dem Nachbarn finden im folgenden Jahrhundert auf portugiesischem Boden statt.

Die Engländer unterstützen die Portugiesen, und nach dem Ende des dritten Krieges versucht König Dom Fernando den Konflikt per Heirat zu lösen. Auch diese Form von Politik wird ihre Nachahmer in zukünftigen Königshäusern finden; besonders beliebt die Konstellationen Portugal–England und Portugal–Spanien. 1383 verheiratet Dom Fernando seine einzige Tochter Beatrix mit Dom João I., dem König von Kastilien. Kurz darauf stirbt er, und der Schwiegersohn erhebt Anspruch auf den Thron.

Die Rechnung «Heirat gegen Frieden» hatte der König ohne das aufstrebende Bürgertum in den Städten gemacht. In dem folgenden Krieg von 1383 bis 1385 wehrt sich die neue Klasse gegen den spanischen Thronnachfolger und setzt sich für nationale Souveränität ein, während sich der Feudaladel auf die Seite Kastiliens schlägt. Vor allem in Lissabon, das 1384 eine Belagerung durchhält, bis die Pest nicht nur Tausende Stadtbewohner, sondern auch feindliche Soldaten hinwegrafft, und im Alentejo wächst der Widerstand gegen die Privilegien des Feudaladels. Bürgertum, Handwerker und Bauern unterstützen den Großmeister des Ritterordens von Avis, der die militärische Führung gegen Kastilien übernimmt.

In der entscheidenden Schlacht von Aljubarrota 1385 siegt Portugal mit britischer Unterstützung und behauptet seine Souveränität. Das Kapitel des Hauses Burgund wird endgültig geschlossen, und die zweite portugiesische Dynastie beginnt: Dom João I., der Großmeister des Avis-Ordens, besteigt den Königsthron, heiratet die Engländerin Filipa de Lencastre und löst sein Versprechen ein: Zur Erinnerung läßt er das Kloster von Batalha – *batalha* heißt Schlacht – errichten, das wuchtigste Bauwerk der Gotik in Portugal.

Auf dem Weg zur Weltmacht

«Lebt man auf einer Insel oder in einem kleinen Land am Meer, erlaubt das Meer alle Träume», philosophiert der portugiesische Journalist Miguel Esteves Cardoso. «Es ist leicht, so zu tun, als gehörte einem das Meer ganz allein. Das Meer ist ewig. Es hat kein Ende.» Abgesehen von allen Träumen und Sehnsüchten, wird das Zeitalter der Entdeckungen und Eroberungen – «das populärste Phantasma portugiesischer Historienmalerei», wie Wolfram Weimer in seinen *Reflexionen zur Geschichte Portugals* meint – keine hundertfünfzig Jahre später wieder enden.

1394 erblickt der Sohn von Dom João I. und seiner britischen Gattin das Licht der Welt: Prinz Heinrich, der Infante Henrique, der mit dem Beinamen *O Navegador* zum portugiesischen Helden erster Klasse werden wird.

Heinrich der Seefahrer begleitet nur die erste Reise, als 1415 die nordafrikanische Stadt Ceuta erobert wird. Und das ist auch schon seine letzte große Fahrt, aber von Bord aus erblickt er den südwestlichen Zipfel Europas, das Cabo São Vicente im Algarve. Auf dem kargen Landzipfel gründet er später die Stadt Sagres und angeblich auch eine Seefahrerschule. Kartographen und Geographen, Astrologen und Navigatoren soll er um sich versammelt haben, um heimlich und interdisziplinär zu forschen. Eine interessante Vorstellung, nur leider verwiesen gegenwärtige Historiker diese Schule am Rand Europas ins Reich der Legende.

«Willst du Kap Bojador bezwingen, mußt du den Schmerz erst niederringen», schrieb Fernando Pessoa in der *Mensagem.* Dieses Kap an der westafrikanischen Küste gilt zu Zeiten des Infanten als das Ende der Welt und der Beginn des «Dunkelmeeres». Fünfzehn Expeditionen schickt der Infante ins Ungewisse, Stück für Stück segeln sie weiter gen Süden, systematisch an der afrikanischen Küste entlang, und kehren allesamt kleinmütig vor dem berüchtigten Kap um. Erst Gil Eanes bezwingt 1434 die Angst und das wüste Meer am Kap Bojador – eine Initialzündung für den weiteren Verlauf der Entdeckungen, denn das Ziel heißt Indien.

Die Portugiesen werden zu den Pionieren der Neuzeit: Innerhalb eines Jahrhunderts kreuzen sie auf sämtlichen Ozeanen. Sie beweisen dem restlichen Europa, daß man sich an den Sternen orientieren kann und daß die Erde rund ist. Ebenso wie das Zeitalter der Entdeckungen unterschiedlich beurteilt wird, gibt die Persönlichkeit des Infanten ein Rätsel auf: War Henrique einzig vom Kreuzzugsgedanken beseelt, den Islam zu besiegen, war er vom Forschergeist oder von wirtschaftlichen Interessen getrieben? Wahrscheinlich eine Mischung aus allen drei Motiven. Er stirbt 1460 – was fünfhundert Jahre später Anlaß für den Diktator Salazar sein wird, die Nation im Gedenken an die historischen Leistungen hochleben zu lassen.

1420 wird Henrique Vorsteher der Christusritter, dem Nachfolgeorden der Templer, die schon zu Zeiten der Reconquista das Schwert gegen die Mauren geschwungen hatten. Das Kreuz der Christusritter und die Sphärenkugel sind die Symbole der Eroberungen, die die vier Himmelsrichtungen, die Welt und das Universum darstellen. Auf der anderen Seite setzt der strenggläubige Henrique klare Prioritäten: Die Mauren halten 1437 nach der portugiesischen Niederlage von Tanger seinen Bruder Fernando als Geisel fest, um Ceuta freizupressen. Der Infante entscheidet sich für Ceuta; sein Bruder stirbt in maurischer Gefangenschaft.

Eher ein Entdecker als ein Eroberer soll Heinrich der Seefahrer gewesen sein, behaupten die einen. Dafür spricht, daß er kaum Land besiedelte, sondern systematisch Stützpunkte an der Küste anlegte, die den Seeweg für nachfolgende Schiffe sicherten. Nach dem Abenteuer Kap Bojador beginnen sich die Reisen auszuzahlen: Gold, Elfenbein und Sklaven bringen die Karavellen, ein neu entwickelter, besonders schneller Schiffstyp, nach Portugal. Infante Henrique erhält das Monopol auf den Afrikahandel und ist mit fünf Prozent an allen Gewinnen beteiligt.

Die Entdeckungsfahrten setzen nach seinem Tod erst richtig ein, und die Voraussetzungen für Portugal als Weltmacht sind optimal: Das notwendige Wissen für die Seefahrer hatte der Infante hinterlassen, die nationalen Grenzen sind gesichert, die Landwirtschaft kann sogar mit Gewinn exportieren, zudem existiert ein selbstbewußtes Handelsbürgertum, das sich seine Position mit dem Sieg in Aljubarrota erkämpft hatte.

1487 umsegelt Bartolomeu Dias das von ihm benannte «Kap der Guten Hoffnung», 1495 erbt Manuel I., der Glückliche, den Königsthron, und Vasco da Gama erreicht im Mai 1498 Indien. Der Seefahrer wird zwar nicht besonders freundlich empfangen, denn die Araber, die ja hinlänglich Bekanntschaft mit den Portugiesen gemacht haben, lassen sich nicht das Handelsmonopol für Gewürze aus der Hand nehmen. Aber schon bald wird Lissabon mit Gewürzkisten, Sklaven und Gold aus Afrika und Indien Anfang des 16. Jahrhunderts zur reichsten Metropole Europas.

Auch der mächtige Nachbar hatte nicht geschlafen: 1492 entdeckt Kolumbus die «Neue Welt» unter spanischer Flagge. Zwei Jahre später teilen Portugal und Spanien untereinander die Welt auf: Der Vertrag von Tordesilhas zieht eine Linie entlang des 49. Längengrades, mitten durch Brasilien hindurch. Mit dem Segen des Papstes werden die Gebiete östlich davon Portugal zugesprochen, westlich davon haben die Spanier freie Hand. Der Portugiese Pedro Alvares Cabral erreicht Brasilien im Jahr 1500.

Im 16. Jahrhundert besitzt Portugal Handelsniederlassungen in Südamerika, Afrika, Indien, China, Japan und auf den Molukken. Allerdings verpraßt der Königshof den neuen Reichtum, die Seemacht vernachlässigt die Binnenwirtschaft, Bauern werden zu Seefahrern oder siedeln sich in den neuen Kolonien an, schließlich muß Portugal Lebensmittel importieren.

Den Handel mit den Kostbarkeiten kontrollieren ausländische Kaufleute, Portugal bleibt nur Lieferant, die Preise und Gewinne werden in Mitteleuropa gemacht. Um die Flotte, Lebensmittel und das aufwendige Leben am Hof zu finanzieren, stürzt sich das Königreich in Auslandsschulden, die Preise für die Güter aus Übersee verfallen. «Ökonomisch und politisch machten die Entdeckungen das Mutterland weder reich noch mächtig, sondern arm und schmächtig», reimt Wolfram Weimer die Fakten des «goldenen Zeitalters» zusammen.

Aber da ist noch die Geschichte von Sebastião, eine von diesen portugiesischen Episoden, die ein Mitteleuropäer kaum verstehen kann. Als 1557 der König Dom João III. stirbt, ist Prinz Sebastião erst drei Jahre alt und besteigt mit 14 Jahren den Thron. Ein jugendlicher König, der unter dem sinkenden Stern der Seemacht zur letzten Hoffnung verklärt wird. Er gelobt, keine Frau anzurühren, bevor er nicht den Islam besiegt hat. Und hinterläßt tragischerweise keinen Thronnachfolger. 1578 versammelt er ein Heer von 18 000 Mann, setzt nach Marokko über und wird vernichtend geschlagen. Keine hundert Mann kehren zurück, auch der König nicht. Angeblich sah ihn niemand sterben, und seine Leiche wurde niemals gefunden. Dom Sebastião wird für sein Kamikaze-Unternehmen vom Volk nicht verteufelt, sondern zum Messias erhoben, dessen Seele eines Tages wiederkehren wird.

Mit der Schlacht von Alcácer Quibir ist das Weltreich verspielt, und die Gunst der Krise weiß Spanien zu nutzen. Der spanische König Felipe II. übernimmt den portugiesischen Thron, und Portugal ist in den nächsten sechzig Jahren spanischer Herrschaft nicht mehr als ein Anhängsel. In dieser Zeit erobern England und Holland die portugiesischen Besitzungen in Indien, dringen nach Südostasien vor und werden die neuen Mächte auf dem Pazifischen Ozean.

Vasco da Gama findet 1498
den Seeweg nach Indien

Was bleibt? Algen, Muscheln und Korallen, phantastische Tiere und exotische Pflanzen, verschlungene Wurzeln und Zweige, Rahsegel, verdrehte Schiffstampen und dicke Ketten, ineinander verwunden und verknotet. Es ist die Stein gewordene Erinnerung der zurückgekehrten Seefahrer, die wunderliche Geschöpfe in Marrakesch und Äthiopien, China und Brasilien gesehen hatten. Portugiesische Bildhauer entwickelten daraus einen einzigartigen Stil, der in Kirchen und Palästen rankt und wuchert, sich nachträglich um Fenster- und Türrahmen windet – eine üppige, verschwenderische Hommage an die Ferne.

Dieser wunderliche Stil, die «Manuelinik», wird später nach König Manuel I., dem Glücklichen, benannt. Typisches Beispiel für diesen Stil ist das Jerónimuskloster an der Mündung des Tejo in Lissabon. König Manuel I. ließ an dem Platz der Kapelle, in der Vasco da Gama vor seiner Abreise nach Indien gebetet hatte, das monumentale Kloster von Belém errichten. «Im manuelinischen Stil entdeckt man die Träume, die aus der Eroberung der Meere entstanden», schreibt Miguel Esteves Cardoso. «Es waren Träume so groß wie die ganze Welt. Heute sind die Anker, die Knoten und die Algen aus Stein das, was vom Traum übrigblieb: verlorene Symbole eines alten Wunsches.»

Spanisches Intermezzo mit Folgen

Der Praça dos Restauradores in Lissabon erinnert noch heute an die portugiesischen Unabhängigkeitskämpfer, die sich in den Restaurationskriegen gegen die spanischen Machthaber auflehnten. Ab 1637 kommt es zu patriotischen Aufständen im Alentejo und Algarve, und 1640 erklärt eine geheime Versammlung den Herzog von Bragança zum portugiesischen König Dom João IV. Damit beginnt nach den Königsgeschlechtern von Burgund und Avis die dritte Dynastie in Portugal, und zum dritten Mal mit einem Krieg gegen den mächtigen Nachbarn.

Doch die Unabhängigkeit Portugals ist noch längst nicht «restauriert». Der Krieg tobt 28 Jahre lang, danach ist das Land verwüstet und wirtschaftlich ausgeblutet. Alfonso VI., Sohn und Thronfolger von Dom João IV., erneuert die Allianz mit England, dafür wird seine Schwester mit Charles III. von England verheiratet und erhält eine üppige Mitgift: zwei Millionen Cruzados und die Stadt Tanger. Falls das nicht gereicht hätte, wäre auch die Insel Madeira noch im Angebot gewesen.

Erst 1665 gewinnt Portugal den Krieg gegen Spanien. «Wie jeder andere alte oder moderne Portugiese wurde ich zu der festen Überzeugung erzogen, daß mein natürlicher Feind Spanien war», schreibt der Schriftsteller José Saramago 1988 in einem Artikel für die Zeitschrift *Jornal de Letras, Artes e Ideias*. «Der Tatsache, daß die Franzosen unser Land besetzten und uns ausplünderten oder die Engländer, unsere Verbündeten, uns ausbeuteten, demütigten und beherrschten, maßen wir dagegen keine übermäßige Bedeutung bei. Das alles waren nichts weiter als die Kapriolen der Geschichte, die wir hinzunehmen hatten im Sinne eines pragmatischen Relativismus, eben diesem, der uns lehrt, die Dinge gegeneinander abzuwägen, das heißt Geduld zu haben.»

Auf die Spanier sind die Portugiesen heute noch nicht gut zu sprechen. Erst mit dem Beitritt zur Europäischen Union werden beispielsweise die Verkehrsverbindungen verbessert. Jahrhundertelang existierte nur eine einzige Fähre über den Grenzfluß Guadiana, bis 1992 zur Expo in Sevilla die sogenannte «internationale Brücke» eröffnet wurde. Und Spanisch ist zwar eine Sprache, die die Portugiesen verstehen, aber wozu sollte sie in den Schulen gelehrt werden? Doch wehe dem, der meint, Portugiesisch wäre wie Spanisch. Die Geschichte hinterließ ihre Spuren selbst in der Generation von José Saramago: «Absolut, wirklich absolut ist von unserer Warte als Portugiesen nur der Groll gegen den Kastilier, es ist ein sogenanntes Vaterlandsgefühl, in dem wir im Laufe der Jahrhunderte unermüdlich waren, und das uns, wer weiß, geholfen haben wird, über die Abgrenzung und den Widerspruch unsere eigene nationale Identität zu finden, zu stärken und abzusichern.»

Der letzte Goldrausch

Mit Gold und Diamanten aus der portugiesischen Kolonie Brasilien erlebt Portugal Anfang des 18. Jahrhunderts noch einmal eine kurze Episode des Reichtums. Von den Erlösen stehen der Krone ein Fünftel zu, außerdem floriert der Handel mit Tabak, Zucker und afrikanischen Sklaven, die auf den brasilianischen Plantagen arbeiten. Mit den Einnahmen schmückt König Dom João V. seine absolutistische Macht prächtig aus. Auf sein Konto geht der Klosterbau von Mafra, ein monumentales Prunkstück, für das Tausende von Arbeitern aus dem gesamten Land zwangsrekrutiert werden.

Der neue «Wohlstand», von dem das Volk allerdings nicht viel hat, währt bis etwa 1750. Wirtschaftlich wiederholt sich das Debakel aus der Zeit der Entdeckungen: Adel und Königshof schwelgen in barockem Prunk, leben «von der Hand in den Mund» und zahlen die Schuldzinsen mit dem Gold aus der Kolonie Brasilien. Lissabon ist wieder nur Zwischenstation für die kostbaren Waren, und einmal mehr profitieren vor allem die englischen Verbündeten von der Weiterverarbeitung.

Als Dom José I. 1750 den Thron übernimmt, ist der Goldrausch vorbei. Mit Sebastião José de Carvalho e Melo, besser bekannt unter seinem späteren Adelstitel Marquês de Pombal, stellt der neue König einen Sekretär ein, der die desolate Wirtschaft in Schwung bringt und das verkrustete Staatssystem mit durchgreifenden Reformen modernisiert.

Seine politische Karriere beginnt 1755, als ein schweres Erdbeben Lissabon und Städte im Algarve zerstört. Der Sekretär erweist sich als entschlossener Krisenmanager, der innerhalb von zwanzig Jahren die Hauptstadt wieder aufbaut. Wo vor dem Erdbeben im mittelalterlichen Gassengewühl Pest und Cholera wüteten, nutzt er die Gunst der Stunde, um auf den Trümmern ein modernes Handelszentrum errichten zu lassen.

Marquês de Pombal verbietet die Sklaverei in den Kolonien und die Unterscheidung von Alt- und Neuchristen, er führt das weltliche Schulsystem ein und erweitert die Universität in Coimbra um die Fakultäten Mathematik und Philosophie. Im gleichen Atemzug verweist er 1759 den Orden der Jesuiten des Landes, die die Universität in Évora leiteten.

Während er die Macht von Adel und Klerus einschränkt und im

Kampf gegen Korruption auch vor Verhaftungen in hochadeligen Kreisen nicht zurückschreckt, stärkt er mit seinen wirtschaftlichen Maßnahmen dem Handelsbürgertum den Rücken. Gleichermaßen Despot und Aufklärer, war Pombal zumindest ein Mann der Tat, der seine Ideen nicht gerade zimperlich durchsetzte.

Ab 1777 dreht sich das Rad der Geschichte noch einmal zurück. Mit dem Tod des Königs endet die Karriere des Marquês de Pombal. Die Thronfolgerin Maria I., «die Fromme», entläßt den Reformminister und öffnet die Gefängnisse, in denen Mitglieder von Klerus und Adel geschmachtet hatten. Während der Ruf nach Freiheit, Gleichheit, Brüderlichkeit durch die meisten europäischen Staaten hallt, gibt es aus Portugal Ende des 18. Jahrhunderts nichts Neues zu vermelden: eine omnipotente Kirche – im Schnitt ist jeder dritte Tag ein kirchlicher Feiertag –, der Adel lebt über seine Verhältnisse und das Volk im Elend – von einem kämpferischen Bürgertum keine Spur.

Monarchistische Wechselbäder

Die Auswirkungen der Französischen Revolution kommen spät, aber heftig. Napoleon fordert Portugal auf, sich wie bereits Spanien an der Kontinentalsperre zu beteiligen und die Häfen für britische Schiffe zu schließen. Portugal sitzt zwischen den Stühlen: Soll man Position gegen den alten Bündnispartner England beziehen oder gegen Frankreich – und damit gleichzeitig gegen den spanischen Erbfeind? Portugal bleibt den Briten treu und hat die Folgen in einem weiteren Krieg gegen Spanien auszubaden.

1807 besetzen napoleonische Truppen Portugal. Dom João VI. flieht kurzerhand mitsamt Hofstaat auf englischen Fregatten nach Brasilien und richtet sich in Rio de Janeiro ein. Mangels König übernimmt der britische General Beresford die Kriegführung. Englische und portugiesische Truppen stehen unter seinem Kommando und vertreiben bis 1811 dreimal die plündernden Franzosen aus dem Land.

Dom João VI. bleibt in Rio de Janeiro, und Beresford übernimmt in Portugal auch die politische Macht. Innerhalb der portugiesischen Truppen regt sich allerdings Widerstand gegen die britische Präsenz, bis 1820 die liberale Revolution in Porto gelingt: Das Militär jagt General Beresford aus dem Land.

Eine provisorische Regierung wird eingesetzt, die nach 300 Jahren die Inquisition abschafft und Wahlen für eine verfassunggebende Versammlung vorbereitet, mit der eine konstitutionelle Monarchie Wirklichkeit werden soll. Dom João VI. wird aufgefordert, nach Portugal zurückzukehren. Nach dem Motto: «Retten, was zu retten ist», verläßt er aus Angst um seinen Thron Rio de Janeiro und stimmt der radikal-liberalen Verfassung zu.

Sein ältester Sohn Pedro bleibt in Brasilien, mit dem Auftrag, sich an die Spitze der Befreiungsbewegung zu setzen. Auch in der fernen Kolonie sind mittlerweile liberale Ideen auf fruchtbaren Boden gefallen. Noch bevor im «Mutterland» 1822 die neue Verfassung in Kraft tritt, erlangt Brasilien unspektakulär seine Unabhängigkeit – mit Pedro als Kaiser.

Damit ist die größte und reichste Kolonie verloren. Von dem einstigen Weltreich ist nicht mehr viel geblieben: Angola, Moçambique, Guinea-Bissau, São Tomé und Príncipe sowie einige kleine Territorien in Asien, wie Goa, Timor und die Insel Macau, die erst 1999 an China zurückgegeben wurde.

Doch der Adel läßt sich das Heft nicht so leicht aus der Hand nehmen. In den bürgerkriegsähnlichen Auseinandersetzungen zwischen Liberalen und Absolutisten verlaufen die Fronten quer durch Adel und Großbürgertum und spalten auch die Königsfamilie. Dom Joãos zweiter Sohn Miguel, Anführer der absolutistischen Bewegung, erkämpft sich mit einem Staatsstreich gegen den Vater 1823 militärische Vollmachten und setzt die Verfassung außer Kraft. Eine zweite Revolte, mit der er selbst König werden will, schlägt fehl, und Miguel muß vorübergehend das Land verlassen.

1826 stirbt Dom João VI. Thronnachfolger wäre Pedro, der zunächst aber Kaiser bleiben will. Statt dessen erläßt er eine gemäßigt liberale Verfassung in Portugal. Bruder Miguel schwört im Exil zwar auf diese Verfassung, doch als er sich zum portugiesischen König ausrufen läßt, setzt er sie kurzerhand außer Kraft. In den folgenden Jahren verhaften und ermorden *Miguelisten* Tausende Liberale, die Auseinandersetzungen eskalieren zu einem Bürgerkrieg.

Pedro I. von Brasilien fühlt sich 1831 endlich zum Handeln genötigt: Er übergibt den Thron seinem fünfjährigen Sohn und kehrt 1834 mit liberalen Truppen nach Portugal zurück. Mit englischer Unterstützung besiegt er seinen Bruder und regiert fortan selbst mit der gemäßigt liberalen Verfassung.

Im gleichen Jahr noch werden sämtliche religiösen Orden aufgelöst, ihre Latifundien enteignet und versteigert, um die marode Staatskasse zu sanieren. Damit ändert sich allerdings nichts für die Bauern und Tagelöhner im Süden. Der Großgrundbesitz wird nicht aufgeteilt, nur die Besitzer wechseln. Käufer sind meist reiche Bürger. Sie bilden eine neue Klasse des Feudaladels: Mit ein wenig Schmeichelei am Hof wird aus manchem Bürger ein Graf oder Baron. Zwei Klassen, die sich in anderen europäischen Ländern bekämpfen, verschmelzen in Portugal miteinander.

In der zweiten Hälfte des 19. Jahrhunderts beginnt die Industrialisierung, die ersten Eisenbahnlinien werden mit ausländischem Kapital gebaut. Die politischen und sozialen Veränderungen berühren hauptsächlich die Städte. Neben einer kleinen, reichen Bürgerschicht wachsen die Elendsviertel. Erste Arbeitervereine entstehen, und in den siebziger Jahren werden die sozialistische und die republikanische Partei gegründet.

Viele Bauern und Landarbeiter dagegen hoffen auf ein besseres Leben in Brasilien. Für die meisten Emigranten ein Trugschluß. Wer die Überfahrt bezahlen kann, erreicht das Land mittellos und stirbt meist genauso arm. «Portugals Friedhof», so nennt der Volksmund Brasilien. Die Ersparnisse, die die Emigranten an ihre Familien nach Portugal schicken, stopfen schon in dieser Zeit manches chronische Handelsdefizit.

Liberale Turbulenzen

Erst seit der brasilianischen Unabhängigkeit werden die afrikanischen Kolonien systematisch erschlossen. 1886 entwirft Portugal das Projekt *mapa cor-de-rosa*, die «rosa Landkarte»: Das Land zwischen Moçambique und Angola soll besetzt werden, um eine zusammenhängende Kolonie zwischen der afrikanischen West- und Ostküste zu schaffen. Doch dieser Plan paßt den Engländern nicht in ihr Kolonialkonzept «vom Kap nach Kairo», und sie stellen Portugal am 1. 11. 1890 das berühmte Ultimatum: Die portugiesischen Truppen hätten sich schleunigst aus dem Inneren Afrikas zu verziehen, der Befehl sei bis zum Nachmittag zu erteilen. Ein Kriegsschiff vor der spanischen Stadt Vigo wartet auf die Antwort. Unter dem Druck dieser eindeutigen Warnung gibt die portugiesische Regierung nach.

Das Einlenken sorgt innenpolitisch für Zündstoff. Die Öffentlichkeit reagiert mit spontanen Protestkundgebungen. Die republikanische Partei, die die Entscheidung heftig kritisiert hatte, gewinnt immer mehr Anhänger. Einen letzten Rettungsversuch unternimmt König Dom Carlos I., als er 1907 mit einem diktatorischen Regime die Monarchie sichern will. Ein Jahr später werden er und sein Sohn mitten auf der Straße in Lissabon von Anarchisten ermordet.

Dem Nachfolger Manuel II. bleiben noch zwei turbulente Jahre als König. Die republikanische Partei hat mittlerweile in allen sozialen Schichten Unterstützung gefunden und gewinnt die Wahlen; innerhalb des Militärs wird der Umsturz vorbereitet. Erst als einer der republikanischen Anführer – von einem Geisteskranken, wie sich erst später herausstellt – erschossen wird, läuft das Faß über. Rebellen des Heeres greifen den königlichen Palast an, die Königsfamilie flieht am frühen Morgen des 5. Oktober 1910 nach England. Die Erste Republik wird ausgerufen.

Die Regierung übernimmt im ersten Jahr der Philosoph und Poet Teófilo Braga. Erste Maßnahmen sind die Trennung von Kirche und Staat, die Ordensgemeinschaften werden endgültig geschlossen, Bildungseinrichtungen dem Einfluß der Kirche entzogen und die theologische Fakultät an der Universität von Coimbra geschlossen. Endlich eröffnen zwei weitere Hochschulen in Lissabon und Porto ihren Lehrbetrieb, das Streikrecht und das zivile Scheidungsrecht werden eingeführt.

Doch mit dem Sieg der liberalen Revolution kehrt längst keine Ruhe ein. Nach Flügelkämpfen spaltet sich die republikanische Partei. Die längst überfällige Landreform im Süden wird nicht realisiert, die Armut in den Städten weitet sich aus. Angesichts der sozialen Situation radikalisiert sich die Arbeiterbewegung und gründet 1919 eine Einheitsgewerkschaft mit starkem anarchistischem Einfluß. Die Zeitung der Gewerkschaft *A Batalha* erreicht eine Auflage von 20 000 Exemplaren. 1921 wird die Kommunistische Partei gegründet.

Zwischen der Verabschiedung der Verfassung 1911 und dem Militärputsch 1926 regieren acht Präsidenten das Land und 44 Regierungen, im Schnitt hält sich jeder Minister einen Monat im Amt. Korruptionsskandale, mehr als zwanzig Putschversuche, diverse Bombenattentate, schließlich gibt die Wirtschaftskrise in den zwanziger Jahren der Republik den Rest. Unter dem Druck der Briten war Portugal in den Ersten Weltkrieg eingetreten – ein hoher Preis, um die afrikanischen Kolonien zu retten, die England und Deutschland in einem Geheimabkommen vor Kriegsausbruch unter sich aufgeteilt hatten. Danach

Geschichte auf Keramik:
Kachelbilder

ist der Staatshaushalt nur noch ein tiefes schwarzes Loch. 1925 sind die Lebenshaltungskosten gegenüber 1914 um das Dreißigfache gestiegen. In dieser Situation hallt der Ruf nach dem starken Mann durchs Land.

Friedhofsruhe im «Neuen Staat»

Ein Militärputsch beendet 1926 die erste demokratische Episode. Das Parlament wird aufgelöst, liberale Politiker werden ihrer Ämter enthoben, die Parteien verboten. Der rechte Mann zur rechten Zeit wird gefunden: António de Oliveira Salazar (1889–1970), Professor der Wirtschaftswissenschaften an der Universität von Coimbra. Eine allseits geschätzte Persönlichkeit in den Kreisen des konservativen Bürgertums und der Monarchisten, der zum Militär genauso gute Beziehungen unterhält wie zur Kirche. Salazar wird in die Militärregierung berufen, tritt allerdings nach kurzer Zeit wieder aus, weil ihm noch nicht die weitgehenden Rechte eingeräumt werden, die er als Finanzminister fordert.

Das ändert sich zwei Jahre später: Salazar kontrolliert nicht nur die Ausgaben seines Ressorts, sondern diktiert sämtliche Staatsausgaben. Er ist der mächtigste Mann im Staat. Als er 1932 Ministerpräsident wird, ist dies nur noch eine offizielle Bestätigung seiner Position.

In einem Volksentscheid wird 1933 eine neue Verfassung verabschiedet. Damit endet die Militärdiktatur, es beginnt die Ära des *Estado Novo*, des «neuen Staates». Mit einem strikten Ausgabenstopp, der vor allem den Sozial-, Gesundheits- und Bildungsbereich betrifft, und Steuererhöhungen für Leute mit geringem Einkommen konsolidiert er innerhalb weniger Jahre den Staatshaushalt. 1931 gehört der Escudo zu den stabilsten Währungen der Welt. Doch die Kehrseite des «portugiesischen Wunders» bedeutet, daß Portugal eines der rückständigsten und ärmsten europäischen Länder bleibt, das von einer kleinen Oberschicht kontrolliert wird, die Salazar mit seiner protektionistischen Politik stützt. Bis zur Revolution 1974 bestehen feudalistische Strukturen, der Großgrundbesitz bleibt unangetastet, obwohl riesige Ländereien brach liegen. Hohe Zölle verhindern Auslandsinvestitionen, so daß sich die heimische Industrie keinerlei Sorgen um technischen Fortschritt machen muß. Salazar ist die Regierung, der Staatspräsident nur eine dekorative Figur und die Nationalversammlung eine zu vernachlässigende Gruppe von Ständeorganisationen und einigen direkt gewählten Abgeordneten der Einheitspartei *União Nacional*, die Salazar schon 1930 mitgegründet hatte.

Die Gewerkschaften werden aufgelöst und statt dessen berufsständische Organisationen gebildet, in denen Arbeiter und Arbeitgeber obligatorisch Mitglied sind. Streiks und oppositionelle Äußerungen sind ohnehin strikt verboten. Jedes Buch, jeder Artikel, jedes Theaterstück muß vor Veröffentlichung der Zensurbehörde vorgelegt werden. Mangelnde Schulbildung – vierzig Prozent Analphabeten – und rigorose Zensoren sorgen für eine zunehmende Entpolitisierung des Volkes.

In den folgenden Jahren fliehen Tausende politische Oppositionelle ins Exil, werden verhaftet, gefoltert, ermordet. Viele verschwinden jahrelang in den Kellern der PIDE, Salazars brutaler Geheimpolizei, die über ein verzweigtes Spitzelnetz verfügt. Nur der Kommunistischen Partei Portugals (PCP) gelingt es, sich im Untergrund zu organisieren und vereinzelt Proteste zu initiieren.

Ansonsten herrscht Ruhe im Land, Friedhofsruhe. «Der Leib der Nation schien regungslos geworden zu sein. Keine Erschütterung, gleich ob physisch oder metaphysisch, weckte sie aus ihrer Betäubung, in die sie gesunken war», notiert der Schriftsteller Miguel Torga in seinem Tagebuch. «Vom Norden bis zum Süden des Landes lebte niemand in Wirklichkeit. Alle vegetierten dahin.»

Portugal ist nach Italien und Spanien die Nummer drei der faschistischen Diktaturen in Europa. Aber ob das Etikett «faschistisch» auf den *Salazarismo* paßt, wird bis heute immer mal wieder diskutiert – eine peinliche Wortklauberei für diejenigen, die in der Opposition ihr Leben riskierten. Nein, es gab keine Rassenideologie – die «jüdische Frage» hatte bereits die Inquisition konsequent erledigt. Expansionsgelüste existierten zumindest nicht Richtung Europa, allerdings war Portugal die letzte Kolonialmacht, die ihre sogenannten Überseeprovinzen in einem brutalen dreizehnjährigen Krieg verteidigte. Weder dröhnende Massenkundgebungen noch exzessiven Führerkult inszenierte Salazar. Im Gegenteil.

Der Diktator regiert wie ein sparsamer, autoritärer Familienvater im Hintergrund. Als 1936 in Spanien der Bürgerkrieg ausbricht und im Nachbarland die «rote Gefahr» droht, gründet er den staatlichen Jugendverband *Mocidade Portuguesa*, der sich mit militärischer Disziplin um die Geisteshaltung der neuen Generation kümmert: dem Vaterland ergeben, gottgläubig, pflichtbewußt. Während Salazar Portugal nach außen hin abschottet, stärkt er im Land den Nationalismus mit dem Kult um die historischen Leistungen der Entdecker. Allen voran steht Heinrich der Seefahrer, auch der Kinderpark Portugal dos Pequenitos entsteht zwischen 1932 und 1940.

Außenpolitisch versucht Salazar Portugal aus sämtlichen europäischen Konflikten herauszuhalten. Einzige Ausnahme: Während des Spanischen Bürgerkrieges unterstützt er Franco mit der *Legião Viriato*, einer Truppe, die den Namen des streitbaren Führers des Urstammes der Lusitaner trägt. Mit dem Sieg Francos sinken die Hoffnungen der portugiesischen Opposition auf eine Veränderung im eigenen Land; Franco und Salazar schließen 1939 einen Freundschafts- und Nichtangriffspakt.

Während des Zweiten Weltkrieges balanciert Salazar auf dem Seil, das Neutralität heißt. Einerseits möchte er es sich nicht mit Hitler und Mussolini verscherzen, andererseits muß er sich den alten Verbündeten England warmhalten und stellt den Alliierten gegen Ende des Krieges Abflugbasen auf den Azoren zur Verfügung. Portugal verdient als neutraler Staat an dem Krieg mit dem Export von waffenfähigem Wolfram an die kriegführenden Nationen. Lissabon mit seinem Überseehafen wird zum Tummelplatz für Waffenschieber und Spione aller Nationen.

Wartesaal am Atlantik

«Die Schreibmaschine begann zu klappern. Ich hörte nicht, was der Mann diktierte, ich hörte nur das Geräusch der Schreibmaschine. Tacktacktacktack ... ‹Wollen Sie

Ja, so können wir sprechen und einander nähern, was aber die vielen angsterfüllten Stunden nicht auslöscht, die ich Teresa verschweige, an denen ich einsam bin wie am Tage meiner Ankunft im Douro-Hafen und die Grenzen dieses kleinen Landes mich zu erdrücken scheinen. Ich wähne mich dann in einem Kerker aus hartnäckigen Vorurteilen, groben Ungerechtigkeiten und schläfrigem Konformismus. Es gelüstet mich danach, meine Gitter zu sprengen, tief Luft zu holen, irgendwo zu sein, wo es Erneuerung und Abenteuer gibt. Und sei es in einem night-club, wo ich nach dem Rhythmus eines hot-style-Orchesters tanze, anonym unter Anonymen, oder auf einem

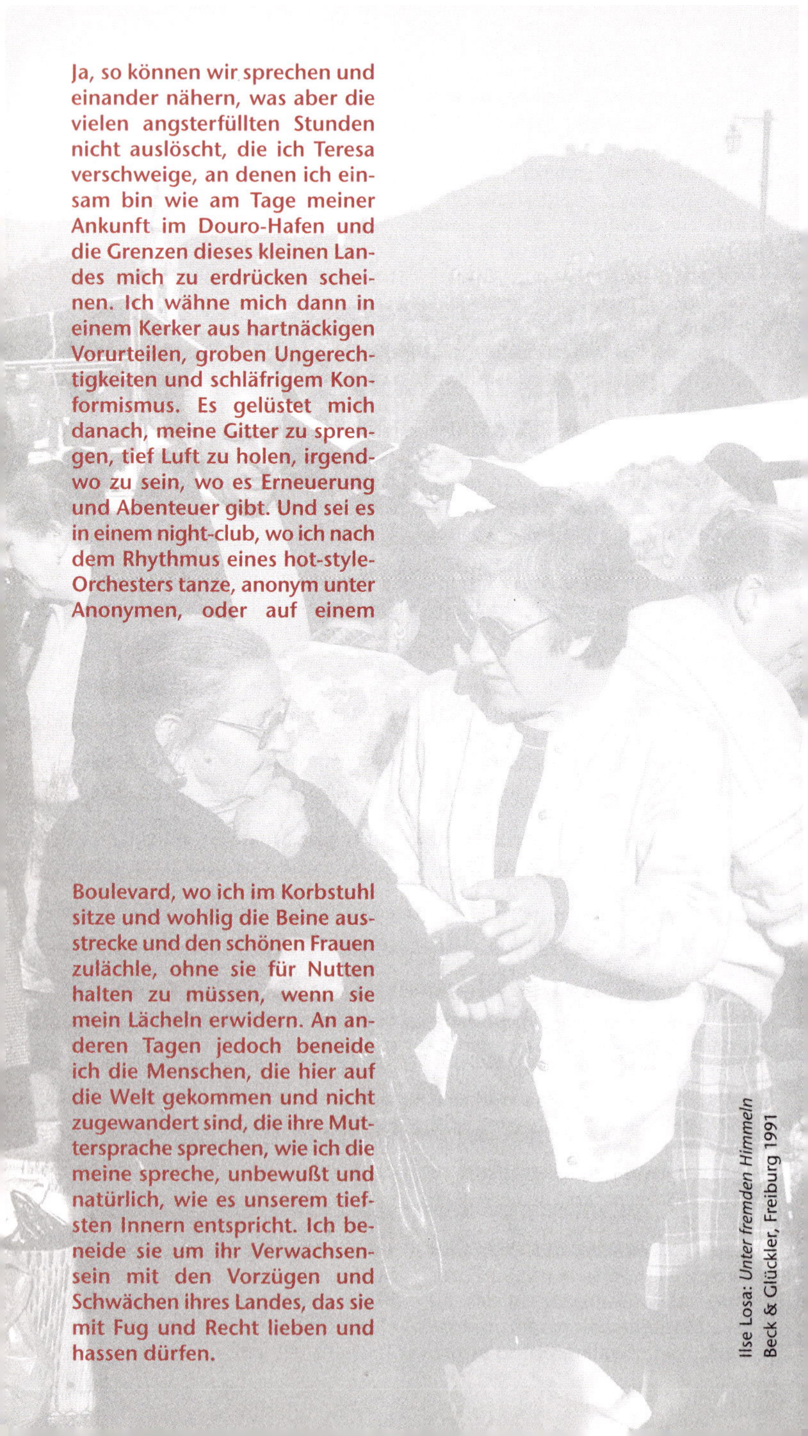

Boulevard, wo ich im Korbstuhl sitze und wohlig die Beine ausstrecke und den schönen Frauen zulächle, ohne sie für Nutten halten zu müssen, wenn sie mein Lächeln erwidern. An anderen Tagen jedoch beneide ich die Menschen, die hier auf die Welt gekommen und nicht zugewandert sind, die ihre Muttersprache sprechen, wie ich die meine spreche, unbewußt und natürlich, wie es unserem tiefsten Innern entspricht. Ich beneide sie um ihr Verwachsensein mit den Vorzügen und Schwächen ihres Landes, das sie mit Fug und Recht lieben und hassen dürfen.

Ilse Losa: *Unter fremden Himmeln*
Beck & Glückler, Freiburg 1991

das unterschreiben?› Ich nahm den Federhalter. Meine Hand war tot. Aber sie schrieb: ‹Rose Frankfurter›, sagte der Mann, ‹das wird einer höheren Instanz vorgelegt. In fünf Tagen wissen wir, wohin wir Sie schicken sollen, Jüdin Frankfurter.›» An das Verhör bei der Gestapo in Berlin kann sich die Schriftstellerin Ilse Losa noch Jahre später Wort für Wort erinnern, so daß sie es für ihren Roman *Die Welt in der ich lebte* autobiographisch übernimmt. Fünf Tage bleiben der Jüdin Ilse Lieblich, so ihr Mädchenname, um Deutschland zu verlassen.

Sie gehört 1934 zu den ersten Flüchtlingen, die nach Portugal kommen. Das Land am Atlantik wird zur letzten Hoffnung, zum Schlupfloch nach Übersee. Ilse Lieblich wird bleiben, für andere wie Lion Feuchtwanger, Stefan Zweig, Heinrich Mann, Erich Maria Remarque und mehrere zehntausend unbekannte Namen ist Portugal nur ein Wartesaal für die ersehnte Weiterreise, meist nach Amerika: «Ich starrte auf das Schiff. Es lag ein Stück vom Quai entfernt, grellbeleuchtet, im Tejo. Obschon ich seit einer Woche in Lissabon war, hatte ich mich noch immer nicht an das sorglose Licht dieser Stadt gewöhnt. In den Ländern, aus denen ich kam, lagen die Städte nachts schwarz da wie Kohlengruben, und eine Laterne in der Dunkelheit war gefährlicher als die Pest im Mittelalter. Ich kam aus dem Europa des zwanzigsten Jahrhunderts», leitet Erich Maria Remarque seinen Roman *Die Nacht von Lissabon* ein.

Das unbekannte Land mutet vielen Flüchtlingen paradiesisch an: «Eine bunte, südliche und friedliche Welt», befand Alfred Döblin, und für Balder Olden, der den Kommunisten nahestand, war Salazar ein gütiger, alter Universitätsprofessor und weiser Landesvater. Von Portugal, geschweige denn Salazar, weiß auch Ilse Lieblich nichts, als sie Deutschland verläßt. Sie erreicht die Fremde, in der die Armut in den Straßen von Porto nicht zu übersehen ist, ein Land, «das damals doch mindestens fünfzig Jahre zurück war». Ihr Bruder, der schon in Porto lebt, nimmt sie manchmal mit in die Caféhäuser. «Für eine Frau gehörte sich das eigentlich damals nicht. Zumindest eine bürgerliche Frau ging nicht ins Café. In den unteren Schichten war das natürlich etwas anderes», erinnert sich Ilse Losa. Der Klassenunterschied war schon auf der Straße eindeutig: Die Bürgerliche trug Hut, ihre Hausangestellte ein Kopftuch.

Da die Flüchtlinge keine Arbeitserlaubnis erhalten, schlagen sie sich mit Gelegenheitsarbeiten durch, erhalten eine Unterstützung von jüdischen und karitativen Organisationen. Ilse Lieblich verdient sich ihren Unterhalt als Kindermädchen und gibt Deutschunterricht. Sie erinnert sich, daß vor allem viele portugiesische Oppositionelle Flüchtlinge unterstützten: «Ich sollte einem Arzt Unterricht geben. Jedesmal wenn ich in seiner Praxis erschien, hatte er gerade Patienten und keine Zeit. Jedesmal. Aber das Geld für mich hatte er schon hingelegt.»

Bis zur Besetzung Frankreichs durch die deutschen Truppen wird die Einreisepolitik in Portugal relativ liberal gehandhabt. Als 1939 der Flüchtlingsstrom stärker wird, schränkt die Regierung die Aufenthaltsgenehmigungen ein, meist werden nur noch Transitvisa erteilt. An dieser Situation verdienen «korrupte Polizeichefs, die nur gegen Schmiergelder oder gegen Liebesdienste jüngerer Frauen die für das Überleben notwendigen Dokumente ausstellen», schreibt Patrick von zur Mühlen in *Fluchtweg Spanien – Portugal*, seiner Untersuchung über den Umgang Portugals mit den Flüchtlingen. «Das andere Klischee beschwört das Bild eines zutiefst christlichen Landes, das den mühselig und beladenen Verfolgten – Juden, Kommunisten, Freimaurern – gastliche und selbstlose Aufnahme gewährt habe.» In beiden Versionen steckt mehr als ein Körnchen Wahrheit.

Bis Anfang 1944 sollen etwa 100 000 Flüchtlinge nach Portugal gelangt sein. Wer das Geld für die begehrte Schiffspassage nicht aufbringt und keine Bürgschaft nachweisen kann, bekommt keine Einreiseerlaubnis in die USA. Aber nach drei Monaten Aufenthalt läuft das portugiesische Transitvisum ab. Häufig werden die Flüchtlinge dann von der Fremdenpolizei verhaftet und ab 1940 in *residências forçadas* verlegt, in Kur- und Badeorte, die die Flüchtlinge nicht verlassen dürfen. Im selben Jahr stellt sich Portugal mit der Weltausstellung *O Mundo Português* in Lissabon dar. Eine von Flüchtlingen überquellende Stadt hätte gar keinen guten Eindruck gemacht.

Ilse Lieblich heiratet ein Jahr nach ihrer Ankunft einen portugiesischen Architekten. Sie erhält damit automatisch die portugiesische Staatsangehörigkeit und bleibt in Portugal. Sie beginnt in der neuen Sprache zu schreiben, ihre Familie und Freunde ermuntern sie: «Nun lebst du hier, nun bist du schon Portugiesin, dann schreib doch auf portugiesisch.» Aus der Rückschau sagt sie: «Ich hätte auf deutsch schreiben sollen. Im Portugiesischen fehlt mir die Wurzel der Kindheit, das, was man Muttersprache nennt.»

Erst später werden ihre Romane und Kurzgeschichten ins Deutsche übersetzt. Für ihre Kinderbücher erhält sie in Portugal mehrere Preise. In dem Roman *Unter fremden Himmeln* verarbeitet sie ihr eigenes und das Schicksal befreundeter Emigranten: «Der Fremde kann bestenfalls bewundern, Gefallen finden, staunen, aber nicht ergriffen werden. Kämpfe, Siege, Aufschwung und Niedergang eines Landes, das nicht das seine ist, haben keine Beziehung zu ihm, und er hat auch keine zu ihnen, denn man hat ihm die Kinderjahre mit anderen Kämpfen, Siegen, Aufschwüngen und Niederlagen angefüllt, so daß sein Heimatgefühl demgemäß ein anderes zu sein hat.» Noch heute lebt Ilse Losa in Porto. «Ich bin ein Mensch, der in Portugal lebt, der die portugiesische Nationalität hat, der portugiesische Kinder hat, portugiesisch schreibt und sich nicht portugiesisch fühlt. Und sich nicht deutsch fühlt.»

Ruhestörung im Neuen Staat

Nach dem Ende des Zweiten Weltkrieges wächst die Hoffnung auf Veränderung auch in Portugal. Auf internationalen Druck kündigt Salazar 1945 Parlamentswahlen an. Sozialisten, Republikaner und Kommunisten schließen sich im Bündnis Movimento Unidade de Democracia (MUD) zusammen, verzichten dann allerdings auf die Teilnahme an der Wahl, da die Zensur jegliche öffentliche Diskussion über die Regierungspolitik verhindert. Eine Teilnahme würde demokratische Verhältnisse vorgaukeln, die nicht existieren. Trotzdem findet die MUD breite Unterstützung: Innerhalb weniger Tage sammelt das Bündnis 100 000 Unterschriften.

Die Krise des Regimes offenbart sich 1958, als die gemäßigte Opposition General Humberto Delgado zu den Präsidentschaftswahlen aufstellt. Er hält zwar an den Werten Gott, Vaterland, Familie und dem starken Staat fest, verspricht allerdings demokratische Freiheiten. Die Wahlkampagne mobilisiert das Volk, alleine in Porto feiern eine halbe Million Menschen den Kandidaten der Opposition. Das – offizielle – Wahlergebnis dagegen lautet: 23 Prozent für Delgado, 75 Prozent für Admiral Américo Tomás, den Kandidaten Salazars. Delgado beschuldigt die Regierung des Wahlbetrugs und entfacht im Volk breite Diskussionen. Das von Salazar so mühevoll ausbalancierte Gleichgewicht gerät ins Wanken. Um sein Leben zu retten, erhält Delgado in Brasilien Asyl. Später läßt er sich in Spanien nieder und steht mit der portugiesischen Opposition in engem Kontakt.

Sein Wahlkampf war eine Initialzündung gewesen: In den sechziger Jahren kommt es unter den Studenten, Intellektuellen und Künstlern zu Protesten, Landarbeiter und Fischer streiken gegen die Hungerlöhne, selbst fünfzig katholische Priester klagen Folter und Verfolgung an. 1962 kehrt Delgado noch einmal heimlich nach Portugal zurück, als in der Kaserne in Beja eine Militärrevolte stattfindet, die allerdings niedergeschlagen wird. Drei Jahre später wird Delgados Leiche in Spanien gefunden. Die genauen Umstände des Mordes werden nie geklärt, eindeutig ist nur, daß die PIDE hinter dem Mord steckt.

Auch in den Kolonien rumort es Anfang der sechziger Jahre. Während Frankreich, Belgien und England die afrikanischen Besitzungen in die Unabhängigkeit entlassen hatten, ignoriert Salazar die Zeichen der Zeit. Die indische Armee erobert 1961 Goa, Damão und Diu zurück. Im gleichen Jahr beginnt im Norden von Angola der bewaffnete Widerstand gegen die Kolonisatoren. Es ist der Anfang eines dreizehnjährigen Krieges, der 1962 in Guinea-Bissau und 1964 in Moçambique ausbricht. Im offiziellen Sprachgebrauch handelt es sich dabei um «Polizeioperationen» gegen «Terroristen» in den «Überseeprovinzen». Später wird der Krieg gegen die Befreiungsbewegungen als das «portugiesische Vietnam» bezeichnet werden.

Für die Wirtschaft im «Mutterland» ist der unvorhergesehene Krieg an drei Schauplätzen ein Desaster. Mitte der sechziger Jahre wird mehr als die Hälfte des Staatshaushaltes zur Verteidigung der Kolonien ausgegeben. Tausende junger Männer flüchten ins Ausland, um nicht in Afrika dienen zu müssen. Der Kolonialkrieg soll um jeden Preis gewonnen werden.

1968 muß Salazar aus gesundheitlichen Gründen zurücktreten: Er fiel wegen eines Blutgerinnsels im Gehirn vom Stuhl und starb mit 81 Jahren 1970 im Krankenhaus.

BLÜHENDE HOFFNUNGEN

VON DER NELKENREVOLUTION BIS HEUTE

Ereignisse des Jahres 1974: Georges Pompidou stirbt, Willy Brandt stolpert über die Guillaume-Affäre, Richard Nixon verabschiedet sich im Strudel des Watergate-Skandals, und – etwas heiterer – die Popgruppe ABBA gewinnt mit *Waterloo* den ersten Preis beim europäischen Schlagerfestival. Der portugiesische Beitrag *E Depois do Adeus* landet auf dem letzten Platz, was niemanden sonderlich verwundert. Beim Schlagerfestival geht's eben zu wie in den Schlagzeilen. Der enttäuschte Interpret Paulo de Carvalho läßt sich zu dem waghalsigen Urteil hinreißen: «Die Politik schädigt das portugiesische Lied.» Er sollte entschädigt werden. Das «portugiesische Waterloo» kam, als niemand damit rechnete.

Nur eine unscheinbare Notiz in der Abendzeitung *República* hatte die Ereignisse angedeutet: Ein besonders interessantes Programm sei in der Nacht im Radio zu hören, hieß es. Weder in den Lissabonner Caféhäusern noch in der Zensurbehörde sorgte die Ankündigung für Unruhe. «Es ist fünf Minuten vor elf», informiert der Moderator des katholischen Privatsenders *Radio Renascença*, das «Radio Wiedergeburt», seine Hörer, «bei Ihnen ist Paulo de Carvalho und sein Lied *E Depois do Adeus*...»

Die Aktion war bis ins Detail geplant worden. Neben wenigen Redakteuren kennen zweihundert Offiziere den Plan. Sie hocken in ihren Kasernen am Radio und warten. «Fünf vor elf...», das erste verabredete Signal. Um 0.20 Uhr wird das zweite gesendet: *Grândola Vila Morena*, «Erde der Brüderlichkeit / Es ist das Volk, das befiehlt / in dir, o meine Stadt». Mit dem verbotenen Lied von José Afonso verlassen die aufständischen Offiziere der Movimento das Forças Armadas (MFA) die Kasernen. Panzer rollen durch die Nacht.

Kaum jemand hatte das Lied gehört. Um drei Uhr morgens sind die zentralen Straßenkreuzungen und Plätze der Hauptstadt Lissabon besetzt. Um vier Uhr ist der Flughafen geschlossen, sämtliche Fernseh- und Rundfunkstationen befinden sich in der Hand der Offiziere. Um halb fünf sendet das Radio eine erste Mitteilung der Streitkräfte: Die regierungstreuen Truppen werden aufgefordert, in ihren Kasernen zu bleiben.

Am 25. April 1974 wird ein verstummtes Land aus einem Alptraum erwachen. Als die Portugiesen am Morgen das Radio einschalten, hören sie Militärmärsche. Und verbotene Lieder der Opposition. Eins nach dem anderen. Zwischendurch das zweite Kommuniqué: «Die Streitkräfte begannen in den frühen Morgenstunden ... wird ihre Befreiungs-

Die revolutionären Wandgemälde sind verschwunden: «Das Land denen, die es bearbeiten»

aktionen fortsetzen … Ruhe bewahren … Wohnungen nicht verlassen … Es lebe Portugal!»

Angestellte, die die Fähre über den Tejo zur Arbeit bringt, werden zurückgeschickt. Lissabon ist abgeriegelt. Panzer und Armeefahrzeuge blockieren das Regierungsviertel. Die Staatsoberhäupter Marcelo Caetano und Américo Tomaz weigern sich noch, zurückzutreten. Regierungstreue Truppen haben sich in der Carmo-Kaserne verbarrikadiert. Und die Lissabonner hält es nicht in ihren Häusern.

Tausende eilen durch die Straßen, hinauf zur Carmo-Kaserne, das Transistorradio ans Ohr gepreßt. Sie drängeln sich zwischen den Panzern auf dem Vorplatz, kleben in den Bäumen. Weitere Truppen schließen sich den Aufständischen an, doch die Situation in der Carmo-Kaserne bleibt unklar.

Irgendwann steckt eine Frau die erste rote Nelke in den Gewehrlauf eines Soldaten, Tausende werden in den nächsten Tagen die Stadt schmücken. Die «Revolution der Nelken» ist geboren. Erst um 19.30 Uhr ist es tatsächlich soweit: Die Diktatur hat kapituliert, die letzten regimetreuen Soldaten müssen aufgeben. «Mit Getöse stürzte die Kathedrale der Angst schließlich ein, fünfzig Jahre, ein halbes Jahrhundert, an einem einzigen Tag besiegt, und wohin man auch schaute, sah man nur Tränen und Nelken und Menschen, die sich um den Hals fielen, das ging von Mensch zu Mensch, von Straße zu Straße, dehnte sich nach Norden und nach Süden, bis zum Meer und bis über das Meer hinaus», erinnert sich der Schriftsteller José Cardoso Pires. Er war im Jahr der Nelken so alt wie die Diktatur: 48 Jahre.

Es war ein Staatsstreich – durchgeführt von nur einer Handvoll Militärs, aber getragen von der Euphorie des portugiesischen Volkes.

Portugalisieren!

«Wir kämpfen in Afrika für eine Gesellschaft der verschiedenen Rassen», rechtfertigte Marcelo Caetano, der Nachfolger Salazars, noch im März in der französischen Presse den Krieg in den afrikanischen Kolonien.

Innerhalb der portugiesischen Truppen rumorte es längst. 11000 Tote und 30000 Invaliden auf portugiesischer Seite, es war ein brutaler, aussichtsloser Buschkrieg, der offensichtlich nicht mehr zu gewinnen war. Die Truppen in Afrika wurden massiv verstärkt: von «nur» 55000 Mann 1955 auf 217000 am Ende des Krieges. Anfang der siebziger Jahre warb die Regierung verstärkt unter Studenten mit der Aussicht, nach einer kurzen Ausbildungszeit die Offizierslaufbahn antreten zu können – und schwächte damit die Überzeugung der Truppe: Diese Milizen brachten ihre Erfahrungen von den Universitäten mit: Dort agierten seit den sechziger Jahren oppositionelle Gruppen gegen die Diktatur. Zudem stärkte in Afrika der Kontakt mit den Befreiungsbewegungen die regimekritische Haltung.

Ihre Ideen trafen in übertragenem Sinne auch auf die Situation in Portugal zu, wo nur eine winzige Schicht von dem kolonialen Reichtum profitierte, die überwiegende Mehrheit der Bevölkerung aber unter den Bedingungen eines Landes der «Dritten Welt» lebte. Den jungen Offizieren, und zaghaft auch altgedienten Generälen, drängte sich angesichts der aussichtslosen Situation die

Frage auf, für wen sie eigentlich den Kopf in Afrika hinhielten und ob sie nicht sinnvoller auf der anderen Seite kämpfen sollten: gegen die Diktatur in Portugal und ihre wenigen Nutznießer. 1973 gründeten junge Offiziere die MFA.

Nach Massakern in Moçambique und Angola war langsam das Ausland auf die portugiesische Politik in Afrika aufmerksam geworden – dessenungeachtet bezog die letzte europäische Kolonialmacht Waffen aus aller Welt, unter anderem der Bundesrepublik Deutschland. «Das Überleben der Nation steht auf dem Spiel, solange wir in der Auffassung beharren, daß die Weltmeinung irrt und alle unsere Probleme nur von der Gier und mangelnden Weitsicht Dritter herrühren», erkannte selbst António Spínola im Februar 1974 in seinem Buch *Portugal und die Zukunft* – unerwarteter Zündstoff, von einem konservativen General gelegt. Als Lösung schlug er eine «plurikontinentale Nation» vor, ein Rettungsversuch in höchster Not. Spínola versteht bis heute nicht, warum Caetano damals so barsch ablehnte, da er doch «ähnliche Ideen vertreten hatte, bevor er Präsident wurde. Es wäre eine Chance für ihn gewesen, die Veränderung selbst einzuleiten». Möglicherweise, vermutet Spínola, scheiterte der Salazar-Nachfolger an den konservativen Kräften und jahrzehntealten Strukturen.

Noch in der Nacht zum 26. April stellen sich die sieben Mitglieder der «Junta der Nationalen Rettung», zusammengesetzt aus den Reihen der MFA, im Fernsehen dem Volk vor. Die Präsidentschaft übernimmt General Spínola, der das Programm verliest: Abschaffung der Zensur, soziale Gerechtigkeit, gegen Wirtschaftsmonopole und für freie Wahlen zu einer verfassunggebenden Versammlung. Das ist nicht mehr als ein Minimalkonsens und entspricht den wesentlichen Forderungen der Opposition. Ansonsten ist die einzige Gemeinsamkeit der sieben Generäle ihr militärisches Prestige und das Vertrauen, das sie bislang unter dem diktatorischen Regime genossen hatten.

Portugal taumelt im Rausch der Freude. Tausende junger Männer, die um keinen Preis zum Militärdienst nach Afrika eingezogen werden wollten, und Oppositionelle kehren aus dem Exil in ihre Heimat zurück. «O povo unido jamais será vencido», das vereinte Volk wird niemals besiegt werden, davon sind am 1. Mai in Lissabon 300 000 Demonstranten überzeugt.

Unter den Rückkehrern ist auch Álvaro Cunhal, der mit Auszeichnung promovierte Jurist und moskautreue Vorsitzende der Kommunistischen Partei (PCP). 1960 war er spektakulär aus dem am besten gesicherten Gefängnis des Landes, dem Fort in Peniche, ausgebrochen und hatte seitdem in Osteuropa und Paris gelebt. Die Kommunistische Partei, 1921 gegründet und bereits fünf Jahre später verboten, hatte im Untergrund den Widerstand gegen die Diktatur organisiert und trat nach der Nelkenrevolution zunächst als einzige starke Partei auf, die schon aufgrund ihrer Geschichte politische Macht beanspruchte. Ebenso triumphal wie Cunhal wurde auch Mário Soares bei seiner Ankunft aus dem Pariser Exil in Lissabon empfangen. Der oppositionelle Rechtsanwalt hatte einst bei Cunhal seine Doktorarbeit geschrieben und Kommunisten gegen das faschistische Regime verteidigt. Im Gepäck hatte Mário Soares eine neue Partei, die er 1973 im verträumten Bad Münstereifel bei Bonn mit Exilanten unter Schirmherrschaft der bundesdeutschen SPD gegründet hatte: die sozialistische Partei (PS). Bislang in Portugal zwar unbekannt, aber dank der Popularität Soares als Widerstandskämpfer sollte sich das schnell ändern.

Soares und Cunhal traten gemeinsam am 1. Mai 1974 auf. Die innige Umarmung der beiden nach ihrer Rückkehr gehört zu den vielen absurden Bildern aus den Frühlingstagen 1974, die wohlweislich archiviert wurden. Das vereinte Volk feiert Frieden und Freiheit, doch der Begriff Revolution kennt viele Interpretationen. Am 16. Mai 1974 bildet der von General Spínola beauftragte Jurist Adelino da Palma Carlos als Ministerpräsident die erste provisorische Regierung, in der alle politischen Strömungen vertreten sind, unter anderen: Alvaro Cunhal für die Kommunisten als Minister ohne Geschäftsbereich, der Sozialist Mário Soares wird Außenminister aufgrund seiner guten Kontakte, und Francisco Sá Carneiro vertritt die PPD, die spätere Partido Social Democrata (PSD). Unter Salazar-Nachfolger Caetano hatte Sá Carneiro den Marsch durch die Institutionen probiert und war als Vorzeige-Liberaler im Parlament geduldet worden. General Spínola ist in der provisorischen Regierung zunächst Staatspräsident.

Frühlingshafte Turbulenzen sorgen für Unruhe in den Städten. Erste Arbeitskämpfe für höhere Löhne, bessere Lebensbedingungen und kürzere Arbeitszeiten, täglich drängen sich Demonstrationen durch die Straßen. Die Erwartungen an Reformen sind hoch und die Arbeiter selbstbewußt. Selbst der kommunistische Haudegen Cunhal ist bemüht, das kämpferische Volk zu zähmen und die Dinge nicht zu überstürzen.

Revolutionäre Wandgemälde und Parolen leuchten bunt und frech, mal moralisch, mal anarchistisch von den Mauern: «Nieder mit dem Kolonialkrieg – es lebe die Fahnenflucht!» und «Sei realistisch, fordere das Unmögliche!» Oder: «Es lebe die Arbeiterklasse», die vereint «Für die Vierzig-Stunden-Woche» marschiert und zudem noch fordert: «Sex dem, der arbeitet!» Selten bleibt eine Forderung unkommentiert, alle politischen Richtungen schwingen die Pinsel. Mauern werden zum wahrhaftig öffentlich-rechtlichen Kommunikationsmittel.

Über das Fernsehen erreichen die Mißstände die Wohnzimmer, aus dem langweiligen Medium der Propaganda wird ein offener Kanal, in dem jeder seine Meinung äußern darf. Landauf, landab erwacht die eigene Initiative, es fehlt an allem: «Ein selbsternannter Dorfausschuß zeigt ein Beispiel der Selbsthilfe, den Bau einer *Casa da Cultura*; einige haben Backsteine gestiftet, andere Bauholz, dritte Zement, vierte Scharniere, Glas, Bodenbelag: ein Allzweckbau, kaum mehr als ein Schuppen für Veranstaltungen, ärztliche Untersuchungen, Unterricht, Singfeste. Arbeiterabordnungen, Gewerkschaftsführer, Schüler, Schauspieler, Schriftsteller, Hausfrauen, Soldaten, Schankwirte, alle melden ihre Bürgerstimme an, ein bewegender Bilderbogen, spannender als alle Spielfilme der Welt», erinnert sich der damalige Leiter des Goethe-In-

Flanierende Rekruten nahe dem Praça da Giraldo in Évora

stitutes Curt Meyer-Clason in seinen Aufzeichnungen, die er später als *Portugiesische Tagebücher* veröffentlicht.

Kurz nach dem Sturz der Diktatur offenbaren sich die Widersprüche innerhalb der MFA, die abgesehen von dem Minimalkonsens der drei Ds – *democratizar, descolonizar, desenvolver* (entwickeln) –, kein gemeinsames Konzept haben. Der erste Konflikt bricht an der Frage der Dekolonialisierung auf: Selbstverständlich betrachten konservative Kreise die Unabhängigkeit der Kolonien als «Verrat» an der portugiesischen Nation. General Spínola will den Kolonien nicht mehr als einen autonomen Status zugestehen. Die Linksparteien und die Mehrheit der MFA beginnen dagegen zügig mit den Befreiungsbewegungen, Abkommen zur Unabhängigkeit auszuhandeln. Deutlich ist schon zu diesem Zeitpunkt: Eine radikale Wende – gar in Richtung eines sozialistischen Portugal, wie es Teilen der MFA vorschwebt – ist mit Spínola nicht zu machen.

Gegen den Willen des Generals setzt die MFA Vasco Gonçalves, der den Kommunisten nahesteht, als neuen Ministerpräsidenten durch. Zum ersten Mal stammen Staats- und Ministerpräsident aus unterschiedlichen politischen Lagern – eine Konstellation, die sich in Zukunft noch oft wiederholen wird. Die Zeit der nächsten vier provisorischen Regierungen innerhalb von 14 Monaten wird aufgrund des prägenden Einflusses des Ministerpräsidenten als *Gonçalvismo* in die Geschichtsbücher eingehen. Während der Vereidigungszeremonie wettert Spínola gegen die Exzesse auf den Straßen, in den Betrieben und Schulen und ruft die, seiner Meinung nach konservative, «schweigende Mehrheit» auf, die Freiheit zu verteidigen.

Eine spektakuläre Demonstration dieser angeblichen Mehrheit soll im September 1974 den Staatspräsidenten unterstützen. Dazu kommt es nicht. Linke Parteien, die MFA und ihre Anhänger errichten Barrikaden in Lissabon, bereit, die Nelkenrevolution mit allen Mitteln zu verteidigen. Spínola bleibt nichts anderes übrig, als die Veranstaltung persönlich abzusagen und kurz darauf zurückzutreten.

Die Wahlen zur verfassunggebenden Versammlung vom 25. April 1975 bringen einen überragenden Erfolg der sozialistischen Partei von Mário Soares mit 38 Prozent, an zweiter Stelle folgt die PSD von Sá Carneiro mit 26 Prozent. Die Kommunisten erreichen landesweit nur zwölf Prozent, eine Tatsache, die in keinem Verhältnis zu ihrem politischen Einfluß steht. Ebenso überraschend niedrig sind die vier Prozent der MDP, der demokratischen Basisbewegung, die sich avantgardistisch links der PCP profiliert hatte. Die rechte Zentrumspartei CDS, die 1974 gegründet worden war und deren Mitglieder in der Tradition Salazars standen, bekommt nur 0,6 Prozent.

Solidarität von allen Seiten

Vor den Wahlen hatte die MFA mit den Parteien vereinbart, daß der Revolutionsrat neben der Regierung als Machtorgan bestehen bleiben und die zukünftige Verfassung sozialistischen Charakter haben wird. Außerdem waren maßgebliche Entscheidungen noch unter Gonçalves vor den Wahlen getroffen worden: Die Nationalisierung von Banken, Großindustrie und Zeitungen, die Abkommen zur Unabhängigkeit der Kolonien. Außerdem war die Agrarreform eingeleitet worden mit der Bestimmung, daß Großgrundbesitz über 50 Hektar enteignet werden kann – ein Sieg für die Tagelöhner in der südlichen Provinz Alentejo. Schon zur Jahreswende 1974/75 hatten Landarbeiter und Tagelöhner erste Latifundien illegal besetzt, die von den Besitzern meist bestenfalls als Jagdrevier genutzt worden waren. Bis zur Revolution hatten sich im Alentejo feudalistische Strukturen erhalten. Rund drei Viertel der Landarbeiter in der «Kornkammer» verfügten über keine eigenen Felder, eine Handvoll Großgrundbesitzer dagegen über Latifundien von mehr als 1000 Hektar. Nach dem rechten Putschversuch im März gewinnt die Parole: «Das Land denen, die es bearbeiten», revolutionäre Dynamik. Mit Rückendeckung der Regierung nehmen sich die Landarbeiter das, was ihnen zusteht, und gründen selbstverwaltete Kooperativen, die schon im Sommer nicht gekannte Ernteerträge einbringen. Zwar übt die PCP, die im Alentejo bei den Wahlen immerhin vierzig Prozent erreicht hatte, starken Einfluß aus, doch häufig nehmen die Landarbeiter ihre Geschicke auch ohne kommunistische Unterstützung eigenmächtig in die Hand.

Im Norden dagegen jagt die katholische Kirche den Kleinbauern gehörige Schrecken ein. Aus der Prophezeiung, daß die Nationalisierung auch ihre Äckerchen treffen könne, wächst eine Widerstandsbewegung gegen den revolutionären Süden, unterstützt von gebeutelten Großgrundbesitzern aus dem Alentejo.

Was das Volk mit seiner neuen Freiheit treibt, löst im Ausland lebhafte Reaktionen aus. Die Portugiesen, bislang nicht gerade mit internationaler Aufmerksamkeit gesegnet, reiben sich ob der allseitigen «Hilfsbereitschaft» verwundert die Augen: Eine reiselustige deutsche Linke entdeckt die Sonne zur Freiheit und unterstützt die Landarbeiterkooperativen nicht nur bei der Olivenernte, sondern auch mit manchem mehr oder weniger peinlichen Ratschlag. Ob Sponti, Maoist, Trotzkist oder DKP-Mitglied, ein jeder findet sein Splittergrüppchen. Als gemäßigte und konservative Kräfte allerdings nach und nach die hoffnungsvollen Abenteuerspielplätze schließen, bietet sich glücklicherweise Nicaragua als dankbares Objekt revolutionärer Nächstenliebe an.

Die andere Seite ist ausdauernder: Portugal, die Südwestflanke der NATO, rasselt unversehens in den Ost-West-Konflikt. Doch die von der Revolution verschreckten westlichen Demokratien können sich auf den deutschen Partner verlassen. In Bad Münstereifel hatte man 1973 Vorsorge getroffen.

Bereits im Oktober 1974 ist Willy Brandt recht zuversichtlich. Über den Besuch des Deutschen in Lissabon notiert Curt Meyer-Clason: «Am Morgen hat Willy Brandt in einem Presse-Interview auf die Frage, wie er über eine Koalition zwischen Sozialisten und Kommunisten denke, geantwortet, er gehe davon aus, daß es diese nicht geben werde. Wie soll das funktionieren auf lange Sicht, fragen Beobachter, wenn die Kommunisten über die ältesten Kader und einen Teil der fähigsten Köpfe verfügen?»

Keine Bange, da sei Senhor Soares mit seiner PS aus dem Handgepäck vor. Der populäre Antifaschist widmet sich insbesondere der «kommunistischen Gefahr», beschwört die drohende Linksdiktatur des kommunistisch unterwanderten Revolutionsrates und prophezeit den wirtschaftlichen Ruin.

Ohne das Schlagwort «Sozialismus» findet noch 1975 allerdings keine Partei ihre Anhänger. Das weiß auch der smarte Frank Carlucci, seit Anfang 1975 Botschafter der USA in Portugal. Seine Aufgabe: «Alles zu tun, was ich konnte, um sicherzustellen, daß Portugal ein vertrauenswürdiger Partner und Mitglied der NATO bleibt», so Carlucci, und dafür arbeitet er mit «allen demokratischen Parteien» zusammen, sprich: der CDS, dem rechtspopulistischen demokratischen Zentrum, der PDS, der konservativen sozialdemokratischen Partei und der PS, den Sozialisten, die in Deutschland als Sozialdemokraten durchgehen würden. Ein kurzer Auszug aus einem Interview mit der Wochenzeitung *Expresso* im August 1994:

«*Expresso:* ‹Welche Art von Unterstützung lieferten Sie der PS beispielsweise?›

Carlucci: ‹Es war mehr eine moralische Unterstützung.›

Expresso: ‹Man sagt, es gab auch finanzielle Unterstützung.›

Carlucci: ‹Ich meine, es ist nicht angemessen, daß wir in diese Materie einsteigen.›

Expresso: ‹Zwanzig Jahre sind vergangen. Das ist jetzt Geschichte.›

Carlucci: ‹Ich sag es folgendermaßen: Jede Unterstützung, die einer Partei gegeben wurde, wurde allen demokratischen Parteien gegeben. (...) Aber, wie gesagt, es war klar, daß ich die meiste Zeit mit den Sozialisten verbrachte.›»

Während Carlucci mit Soares fast täglich telefoniert, hat er mit dem Ministerpräsidenten Gonçalves, der mit den Kommunisten sympathisiert, «eine Reihe von Treffen, die ich als ziemlich lebhaft bezeichnen kann, in denen wir darüber übereinstimmten, daß wir nicht übereinstimmten».

Aus der einst freudigen Umarmung von Soares und Cunhal wird nach den Aprilwahlen offene Feindschaft. Am 1. Mai 1975 marschieren Sozialisten und Kommunisten getrennt, auf der Kundgebung wird Soares daran gehindert, ans Rednerpult zu treten. Die Sozialisten ihrerseits organisieren einen Tag später eine eigene Demonstration, auf der dann die Kommunisten nichts zu sagen haben.

Der wirtschaftliche Aufbau des Landes stockt, viele Unternehmer sind längst mit Hab und Gut und vor allem Kapital geflüchtet. Aufgrund der kommunistischen Gefahr bewilligt das Ausland nicht die dringend benötigten Kredite zum Aufbau des Landes. Zudem strömen 700000 *retornados*, Rückkehrer, aus den ehemaligen Kolonien nach Portugal. Angesichts der innenpolitisch und wirtschaftlich angespannten Situation regelt die Regierung das Problem allerdings erstaunlich unkonventionell – viele werden übergangsweise in den devisenträchtigen Luxushotels Salazars untergebracht.

«Die Macht darf nicht auf die Straße fallen», hatte Diktator Salazar gewarnt, doch genau das geschieht im «heißen Sommer» 1975. Im Juli organisiert die PS eine Großveranstaltung, auf der Mário Soares – mal wieder – die Regierung beschuldigt, eine neue Diktatur errichten zu wollen, und fordert Gonçalves zum Rücktritt auf. Die Sozialdemokraten unterstützen die Diffamierungskampagne des Sozialisten und formieren das bürgerliche Lager gegen die Frente de Unidade Revolucionária

(FUR), ein breites Bündnis radikaler linker Gruppen, dem sich auch die PCP angeschlossen hat. Tatsächlich verschiebt sich im Laufe des Sommers das Kräfteverhältnis innerhalb des Revolutionsrates zugunsten der Sozialisten. Nach Massendemonstrationen und Anschlägen rechter Gruppen auf linke Partei- und Gewerkschaftsbüros sitzt vielen die Angst vor einem Bürgerkrieg im Nacken.

Im September verurteilt eine Gruppe moderater Offiziere in dem «Dokument der Neun» die Radikalität von Gonçalves und schlägt einen Mittelweg zwischen kommunistischer Planwirtschaft und liberaler Demokratie vor. Das Papier ist unter der Mehrheit der Offiziere im Revolutionsrat konsensfähig und zwingt Gonçalves zum Rücktritt. Selbst Otelo de Carvalho, der den 25. April militärisch vorbereitet hatte und bislang für anarchistische Ideen bekannt war, unterzeichnet das Papier.

Auch die Kommunisten unterstützen den gemäßigten neuen Ministerpräsidenten Pinheiro de Azevedo. Doch mit der sechsten provisorischen Regierung kommt das Land noch immer nicht zur Ruhe. Die Radiostationen, meist in linksradikalen Händen, heizen die revolutionäre Stimmung an. Als die Regierung sie schließen will, besetzt eine Gruppe von Journalisten *Radio Renascença*. Die Militärs weigern sich, die Station zu räumen, am 7. November schickt die Regierung schließlich ein Sonderkommando los, das den Konflikt mit einem Bombardement beendet.

Die Macht liegt wahrhaftig auf der Straße. Am 16. November demonstrieren 300 000 Arbeiter, Bauern und Fischer in Lissabon. Die verstaatlichte Zeitung *O Século* schreibt: «Das Volk hat keine Angst ... Soldaten, Marineoffiziere und fortschrittliche Militärangehörige sowie eine Delegation Fallschirmspringer in Kampfuniform kreuzen das Volksmeer, das ihre Anwesenheit ‹immer an seiner Seite› gefordert hatte.» Am 20. November erklärt sich die Regierung unfähig, noch irgendeine Entscheidung durchzusetzen.

Was schließlich am 25. November 1975 geschieht, wird von den einen als vereitelter Putsch linker Militärs bewertet, die ihre Chance zur endgültigen Revolution gekommen sahen, von den anderen als nur getarnter Linksputsch der Rechten gehandelt. Zumindest beendet eine militärische Aktion gegen – angeblich oder tatsächlich – aufständische linke Offiziere das Chaos.

Die radikale Linke ist nach dem 25. November militärisch und politisch entmachtet, es ist der Sieg der bürgerlichen Parteiendemokratie. Ob Chaos oder Anarchie, die Auseinandersetzungen seit der Nelkenrevolution waren in den wenigsten Fällen gewalttätig verlaufen, auch wenn vor dem 25. November von verschiedenen Seiten die Gefahr eines Bürgerkrieges befürchtet wurde.

Der Historiker José Hermano Saraiva resümiert das Ende der revolutionären Periode: «Die wirtschaftliche und finanzielle Krise, die sich seit 1974 schnell verschärfte, machte deutlich, daß es unerläßlich war, auf europäische Solidarität zurückzugreifen. Wie es der journalistische Slang damals ausdrückte, war es nicht zu spät für den IWF (Internationalen Währungsfonds), die MFA als wirklich entscheidende Kraft des Fortschritts zu ersetzen.»

Häufig wechselnde Verhältnisse

Am 2. April 1976 wird die neue Verfassung verabschiedet. Allerdings enthält sie einige Stolpersteine, die Portugal bei der Entwicklung zu einer «anständigen» westlichen Demokratie noch im Weg sein werden: Weitere sieben Jahre kontrolliert der Revolutionsrat, inzwischen mehrheitlich gemäßigt, die Einhaltung der Verfassung, Nationalisierungen und Agrarreform sind als nicht mehr umkehrbar festgeschrieben, der Übergang zum Sozialismus soll durch friedliche Weiterführung des revolutionären Prozesses verwirklicht werden. Die Produktionsmittel gehören sozialisiert, Papier ist geduldig, portugiesische Politiker auch, und so stimmen sämtliche Parteien, außer der CDS, für die Verfassung.

Castelo do Queijo am Strand von Porto: Denkmal für Soldaten aus den Kolonien

Bei den folgenden Parlamentswahlen am 25. April 1976 bleibt die PS die stärkste Partei mit 35 Prozent. Die Kommunisten erreichen fünfzehn Prozent, stehen aber erwartungsgemäß für Soares zur Regierungsbildung außerhalb jeder Diskussion. Statt dessen versucht er sich als Ministerpräsident mit einer Minderheitsregierung gegen die beiden rechten Parteien PSD und CDS durchzusetzen, die zusammen auf vierzig Prozent kommen.

Zum Staatspräsidenten wählen die Portugiesen den nüchternen General Ramalho Eanes, gemeinsamer Kandidat der bürgerlichen Parteien. Eanes hatte die Militäraktion am 25. November geleitet und war bislang nicht besonders aufgefallen, wenn nicht durch seine besonnene Art, im Hintergrund den klaren Kopf zu bewahren. Eher konservativ, aber einer, der den Ausgleich zwischen den Extremen suchte und sich an die Verfassung hielt, auf die er seinen Eid abgelegt hatte. Befehl ist Befehl.

Die Linke hatte Otelo Saraiva de Carvalho aufgestellt, der mit 16,5 Prozent gegenüber 61 Prozent für Eanes deutlich unterliegt. Die Kandidatur war noch einmal eine gemeinsame Anstrengung der revolutionären Kräfte gegen das vorrückende Establishment. Soares hat sich viel vorgenommen, als er mit seiner sozialistischen Minderheitsregierung das Land aus dem «Tunnel» herausführen will: Wachsende Arbeitslosigkeit, Inflation und wirtschaftliche Stagnation, der IWF verlangt schwere Opfer für Kredite, die vor allem durch strikte Kürzungen bei den öffentlichen Ausgaben finanziert werden. Schon damals beginnen die Verhandlungen zum Beitritt in die Europäische Union, und ab 1977 wird auch die Agrarreform langsam zurückgedreht.

Im Januar 1978 ist Soares gezwungen, sich einen Koalitionspartner zu suchen, da die anderen Parteien konsequent gegen seine Politik stimmen. Mit Diogo Freitas do Amaral und der CDS greift er nach rechtsaußen im Parteienspektrum. Zwar existiert kein gemeinsames Programm, aber die Mehrheit ist vorerst gerettet.

Ein halbes Jahr später ist die Koalition festgefahren, Staatspräsident Eanes greift ein und formiert die erste von drei überparteilichen Regierungen, die alle an wackligen Mehrheiten scheitern. Schließlich löst Eanes das Parlament auf und schreibt 1979 Neuwahlen aus.

«Allesamt diskutieren und diskurieren, tagtäglich regnet der Regen; alle sind sie tüchtig dabei, die *democracia* zu retten, da sie wohl einsehen, daß diese am Untergehen ist. Alle schicken Rettungsboote aus, um sich dann selbst hineinzusetzen. Alle buhlen sie um diese alte Hure *democracia*, die es mit jedem tut», schreibt die in Portugal lebende Schriftstellerin Ilse Losa im Januar an Curt Meyer-Clason, der ihren Brief in seinen portugiesischen Tagebüchern abdruckt.

Das Ergebnis der Wahlen 1979 bedeutet einen weiteren Rechtsruck: Mário Soares und die Sozialistische Partei haben an Popularität verloren. Die neu gegründete Aliança Democrática (AD), ein Zusammenschluß aus PSD und CDS, gewinnt die absolute Mehrheit. Die PS bietet sich diesem zentralen Block an, doch Sá Carneiro, Vorsitzender der PSD und Führer der Allianz, will zwischen links und rechts polarisieren, mit dem Ziel, die sozialistische Verfassung endlich zu entrümpeln.

Vor einem rechten Durchmarsch steht allerdings Staatspräsident Eanes, der mittlerweile zum Gewissen der Revolution geworden ist und die Zusammenarbeit aller drei bürgerlichen Parteien favorisiert. Seine starke Stellung in der Regierung ist ein Überbleibsel der Revolution: Er hat die Möglichkeit, Ministerpräsidenten zu entlassen, der Revolutionsrat an seiner Seite prüft sämtliche Gesetze und kann ihm vorschlagen, sie nicht zu unterschreiben. Eanes hält sich strikt an die Verfassung, als er sich weigert, Gesetzesvorlagen abzusegnen, nach denen nationalisierte Banken und Betriebe dem Privatkapital geöffnet werden sollen.

So ist kein Staat zu machen, befinden die rechten Parteien und versuchen 1980 die Wiederwahl von Eanes zu verhindern, der diesmal sogar von den Kommunisten unterstützt wird. Eanes gewinnt mit 56 Prozent gegen den Mitte-Rechts-Kandidaten. Sá Carneiro erfährt das Ergebnis nicht mehr: Zwei Tage vor der Wahl stirbt er an den Folgen eines Flugzeugabsturzes.

Nach seinem Tod zerfällt 1982 die AD. Ein Jahr später übernimmt Mário Soares zum zweiten Mal das Amt des Ministerpräsidenten und setzt in einer Mitte-Links-Koalition mit der PSD die erwünschten Veränderungen durch: Der Revolutionsrat wird abgeschafft, die Rechte des Staatspräsidenten werden erheblich beschnitten.

Die wirtschaftliche Situation ist noch immer desolat. Die Inflationsrate liegt bei dreißig Prozent, Niedriglöhne sind der Investitionsanreiz für ausländische Unternehmen: *salários em atraso* – zu spät oder gar nicht gezahlte Löhne sind gängige Praxis. In Setúbal, der Industrieregion von Lissabon, eröffnet die Kirche Suppenküchen.

Kooperativen kapitulieren

1985 gewinnt die Rechtskoalition aus PSD und CDS die Mehrheit. Der jung-dynamische Aníbal Cavaco Silva, Vorsitzender der PSD, wird Ministerpräsident. Er regiert, ab 1990 mit absoluter Mehrheit, bis 1995. Unter seiner Regierung stabilisiert sich Portugal politisch und unterschreibt 1986 den Beitrittsvertrag zur EG, den die Sozialisten noch vorbereitet hatten. Finanziert mit Milliardenkrediten aus Brüssel, erlebt Portugal zumindest in den Ballungszentren von Porto und Lissabon einen wirtschaftlichen Aufschwung, von dem das Hinterland allerdings nicht viel spürt. Die neoliberale Wirtschaftspolitik – als *cavaquismo* bezeichnet – treibt die Privatisierung der nationalisierten Unternehmen voran, der Abschied von sozialistischen Ideen ist perfekt.

Bei den Präsidentschaftswahlen 1986 würde auf Mário Soares keiner mehr einen Escudo verwetten. Von vier Kandidaten scheint der Rechtsaußen Freitas Diogo do Amaral die größten Chancen zu haben. Aber da sich die Linke mit zwei Kandidaten selbst ein Bein stellt, erreicht Mário Soares schließlich im zweiten Wahlgang doch sein Lebensziel: Mit hauchdünner Mehrheit wird er zum «Präsidenten aller Portugiesen» gewählt. Die Kommunisten hatten ihn schließlich als das etwas kleinere Übel unterstützt.

«Soares I.» wird als Präsident zum beliebtesten Politiker des Landes. Er genießt öffentliche Auftritte, schüttelt vor laufenden Kameras Hände von Fischverkäuferinnen und Fabrikarbeitern, streichelt Kindern übers Haupt. Mit siebzig Prozent der Stimmen tritt er seine zweite Amtszeit an. Politische Differenzen zu Cavaco Silva werden erst gegen Ende seines Mandats deutlich, als der Sozialist sich mehrfach weigert, Gesetze zu unterzeichnen.

In diesen zehn Jahren wird Portugal in die EU integriert, die Pragmatiker haben gesiegt. «Ohne Übertreibung kann man sagen, daß es diesen Leuten ziemlich gleichgültig ist, was Portugal sein wird, solange es irgendwie *ist*», beurteilt der Schriftsteller José Saramago die politische Lage: «Da sie keine genaue Vorstellung davon haben, was Portugal *sein könnte*, sind sie entschlossen, es so schnell wie möglich in *etwas anderes* zu verwandeln, und da es ihnen an kreativer Energie mangelt, können sie nichts Besseres, als um jeden Preis das europäische Modell von der Stange zu kaufen.»

Von revolutionären Umwälzungen spricht selbst im Alentejo niemand mehr. Das Land der Kooperativen erhielten die einstigen Besitzer Stück für Stück zurück, eine Agrarreform liegt in weiter Ferne. Es war eine schleichende Konterrevolution, die nur noch selten eine Schlagzeile wert ist, obwohl die Rückgabe keineswegs friedlich verlief. Die Genossenschaften verteidigten ihre Felder gegen die Nationalgarde, es gab Tote und Verletzte. Viele Kooperativen mußten kapitulieren, selbst wenn sie das Land pachten oder kaufen konnten, da die Regierung keine Kredite mehr vergab. Doch die Kommunistische Partei konnte aus dem Alentejo nicht vertrieben werden. Sie versucht mit ihrer Kommunalpolitik zu retten, was in der ärmsten Region des Landes noch zu retten ist, und Zyniker meinen, sie ersetze mit ihren satten Mehrheiten in den Rathäusern die katholische Kirche des Nordens.

Alvaro Cunhal trat 1992 nach fünfzig Jahren als Generalsekretär zurück, mischt aber als Präsident des für ihn geschaffenen Nationalrates der Partei noch immer kräftig mit. Die allgemeinen Veränderungen der kommunistischen Parteien in Europa interessierten ihn herzlich wenig, wer nicht auf Linie war, konnte «die Partei» gerne verlassen. Trotzdem ist die PCP noch immer die mitgliederstärkste Partei. Mit der Coligação Democrática Unitária (CDU), einer linken Liste, der auch Grüne und Parteilose angehören, liegt sie bei 8,6 Prozent in den Wahlen zum Nationalparlament 1995.

Bei diesen Wahlen wählen die Portugiesen nach zehn Jahren absoluter Mehrheit die konservative Regierung unter Cavaco Silva ab. Die Sozialisten siegen mit António Guterres, verfehlen knapp die absolute Mehrheit, aber schlagen sich wacker mit wechselnden Mehrheiten im Parlament durch.

Wenige Monate später gewinnt der Sozialist Jorge Sampaio die Präsidentschaftswahlen. Damit gehören zum ersten Mal seit der Nelkenrevolution Staats- und Ministerpräsident der gleichen Partei an. Sampaio hatte vorher Lissabon in Koalition mit der linken Liste CDU regiert, ein beliebter Bürgermeister, der es sich nicht nehmen ließ, trotz Amt und Würden alltäglich in seinem Café um die Ecke aufzukreuzen. Der Atheist opponierte als Studentenführer gegen die Diktatur und verteidigte später als Rechtsanwalt politisch Verfolgte.

Zwei besonders kontroverse Themen regen während dieser Regierungszeit die Öffentlichkeit auf: die geplante Liberalisierung der Abtreibung und die Regionalisierung des zentralistisch regierten Portugal. Ein neues Gesetz, das Abtreibungen bis zur zehnten Schwangerschaftswoche nicht mehr bestraft – bislang gilt dies nur nach Vergewaltigungen, Gefahr für das Leben der Mutter oder Schädigungen des Embryos –, sorgt für Zündstoff quer durch die Parteien. Guterres, selbst praktizierender Katholik, stellt sich gegen die Mehrheit seiner sozialistischen Partei und setzt ein Referendum durch. In der Vorbereitung zur Volksabstimmung mobilisiert die geballte Macht der katholischen Kirche gegen das Gesetz. Der Bischof von Viseu fordert: «Wer mit ‹ja› stimmt, soll die Kirche verlassen», der Erzbischof von Braga vergleicht Abtreibungen mit dem Holocaust, und die Jungfrau von

Fátima wird angefleht, den Mord an Unschuldigen zu verhindern. Schließlich endet das Ganze in einer Farce: Eine knappe Mehrheit von 50,1 Prozent lehnt das neue Gesetz – entgegen vorherigen Meinungsumfragen – ab. Aber wegen mangelnder Beteiligung ist das Referendum ungültig.

Das nächste Referendum zum Thema Regionalisierung endet mit einer Niederlage für die Sozialisten. Traditionell wurde Portugal nach dem Sprichwort regiert: «Portugal ist Lissabon und der Rest ist Landschaft.» Diese behäbige, zentralistische Politik zu beenden, fordert sogar noch die längst entrümpelte Verfassung, die nach der Nelkenrevolution beschlossen wurde. Regionalisierung als letztes revolutionäres Relikt? Nach jahrelangen Querelen stellen die Sozialisten einen Vorschlag für eine «sanfte» Regionalisierung zur Volksabstimmung: Die Regionen sollen wenigstens bürokratische, wenn schon nicht politische Kompetenzen bekommen. Doch das Volk, zumindest die 48 Prozent, die zur Abstimmung gegangen sind, lehnt ab.

Grandôla Vila Morena, zum Abschluß jeder Demonstration am 25. April hallt die Hymne vom Lissabonner Rossio hinauf zur Carmo-Kaserne. Nelken werden verteilt, Zettelchen mit den Parolen: «25 de Abril sempre! Facismo nunca mais!» Ein alljährliches Ritual, Zehntausende sind es immer wieder, doch nur wenige Demonstranten sind jünger als 35 Jahre. Was für die Jugendlichen heute alltäglich ist, wissen diejenigen, die sich lebhaft an die Diktatur erinnern, zu schätzen: Sie können auf die Straße gehen, sie können ihre Meinung sagen.

Mit den Blumen der Revolution legte sich ein Schleier des Schweigens über den Krieg in den Kolonien, wurde die Vergangenheit mit dem Schlagwort *descolonizar* «bewältigt». Als zum zwanzigsten Jahrestag der Revolution das Tabu-Thema aufgegriffen wurde, öffnete sich ein Abgrund: Waren die Massaker, mit denen ganze Dörfer vernichtet wurden, nicht «nur» Einzelfälle? War wirklich Napalm eingesetzt worden? War es eine Ehre gewesen, in den «Überseeprovinzen» zu kämpfen? Ein General äußerte, nie wieder habe er sich so portugiesisch gefühlt wie damals. War der Krieg nun eigentlich verloren oder gewonnen? Und war die Entkolonialisierung nicht die eigentliche Schande, zumal sie die Länder in Bürgerkriege entließ? Es durfte alles gesagt – und empört kommentiert werden.

«Es war ein Krieg, den Portugal führte, nur wollte man nicht sagen, daß es ein Krieg war. Zum Beispiel starben Soldaten nie im Kampf. Alles wurde verheimlicht. In Portugal lebte man nicht in einem Kriegszustand», erklärte die Schriftstellerin Lydia Jorge in einem Interview des Deutschlandfunks. Sie lebte während des Kolonialkrieges in Angola und Moçambique und beschreibt diese Zeit in ihrem Roman *Die Küste des Raunens.* «Heute begreife ich, daß es unmöglich ist, davon nicht zu reden. Ich wollte es vergessen, aber es ist nicht möglich, zu vergessen.» Doch Portugal hatte 48 Jahre lang gelernt zu schweigen.

KEINE ZEIT ZUM TRÄUMEN

WIRTSCHAFT UND ÖKOLOGIE

Von den Hügelketten der Serra de Caldeirão sieht man das Meer nicht mehr, nichts als grüne Wellen mit ein paar weißen Flecken bis zum Horizont. Die Dörfer der Serra liegen nur eine gute Autostunde von der berühmten Algarve-Küste aus den Reiseprospekten entfernt. Bis in die siebziger Jahre waren sie weitgehend abgeschieden von der Welt, ohne Strom, ohne fließendes Wasser, kaum zu erreichen. Naturalien ersetzten das Geld in der Subsistenzwirtschaft, man besaß ein Schwein, ein paar Hühner, Ziegen und Schafe. Was fehlte, dafür gab und gibt es ambulante Händler, die von Dorf zu Dorf ziehen: Schuster und Schneider, eine Art Zahnarzt oder zumindest jemand, der in der Lage war, Zähne zu ziehen.

Mit dem Massentourismus an der Küste veränderte sich auch das Leben in der Serra de Caldeirão radikal: In den Hotels und Restaurants konnten die Jungen während der Sommermonate Geld verdienen, mehr als die Eltern vielleicht in ihrem ganzen Leben sehen würden. Bilder aus einer anderen Welt zogen in die Dörfer ein. Zudem warben vor allem Frankreich und Deutschland seit den sechziger Jahren um Gastarbeiter. Innerhalb von zwanzig Jahren verlor die Serra die Hälfte ihrer Bewohner. Zurück blieben Geisterdörfer oder häufig nur die Alten. 50000 Einwohner auf 3400 Quadratkilometern waren es noch 1981, das macht 16 pro Quadratkilometer im Schnitt.

Eine Geschichte, wie sie aus dem Hinterland in ganz Portugal erzählt werden kann. Wer durch die Gebirge im Minho, Trás-os-Montes oder der Beira reist, wird in fast jedem Dorf jemanden finden, der auf deutsch oder französisch grüßt und ein Gespräch beginnt. Emigration hat Geschichte in Portugal. Ging man schon um die Jahrhundertwende in die Kolonien wie zum Beispiel nach Brasilien, sicherte man später als Gastarbeiter im Norden Europas das Überleben der Familie. Auch der millionste Gastarbeiter, der 1964 in die Bundesrepublik Deutschland einreiste, war übrigens ein Portugiese: Der Zimmermann Amando Sá Rodriguez. Auf Pressefotos hockt er etwas verdutzt auf einem Moped – ein Gastgeschenk der Deutschen. Das war dann auch die freundlichste Erinnerung: Er arbeitete unter anderem in einem Zementwerk, kehrte nach Portugal zurück, wo er 1980 in seinem Heimatdorf an Krebs starb.

In Aveiro: Arbeiterinnen
in der Fischfabrik

Heute saugen die küstennahen Ballungräume zwischen Lissabon und Porto das Hinterland aus. An der Küste lebt inzwischen die Hälfte der Bevölkerung auf nur zwölf Prozent der Landesfläche, dort wird investiert und subventioniert, werden neue Industriebetriebe angesiedelt. Und dort entstehen durch die geballte Belastung auch die größten ökologischen Krisenherde: Verkehrschaos in den Städten, Luft- und Wasserverschmutzung, Industrieabfälle ...

Ein Netz lokaler Spezialitäten

«Natürlich waren die Menschen in den Dörfern zuerst mißtrauisch. Waren wir eine politische Partei oder religiöse Bewegung? Wir kamen aus der Stadt, und Leute aus der Stadt kommen selten, um etwas zu geben. Sie waren mißtrauisch, und ich denke, sie hatten recht», erzählt Alberto Melo, einer der Gründer der gemeinnützigen «Associação In Loco», die sich seit 1988 für die regionale Entwicklung der Serra de Caldeirão engagiert. In der Abgeschiedenheit der Serra herrschen eigene Gesetze, und lange genug war der Landstrich vergessen worden, hatte sich niemand um die Dörfer im Gebirge gekümmert.

«Global denken – lokal handeln» heißt das Motto von In Loco: Um die Landflucht zu stoppen, ist es nötig, eine Perspektive in der Heimat zu entwickeln: In den Ausbildungskursen wollte In Loco keine Einzelkämpfer heranziehen, sondern die Teilnehmer sollten später als Gruppe gemeinsam ein kleines Unternehmen gründen. Allein hätte kaum einer in der Serra eine Chance gehabt. Daraus entstanden die ersten Projekte: eine Puppenwerkstatt, eine Strickerei, eine Weberei, eine Werkstatt für Holzspielzeug, eine Bäckerei, die süße Spezialitäten der Region aus Feigen und Mandeln herstellt. Keines der Projekte wurde am grünen Tisch in der Stadt geboren, die Leute aus den Dörfern sollten sich selbst ihre Arbeitsplätze schaffen.

Seit 1991 unterstützt das EU-Programm LEADER, das Gelder für strukturschwache ländliche Provinzen bereithält, das ökologische Projekt. Langfristig soll dreierlei erreicht werden: die Landflucht und den Exodus der Region verhindern, lokal angemessene Arbeitsplätze schaffen und damit gleichzeitig Traditionen erhalten. Inzwischen ist ein Netz verschiedener Projekte entstanden, eine lokale Wirtschaft wächst langsam: Lokales Handwerk und Spezialitäten der Region werden zu Qualitätsprodukten weiterentwickelt – vom Ziegenkäse über Kräuterliköre bis zu Korbwaren oder gewebten Decken. Restaurants eröffneten, die die regionale Küche wiederbeleben, ländliche Museen wurden eingerichtet, wie die restaurierten Windmühlen bei Mértola, die lebendig die Geschichte des Brotes erzählen. Viele lokale Spezialitäten, die inzwischen Besucher anlocken, denn ländlicher Tourismus ist ein wichtiges Standbein für das neue Leben in der Serra. Gäste, die für ein paar Tage in restaurierten Häusern in der Serra wohnen und den Algarve hinter dem Strand kennenlernen wollen.

«Die Leute in der Serra fragten sich natürlich, wer will überhaupt hierherkommen, wenn die Kinder so schnell wie möglich die Serra verlassen?» so Alberto Melo. Das Problem sei weniger die Armut, sondern vielmehr die soziale Isolation gewesen. Viele Produzenten aus der Serra, die ihre Spezialitäten oder Handwerksprodukte heute zweimal im Jahr auf der Feira da Serra oder in eigens gegründeten Läden verkaufen, können davon allein nicht leben. Aber das Rad beginnt zu laufen: In Loco kooperiert mittlerweile mit der Tourismusbehörde des Algarve, die nicht mehr nur für Sonne und Strand, sondern auch für das Hinterland Werbung macht. Und etwas veränderte sich grundsätzlich, findet Alberto Melo: «Die Leute sind heute stolz, daß sie aus der Serra kommen. Und sie beginnen daran zu glauben, daß es zwar nicht einfach, aber möglich ist, etwas zu verändern.»

Ein Netz lokaler Kooperativen soll nicht nur in der Serra de Caldeirão entstehen, sondern auch zwischen den anderen ländlichen Regionen Portugals, in denen ähnliche Vereine wie In Loco Entwicklungsarbeit leisten, in denen die Bewohner selbst aktiv werden, anstatt auf den Staat zu warten. «Wir haben nichts gegen Fortschritt, aber wir brauchen eine Mischung, in der das traditionelle Wissen nicht verlorengeht», so Alberto Melo. «Seitdem Portugal Mitglied der EU ist, haben wir keine Bürger mehr, sondern nur noch Konsumenten.» Das Geld aus Brüssel wird in Lissabon verwaltet und verteilt, für die Regionen bleibt wenig übrig. Angesichts anderer Fördermaßnahmen der EU erscheint das Europäische Programm LEADER allerdings eher als ein Trostpflaster.

Aufschwung im Armenhaus

Das einstige «Armenhaus Europas» entwickelte sich zum vielgelobten europäischen Musterschüler: Nirgendwo in Europa werde so wenig gestreikt und soviel gearbeitet, sozialer Frieden, politische Stabilität, Einbindung in den Binnenmarkt, hoher Freizeitwert, niedrige Löhne – kurz: ideale Voraussetzungen für ausländische Investoren. Tatsächlich erlebte Portugal mit dem Beitritt zur EU einen nie gekannten Wirtschaftsaufschwung – zum großen Teil mit Zuschüssen aus Brüssel finanziert.

Bis 1974 kontrollierten während der Diktatur wenige Familienclans die portugiesische Wirtschaft. Der *Estado Novo* schützte ihre Monopolstellung durch protektionistische Maßnahmen vor der Konkurrenz aus dem Ausland. Als das Regime mit der Nelkenrevolution 1974 wie ein Kartenhaus zusammenklappte, war Portugal ein Entwicklungsland. Rund die Hälfte aller Haushaltsmittel waren in den Kolonialkrieg geflossen, eine Industrialisierung hatte nicht stattgefunden. Nach der Revolution flüchteten die wirtschaftlich bedeutenden Familien mitsamt ihrem Kapital. Die dringend benötigten Kredite zum Aufbau blieben aus. Ausländische Investoren zogen sich aus Angst vor einem sozialistischen Portugal zurück: Die Schlüsselindustrien, Banken und Versicherungen waren verstaatlicht worden, mit einem ihrer ersten Beschlüsse führte die Revolutionsregierung endlich den Mindestlohn ein, kämpferische Gewerkschaften wurden gegründet und streikten für soziale Rechte, Landarbeiter besetzten Latifundien im Alentejo und schlossen sich zu Kooperativen zusammen. Mit dem Verlust der Kolonien wurde Portugal verstärkt von Importen aus dem Ausland abhängig.

Als der rechtsliberale Cavaco Silva 1987 die Macht übernahm, setzte er sich ins gemachte Bett, denn die Verträge zum EU-Beitritt

Die portugiesische Fischerei kann im internationalen Wettbewerb nicht mithalten

waren bereits ausgehandelt. Im Laufe der Jahre wurde jegliche sozialistische Ambition aus der Verfassung gestrichen. Cavaco Silva vermochte die Inflationsrate von fast dreißig Prozent auf knapp sieben Prozent 1993 zu drücken – der EU-Durchschnitt lag damals bei gut vier Prozent – und setzte eine konsequent neoliberale Wirtschaftspolitik um: Öffnung des Marktes für ausländisches Kapital, Rückzug des Staates aus der Wirtschaft und Einleitung der Privatisierung der nach der Revolution verstaatlichten Betriebe.

Mit besten Konditionen und billigen Arbeitskräften lockte Cavaco Silva ausländische Unternehmen nach Portugal. Sein dickster Fisch ist das Automobilwerk Auto-Europa in Palmela, zwischen Lissabon und Setúbal, die größte Auslandsinvestition, die in Portugal je getätigt wurde. Für das Jointventure von Ford und Volkswagen bot Cavaco Silva gegen die Konkurrenz von Spanien und Irland

die besten Bedingungen: Das fünf Milliarden Mark teure Werk wurde mit 1,5 Milliarden Mark bezuschußt, zwei Drittel davon waren EU-Gelder. In dem modernsten Autowerk Europas könnten 180000 Großraumlimousinen im Jahr vom Band rollen. Fünf Jahre nach der Eröffnung ist das Werk immer noch nicht ausgelastet.

Mit den EU-Geldern verbesserte sich die Infrastruktur, vor allem in Straßen und Abwassersysteme wurde investiert, in Krankenhäuser und Stromleitungen. Tatsächlich verdoppelte sich das Pro-Kopf-Einkommen zwischen 1986 und 1992. Der private Konsum, oft durch wahnwitzige Kredite finanziert, legte kräftig zu: Flotte Kleinwagen sind der Renner, fast in allen Haushalten existieren Kühlschrank, Herd und Fernseher. Verfügte 1990 nicht einmal die Hälfte aller Haushalte über ein Telefon, so waren es 1994 schon 72 Prozent, und als in Deutschland die ersten Handys auftauchten, gehörten sie im portugiesischen Straßenbild längst zum Alltag. Mittlerweile stapeln sich bei den Gerichten übrigens die Prozesse wegen nicht bezahlter Handy-Rechnungen.

Die seit 1995 regierenden Sozialisten drückten in Sachen Privatisierungen ordentlich aufs Tempo, um die Haushaltslöcher zu stopfen: Tatsächlich gelang, was wenige Jahre vorher niemand vermutet hätte: Portugal erfüllte die Maastricht-Kriterien zur Einführung des Euro nicht als Wackelpartie, sondern mit einem überraschend niedrigen Haushaltsdefizit von nur 2,5 Prozent – man erinnere sich an die Drei-Prozent-Fuchserei des Herrn Waigel – ohne Abbau der Reallöhne und höhere Steuersätze. Als – was ebenfalls kaum noch einer geglaubt hätte – die Weltausstellung Expo 98 auch noch pünktlich in Lissabon eröffnete, machte sich Siegesstimmung breit: Portugal hat den Anschluß geschafft.

Das ist die eine Seite. Andererseits gilt auch 1999 noch fast das gesamte Land als sogenanntes «Ziel 1»-Gebiet innerhalb der EU, als strukturschwach und besonders förderungswürdig, weil hier das Bruttoinlandsprodukt unter 75 Prozent des EU-Durchschnittes liegt. In der europäischen Wohlstands-Statistik belegt Portugal immer noch den vorletzten Platz vor Griechenland. In der Textilindustrie, der größten Branche noch vor dem Tourismus, werden fünf Mark in der Stunde gezahlt. Der nationale Mindestlohn beträgt 590 Mark, obwohl die Lebenshaltungskosten in den Städten bundesdeutsches Niveau erreicht haben. Anfang 1999 verspricht der sozialistische Ministerpräsident António Guterres einen Fünf-Jahres-Plan für soziale Gerechtigkeit. Der Regierungschef muß eingestehen, daß sich trotz der Erfolgsmeldungen die Schere zwischen Arm und Reich weiter öffnet: 22 Prozent der Familien leben in Armut. Das Gesundheitswesen ist dringend sanierungsbedürftig. Ebenso der Bildungsbereich: Nur 35 Prozent der Portugiesen haben einen höheren Schulabschluß, zwei Drittel sprechen keine Fremdsprache, die Analphabetenquote liegt landesweit noch immer bei zehn Prozent – ein europäischer Spitzenwert, der bedeutet, daß im Hinterland die Rate wesentlich höher liegt. Ein historisches Erbe: Ende des 19. Jahrhunderts konnten 75 Prozent der Portugiesen weder lesen noch schreiben. Durch die Jahrzehnte bildete sich eine Elite, die das Land regierte und nicht die Notwendigkeit sah, das Volk zu schulen. Kein Wunder, daß Portugal das Land in Europa ist, in dem am wenigsten gelesen wird. Zudem gehen vor allem im Norden viele Kinder eher in die Fabrik als in die Schule. Zu Niedriglöhnen werden sie beschäftigt, aber die Familien sind auf das Zusatzeinkommen angewiesen.

Portugal ist nach wie vor ein Agrarland, der Aufschwung mit supermodernen Einkaufszentren findet in erster Linie in den Städten statt. War bis 1978 noch jeder sechste in der Landwirtschaft beschäftigt, ist es Anfang der neunziger Jahre nur noch jeder dritte, was allerdings mehr mit der Aufgabe von Kleinbetrieben als mit Industrialisierung zu tun hat. Die Landwirtschaft trägt nur sechs Prozent zum Bruttoinlandsprodukt bei und hat keine Chance in der Konkurrenz gegen die industrialisierten Staaten der EU.

Auch in Portugal häufen sich die Bauernproteste gegen holländische Tomaten und spanische Apfelsinen, auch hier werden mittlerweile Bauern dafür bezahlt, daß sie ihre Äcker nicht bestellen, selbst wenn sie kurz zuvor noch Unterstützung zur Modernisierung erhalten haben. Und die Ausgleichszahlungen sind natürlich niedriger als im industrialisierten Norden der EU, da sie entsprechend der Produktivität gezahlt werden. So importiert Portugal weiterhin die Hälfte seiner Nahrungsmittel, und damit geht ein Teil der EU-Gelder wieder zurück.

Das gleiche gilt für die Fischer. Fernsehbilder aus Peniche und Matosinhos, den größten Fischereihäfen des Landes, erreichten die Wohnzimmer: Bilder von wütenden Fischern, die kistenweise spanische Sardinen auf dem Marktplatz ausschütteten. Die modernere Fischfangflotte der Spanier arbeitet billiger als die veralteten Boote der Portugiesen.

«Gesundschrumpfen», heißt auch die Devise der Unternehmensberater in den Leder- und Textilfabriken im Norden. Selbst viele kleine Fabriken, die exportieren konnten, weil sie zu absoluten Dumpinglöhnen Frauen und Kinder beschäftigten, können der Konkurrenz aus Asien und Osteuropa nicht standhalten.

Small is beautiful

«Was ist, wenn Ende des Jahrtausends die Europagelder auslaufen?» Jorge Reves ist nicht der einzige, der meint, Portugals Geschichte wiederhole sich auf fatale Weise: Während des «goldenen Zeitalters» war Lissabon nur der Verladehafen für die Waren aus den Kolonien gewesen. Mit dem Geld wurde das luxuriöse Leben des Hofes finanziert, anstatt das Kapital in die eigene Wirtschaft zu investieren. Auch am Ende des 20. Jahrhunderts baut Portugal keine eigenständigen Strukturen auf und ist statt dessen abhängig von ausländischen Investoren.

Die Migration in die Städte Lissabon und Porto erreicht heute eine neue Dimensionen. Während die offizielle Arbeitslosenstatistik landesweit knapp sieben Prozent Arbeitslose ausweist, erreicht die Rate in armen Regionen wie dem Alentejo dreißig Prozent. Von der Arbeitslosigkeit besonders betroffen sind Frauen. Viele der jüngeren fahren aus den Dörfern nach Elvas an der spanischen Grenze, nach Évora oder Beja und arbeiten dort als Prostituierte. Drogendealer, die mittlerweile auch im Alentejo auf offener Straße Haschisch und Heroin verkaufen, sind meist junge Langzeitarbeitslose. Zudem ist die Selbstmordrate im Süden des Alentejo die höchste in Europa.

Global denken, lokal handeln. Die Arbeit von Organisationen wie In Loco erscheint wie ein romantischer Spielplatz gegenüber den Großprojekten in den Ballungszentren. «Wir spielen Krieg», sagt Alberto Melo, «wobei wir mit Steinen werfen und die andere Seite schwere Waffen auffährt.» Dagegen setzt In Loco kleine Pflänzchen, die erst einmal anwachsen müssen. Ein Wettlauf mit der Zeit.

KUL-TOUREN

MAIS OU MENOS

PORTUGIESISCHE BEFINDLICHKEITEN

Im Jerónimuskloster Belém von Lissabon liegen sie in ihren Sarkophagen nebeneinander: der Erzähler und der Macher. Der «portugiesische Shakespeare» Luis Vaz de Camões, der im Heldenepos *Os Lusíados* die Geschichte der portugiesischen Entdeckungen verewigte, und Vasco da Gama, der den Seeweg nach Indien fand. Wen verehren die Portugiesen mehr? «Natürlich den, der die Geschichte erzählt», sagt der Professor. Der Todestag des Dichters Camões, der 10. Juni 1580, ist deshalb ein Nationalfeiertag. Gibt es irgendein Fest zu Ehren des Indienentdeckers? Nein.

«Wir Portugiesen lieben es, uns zu erinnern», hebt der Professor an, und nun heißt es, sich zurücklehnen, denn dieses Thema ist ein unerschöpfliches. Seine Ausführungen seien kurz zusammengefaßt: «Wir erinnern uns derer, die waren, und erwarten die, die kommen mögen.» Der Professor lächelt verheißungsvoll: «Der Minister, der jetzt regiert, ist nie ein guter Minister. Einfach deshalb, weil er jetzt Minister ist.» Nicht unbedingt logisch, aber einleuchtend, und der Professor kommt zu dem Schluß: «Deshalb lieben wir den Erzähler, den Dichter, denjenigen, der unsere Erinnerung weckt. Nicht denjenigen, der macht, der handelt.» Dies sagt nicht irgendwer, sondern ein leibhaftiger Professor der Geschichte.

Es ist schon ein merkwürdiges Land, das heutzutage kaum noch für Schlagzeilen sorgt, aber einst den Europäern vormachte, wie man ferne Kontinente entdeckt. Für Helmut Brühl ist es «die Heimstätte eines gewaltigen Epos mit längst vergessenen Helden, die noch in der portugiesischen Seele als Kobolde ihr Unwesen

An einem nebligen Morgen
an der Küste

treiben und dem Fremden Sand in die Augen zu streuen versuchen, wenn er den vermessenen Versuch macht, das Rätsel Portugal zu lösen.» Das sollte man tunlichst bleibenlassen. «Ein Schwamm, an dem man sich die Zähne ausbeißt», warnte Curt Meyer-Clason. Man lasse sich nur ein wenig verwundern. *Paciência*, Geduld, heißt das Zauberwort.

Perfekte Improvisation

Irgendwie scheinen sich die Portugiesen selbst ein Rätsel zu sein. Ihre gefühlsmäßige Großwetterlage, die sich in der berühmt-berüchtigten *saudade* ausdrückt, ist immer wieder ein allseits beliebtes Thema. *Saudade*, so wenig zu übersetzen wie «deutsche Gemütlichkeit», darin liegen, grob geschätzt, eine lächelnde Melancholie und ein unbestimmtes Sehnen nach Vergangenem, die Wehmut eines unerfüllten Traumes und die zeitlose Hingabe an ein Schicksal – in aller Seelenruhe, jenseits von Logik und Ratio.

Aber was dieses angebliche Konzentrat der lusitanischen Seele nun eigentlich ist und was aus ihr werden wird, da Portugal, zumindest offiziell, seine Reise nach Europa angetreten hat, darüber spekulieren die Philosophen selbst Ende der neunziger Jahre noch auf Kongressen. Ist *saudade* «das Rätsel der Zeit» oder «eine besondere Strategie, die Zeit innerhalb der Zeit zu verneinen», sich sozusagen listig aus der Schlinge des zwanzigsten Jahrhunderts zu ziehen? Ein Schwamm, ein wahrer Schwamm …

Bis vor einigen Jahren wurden Reisende schon bei der Ankunft in Portugal entsprechend eingestimmt: Sie bekamen eine Stunde Zeit geschenkt, ein Stündchen mehr zum Vertrödeln. Doch 1992 stellte Minister Valente de Oliveira die portugiesischen Uhren punktum auf europäische Sommerzeit. Die Begründung: Die Lissabonner Banken und Unternehmen sollen zur selben Zeit wie die Pariser, Madrider oder Frankfurter arbeiten. Die Zeit, um gemeinsame Geschäftskontakte zu pflegen, sei ohnehin schon kurz genug, tadelte der Minister, da die Portugiesen eine zweistündige Mittagspause genießen.

Über diesen Minister wurde lang und breit geschimpft, aber zwischen dem, was die Regierung in der Hauptstadt verkündet, und der Realität im Land liegen – gelinde gesagt – Welten. Man ergab sich dem Schicksal, fuhr auch im Sommer im Dunkeln zur Arbeit, doch ließ sich in der Mittagspause nicht stören. Man kann sich mit allerhand Dingen arrangieren und wurschtelt sich schon irgendwie durch. Nur Geduld, die Sache wurde ausgesessen. Und zu den ersten Reformen, die die Sozialisten nach dem Regierungswechsel drei Jahre später durchzogen, war der Abschied von der europäischen Sommerzeit. Na bitte.

Mais ou menos, «mehr oder weniger», ist ein geflügeltes Wort, alles ist relativ, abwarten, und viele Dinge regeln sich von selbst, und wenn nicht, muß man halt improvisieren. Geduld, Geduld, das klappt perfekt. Wer einmal in irgendeinem portugiesischen Dorf mit dem Auto liegenbleibt, hat gute Chancen, diese aufschlußreiche Erfahrung zu machen. Ein defektes Teil muß ausgewechselt werden? Die Wahrscheinlichkeit ist hoch, daß der Mechaniker Zylinderköpfe und Kotflügel und sonstige Accessoires diverser Autowracks in einem geheimnisvollen Keller lagert. Oder es gibt einen Freund, der weiß, wer, wo was hat.

Im Zweifelsfall wird dieses Teil zurechtgeschweißt, und es paßt. Garantiert. Die Überlebenskunst des Improvisierens wurde schließlich jahrhundertelang trainiert. Wer bis zum Hauseingang vorgedrungen ist und nicht weiß, ob der Gastgeber im ersten oder dritten Stock wohnt, ob links, rechts oder in der Mitte, ist hoffnungslos verloren, sofern man nicht das gesamte Mietshaus durchklingeln will. An keinem Haus hängen Namensschilder. Macht nichts, man kann ja noch mal telefonieren.

An einem nebligen Morgen ...

Stunde um Stunde verstreichen lassen, an der Hafenmauer lehnen und auf das Meer schauen. An einer Hauswand hocken, auf einem der Holzklötze, die extra zu diesem Zweck dort hingestellt wurden, weil die Mauer gegen Nachmittag etwa einen halben Meter Schatten wirft. Und dann sitzen die Männer da, stundenlang, stumm. Und gucken. Oder warten. Warten sie? Worauf warten sie? Ja, das ist ein heikler Punkt. Also:

In erwähntem Jerónimuskloster, einem Wahrzeichen und Symbol des «Goldenen Zeitalters der Entdeckungen», tragen steinerne Elefanten die Särge portugiesischer Könige. Ein Sarg ist leer. Die Leiche ist abhanden gekommen. Genauer: König Dom Sebastião wurde nie in den Sarg gelegt.

Mit vierzehn Jahren bestieg er 1557 den Thron. Die Nation verklärte ihn zur letzten Hoffnung, das Weltreich noch zu retten, denn mittlerweile konnte Portugal von den Schätzen aus den Kolonien kaum noch seine Auslandsschulden bezahlen. Der König schwor in jugendlichem Größenwahn, den Islam zu besiegen, und führte ein 18000 Mann starkes Heer in Alcácer Quibir in ein Desaster. Keine hundert Soldaten kehrten aus Afrika zurück, auch nicht der junge König, und niemand hatte ihn sterben sehen.

Sebastião hatte das Weltreich endgültig verspielt und keinen Thronfolger hinterlassen. In den folgenden sechzig Jahren geriet Portugal unter spanische Herrschaft. Am Tag, als die Spanier einmarschierten, starb der Heldendichter Luis Vaz de Camões. Dom Sebastião lebte aber als ein Messias weiter, der an einem nebligen Morgen von einer fernen Insel auf seinem Schimmel zurückkehren wird. Das Fünfte Reich wird sich erfüllen. Das ist keine Spinnerei, der neblige Morgen ist bis heute ein Gemeinplatz in der Sprache und der Sebastianismus eine eigenartige portugiesische Philosophie, der durchaus ernst zu nehmende Personen anhängen.

An einem nebligen Morgen ... diese Hoffnung halten aufgeklärte Geister natürlich für ein kollektives Trostpflaster und eine Überdosis Baldrian, die das Volk ruhigstellt: Aus dem Nebel wird er auftauchen, einfach so, der Retter in der Not. Doch selbst ein kühl kalkulierender Kaufmann, der zu Sebastião bestenfalls «Papperlapapp» sagt, gibt nächtens nach einigen Gläsern Wein dann doch zu, daß seine Geschäfte an nebligen Vormittagen hervorragend laufen. Das sei einfach eine Sache der Erfahrung. Nur wer an Wunder glaubt, dem geschehen sie auch. Daß die Hälfte des Zehn-Millionen-Volkes jede Woche einen Lottoschein ausfüllt und Losverkäufer für besondere Kunden spezielle Nummern reservieren, gehört noch zu den harmlosen Kleinigkeiten.

Die Karten werden neu gemischt

Sippschaft der Heteronyme

Es liegt noch eine weitere Person im Kloster von Belém begraben, die eine sehr spezielle Beziehung zum verlorenen König Sebastião hatte: der Dichter Fernando Pessoa. Er starb 1935 und wurde Jahre später ehrenvoll in den Kreuzgang umgebettet.

Als ein schmächtiges Männlein erscheint er auf Fotos, korrekt gekleidet mit Hut und Fliege. Sein Blick hinter einer Nickelbrille wirkt ein wenig entgeistert, so lief er Tag für Tag durch die Lissabonner Baixa. Er wurde 1888 in Lissabon geboren, wuchs in Durban in Südafrika auf, wo seine Mutter

zum zweiten Mal geheiratet hatte. Mit siebzehn Jahren kehrte er zurück. Er studierte nur kurz und begann statt dessen als Handelskorrespondent seinen Lebensunterhalt zu verdienen. Während des Tages übersetzte er Briefe auf französisch oder englisch, die Nachmittage verbrachte er in Caféhäusern, die Nächte schreibend in seinem möblierten Zimmer.

Er sei immer zu einem Scherz aufgelegt gewesen, ein interessanter, aufmerksamer Gesprächspartner, allseits beliebt, berichten seine Bekannten. Betrunken hatte ihn nie jemand erlebt. Er wußte die Form zu wahren. In seinem Innern erlebte er eine sonderbare Welt. 1914 notiert der Dichter: «Ich bin immer mehr allein, immer verlassener. Nach und nach zerbrechen mir alle Bindungen. In Kürze werde ich ganz allein sein.» Pessoa spürte sich selbst oft an der Grenze zum Wahnsinn. Ein Genie, das um seine Fähigkeiten wußte: «Ich bin über die Gewohnheit des Lesens hinaus. Ich habe aufgehört, irgend etwas zu lesen», schrieb er als Zweiundzwanzigjähriger, «ich bin nun im vollen Besitz der grundlegenden Gesetze der literarischen Kunst … Mein Geist hat eine Geschmeidigkeit und eine Reichweite erlangt, die mich befähigen, jedes Gefühl anzunehmen, das ich wünsche, und willentlich in jeden geistigen Zustand einzutreten. Für das, was zu erringen stets eine Anstrengung und eine Qual bleiben wird, für die Vollkommenheit, kann kein Buch eine Hilfe sein.» Auf banale Krimis von Conan Doyle oder Arthur Morrison beschränkte er seine Lektüre: «Ein Band von einem dieser beiden Autoren, die Idee einer Tasse Kaffee – eine Dreieinigkeit, deren Einheit das Höchstmaß des Glücks für mich bedeutet –, darin erschöpft sich für mich das Glück.» Doch bei allem, was Pessoa schrieb oder sagte, konnte man nie so ganz sicher sein. Pessoa heißt nichts anderes als «Person», irgendeine Person einfach. Doch es gab viele, die in seinem Werk mitmischten.

Schon als Kind erfand er seine eigene Welt, entwarf er andere Persönlichkeiten. Selten schrieb Pessoa unter seinem eigenen Namen Gedichte, sondern als Alvaro de Campos, Ricardo Reis oder Alberto Caeiro, die nur die bekanntesten seiner «Heteronyme» waren. «Sie explodieren in mir», beschreibt Pessoa diese anderen «Ichs», von denen er wußte, ob sie dick oder dünn waren, welchen Beruf sie ausübten, wann und wo sie geboren und meist auch gestorben waren. Er stellte ihnen Horoskope und ließ sie untereinander streiten. Pessoa entledigte sich seiner eigenen Persönlichkeit und lebte mit seiner Sippschaft der «Heteronyme»: «Ich höre, fühle und sehe sie. Und empfinde Sehnsucht nach ihnen.»

Seine literarischen Freunde fanden es unverantwortlich, daß er nur wenige Gedichte in Zeitschriften veröffentlichte. Er beruhigte sie, man würde nach seinem Tod genug finden. Tatsächlich hinterließ er eine Truhe vollgestopft mit Gedichten und Romanfragmenten, die die Forscher heute noch beschäftigen. Nur ein Buch hatte er 1934, ein Jahr vor seinem Tod, herausgegeben: *Mensagem*, die Botschaft.

«Wann zeigst du deine Rückkehr an, / gibst meiner Hoffnung Liebe Raum? / Wann steigst du aus der Sehnsucht, wann? / Wann mein Gebieter und mein Traum?» dichtete Pessoa und meinte damit nicht den jungen Sebastião, sondern seinen Mythos, und prophezeite Portugal eine kulturell weltweit bestimmende Rolle. Die historischen Leistungen der portugiesischen Könige und Entdecker verstand er nur als Anzeichen für das Fünfte Reich, dessen friedliches Entstehen von Portugal ausgehen würde. «Griechenland, Rom und Christenheit, / Europa – versunken, verdorben, / dort, wo verronnen jegliche Zeit. / Wer ist für das wahre Leben bereit, / für das Dom Sebastião gestorben?» Pessoa, der sich selbst als mystischen Nationalisten und rationalen Sebastianisten bezeichnete, wollte die Portugiesen aufrütteln aus ihrer Lethargie: «Die Kräfte in uns – sie werden gelenkt / von der Seele inn'rer Vision.»

Den Gedichtband hatte Pessoa in einer Zeit veröffentlicht, in der sich die Diktatur Salazars gerade etabliert hatte. Und unter dem Stichwort «Nationalismus» zeichnete das Propaganda-Sekretariat die «Botschaft» mit einem Preis aus. Das war für Pessoa Beifall von der falschen Seite. In einem Brief schrieb er: «Ohne daß ich es geplant oder vorausbedacht hätte (ich bin zu einer praktischen Vorausüberlegung unfähig), fiel es mit einem der kritischen (im Wortsinn kritischen) Augenblicke der Umformung des nationalen Unterbewußtseins zusammen.» Ein Grund, weshalb er danach nichts mehr veröffentlichte, war die Angst, vom Regime vereinnahmt zu werden.

Pessoa verteidigte patriotisch die portugiesische Eigenart gegen jegliche ausländischen Elemente, vom wirtschaftlichen Einfluß der Engländer bis zur katholischen Kirche aus Rom: «Werfen wir dieses Bündel aus Finsternis und Entmutigung hinaus, das seit Jahrhunderten mehr oder minder auf unserer Intelligenz und auf unseren Entscheidungen lastet.» Für das Fünfte Reich prophezeite der Dichter, daß es «eine Vereinigung der beiden seit langem getrennten, aber seit langem aufeinander zustrebenden Kräfte geben wird: die linke Seite der Weisheit, also Wissenschaft, Vernunftüberlegung und geistige Spekulation; und ihre rechte Seite, also okkulte Erkenntnis, Intuition sowie mystische und kabbalistische Spekulation».

Natürlich sei nicht gesichert, daß dieses universelle Reich sich tatsächlich erfülle, aber zumindest die Möglichkeit müsse angenommen werden. Wer nicht an Wunder glaubt, wird sie auch nicht erleben. «Wir haben bereits das Meer erobert: Es bleibt uns noch übrig, den Himmel zu erobern, mag die Erde für die anderen, die ewig anderen, die anderen von Geburt, die Europäer bleiben, die keine Europäer sind, weil sie keine Portugiesen sind.»

Portugal kommt langsam. Im Fußball, nationale Leidenschaft und damit ist nicht zu scherzen, qualifizierte sich Portugal zwar nicht zur Weltmeisterschaft, aber dieselben Profis hatten als Jugendmannschaft 1991 wundersam Brasilien im Finale besiegt. Portugal stand kopf. Die Welt nahm keine Notiz davon. Sollte sie aber. Ist es ein Zufall, daß die einzigen Sportler, die Medaillen erringen, Marathonläuferinnen sind? Vielleicht ist es nur eine Frage der Zeit, ob die Macht rationaler Faktenkrämerei oder die Kraft der Träume und Illusionen siegt. Auch wenn sich bestimmte Kreise mächtig anstrengen, um den Anschluß an Europa nicht zu verpassen – Zeit spielt keine Rolle.

LIEDER, DIE DAS LEBEN SCHRIEB

FADO, VOLKSMUSIK UND ROCK

Sie legt sich die schwarze Stola über die Bluse, zupft die Fransen zurecht, kontrolliert mit den Fingern die frisch gewellte Frisur. Heute nacht läßt sie das Gemurmel der Gäste verstummen, in dieser verqualmten Taverne mit den Holzhockern und Plastiktischdecken. Das rote Licht der Lämpchen wird noch ein wenig schummeriger. Stille.

Sie holt tief Luft, nickt den beiden Gitarristen in der Ecke zu, hebt den Kopf, und ihr Blick wandert – wohin? Sie schließt die Augen, und eine dunkle Stimme preßt die erste Silbe heraus, gewinnt an Halt, sie zieht sich hinauf und sackt herunter, wagt einen melodischen Hüpfer, hält inne – und die Plastiktischdecken, die Holzhocker entschwinden, nur ihre Stimme – sie eilt den Refrain hinauf, reißt und bricht, nein, kein Schluchzen, vorher holt sie der Applaus zurück.

Fado, dieser schmerzliche Gesang, der die Wehmut in Szene setzt, die Einsamkeit und die Tragödie des Lebens. Fado kommt von *fatum,* dem Schicksal, in dessen Strophen sich die Gegensätze *riqueza* und *pobreza* so wundervoll auf *tristeza* reimen, der Reichtum und die Armut und die Traurigkeit, getragen von der alles Sehnen der Welt und des Universums umschließenden *saudade.* Diese nicht zu übersetzende Melancholie, sie schleicht sich in die Seele, formt eine Melodie und schiebt ihr diese einzigartigen Schluchzer zwischen die Silben. Es sind Lieder, die wollüstig von Heimweh, Liebesleid und Lissabon erzählen, der Stadt, in der er geboren wurde, in der er bis heute lebt.

In wenigen Tavernen existiert er tatsächlich noch – oder wieder – unpoliert und wird nicht professionell gemanagt. «Wer will singen? Wer ist noch hier und möchte singen?» George, der kugelrunde Wirt, drängelt sich zwischen den Tischen hindurch. «Hört mal, dies ist kein Touristenfado, dies ist *fado vadio.* Und den kann jeder singen!» George muß es wissen. Bis vor wenigen Jahren hat er selbst noch nie einen Fado über die Lippen gebracht. Aber wie das Leben so spielt, George eröffnete diese Taverne und begann zum Spaß, seine Gäste mit dem einen oder anderen Fado zu beglücken. Das sprach sich bald herum. Eine Pinte, die man nachts ansteuert, ein Glas Wein trinkt und singen kann, sich einfach dem nationalen *estado da alma,* dem vielbeschworenen por-

Fado: Schwülstiges Touristen-spektakel oder Gesang des nationalen Seelenzustandes?

tugiesischen Seelenzustand, hingeben. *Fado vadio*, das ist der Fado von der Straße, den ein jeder singt, wie ihm zumute ist, und der in den letzten Jahren wieder in Mode kam.

Nicht jeder Fado ist zum Heulen traurig. Fröhlich wäre wohl übertrieben, aber er kann durchaus auch heiter sein. Eine Strophe der Wirt, die nächste der Gast hinten links, es antwortet der Koch, und das Publikum fällt unter heftiger Gitarrenbegleitung grölend ein. Die Stimmen sind nicht ausgebildet, aber – und das meinen selbst die professionellen Sänger – Fado zu singen kann man nicht lernen. Der drängt sich unaufhaltsam von innen nach außen, und hundert *fadistas* werden den gleichen Fado hundertmal verschieden schluchzen, jammern und seufzen.

Begleitet wird Fado von mindestens zwei Gitarren: Eine sechssaitige gibt den Takt an. Die Portugiesen nennen sie *viola*, um sie von der anderen, der zwölfsaitigen *guitarra portuguesa*, zu unterscheiden, die wie eine Zither klingt und die Melodie aufnimmt.

Luís, einer der beiden Gitarristen bei George, ist gut über sechzig Jahre alt und eigentlich Jazzmusiker, aber mit Jazz und Saxophon läßt es sich noch schwieriger überleben als mit Fado und *guitarra portuguesa*. Andere Gitarristen, wie Carlos Paredes, der einst ein schnödes Beamtendasein fristete, oder Pedro Caldeira Cabral zeigten, was dieses Instrument sonst noch zu bieten hat, und starteten erfolgreiche Solokarrieren. Paredes produzierte gar eine Platte mit Charlie Haden zusammen.

Zu vorgerückter Stunde murmelt selbst der Jazzer Luís vertraulich flüsternd was von Seele der Portugiesen und *saudade* und *verdade*, die Sehnsucht und die Wahrheit, die beiden Worte reimen sich übrigens auch wunderschön … Der Kellner bringt eine Karaffe Wein, dies ist die Nacht, in der der Fado einmal mehr geboren wird, hier ist der Fado schräg, hier rutscht mancher Ton daneben, aber hier klingt er so wahrhaftig.

Draußen, in den Gassen des Bairro Alto in Lissabon, warten derweil die Touristenschlepper vor den *casas de fado*. «Very typical, Fado!» versprechen sie für zwanzig bis fünfzig Mark Eintritt, inklusive einem – meist ziemlich dürftigen – Menü.

Ob Profi oder Amateur, Fado gehört für diejenigen, die ihn singen, zum Alltag. Einige Banausen halten Fado für eine unerträgliche Jammerei, weinerliches Selbstmitleid und kennen noch ganz andere gemeine Worte. Nur eins ist sicher: Kein Portugiese wird zum Thema Fado sagen: «Na, ganz nett.» Die einen seufzen glückselig, die anderen stopfen sich Wattepfropfen in die Ohren. Dazwischen gibt es keine Kompromisse.

Vom Bordell in den Palast

Über die Ursprünge des Fado streiten sich die Historiker und Ethnologen. Die Portugiesen hätten sich einiges von der getragenen Liebeslyrik der Araber abgehört, meinen die einen. Eine andere Theorie behauptet, portugiesische Seefahrer hätten jammernd vor Heimweh auf den Schiffen zu singen begonnen. Und die dritte Version schreibt dem Fado einen langen Umweg zu: Afrikanische Sklaven hätten ihre Gesänge nach Brasilien gebracht, wo sie auf den Zuckerplantagen arbeiten mußten, und von dort sei die Musik weiter nach Portugal gelangt.

Die ersten Fados erklangen Anfang des 19. Jahrhunderts in den Lissabonner Vierteln Mouraria und Alfama, in den Gassen, Tavernen und Bordellen. Bis 1830 gehörte er ausschließlich in diese verruchten Stadtteile. Dort lebten die Seeleute, und nur dort war die Prostitution erlaubt. Fado wurde spontan gesungen, in den Tavernen gab es kein Programm, keine Ankündigung, Fado war einfach da.

Natürlich zog es auch Teile des Adels in die finsteren Pinten, und einige verfielen dem Fado. Vor allem die wundervolle Stimme der Maria de Severa ließ einen Grafen dahinschmelzen, und mit dieser Affäre erlangte der Fado die höheren Weihen als gesellschaftsfähiges Liedgut. Eine Lungenentzündung raffte die mythische Severa zwar schon mit 26 Jahren dahin, doch vorher hatte sie dem Fado den Weg in die Paläste geebnet. In den Salons wurden Liederabende abgehalten, selbst der König soll recht angetan gewesen sein, und so entwickelten sich die verschiedenen Varianten: Der sehnsüchtige Schmalz wurde aufbereitet oder satirisch nachgewürzt; auch die Anarchisten bändelten mit dem Gesang des Volkes an. Der Fado erzählte von der Armut, von sozialen Ungerechtigkeiten, vom Nachbarn, der mal wieder im Gefängnis sitzt, vom *dia-a-dia*, dem täglichen Einerlei. Fado war die Chronik des Alltags in der Stadt, ein ständiger Begleiter der Lissabonner.

Wurde ursprünglich spontan inszeniert und viel improvisiert, eine Strophe flugs neu erfunden, um dem vorherigen Sänger mal kräftig die Meinung «zu singen», setzte in den dreißiger Jahren eine Professionalisierung ein. *Casas de fado* eröffneten und boten ein festgelegtes Programm, die Sänger schritten nicht mehr zwischen den Tischen umher, sondern schmetterten ihre Wehmut von der Bühne herab. Die Schallplatte und das Radio filterten erstmals die schiefen Töne heraus und lieferten die Sehnsucht «aus der Konserve» frei Haus. Die Texte und Themen wurden ausgewählt, zumal den Zensoren des *Estado Novo* die Stimme des Volkes nicht geheuer war und jede Strophe regimetreu abgeklopft wurde. Der Fado wurde gebändigt und institutionalisiert.

Damals entstand der Unterschied zwischen professionellen und Amateursängern. Es war Amália Rodriguez, die dem Fado ihre ach so göttliche Stimme schenkte und ihn weltberühmt machte. Heute tritt die große Dame des Fado nur noch selten auf, aber ihre Platten werden ständig neu aufgelegt und weiter verkauft. Wer immer nach Amália einen Fado sang, weiß um seine Unvollkommenheit: So wie Amália sang ihn nie wieder eine.

Der Fado stecke in der Krise, lamentieren seit Jahren die Wirte der Fado-Restaurants. Nur noch eine Show für Touristen, meinen andere. «Das sind die Intellektuellen, die das verbreiten», faucht José Luís Gordo, Besitzer des «Senhor Vinho», eines der edelsten Fado-Lokale in Lissabon. Mit Fado ist er aufgewachsen, schon als Jugendlicher begann er Texte zu schreiben. Heute dichtet er für seine Gattin, Maria da Fé, eine der zur Zeit populärsten Fado-Sängerinnen, aber «ich schreib doch nicht für Touristen!».

Tatsache ist, daß nur der Tourismus die Existenz der Fado-Lokale sichert, das gibt auch José Luís Gordo zu. Sollte der Fado zum schützenswerten Fossil werden? José Luís Gordo schüttelt nur mit

dem Kopf: «Das zeigt doch, wo das Land steht. Wenn es so weitergeht, werden wir alle eines Tages nur noch englisch sprechen.»

Dabei lieben die Portugiesen ihren Fado noch immer. Die alljährliche Grande Noite de Fado existiert seit 1953, und auch heute noch drängeln sich die jungen Talente darum, im Wettbewerb aufzutreten. Wenn eine Gala in einem der großen Konzertsäle veranstaltet wird, dann ist das Haus mit hoher Wahrscheinlichkeit ausverkauft. Wahr ist aber auch, daß bei George seit geraumer Zeit

Begleitet wird der Fado von mindestens zwei Gitarren

kein *fado vadio* mehr gesungen wird. Die Nachbarn haben sich beschwert.

Revolutionäre Volksmusik

Wenn es Mitternacht wird, schleicht sich bei Senhor Vinho noch ein später Gast ein. Zwei- oder dreimal in der Woche besucht der Richter aus Coimbra das Fado-Lokal, in dem einige der besten Sänger der Stadt auftreten. Der Richter bleibt nie lange. Er kommt, singt drei Stücke und verschwindet unauffällig, wenn der gesamte Saal den Refrain wie ein

Wiegenlied summt: «Coimbra ist am bezauberndsten in der Stunde des Abschieds.»

Der Fado aus der ehrwürdigen Studentenmetropole wird nur von Männern, meist von Studenten gesungen. Ende des 18. Jahrhunderts befreite ein Pater, José Macário, Salonlieder von musikalischen Schnörkeln und tauschte das Klavier gegen die Gitarre ein, beeinflußt vom *Fado de Lisboa* und von regionaler Folklore, die die Studenten aus ihren Heimatprovinzen mitbrachten, sollen die Balladen und Serenaden entstanden sein, die als *Fado de Coimbra* mit poetischen und auch politischen Texten zur liberalen Revolution 1910 berühmt wurden.

Die *doutores* gaben schon immer gern ein nächtliches Ständchen in den Gassen der Altstadt oder unter dem Fenster der Angebeteten. Landesweiten Ruhm erlangte im 19. Jahrhundert Hilário: Als Medizinstudent waren ihm zwar keine Lorbeeren vergönnt, dafür um so mehr als Komponist, Sänger und Gitarrist. Ein kurzes, heftiges Leben: der *Rei da Alegria*, der «König der Fröhlichkeit«, erlag mit 32 Jahren der Gelbsucht.

Trotz der Popularität hielt José Afonso den Fado aus Coimbra für eine «Folklore der Elite». Er gehörte zu jenen, die aus dem Studenten-Fado den *canção de intervenção* machten, was wörtlich übersetzt «Lieder der Einmischung» bedeutet. Diese Kompositionen spielen mit der Volksmusik, den getragenen Melodien des Alentejo und den sinnesfrohen, heiteren Tänzen aus dem Minho, begleitet von Akkordeon, Pauken, Flöten und Gitarren. Die Texte malen Bilder, anstatt plakative Parolen zu verbreiten, sie erzählen von dem Land und seinen Bewohnern, ihrer Armut, und sie ermuntern, sich einzumischen, anstatt sich stumm zu fügen.

José Afonso hatte in Coimbra Geschichte und Philosophie studiert, über Sartre promoviert und anschließend als Lehrer gearbeitet. Anfang der sechziger Jahre formierte sich die studentische Opposition gegen die Diktatur Salazars. Die «Bewegung der Ballade» mit Manuel Alegre, António Portugal, Adriano Correia de Oliveira gewann als linke Liste die Wahlen zur Studentenvertretung – alle waren Musiker, die später berühmt werden sollten.

José Afonso bekam Berufsverbot, wurde zum Sänger des Widerstands. Sein Name durfte in der Presse nicht mehr erwähnt werden, seine Lieder wurden verboten, seine Auftritte gestört oder gewaltsam aufgelöst. Auf der Platte *Cantigas do Maio*, die er 1973 in Paris produzierte, erschien auch das Lied, das ein Jahr später die Nelkenrevolution anstimmen sollte: *Grândola Vila Morena*. Die Stadt Grândola im Alentejo war ein Zentrum der Landarbeiterbewegung: «An jeder Ecke ein Freund / Gleichheit in jedem Gesicht / braune Stadt Grândola / Land der Brüderlichkeit.» Schon vier Wochen zuvor hatte die Verleihung des Preises eines Liedermacherwettbewerbes Aufsehen erregt: Im Saal wimmelte es von Spitzeln der Staatssicherheit, das Programm war von der Zensur Wort für Wort geprüft worden. Er habe seine Texte leider im Zug vergessen, verkündete zunächst Manuel Freire. Das Publikum verstand und unterstützte ihn stimmgewaltig. Ebenso José Afonso, der vorschlug, *Grândola Vila Morena* nach Art der alentejanischen Männerchöre zu singen: ohne Musikbegleitung, Arm in Arm. Und tatsächlich stimmten sechstausend Gäste das verbotene Lied an, Oppositionelle Arm in Arm mit den Spitzeln des Regimes.

«Zeca», wie José Afonso noch heute von seinen Freunden genannt wird, engagierte sich nach der Revolution in Basisinitiativen. Im Laufe der Jahre wurde es still um ihn, 1987 starb er mit 57 Jahren an Muskelschwund. Tausende kamen zu seiner Beerdigung, dreizehn Jahre nach der Nelkenrevolution: Intellektuelle, Musiker, Land- und Industriearbeiter gedachten José Afonsos und der einst so bewegten gemeinsamen Tage.

Canção de Intervenção

Das Lied *Grândola Vila Morena* fällt in Portugal in die weite Kategorie *música popular*. José Afonso und die «Lieder der Einmischung» prägten eine ganze Generation. «Liedermacher» würde man sie auf deutsch nennen, genauer wäre die Bezeichnung «literarische Musiker». Sergio Godinho, der sich heute in einer Familie mit Suzanne Vega, Elvis Costello oder dem Brasilianer Caetano Veloso sieht, findet seine Wurzeln in den Liedern von José Afonso. Ebenso José Mário Branco, der am stärksten den Ursprung des *canção de intervenção* vertritt, oder Vitorino, der intellektuelle Alentejano, dessen lyrische Texte von seinem Leben in Lissabon geprägt sind. Fausto dagegen, der in Moçambique geboren wurde, mischt Afrikanisches mit traditioneller portugiesischer Volksmusik und vertont kritische Versionen der Geschichte der portugiesischen Entdeckungen.

Anfang der achtziger Jahre machte sich Rui Veloso mit soften Songs als «Vater des portugiesischen Rock» einen Namen. Die Gruppe *Xutos e Pontapés* ging herzhafter zur Sache. Die «Stöße und Fußtritte» gehörten zu den ersten portugiesischen Rockbands, die die Kids der achtziger Jahre selbst im letzten Provinznest aufweckten, weil ihr Alltag mit Schlagzeug und elektrischer Gitarre thematisiert wurde. *Radio Macau*, die *Delfins, Septima Legião* oder *GNR* folgten. Natürlich eroberte der Musiksender MTV auch in Portugal die Fernsehbildschirme, und angloamerikanische Musik prägt das Einerlei der Rundfunkstationen. Portugiesische Bands haben es dagegen schwer, lange kam der lusitanische Rock besonders pflegeleicht nur als Kopie der amerikanischen Vorbilder daher. Doch die neunziger Jahre waren für manche Überraschung gut:

Den Knaller der Neunziger wird das brave Portugal so schnell nicht vergessen: Pedro Abrunhosa – Musiker, Kultfigur, gesellschaftliches Phänomen. Jahrelang war er in der Jazzszene zu Hause, am Musikkonservatorium und in den Diskotheken von Porto. 1994 war die Zeit reif: die richtige Musik, die richtige Band, die richtigen Texte – mit der CD *Viagens* gelang ein furioser Mix aus HipHop, Jazz, Funk – erotisch vibrierend, rotzig trotzig, zärtlich verspielt. Aber vor allem erotisch. Vor allem geht's um *das* eine. Und wenn Abrunhosa mit kurzgeschorenen Haaren und Sonnenbrille – wow, nie zeigt er sich ohne in der Öffentlichkeit – auf der Bühne erscheint, stürzt sich das Publikum ins kollektive Delirium. Im katholisch verklemmten Portugal wird Sex via Abrunhosa zum öffentlichen Thema. Sex und Sex und politische Provokation. Der Titel «F» steht für «foder», das portugiesische Wort für «fuck». Die Textzei-

Lourenço war noch nicht zu Ende mit seiner Tirade. «Portugal ist das einzige Land der Welt, in dem sich erwachsene Menschen heulend an ihrer eigenen Nichtigkeit erbauen. Ich weiß, was du sagen willst! Alle Völker haben ihren Kitsch und halten ihn in Ehren. Aber niemand glaubt so inbrünstig an den Nonsens wie wir. Der Kitsch ist unsere Religion. Und warum, wenn man fragen darf? Weil ihn niemand nötiger hat als wir. Der Fado, das ist der Heiligenschein für unsere Arroganz, die Gloriole, die wir unserem Elend aufsetzen. Kein Wunder, daß saudade unübersetzbar ist. Auf der ganzen Welt ist niemand außer uns stolz darauf, daß er im Eimer ist! Prost!»
Er war jetzt völlig entfesselt. Aus dem coolen Mathematiker war ein Amokläufer geworden. Er ließ sich die Flasche auf den Tisch stellen und trank methodisch weiter.
«Na und?» wandte ich vorsichtig ein. «Was ist daran so ungewöhnlich? Jede Lebenslüge hat einen wahren Kern.»

Hans Magnus Enzensberger: *Ach Europa!*
Suhrkamp Verlag, Frankfurt 1989, S. 222f.

len rotzen von den Nazis in Berlin bis zu Bomben in Beirut: «... und du und ich – was können wir tun? Vielleicht f ...» Zum nationalen Skandal kochte sein Auftritt hoch, als er in Anspielung auf den damaligen konservativen Regierungspräsidenten und seine Gattin textete «und Anibal und Maria – was können sie tun?» und das Mikro ins kreischende Publikum hielt. Abgesehen von dem ganzen Brimborium ist vor allem die erste CD *Viagens* einzigartig, auch für nichtportugiesische Ohren.

Die Musikszene ist in den letzten Jahren vielfältiger, erfolgreicher und selbstbewußter geworden. Traditionelle Folklore wird mit Jazz und Pop oder afrikanischen Rhythmen gemixt. Vor allem die Hauptstadt ist der Schmelztiegel, sowohl für den portugiesischen Jazz, der im *Hot-Club de Portugal* seine berühmte Bühne gefunden hat, als auch für die tropischen Klänge aus den ehemaligen Kolonien Angola, Moçambique, Brasilien und von den Kapverdischen Inseln. Hört man sich in der portugiesischen Musikszene mal genau um, werden in Portugal nicht nur europäische Einheitsklänge komponiert, sondern entsteht ein musikalisches Bild der portugiesischen Geschichte, Gegenwart und Zukunft. Wer portugiesische Eigenart entdecken will, höre moderne portugiesische Musik.

Zum Beispiel Maria João, die ehemalige Schwimmlehrerin, die in Moçambique geboren wurde. Mit Jazz-Standards begann die mittlerweile bekannteste portugiesische Jazz-Sängerin 1982 im *Hot-Club de Portugal* ihre Karriere. Jazz, sagt sie, sei einfach eine Musik, die offen sei für alle Klänge. Und damit experimentiert ihre Stimme lustvoll herum. Mit der Gruppe Cal Viva entstand eine Art Jazz mit portugiesischen Wurzeln, mit einem Schuß Bossa Nova und leichten arabischen Anklängen. Mit der japanischen Pianistin Aki Takase entfacht sie einen Wirbel an Tönen und Kiksern, sie scattet und phrasiert, hüpft Oktaven hoch und runter nimmt sich alle Freiheiten der Improvisation. Mit dem Pianisten Mário Laginha werden ihre Platten immer portugiesischer und immer afrikanischer. Sie interpretiert respektlos einen Fado, arrangiert portugiesische Tänze, singt ein Lied im afrikanisch-portugiesischen Dialekt ihrer Mutter. Eine Akrobatin, die zwischen den Kulturen singt, die ihre Stimme wie ein Instrument benutzt und sich immer stärker auf ihre portugiesischen Wurzeln besinnt.

Oder General D, eines der Kinder, deren Eltern aus den ehemaligen portugiesischen Kolonien stammen und die mittlerweile in der zweiten und dritten Generation in den Randgebieten von Lissabon leben. Dort bildeten sich Mitte der neunziger Jahre Straßengangs, aus denen die ersten rotzfrechen Rap-Gruppen entstanden. Die Kids am Rand der Metropole. Im Rap tobten sie sich aus, gegen alltäglichen Rassismus und Diskriminierung, und erzählten von ihrem Leben zwischen Afrika und Europa. General D gehörte zu den ersten und zu den erfolgreichsten Rappern, der sich auch auf antirassistischen Kundgebungen zu Wort meldete.

Comeback in poppigem Gewand?

Totgesagte leben und leben und leben. Der Fado erlebte in den letzten Jahren diverse Comebacks. Ein romantisches zu Beginn der neunziger Jahre: die warme Stimme der jungen Sängerin Dulce Pontes, die nach langer Zeit den Fado, wie vorher nur Amália Rodriguez, auch jenseits der portugiesischen Grenze wieder in gut besuchten Konzerten schmachtete. Ein lyrisches Ende der Neunziger: Mísia, die so mystisch wie ihr Name mit schwarzem Haar im strengen Pagenschnitt und schwarzem Kleid jeden Konzertsaal bannt; sie entrümpelt den Fado, erleichert die Arrangements und benutzt die Musik als ausdrucksstarke Grundlage für die Texte, die berühmte portugiesische Schriftsteller – von António Lobo Antunes, Lídia Jorge bis zum Nobelpreisträger José Saramago – für sie schrieben.

Aber auch andere portugiesische Musikgruppen suchen nach musikalischen Wurzeln, tasten das Heiligtum Fado an und kreieren eine neue, portugiesische Musik. Die *Sitiados* erscheinen in verwischten Pastellfarben auf dem Plattencover als eine Folk-Band der Blumenkinder. Die Gruppe arrangiert Liebeslieder mit Akkordeon, Klavier und Gitarre, eine poppige Folklore mit Fado-Verschnitt. *Ala dos Namorados* kreuzt den Fado mit anderen Musikstilen, bis man ihn fast ins Pop-Regal abschieben könnte, klängen die Songs nicht so fatalistisch traurig: «Wir wollen keinen Fado machen, wie die Leute ihn kennen», so João Gil, sie benutzen keine *guitarra portuguesa*, beziehen sich genauso auf den Fado wie auf die traditionelle Volksmusik aus der Beira, auf die widerständigen Lieder von Adriano Correia de Oliveira und auf Großstadt-Sound. «Der Fado ist präsent, nicht formal, aber sein Geist, der mit der Stadt Lissabon zu tun hat und mit den Leuten, die in ihr leben.»

Und das gilt natürlich auch für die Kultband *Madredeus,* die in Deutschland ihren endgültigen Durchbruch mit der Musik zu Wim Wenders' Film «Lisbon Story» erlebte. Die Musik von *Madredeus* bedient sich in der traditionellen portugiesischen Folklore, vom Fado hörte sie sich den sehnsüchtig melancholischen Geist ab, und so entstand eine hochprozentig emotionale Mixtur, die sich in die Seele einschleicht – unter anderem in die von Wim Wenders. Und man darf schon mal fragen, ob seine «Lisbon Story» eigentlich einen Soundtrack hat oder ob Wenders nicht eher umgekehrt einen Film zur Musik drehte? Sicher ist: Vor der ersten Einstellung, bevor es überhaupt eine Art Drehbuch gab, existierte die Musik. Während der Dreharbeiten, im Auto, auf dem Weg nach Hause, nachts, wenn er am Drehbuch weiterschrieb – Wim Wenders hatte den Soundtrack im Ohr. Infiziert vom Virus «Madredeus», von diesen Gitarren- und Akkordeonklängen. Und von Teresa. Von Teresa Salgueiro und ihrer Stimme, die sich leicht wie ein Atemzug in schwindelnde Höhen wiegt, den Tönen und Silben Zeit läßt, sich auszubreiten und irgendwann behutsam in der Tiefe aufsetzt.

Es war im Herbst 1986 als Teresa erschien. Endlich. Ein Freund hatte das siebzehnjährige Mädchen in einem Lissabonner Café singen gehört, hatte ihre Stimme mit einem Walkman aufgenommen, und als Pedro Ayres Magalhães diese Stimme hörte, rief er nur: «Ah, sie ist es.»

Nichts außer «zaghafter Theorie» und «Absichten auf verlorenem Papier» hatten er und der Kollege Rodrigo Leão vorher zustande gebracht: Eine neue Musik wollten sie erschaffen, eine instrumentale portugiesische Poesie, die die Landschaften, Städte und alltäglichen Gesichter des südeuropäischen Landes in einen Klang verwandeln sollte. Eine Vision, die erst die Stimme von Teresa realisierte.

In den langen Nächten in einer halbverfallenen Klosterkirche, die teils als Theatersaal restauriert worden war, probten die Musiker nach dem Ende der abendlichen Vorstellungen. In diesem Raum, in dem sich der Klang ausbreiten kann, entstanden die ersten Lieder, die eigens für die Stimme von Teresa komponiert wurden, begleitet von klassischer Gitarre, Piano, Violoncello und Akkordeon. Auch heute noch bevorzugt die Gruppe Theatersäle oder Kirchen für ihre Konzerte.

In der Klosterkirche im Lissabonner Altstadtviertel Madredeus wurde die erste Platte aufgenommen: «Os Dias de Madredeus». Der Name des Viertels – übersetzt: «Mutter Gottes» – ist kein Programm, sondern wurde damals einfach beibehalten. Man verstand sich als einmaliges Projekt, nicht als feste Formation. Keiner ahnte den Erfolg, nicht mal der arbeitswütige Gründer Pedro Ayres Magalhães, der noch Ende der siebziger Jahre, als der Rock etwas verspätet auch Portugal eroberte, für verrückt erklärt wurde: portugiesisch könne man nicht singen, höchstens im Fado.

Nein, es konnte nicht darum gehen, einen lauen portugiesischen Abklatsch des Rock zu produzieren, befand Pedro Ayres irgendwann auf seiner Reise vom Punk zum Poeten. Diese weiche Sprache könne man nicht in derartige Rhythmen quetschen und so versuchte sich der Musiker am Gegenteil: am melodischen Spiel mit Worten: «Man muß einen Klang erfinden, eine Bewegung, Melodien, die durch die Worte bestimmt werden», erklärt Magalhães. Das Ergebnis ist eine melancholische Musik mit kurzen poetischen Texten, die keine Romane erzählen, sondern sich um ein Detail drehen, einen Gedanken in Bildern ausspinnen. «Langsam, nur Ruhe», sagt Pedro Ayres Magalhães, der auf alten Fotos als wuchtiger Trotzkopf über die Bühne stampft, «erst mit der Zeit wird man die Texte in ihrer ganzen Bedeutung entschlüsseln.» Es ist sein Versuch, ein Land zu beschreiben, das nur in der Phantasie als eine Idee existiert.

Die «Vereinigung unserer Sprachen und musikalischen Traditionen, die alten Barrieren sind abgeschafft, es gilt, die nationalen Grenzen zu überschreiten und wahrhaftig universell zu sein – wie es nur die Musik sein kann», schwärmt der Journalist Miguel Esteves Cardoso in einer Plattenkritik von *O Espirito da Paz*, dem «Geist des Friedens».

Ruhe legt sich über die vollbesetzten Kirchenbänke, der Lichtkegel tastet Richtung Altar und findet Teresa, diese schwarzgekleidete Frauengestalt: die Hände auf dem Rücken gefaltet, den Blick gesenkt. Hinter ihr warten die fünf Musiker im Halbrund. Ein Summen schwingt durch die Kirche, das Akkordeon hebt an, die Gitarren und Teresa. Sie hebt den Kopf, schließt die Augen ... die Kirchenbänke entschwinden, die dunkle Gestalt entschwindet ... nur diese Stimme, eingehüllt in das Dunkel der Nacht – jenseits aller Zeit.

HERZHAFTE VERFÜHRUNG

BODENSTÄNDIGE UND HIMMLISCHE SPEISEN

«Diese Suppe», schwärmt Senhor Manuel und beugt sich schnüffelnd über den Teller, «diese Suppe – das ist der Alentejo.» Die meisten guten Dinge sind einfach, und diese *Açorda do Alentejo* ist nicht mehr als heißes Wasser mit Salz, Knoblauch und frischen Kräutern – vor allem Koriander –, einer Scheibe Brot im Teller und vielleicht einem Ei – das ist Luxus. Genauso wie das Stückchen *bacalhau* – Stockfisch. «Mais nada», Senhor Manuel lächelt andächtig, «mehr nicht.» Na, fehlt nicht noch ein Schuß Olivenöl? Der Besitzer mehrerer Hotels, der aus einfachen Verhältnissen stammt und sich seinen Wohlstand Stück für Stück aufgebaut hat, er zelebriert dieses Süppchen. Genauso wie diesen ehrlichen weißen Wein aus Redondo, leicht und trocken, nicht zuviel Säure, nicht zu kalt. Die Weine aus dem Alentejo haben allesamt, um mit den Portugiesen zu reden, «eine Seele». Vor allem die Roten, die in den letzten Jahren zu stillen europäischen Stars heranreiften und mit so manchem hoch gehandelten Franzosen konkurrieren können.

Wie konnte das passieren? Derbe einfache Bauernkost wird im Vier-Sterne-Hotel zelebriert. Genauso kommen die Suppen und Eintöpfe auch in der Spelunke mit offenem Weinausschank auf den Holztisch. Die Kost der Tagelöhner aus dem Alentejo, einst «Kornkammer» des Landes, bestand vor allem aus Suppen, die beliebig wäßrig zu verlängern waren. Eine Küche, die sich an dem bedient, was am Wegesrand wuchert und die trotzdem nahrhaft sein mußte – so gut es eben ging. «Ein sorgfältig ausgearbeitetes Ritual herrscht beim Mittagessen, das in einem großen Kessel gereicht wird», beschreibt Rodney Gallop auf seinem *Spaziergang ans Ende der Welt* das Prozedere der Tagelöhner, die auf den Feldern schufteten. «Die Männer stehen drumherum, die Hüte auf dem Kopf und den Löffel in der Hand. Der *Maioral* nimmt den er-

Frischfisch statt Tiefkühlkost

sten Löffel voll, danach überläßt er seinen Platz dem letzten. Abwechselnd rücken die anderen nach, bedienen sich, gehen drei Schritte zurück und essen. Beschwerden sind nicht erlaubt, und noch der kleinste Rest muß aufgegessen werden.»

Seit einigen Jahren schnuppern und schmecken die Köche der Region neugierig in den Töpfen des Volkes. Schlicht, aber vor allem aromatisch nennt der Küchenspezialist José Quitério in seinem *Livro De Bem Comer* die Küche des Alentejo, die «mit barocker Verschwendung Gewürze und pflanzliche ‹Düfte› nutzt». Koriander, Oregano, Minze, Majoran, Petersilie – was am Wegesrand eben so

Während der Mittagspause: Geschäfte werden auch bei Tisch gemacht

wuchert, würzt Schweine- und Lammfleisch, Fisch- und Bohneneintöpfe mit Brot. Vor allem Brot gehört zu oder noch besser in jede Mahlzeit und, in Portugal selbstverständlich, Olivenöl und Knoblauch. «Die Phantasie schafft es, mit diesen Zutaten die gesamte Geschmackssinfonie auf der Tonleiter zu spielen», lobt José Quitério die Alentejanos, deren Küchenmeister im ganzen Land berühmt sind.

In der portugiesischen Küche herrscht regionale Eigenständigkeit. Keine teuren Importwaren, sondern das, was Mutter Natur zu bieten hat, was direkt vor der Haustür wächst, kommt frisch in die Töpfe. Es handelt sich eher um deftige Hausmannskost als um filigrane Nouvelle cuisine: schlicht, aber gesegnet mit dem Reichtum an Ideen, die aus wenig etwas zaubern oder ein Standardgericht variieren und zur lokalen Spezialität erheben kann. Wer mit etwas Neugierde durch das Land reist, wird fast überall lokale Leckereien entdecken. Mit einer Ausnahme: «Nur mit den Anstrengungen einer volkskundlichen oder archäologischen Expedition», behauptet José Quitério, fände man in den touristischen Zentren des Algarve noch typische Gerichte. Hier herrscht internationaler Einheitsbrei.

Natürlich wurde auch Portugal von internationalen Fast-food-Produzenten entdeckt. Bislang werden zwar noch kleine Burger gebraten, aber für die kommenden Jahre baut man auf üppige Wachstumsraten. Portugal ist mit seinen *pasteis de bacalhau*, den Stockfischpastetchen für die Mahlzeit zwischendurch, noch unterentwickelt. Dem stellen sich die patriotisch gesinnten Lokalköche entgegen, die allesamt überzeugt davon sind, daß es eigentlich nichts Besseres gibt als die *ementa*, die portugiesische Speisekarte. Man frage nur einen Portugiesen nach *bacalhau*, dem getrockneten Kabeljau – statt einer Antwort nur verliebtes Augenrollen.

Die Küchengeschichte wurde vor allem durch zwei Epochen bereichert: durch die Mauren, die ab dem 8. Jahrhundert mit neuen Bewässerungsmethoden und bislang unbekannten Pflanzen die Landwirtschaft und damit auch die Eßgewohnheiten revolutionierten. Im 16. Jahrhundert entdeckten die Seefahrer nicht nur unbekannte Küsten, sondern auch neue Geschmacksrichtungen. Aus Afrika und Asien brachten sie fremde Gewürze, wie Pfeffer oder Zimt, mit.

Bei Wasser und Wein

Die Portugiesen essen gern und ausgiebig. Häufig sogar zweimal täglich warm, mittags und abends, und zwischendurch kann es auch noch eine Kleinigkeit sein: In der würzigen Duftwolke am Tresen einer Snackbar oder auf einen Sprung ins Café ein *prego*, ein Brötchen mit einem Stück gebratenem Rindfleisch, dazwischen schmiere man sich noch einen kräftigen Klacks Senf; *tostas* oder *sandes* (belegte Brötchen) mit *fiambre*, Kochschinken, *queijo*, Käse, oder mit beidem: *mista*. Zudem stapeln sich unter der Glasscheibe am Tresen süße *bolos* oder herzhaftes *pão com chouriço*, Räucherwurst in Brotteig eingebacken oder Fisch und Krabben als Kroketten fritiert.

Das Frühstück, das *pequeno almoço*, fällt kurz und hektisch aus: am Tresen irgendeiner *Pastelaria* auf dem Weg zur Arbeit, einen *galão*, heiße Milch mit Kaffee im Glas, oder eine *bica*. Im Norden nennt man den kleinen Schwarzen *café*, dazu eventuell eine *torrada*, ein Buttertoast oder ein Croissant – wenn überhaupt –, und den nimmt man unter Umständen in die Faust und rennt zum Bus. Das, was in den Hotels unter «continental breakfast» firmiert, ist meist nicht mehr als ein Brötchen mit einem Plastiknäpfchen Marmelade.

Dafür geht es mittags zur Sache. Zwischen etwa 12.30 und 15.00 Uhr ist Tischzeit, feste Essenszeiten sind ein portugiesisches Heiligtum. Abends wiederholt sich das Spiel ab etwa 19.30 und endet meist um 22.00 Uhr – ebenso gnadenlos schließen dann die meisten Restaurants ihre Küche.

Den ganzen Tag scheinen die Tische, stets mit weißen Papiertischdecken, Weingläsern, Tellern und Besteck gedeckt, auf nichts anderes als auf den Ansturm der langen Mittagspause, der *hora do almoço*, zu warten. Das günstige Tagesgericht wird, auf eine Serviette gekritzelt, im Fenster angezeigt. In den Lokalen, die häufig eine Kantine ersetzen, läßt man sich Zeit. Suppe, Wein, Hauptgericht, Nachtisch und Kaffee. Wem die Portionen zu üppig sind, kann in den meisten Restaurants auch eine *meia dose*, eine halbe Portion, bestellen. Die ist immer noch reichlich.

Erste Runde: Die Papiertischdecke mit den Krümeln und Suppenklecksen der Vorgänger wird zusammengeknüllt, eine neue glattgestrichen, der Kellner zückt den Notizblock, doch nicht zu hastig, man lasse sich von ihm beraten. Empfehlungen werden ausgesprochen und wieder verworfen, die Wahl des Weines begutachtet. Es lohnt sich, auch einen Blick auf die Weinkarte zu werfen, zumal viele der dort verzeichneten Weine nicht wesentlich teurer sind als der *vinho da casa*, der Hauswein.

Wein ist obligatorisch, auch mittags, obwohl sich die Zeiten geändert haben: Lag der Pro-Kopf-Verbrauch Anfang der siebziger Jahre noch bei guten neunzig Litern, trinken die Portugiesen heute nur noch fünfzig Liter und halten weltweit Platz fünf hinter den Franzosen, Italienern, Luxemburgern und Argentiniern. Das Bier, *cerveja*, holte mit 64 Litern pro Kopf den Wein ein. Gründe dafür liegen in den massiven Preisanhebungen und dem Konkurrenzdruck durch die EU. Vor allem Spanien exportiert Wein nach Portugal.

Das wäre wahrhaftig nicht nötig, denn Portugal verfügt über vielfältige Weine aus unterschiedlichen Lagen zwischen Minho und Algarve. Zudem wurde in den letzten Jahren kräftig in moderne Kellereien und neue Traubensorten investiert, um aus manchem Landwein einen eleganten Tropfen zu zaubern.

Aus dem Norden kommt der *vinho verde*, ein leichter, junger Wein. Der «grüne Wein» wird aus nicht vollständig ausgereiften Trauben gekeltert. Moussierend die Roten, ein erfrischendes, kühles Tröpfchen die Weißen. Im Gegensatz dazu heißen die anderen Weine *vinhos maduros*, reife Weine. Im Dourotal, dem weltweit ältesten geschützten Weinbaugebiet, wachsen nicht nur die Trauben für den Portwein, sondern auch für leichte Tafelweine. Südlich des Douro, bei Viseu, reifen die Trauben der schweren, harten *Dão*-Weine, in der Estremadura, zwischen Coimbra und Lissabon, gedeihen die beliebten Bairrada-Tischweine, und aus dem Alentejo seien die Weine aus Borba, Redondo oder Reguengos empfohlen. Die einfachen Landweine heißen *vinho regional*, Qualitätsweine erkennt man an dem Kürzel VPQRD – v*inho produzido de qualidade em região demarcada* – auf dem Etikett, das dafür garantiert, daß die Trauben nur in einer bestimmten, gesetzlich festgelegten Zone angebaut und die Weine kontrolliert werden.

Wer Mineralwasser, *água*, bestellt, kann wählen zwischen *fresca* oder *natural*, gekühlt oder nicht, und *com* oder *sem gas*, mit oder ohne Kohlensäure. Das Tafelwasser sprudelt oft aus einer nahe gelegenen Quelle, ob aus Vimeiro oder Luso, Monchique oder Pedras Salgadas – letzteres ist mal

Nachbarschaftskneipe in Porto:
ein Gläschen am frühen Abend

wieder ein portugiesisches Heiligtum: immer mit wenig Kohlensäure und dezent salzig im Geschmack. Vor allem die Beira, das Zentrum des Landes, ist bekannt für altehrwürdige Thermalbäder, deren heilsame Wasser meist auch in Flaschen abgefüllt werden. Jedes hat seinen eigenen Charakter, und auf einer Reise durch Portugal lohnt nicht nur die Wein-, sondern auch die Wasserprobe.

Sardinen fürs Volk

Zurück zum Mittagstisch, zweite Runde: Mit Wein und Wasser kommt der Brotkorb, im Norden mit *broa*, dem schweren, gelben Maisbrot, im Süden mit festem Weizenbrot. Dazu gibt's ein paar

Kleinigkeiten als Appetitanreger: Butter, Schmelzkäse und Sardinenpaste im Döschen ist die schlichte Variante. Etwas opulenter wird es, je nach Region, mit Oliven, Frischkäse, kleinem rundem Schafs- und Ziegenkäse, einigen Scheibchen Wurst und Schinken oder Fischkroketten. Das Allerlei kommt ungefragt auf den Tisch, bezahlt wird am Ende das, was gegessen wurde.

Dritte Runde: die Suppe. «In einigen Völkern ist die Suppe die Vorbereitung auf das Essen», sagt Albino Forjaz de Sampaio, «in Portugal ist die Suppe schon das Essen.» Mag das Restaurant noch so schlecht sein, auf die Suppe ist Verlaß. Die Basis für diverse

Gemüsesuppen – einer der wenigen Genüsse für Vegetarier – ist eine Kartoffelbrühe, angereichert mit verschiedenen, fein geraspelten Gemüsen. Zu nationalem Ruhm brachte es die *caldo verde*, die grüne Suppe aus der nördlichen Provinz Minho, mit hauchdünnen Streifen Kohl. Eine Scheibe deftiger Räucherwurst pro Person sowie ein guter Schuß Olivenöl geben der Suppe ihr mildes Aroma.

Im heißen Alentejo gibt es neben den *Açordas*, den Brotsuppen, auch die *Gazpacho Alentejano*: kaltes Wasser, am besten mit Eiswürfeln gekühlt, wird zu einer erfrischenden Suppe mit gestampftem Knoblauch, Olivenöl, Essig und Oregano, dazu kommen pürierte Tomaten, Gurken, Paprika und natürlich Brot.

Vierte Runde: *peixe ou carne* – Fisch oder Fleisch? Oder beides gemischt im *Carne de Porco à Alentejana* aus scharf angebratenen Schweinefleischwürfeln, die in einer Paprikapaste eingelegt wurden und schließlich mit Herzmuscheln in einem würzigen Sößchen mit frischem Koriander liegen. Oder in einer *Cataplana*, einem besonderen Eintopf, den im Algarve jeder Wirt ein wenig anders auf den Tisch stellt. In einer Kupferpfanne mit Deckel brutzeln gemeinsam: Muscheln, Schinken, Räucherwurst, wahlweise mit Fleisch oder Fisch angereichert, mit Wein abgelöscht und geschlossenem Deckel schmoren lassen, und erst am Tisch lüftet der Kellner das Geheimnis. Früher nahmen die Bauern den gut verschließbaren Topf mit auf das Feld und erhitzten die *Cataplana* über einem Lagerfeuer.

An der Küste bestimmt der Fisch den Tisch, auch wenn die Portugiesen rund die Hälfte ihres Bedarfs importieren. Ob Thunfisch, *atum*, Tintenfisch, *lulas*, Seezunge, *linguado*, Seebarsch, *roubalo*, oder Schwertfisch, *peixe-espada*, den gesamten Reichtum des Atlantiks inklusive Muscheln, Krabben oder Langusten gibt es gekocht, gegrillt, gebraten, in Marinade eingelegt oder gefüllt, wie *lulas recheadas*, die gefüllten Tintenfische. In guten Restaurants kann man sich den Fisch selbst aussuchen, hin und wieder macht der Hummer noch einen Ausflug zum Gast, bevor er ins kochende Wasser wandert.

Weder Fischsuppe noch Eintopf ist die *Caldeirada*: meist mit verschiedenen Fischsorten, beispielsweise die *Caldeirada à Seca Adegas* mit Muscheln, Seebrasse und Tintenfisch, Tomaten, Zwiebeln, Knoblauch und zum Schluß einen kräftigen Schuß Portwein oder, in der Lagunen-Region um Aveiro, die *Caldeirada de Enguias*, den Aal-Eintopf mit Kartoffeln und Zwiebeln.

Der alltägliche Fisch ist die Sardine. Ein kleiner Grill gehört zum Hausstand oder zur Picknickausrüstung. In vielen Familien sind Sardinen noch heute oft das Hauptnahrungsmittel, für andere ist sie nur beim Picknick unverzichtbar, und in der Lissabonner Alfama zieht der Duft der Holzkohlefeuer vor fast jeder Pinte durch die Gassen. Man solle mindestens ein Dutzend davon verdrücken, heißt es, mit Brot und Wein und vielleicht noch Pellkartoffeln und Salat. Die *sardinhas assadas* werden so, wie sie aus dem Meer kommen, nur mit grobem Salz bestreut, auf den Holzkohlegrill gelegt und danach mit den Fingern gegessen.

Mindestens 365 Rezepte: bacalhau

Ob Küste oder im Hinterland, eine Fischsorte ist immer und mit mindestens einer Variante vertreten: der *bacalhau*, der getrocknete Kabeljau. Er ist den Portugiesen Nationalgericht und *fiel amigo*: treuer Freund. Gesalzen und getrocknet liegt er stapelweise in jedem Supermarkt und Krämerladen, man braucht nur dem würzig-salzigen Geruch zu folgen. Die grauen Placken sehen zwar gewöhnungsbedürftig aus, aber wenn der Stockfisch erst einmal mindestens 24 Stunden gewässert – wobei das Wasser mehrfach gewechselt werden muß – und auseinandergenommen wurde, existieren ungezählte Möglichkeiten, ihn zuzubereiten. Mindestens 365 Rezepte, für jeden Tag im Jahr eines, soll es geben, und das ist mit Sicherheit nicht übertrieben.

Seefahrer fingen ihn zum ersten Mal im 15. Jahrhundert, salzten und trockneten ihn, und so verdarb er nicht während der monatelangen Reise. Während der Fastenzeit im Februar und März galt er wochenlang als das einzige Nahrungsmittel für das einfache Volk: Fleisch war verboten, Sardinen werden in dieser Jahreszeit noch nicht gefangen, und andere Fluß- und Meeresfische wurden während dieser Zeit natürlich teuer gehandelt. Aber der *bacalhau*, der kann schließlich monatelang auf Vorrat gestapelt werden. Jeden Tag allerdings der gleiche Fisch? Da mußte man sich schon etwas einfallen lassen.

Er war der Fisch fürs einfache Volk und fand erst im 19. Jahrhundert die Gnade der gehobenen Gesellschaft. Heute steht er praktisch in jedem Restaurant auf der Speisekarte, mit den meisten Varianten im Norden. In Porto ist der *fiel amigo* das traditionelle Weihnachtsessen, gekocht mit Kohl, Kartoffeln, Ei und Möhren. *A Zé do Pipo* heißt er mit Mayonnaise und Kartoffelpüree gratiniert. Wer ihn nicht klassisch gekocht, *cozido*, mag – mit Kichererbsen, Ei, Kartoffeln und Olivenöl beträufelt –, vergöttert ihn vielleicht gebraten, *assado*: in Viana do Castelo mit Chili, Lorbeer und Knoblauch, oder in Braga mit Kohl, Schinken und Tomaten. Oder eben als Pastete, als *pastel de bacalhau*, mit Kartoffelbrei und Petersilie fritiert.

In der Kategorie Fleisch sind der Norden für Zicklein, *cabrito*, das Zentrum für Spanferkel, *leitão*, und der Süden für Spezialitäten aus Schweinefleisch, *porco*, und Lamm, *borrego*, berühmt. Hähnchen kann es im Topf geben, *frango à púcara*, oder vom Holzkohlegrill einer *churrasqueira*, einem Restaurant mit Grillspezialitäten. Die spezielle Hühnchenvariante im Algarve heißt: piri-piri, ein rotes Gewürz, das den Gockel gnadenlos verschärft.

Noch ein Nationalgericht ist der *cozido à portuguesa*, ein kräftiger Eintopf. Neben Rindfleisch, Grütz-, Blut- und Räucherwurst kommen vom Schwein Ohr, Fuß und Ringelschwanz hinein, zusammen mit Kohl, Möhren und Kartoffeln. Und auch dieses Gericht schmeckt im Minho mit Huhn anders als im Alentejo, wo das Rindfleisch durch Lamm ersetzt wird. Nicht immer ist auch das Schweineohr drin – man lasse sich überraschen.

Ein wenig Mut gehört im Norden auch zu den *sarabulhos*, den Fleischgerichten, die aus Schwein, Huhn und Rind im Blut gekocht werden, oder zur *dobrada*, einem Bohnengericht mit Kutteln, oder einer *feijoada*, einem Bohnenein-

Der frische Fisch wird eingesalzen und in der Sonne getrocknet: aus Kabeljau wird «bacalhau»

topf, bei dem sich die Transmontaner im Norden vor allem über Schweinerüssel freuen.

Fünfte Runde: Käse schließt den Magen. Der *Queijo da Serra* aus der Serra da Estrela, wo er nach uralten Rezepten aus Schafsmilch in einer abgegrenzten Region hergestellt wird, der *Queijo da Serpa* aus einem Dorf im Alentejo oder der *Queijo de Rabaçal*, allesamt würzig-mild, oft noch handgeformt und kleine Kostbarkeiten der portugiesischen Küche.

Und das Heiligtum, im wahren Sinne, sind die *doces*, die Süßspeisen. Namen wie *toucinho do céu*, Himmelspeck, oder *barriga de freira*, Nonnenbauch, sprechen eine deutliche Sprache: Mönche und Nonnen erfanden einige hundert süße Köstlichkeiten in klösterlicher Abgeschiedenheit, die meist viele Eier und viel, viel Zucker enthalten. Portugal war

schließlich jahrhundertelang Europas Zuckerlieferant. Sklaven bauten das Zuckerrohr im 15. Jahrhundert auf der Insel Madeira an, und der damals nahezu unbekannte Süßstoff eroberte rasch den Kontinent. Später verlagerte sich die Produktion des «weißen Goldes» auf die Plantagen der Kolonie Brasilien.

Im Algarve heißt es, das Meer deckt den Tisch, die Erde den Nachtisch. Mit letzterem sind Mandeln und Feigen gemeint, die die Mauren einführten. Saftigsüße Kuchen und Plätzchen werden daraus gebacken und mit Honig gesüßt.

Und wenn der Kaffee nach dem süßen Nachtisch serviert ist, kann man zur Verdauung im Algarve einen *medronho* gebrauchen, einen klaren Schnaps aus den Früchten des Erdbeerbaumes. Prost oder besser: *a sua saúde*.

WEGE DURCH
PORTUGAL

WO DER ROTWEIN GRÜN IST

EIGENWILLIGES NORDPORTUGAL

Grüne Küste, grüne Suppe, grüner Wein – zusammengefaßt Minho. In der grünen Region im äußersten Norden Portugals regnet es so viel wie sonst nirgendwo auf der Iberischen Halbinsel. Platt wie ein Bügelbrett dehnt sich der Küstenstreifen, die Costa Verde, von Dünen gesäumt, dahinter erheben sich abrupt die bewaldeten Berge. Die grüne Suppe, das ist die Caldo Verde, eine Kartoffelsuppe mit feinen Kohlstreifen und einer Scheibe chouriço, einer scharfen Wurst. Der grüne Wein, das ist der Vinho Verde, dessen Trauben auf den kleinen Äckern über den Kartoffel- und Kohlpflanzen reifen. Beide Zutaten gehören zu jeder Reise durch diese üppige Landschaft, durch mittelalterliche Städtchen und verlorene Dörfer jenseits der frisch asphaltierten neuen Straßen. Diese sind allerdings – und das gilt für den gesamten Norden Portugals – immer noch ziemlich kurvig. Man lasse sich zum Trödeln verführen.

Mag es donnern und blitzen, wie aus Kübeln schütten, jeden ersten und dritten Montag im Monat ist Markttag in **Ponte de Lima**, und das schon seit 1125. Dann verwandelt sich der breite Flußstrand des mittelalterlichen Städtchens in ein Meer wogender Zeltplanen. Vom Porzellanpudel bis zum leibhaftigen Ochsen verkaufen Bauern und Händler der Umgebung fast alles, was Haus und Hof gebrauchen könnten. Niemand verteilt Ordnungsnummern oder steckt Standplätze ab, die gesammelte Pracht präsentiert sich kreuz und quer. Man stolpert von Tontöpfen und Tupperware zu Herrenanzügen über quiekende Küken und pralle Bohnensäcke und beim nächsten Platzregen ins Café Central, wo Bauern lauthals diskutieren und fabulieren, die Kellner ihre silbernen Tabletts waghalsig balancieren. Bis zum nächsten Sonnenblinzeln. Stühle scharren, Trinkgeld klimpert, nichts wie raus, Kellner wischen eilig die Tischchen ab. Bis zum nächsten Guß.

Dieser Markt gehört zu den ältesten im Land, der angeblich größte soll im dreißig Kilometer südlich gelegenen Barcelos jeden Donnerstag abgehalten werden, doch da wiegen die Leute aus Ponte de Lima skeptisch den Kopf: Immerhin können dreitausend Händler in Ponte de Lima auftauchen. Aber der Markt in Barcelos ist einfach bekannter, denn dieser Ort hat die berühmte Geschichte mit dem Hahn zu bieten: Ein angeblich unschuldiger Pilger auf dem Weg nach Santiago de Compostela wurde wegen Mord, Raub oder Vergewaltigung zum Tode verurteilt. Kurz vor der Vollstreckung saßen die Richter beim Mittagessen und wollten gerade

Morgenlektüre in Braga:
in den Kolonnaden
der Praça da Republica

einen gegrillten Hahn zerlegen, als der Pilger in seiner Verzweiflung jammerte: Wenn er die Wahrheit gesagt hätte, würde der Hahn auf dem Teller wieder krähen. Tatsächlich krähte der Hahn, der Verurteilte wurde freigelassen – und Barcelos hat seine Legende mit dem Hahn als Wahrzeichen.

Ponte de Lima, die «Brücke des Lima», galt schon den Römern auf ihrem Weg von *bracara augusta,* von Braga nach Astorga im heutigen Spanien, als Rastplatz. Hier deckten sie sich mit Proviant ein, wie später auch die Pilger nach Santiago de Compostela. Die Römer bauten eine Brücke über den Fluß und etablierten den Handel in diesem zentral gelegenen Flecken, dessen Ursprünge bis ins Jahr 150 v. Chr. zurückreichen.

Der mittelalterliche Ortskern wurde sorgsam restauriert: Verschlungene Gassen mit dicken Granitmauern, Gebäude, die zum größten Teil aus dem 15. Jahrhundert stammen, und mächtige Stadttürme. Viele Dichter, Philosophen, Politiker und Seefahrer erblickten in dieser Region das Licht der Welt. Der Rio Lima, in dem einst Gold gefunden wurde, zieht quer durch das pralle grüne Land, Gebirgszüge schützen die weiten fruchtbaren Täler und öffnen die Aussicht zum Meer.

Flußaufwärts döst die kleine Ausgabe von Ponte de Lima: **Ponte da Barca**. Von dort schaut man etwas neidisch auf die aufgetakelte Nachbarin. Vor kurzem wurde sogar Geld für einen Golfplatz in Ponte de Lima lockergemacht, natürlich auch für den dazugehörigen Autobahnanschluß. Die Juppies aus Porto können nun mal kurz auf dem Grün eine Partie Bälle schieben. Und wieder zurückbrausen. Wer kommt nach Ponte da Barca? Viele der alten Häuser am Fluß modern still vor sich dahin, dabei ist die Uferpromenade mit den alten Weiden eine pure Romance. In einem der halbverfallenen Gebäude an der Uferpromenade soll Dom Manuel I. mit seiner Gattin 1498 auf dem Rückweg von Santiago de Compostela übernachtet haben, erkennbar an den beiden kleinen, in Granit modellierten Gesichtern. Es ist das Haus der Adeligen Maria Lopes da Costa, die es Ende des 15. Jahrhunderts als erstes Stadthaus errichtet hatte. Damals legten unterhalb die Fährboote ab. Dona Maria Lopes da Costa lebte hier umgeben von ihrer Großfamilie: Achtzig Kinder, Enkel und Urenkel, Neffen und Nichten sollen es gewesen sein. Als sie im Alter von 110 Jahren starb, waren hier 120 Familienmitglieder zu Hause.

Die Kuh am Pflock düngt den Acker des Nachbarn

Minho, das ist das Land, wo seit Generationen die Felder geteilt und nochmals geteilt wurden, bis «die Kuh am Pflock den Acker des Nachbarn düngt». Jeder Familie ein Stückchen Land und ein Haus, das sicherte über Jahrhunderte das Überleben. Diese Parzellenwirtschaft aufzulösen ist ein Puzzlespiel für Profis. Mit finanzieller Unterstützung der Europäischen Union werden erste Modellprojekte initiiert, die Minifelder zusammenzufügen. Doch die Tradition – «Das war schon meines Vaters Land, so soll es bleiben» – ist tief verwurzelt. Lieber zwanzig verstreute Parzellen als zwei oder drei am Stück. Da faßt sich jeder durchorganisierte Mitteleuropäer mit seinen Rentabilitätsberechnungen an den Kopf, die Minhotos sind eben so.

Auf den kleinen Feldern zerren Ochsengespanne den Pflug durch die schwere Erde, Frauen mit großen, runden Strohhüten säen und ernten, Weinstöcke klettern Steinpfeiler hinauf und hangeln sich als grüne Pergola zur anderen Seite. Darunter wuchern Kartoffeln und Kohl – die wichtigsten Zutaten für die *caldo verde,* die «grüne Suppe» –, Bohnen und Mais, der in hochbeinigen, schmalen Granitspeichern, den *espigueiros,* trocknet. Zu feinem Mehl gemahlen, wird daraus die *broa,* das schwere gelbe Maisbrot, gebacken, die Beilage zur grünen Kohlsuppe.

Selbst ein Rotwein ist im Minho grün. Der «grüne» Wein der Region, der weltweit einzigartige *Vinho Verde,* wird aus speziellen Trauben gekeltert. «Grün» heißt der Wein nur deshalb, weil die Trauben bei der Ernte nicht vollständig reif sind. Früher war der weiße Vinho Verde ein Wein nur für die feine Gesellschaft. Und etwas ganz besonders feines ist der *Alvarinho,* eine Weinsorte, die nur in der Region von Monção angebaut werden darf – eine Unterregion innerhalb des abgegrenzten Weinbaugebietes. Das einfache Volk trank und trinkt noch immer den prickelnden roten Grünen.

In Nordportugal, vor allem nahe Ponte de Lima, blitzen die Türme opulenter Herrenhäuser aus dem Grün, umgeben von ihren Wein- und Landgütern. Diese Familien können oft Stammbäume vorweisen, die sich problemlos über fünfhundert Jahre zurückverfolgen lassen. Steinalter Adel, untereinander verschwistert und verschwägert. Schon Mitte des 11. Jahrhunderts, vor der Staatsgründung, siedelten sich im Minho einflußreiche Adelsfamilien an, die teilweise eine wichtige Rolle bei der *reconquista,* der Vertreibung der Mauren im Süden, spielten.

Im 14. Jahrhundert bauten sie ihre Wehrtürme zum Schutz der *terras nobres,* der «adeligen Erde». Diese Türme dienten nicht der persönlichen, sondern der kommunalen Verteidigung und durften nach einem Erlaß von Dom Dinis nur mit seiner königlichen Erlaubnis errichtet werden, denn jener fürchtete, der Landadel hätte zu mächtig werden und Privilegien einfordern können. Später wurden die Türme in die Hausarchitektur integriert. Eine private Kapelle gehört genauso zum Anwesen wie der persönliche Schutzheilige, der der Quinta seinen Segen gibt.

Viele dieser Herrenhäuser tragen den Titel *paço,* was darauf hinweist, daß in diesen Mauern einmal ein König übernachtete oder sich auf der Flucht hier versteckte.

Bis Anfang der achtziger Jahre verrottete diese historische Bausubstanz. Dann kam ein Graf aus der Gegend von Ponte de Lima – er selbst hatte gerade ein verfallenes Herrenhaus von seinem Vater geerbt – auf eine geniale Idee: Der Staat war interessiert, den Tourismus im Hinterland anzukurbeln. Die Adelsfamilien besaßen ehrwürdige Gebäude, nur verfügten sie über keine Geldmittel, um ihre Häuser zu erhalten. Jetzt gibt es öffentliche Zuschüsse für jene, die ihr Anwesen restaurieren wollen, allerdings mit der Auflage, Gästezimmer einzurichten, um Reisende aufzunehmen. Das Unterfangen nennt sich *turismo de habitação* und findet mittlerweile in ganz Portugal Nachahmer.

Kontakt zu Land und Leuten inklusive? Die Wahrheit ist: Der echte, steinalte Adel öffnet seine privaten Häuser nicht für Touristen. Restaurierte Gesindehäuser,

Bis zu 3000 Händler verwandeln den Flußstrand von Ponte de Lima in eine Zeltstadt

in denen geschmackvolle Appartements eingerichtet wurden, tun es auch. Auf einem Weingut nahe Viana do Castelo bleibt beispielsweise das Herrenhaus verschlossen. Vollgestopft mit Büchern und Bildern, edelstem Mobiliar und Kristall wartet es verlassen auf den Sommer. Dann zieht die Familie für einige Ferienwochen aufs Weingut mit Meeresblick. Die Touristen wohnen dagegen ganzjährig in ehemaligen Pferdeställen im Garten. Aber mal ehrlich: Ist das so schlimm? Möchte man wirklich jeden Abend mit Graf und Gattin speisen? Nur mit dem vielgepriesenen persönlichen Kontakt zwischen Gastgeber und Reisenden hat das natürlich wenig zu tun.

Die Wiege und der «gute Jesus»

Der Norden ist anders. Wer von Süden kommt, scheint in ein anderes Land zu fahren: dichtbesiedelt und industrialisiert im Küstenraum, grün im Hinterland und fast archaisch im östlichen Bergland. Trás-os-Montes bedeu-

tet soviel wie «hinter den Bergen» – kein Name könnte diese Provinz treffender beschreiben.

Landschaftlich und kulturell gehört die nordwestliche Ecke eher zu Galizien, und tatsächlich ging die Geschichte im Land *Entre Douro e Minho*, zwischen den Flüssen Douro und Minho, eigene Wege. Die Römer gründeten in den Jahren 16 bis 13 v. Chr. drei Provinzen auf der Iberischen Halbinsel. Die Provinz Lusitânia dehnte sich vom Süden bis zum Douro und entsprach in etwa den heutigen Landesgrenzen. Die Region nördlich des Flusses gehörte mit der Hauptstadt Braga allerdings nicht zu Lusitânia. Die Mauren ließen das nördliche Bergland links liegen und blieben hier nur kurz. Im 10. Jahrhundert bildete sich zwischen Douro und Minho die Grafschaft Portucale, die ein Teil von Galizien war. Später, als im übrigen Portugal noch die Mauren herrschten, war die Region schon christianisiert und selbständig – die Keimzelle Portugals mit der Hauptstadt **Guimarães**.

Ist man einmal durch die Fabriken und trostlosen Wohnsilos in den Stadtkern von Guimarães gelangt, prangt in großen Lettern ein geschichtsträchtiger Satz von den wuchtigen Mauern: *Aqui nasceu Portugal* – «Hier wurde Portugal geboren». Als «Wiege der Nation» wird Guimarães bezeichnet, nicht nur wegen der Hauptstadtfunktion, sondern weil hier auch der erste König Portugals geboren wurde.

Im Stadtkern der Leder- und Textilmetropole reibt man sich verwundert die Augen: ein Freilichtmuseum? Hoch über der Stadt thront die Burg aus dem 10. Jahrhundert. Vom Palast der Herzöge von Bragança schlendert man durch die Rua Santa Ana, eine der ältesten Gassen der Stadt. Unter Arkaden hindurch geht es in das historische Viertel mit seinen Kirchen und Stadtpalästen: Läden mit Heiligenfiguren, Trödel und Gemüsekisten neben Designermobiliar, ein New-Wave-Café neben einem einfachen Restaurant, in dem Muttern am holzgefeuerten Herd köchelt. Guimarães restaurierte in den letzten Jahren systematisch das historische Zentrum und hat sich bei der UNESCO um die Auszeichnung «kulturelles Erbe der Menschheit» beworben. So wuchtig die Geschichte wiegt, so schwer und süß liegt die örtliche Spezialität im Magen: *toucinho do céu*, der «Himmelspeck» aus Eiern und Mandeln.

Gleich nebenan befindet sich das «Rom der Nation». Alle Wege führen nach **Braga**, das zur Römerzeit nicht nur die Hauptstadt von Galizien, sondern auch ein wichtiger Verkehrsknotenpunkt war. Von hier aus wurde das Christentum verbreitet, mehr als dreißig Kirchen, eine Kathedrale, drei Wallfahrtsstätten und eine katholische Universität verkünden, wer in Braga der Herr im Hause ist: der Erzbischof, der sich selten auf die Bibel beschränkte, sondern auch kräftig in der Politik mitmischte. Mitten im historischen Stadtkern sitzt wuchtig die Kathedrale hinter dem noch erhaltenen Stadttor, der Porta Nova. Von dort zieht sich die Fußgängerzone mit modernen Läden in barocken Fassaden bis zur Praça da Libertade mit ihren alten Kaffeehäusern in den Arkaden und dem traditionsreichen Café Brasileira. Selbst die verwöhnten Kunden aus Porto kaufen in Braga ein, das sich seit einigen Jahren zum modernen Dienstleistungszentrum mit historischen Kern wandelt.

Über der Stadt thront vierhundert Meter hoch Bom Jesus, der «gute Jesus», die opulente barocke Wallfahrtskapelle. Eine imposante Treppe führt hinauf, und allein der Anblick mit einigen hundert über Kreuz laufenden Stufen stürzt die Seele in Verwirrung. Wer sich nicht der Pein des mühsamen Aufstiegs hingeben will, nimmt die «wasserbetriebene» Kabelbahn. Die offenen Holzwägelchen vermitteln eher den Eindruck einer Landpartie, wenn sie durch lauschiges Grün den Berg hinaufschaukeln. Das System ist ausgeklügelt: Der Tank des oberen Wagens wird mit Wasser gefüllt und zieht mit seinem Gewicht den von unten kommenden Wagen hinauf, der während der Fahrt sein Wasser verliert. Ökologische Perfektion seit 1882.

Freizügige Heiligenfeiern

In der Nacht vom 23. auf den 24. Juni hat selbst der Erzbischof in Braga nichts mehr zu melden. Es ist die Nacht des Stadtpatrons São João, und sie beginnt zunächst harmlos. Friedlich dösen die Gassen in der Dämmerung, hin und wieder hallen Trommelwirbel durch die Stadt, und wunderlich sind nur die Haufen bunter Plastikhämmer, die am Straßenrand verkauft werden.

Ansonsten regt sich nichts Besonderes bis zum Einbruch der Dunkelheit. Doch dann scheint sich plötzlich die gesamte Stadtbevölkerung durch die Straßen zu drängeln. Und man braucht nur denen mit einem Plastikhammer zu folgen, wobei das fast alle sind: Kids wie durchaus ernstzunehmende ältere Herrschaften – allesamt mit Plastikhammer.

Trommeln tosen durch die Sommernacht. Überlebensgroße Pappfiguren ragen aus der Menschenmenge. Die Prozession mit den bunten Folkloregruppen zieht die Avenida da Liberdade hinunter: schnelle, dumpfe Schläge, die Jungen in Bauerntrachten dreschen sich mit ihren Pauken die Seele aus dem Leib, die Rhythmen schwirren durcheinander, vibrieren in der schwülen Luft.

Im Gedränge am Straßenrand fliegen die Plastikhämmer. Jeder kriegt eins auf die Mütze, der Kellner, der im überfüllten Café abkassiert, der Polizist auf der Straßenkreuzung oder wem man sonst gerade begegnet. Plötzlich der Geruch von Knoblauch, eine langstielige Blüte wischt durch das Gesicht. Die archaische Form des Knuffs mit dem Plastikhammer war der Knoblauchwedel – ursprünglich ein alter Fruchtbarkeitskult.

Von der Tradition des berühmten Festes blieb von allem eins lebendig: In dieser Nacht ist alles erlaubt. Die duftenden Rosmarinfeuer werden nur noch in einigen Dörfern angezündet. Je häufiger man in der Nacht über die Flammen springt, desto sicherer ist einem das Glück gewogen.

Im Sommer vergeht im Minho kein Wochenende, an dem nicht irgendein Dorf seinem Schutzpatron huldigt. Immer mit einer Prozession und einem ausgesprochen weltlichen Fest. Und daß die Kirche darauf gar nicht gut zu sprechen ist, liegt auch an den volkstümlichen Kulten, die oft jede Moral vergessen lassen.

Romaria heißen die Wallfahrten, von *ir a Roma*, «nach Rom gehen». Allerdings unterscheiden sich diese Reisen von jenen, welche die Kirche organisiert und kontrolliert. Für einige Tage wird ein heiliger Ort zum Treffpunkt mehrerer tausend Menschen der Region, für die das religiöse Motiv – zumindest wie es die Kirche versteht – zweitrangig ist, selbst wenn sie kommen, um ein Gelübde einzulösen, am Gottesdienst teilnehmen oder neunmal auf Knien um die Kapelle rutschen.

Die Romaria de São João de Arga gehört zu den traditionsreichen Wallfahrten. In dem Gebirge Serra d'Arga südlich der Grenze wechselt das Bild zwischen sanft abfallenden Terrassen und karger Heidelandschaft. Versteckte Bauerndörfer, gedrungene Gehöfte, aus Felsbrocken erbaut, in denen der Honig in Korkzylindern gewonnen wird. Im Stall ein einziges Schwein, das eines Tages zur allerfeinsten *chouriço*, zur deftigen Räucherwurst, verarbeitet wird. Hügelige Wege ziehen sich zwischen eingemauerten Feldern und Weiden hindurch – ein Gebirge, das erwandert werden will. So taten es die Pilger seit Jahrhunderten, «sieben Berge hinauf- und hinunterklettern», bis sie zu einem heute verlassenen Benediktinerkloster kommen. Eine mühsame Strecke, die inzwischen über

Am frühen Morgen treiben die Bauern ihr Vieh zum Markt

eine Straße mit dem Auto beschleunigt werden kann. Doch der Weg war stets das eigentliche Fest. Im katholischen Portugal gilt der Norden als Hochburg der Gläubigen. Diese Tatsache widerspricht allerdings nicht den sinnesfrohen Festen unter dem Deckmantel der Heiligen. Das Leben ist wahrhaftig nicht nur zum Beten da und eine Wallfahrt beileibe kein Leidensweg.

Wanderstab, Musikinstrumente und reichlich Proviant gehören zur Ausstattung, Pausen für einen kräftigen Schluck Vinho Verde zum Ritual. Wer das Versprechen abgelegt hat, schweigend zu gehen, steckt sich eine Nelke oder einen Olivenzweig zwischen die Zähne. Bei Sonnenuntergang beginnt die Prozession zum Wundertäter São João de Arga, ein Heiliger, der sich auf Hautkrankheiten, Warzen und Grützbeutel spezialisiert hat.

Die Romaria São João de Arga ist zudem berühmt für das freizügige Feiern bis in die Morgenstunden. Außerhalb des Heimatdorfes mit seinem rigiden Verhaltenskodex kann man sich so manche Grenzüberschreitung in Sachen Moral erlauben. Andere Wallfahrten sind dafür bekannt, daß jeder herumpöbeln darf, oder es gehört zum Ritus, hinter die Kirche zu schleichen und unter dem Vor-

wand, daß es Glück bringe, wildfremde Leute zu küssen.

Die Romaria kann Heiratsmarkt sein oder auch sozialtherapeutische Funktionen erfüllen. Wer Streit miteinander hat, kann sich zum Fest verabreden. Einmal im Jahr werden unter dem Schutz des Heiligen alte Rechnungen beglichen und die großen und kleinen Probleme eines Dorfes – mit symbolischer Gewalt – gelöst, wie beim *festival de pauladas*, dem symbolischen Stockkampf. Die anwesenden Zeugen zwingen die Kontrahenten, die Regeln einzuhalten und zu einem respektvollen Kampf. Oder die «Verabredungen» werden in das nächtliche Festprogramm eingeplant. Für einige Sekunden erlischt die Beleuchtung. Wer etwas zu regeln hat, wird sich schon finden … Und Schluß. Plötzlich geht das Licht an, das Feuerwerk knallt los. Diese Mischung aus heiliger Handlung und heidnischem Kult sehen die Kirchenoberen zwar nicht gerne, aber da sie keine Chance gegen die fröhlich-frivolen Feiern haben, wird das Ritual geduldet – einmal im Jahr.

Moderne Zeiten verlangen Opfer

Nahe Ponte da Barca öffnet sich einer der wenigen Zugänge zum **Nationalpark Peneda-Gerês**. Eine Reise aus dem kultivierten Minho in ein Land märchenhafter Urwälder und bizarrer Felslandschaften, weitläufiger Hochplateaus und dramatischer Schluchten, glasklarer Flüsse und Wasserfälle. Auf 72000 Hektar zieht sich Portugals einziger Nationalpark in einem Halbkreis an der spanischen Grenze entlang. Der Bär wurde zwar im letzten Jahrhundert ausgerottet, aber Wölfe, Wildschweine und Wildpferde gibt es hier noch, ebenso Falken, Adler, Marder, Dachse und Otter sowie eine aus der nördlichen Ecke, aus Castro Laboreiro, stammende Schäferhundart. In der Kernzone des Parks bleibt die Natur sich selbst überlassen, in der «Pufferzone» dürfen nur begrenzt Eingriffe vorgenommen werden. Dort existieren seit Urzeiten 114 Dörfer.

Eine gut ausgebaute Straße zieht sich von Ponte da Barca in das karge Gebirgsland hinein bis zur spanischen Grenze. Was im Zeitalter vor der Europäischen Union nur eine rumpelige Piste war, ist heute eine Transitstrecke nach Spanien, quer durch den Nationalpark. Abseits dieser glatten Straße liegt eine andere, langsamere Welt. Man braucht nur abzubiegen, beispielsweise in Richtung Nossa Senhora da Paz. Auf dem Weg zur Wallfahrtsstätte kringelt sich die Straße durch ein Minho-Dorf, das von Weinreben fast zugewachsen, zwischen niedrigen Häusern aus Granitbrocken hindurch und an rund geschichteten Strohballen und Maisspeichern vorbei.

Kurz vor Lindoso liegt in dem tiefeingeschnittenen Tal des Lima der gigantische portugiesisch-spanische Stausee. 1992 wurde diese «elektrische Autobahn» fertiggestellt. Für die Bewohner der gefluteten Dörfer eine Tragödie, vor allem für die Portugiesen. Auf spanischer Seite konnte die Bevölkerung Entschädigungen aushandeln und ein neues Dorf errichten. Für das portugiesische Dorf Várzea dagegen waren die Summen lächerlich gering. Gegenüber der Zeitung *Público* empörte sich ein älterer Dorfbewohner: «Wissen Sie, was man mit einem Rattennest im Getreidespeicher anfängt? Man gibt ihm einen Fußtritt, die kleinen Ratten fliegen hierhin und dorthin, einige überleben, die anderen verhungern. Das ist es, was man mit uns gemacht hat.»

Kurz vor der spanischen Grenze thront das Castelo de Lindoso aus dem 13. Jahrhundert in der kargen Gebirgslandschaft. Noch bis 1895 sicherte die Burg die portugiesische Grenze, vor kurzem wurde sie restauriert und ein Museum eingerichtet. Unterhalb der Burg befindet sich der Ort Lindoso mit seinen kommunalen Getreidespeichern, die von den Bewohnern noch immer gemeinsam genutzt werden.

Über die gigantische Staumauer führt eine Straße nach Soajo, die sich zwischen Terrassenfeldern windet und kristallklare Flüsse überquert. Hier warten die granitenen Maisspeicher gleich am Ortseingang auf einem runden Felsen, der gleichzeitig der gemeinsame Dreschplatz war. Verwittert, mit einem steinernen Kreuz auf dem Giebel erscheinen sie als ein archaischer Kontrast zu den modernen Häusern der Emigranten, die das Bild von Soajo wie in den meisten Dörfern Nordportugals veränderten.

Der im Ausland erworbene Reichtum wird stolz vorgeführt, was bei denen, die zurückblieben, nicht nur Bewunderung auslöst. Als Ferienhäuser genutzt – im Sommer erkennbar an den französischen Autokennzeichen der Automobile im Vorgarten – oder als Altersruhesitz gedacht. Das eigentlich Anstößige an den «Palästen» ist die eigenwillige Architektur: die Vermischung aller Stilrichtungen aus Ländern, in denen Minhotos einmal gearbeitet haben, verklinkerte Fassaden und mit Butzenfenstern, Fachwerk, hier noch eine schräge Ecke, dort noch eine Gaube. Bis auf die übliche Freitreppe in den ersten Stock hinauf erinnert kaum etwas an Portugal.

Andererseits sind diese Häuser mittlerweile selbst schon ein Stück Alltagskultur. Denn in dieser dichtbesiedelten Region, deren Felder meist zu klein waren, um alle Familienmitglieder zu ernähren, gehört das vorübergehende Leben im Ausland dazu, um weiterexistieren zu können. Minho und Trás-os-Montes, das Land hinter den Bergen, das sind eben nicht nur die pittoresk mittelalterlich anmutenden Bauerndörfer.

Basisdemokratie im Bergdorf

Ausgangspunkt für Wanderungen in die Wildnis des Nationalparks ist der Kurort **Gerês**, der an Sommerwochenenden jedoch hoffnungslos überfüllt ist. Die Wasserfälle und Stauseen, die dichten Wälder und klaren Quellen sind beliebte Ausflugsziele. Alte Römerstraßen, Waldwege, Gebirgspässe und Schäferpfade durchziehen die Gebirgslandschaft, verbinden abgelegene Dörfer, in denen teilweise bis heute die Arbeit zusammen organisiert wird.

Aldeias comunitárias, Gemeinschaftsdörfer, deren Bewohner die Felder gemeinsam bestellen, in denen Schafe und Ziegen noch nach einem eigenen Rhythmus gehütet werden. Von Mai bis September sind die Herden im Gebirge, die Schäfer wechseln nach einem alten System. In diesen Dörfern herrschen eigene Gesetze, denn jahrhundertelang waren sie auf sich selbst angewiesen.

«Schinken, Milch und Butter waren gut und im Überfluß vorhanden. Wir hatten Gelegenheit zu sehen, daß die große Familie unserer Gastgeber gut und bequem lebte und daß viele deutsche Bauern Grund hätten, solche Vorräte zu neiden. Man bereitete unsere Betten sehr sorgfältig mit weißen sauberen Laken. In so einem Haus hätten wir das nicht erwartet», berichtete erstaunt ein deutscher Ethnologe, den es im 18. Jahrhundert nach **Vilarinho da Furna** verschlug. Dieses Bergdorf mit 250 Einwohnern war fast abgeschnitten von der Außenwelt und bis Anfang der siebziger Jahre das bekannteste *Aldeia Comunitária*.

Zwanzig Jahre zuvor verbrachte der bekannte portugiesische Volkskundler Jorge Dias einige Monate in dem Ort, und er vermutet, daß die Ursprünge der Gemeinschaftsdörfer vor unserer Zeitrechnung liegen, noch bevor die Römer die Iberische Halbinsel besetzten und das Land in Privatbesitz aufteilten. Doch das galt für Regionen mit fruchtbaren Böden. *Comunitárias* dagegen entwickelten und erhielten sich dort, wo das Land nur für Weidewirtschaft nutzbar war und die Menschen sich in geringerem Maße von der Landwirtschaft ernährten. Herden von Kühen und Ochsen, Ziegen und Schafen erforderten einen stärkeren Zusammenhalt im Dorf, zumal die Weideflächen oft weit entfernt, in schwer erreichbaren Gebirgsregionen lagen.

Die schrecklichste Strafe, zu der ein Bewohner in Vilarinho da

Furna verurteilt werden konnte, war der Ausschluß aus der Gemeinschaft. Er konnte zwar bleiben, mußte aber ohne die Unterstützung der anderen Dorfbewohner sein Leben organisieren, was einem Todesurteil gleichkam.

Nahezu autark konnte das Dorf nur gemeinsam überleben. Kaum ein Bewohner war Spezialist, jeder versuchte so viele Fähigkeiten wie möglich zu entwickeln: Einer konnte gleichzeitig Bauer und Schäfer sein, ebenso Tischler, Schmied, Steinmetz, Schuhmacher, Schneider und Bildhauer – alles in einer Person.

Jeden Donnerstag bei Sonnenaufgang traf sich die «Regierung» auf dem Dorfplatz. Eine repräsentative Demokratie von Analphabeten. Der Chef, *zelador* genannt, rief seine sechs «Minister» und die Familienoberhäupter zusammen – sofern der Mann verstorben oder gerade mit dem Vieh in den Bergen weilte, durfte es auch die Frau sein. Alle sechs Monate wurden der *zelador*, der «Wächter», und das Gremium neu gewählt, so daß jeder einmal regieren durfte. Sie berieten und stimmten ab über die gemeinsamen Angelegenheiten des Dorfes: vom Hüten des Viehs über auszubessernde Wege bis zu Bestrafungen einzelner. Eine funktionierende Dorfgemeinschaft, deren Mitglieder sich *vizinhos*, «Nachbarn», nannten.

Eine römische Militärstraße führt vom Grenzübergang Portela do Homen durch einen alten Eichenwald hinunter nach Braga: Die Erde duftet feucht, Bäche rauschen zum Rio Homen, wo noch einige römische Meilensteine stehen. Unten im Tal breitet sich ein Stausee aus. Vielleicht ist es Hochsommer, der Wasserstand niedrig. Dann tauchen geisterhaft einige Ruinen aus dem klaren Blau auf, das sind die Reste von Vilarinho da Furna.

Heute gibt es eine richtige Straße nach Campo do Gerês am Stausee. An die Geschichte des Gemeinschaftsdorfes erinnert dort ein kleines Museum. Eigene Gesetze und kommunales Eigentum existieren noch heute in vielen Dörfern der Region. Allerdings verschwindet diese Lebensform mit neuen Verkehrswegen und auch mit dem Tourismus im Nationalpark.

Paulo Cunha von der Nationalparkverwaltung weiß nicht, worüber er zuerst schimpfen soll. Er ist zuständig für den Bereich um Gerês, das einst die pure Idylle eines lauschigen Kurorts war. Eigentlich dürften keine Neubauten mehr genehmigt werden, höchstens im traditionellen Stil. Darüber streitet er sich mit der Tourismuskommission und den Bürgermeistern und fünf weiteren Instanzen. Lauter kleine Müllhaufen, hinterlassen von Leuten, die picknicken und wild zelten, liegen in den Wäldern. Seine wenigen Parkwächter kommen gerade noch dazu, Verbotsschilder aufzustellen.

Wenn es um ein Aufforstungsprogramm geht, um die Schäden großflächiger Waldbrände einzudämmen, muß Paulo Cunha sich mit den Dorfältesten zusammensetzen. «Dann sagen die einfach ‹nein›, es ist ihr Land, seit Generationen, das verteidigen sie.» Der ökologisch gutgemeinte Plan verschwindet in der Schublade. «Die Leute aus den Dörfern haben gelernt, in der Natur zu überleben. Die sind gewohnt zu kämpfen. Und das ist kein Spaß.»

Verhandlung ums Suppenhuhn

ZEITGEIST IN GRANIT UND GLAS

PORTO, DIE METROPOLE DES NORDENS

Porto ist anders – als man gemeinhin annimmt und sowieso anders als die Konkurrentin Lissabon. Hier im Norden wird das Geld verdient, das «die da unten im Süden» angeblich verprassen. Porto, die heimliche Hauptstadt Portugals, ist bekannt als spröde Schönheit an der Mündung des Douro. Als die Stadt der Portweinbarone und Industriellen, in der man rackert, anstatt sich zu amüsieren. Das hat sich in den letzten Jahren kräftig geändert. Eine neue Generation übernimmt die Geschäfte. Porto ist nicht nur ein wirtschaftliches, sondern auch kulturelles Zentrum geworden. Frischer Wind weht durch die finsteren Gassen mit den engstehenden Granitgemäuern. Die alten Stadtviertel werden restauriert, im Dezember 1996 wurde die Altstadt von der UNESCO als Weltkulturerbe geehrt, und im Jahr 2001 wird Porto Kulturhauptstadt Europas sein.

Zeitgeistig betrachtet, liegt das Zentrum von Porto am Rand, im Stadtteil Boa Vista. Hier befindet sich die landesweit höchste Dichte an Shopping, Commercial und Trade Centern. Glaspaläste, die das Bild der würdigen Patrizierstadt verspotten. Ein zäher Autobrei quillt aus sieben Richtungen in den Kreisverkehr Rotunda da Boa Vista, wo früher die rumpelnden *eléctricos* endeten. Für die meisten dieser antiquierten Straßenbahnwaggons hieß die Endstation inzwischen «Museum» – nur eine Linie zuckelt noch für die Touristen durch Porto.

Den Anschluß an Europa schaffen, heißt die nationale Devise, und Porto startet durch. Rund um den historischen Stadtkern werden supermoderne Hotels und Bürobauten hochgezogen, ein neuer Ring von Umgehungs- und Zufahrtsstraßen und eine Metro gebaut, um das gnadenlose Verkehrschaos zu bändigen. In Porto wurde schon immer gehandelt und nicht fado-fatalistisch rumgejammert.

Historisch betrachtet, erhebt sich das Zentrum am steilen Ufer des Douro. Aus dem Gebirge zwängt sich der Fluß heraus, zieht in einem Bogen vorbei an uralten, gedrängt stehenden Häusern, die sich an den Hügeln stapeln. Wie ein mahnender Zeigefinger ragt der Torre dos Clérigos aus dem Meer von Dächern. Nicht irgend-

Ohne Mobiltelefon läuft nichts mehr in der eifrigen Patrizierstadt

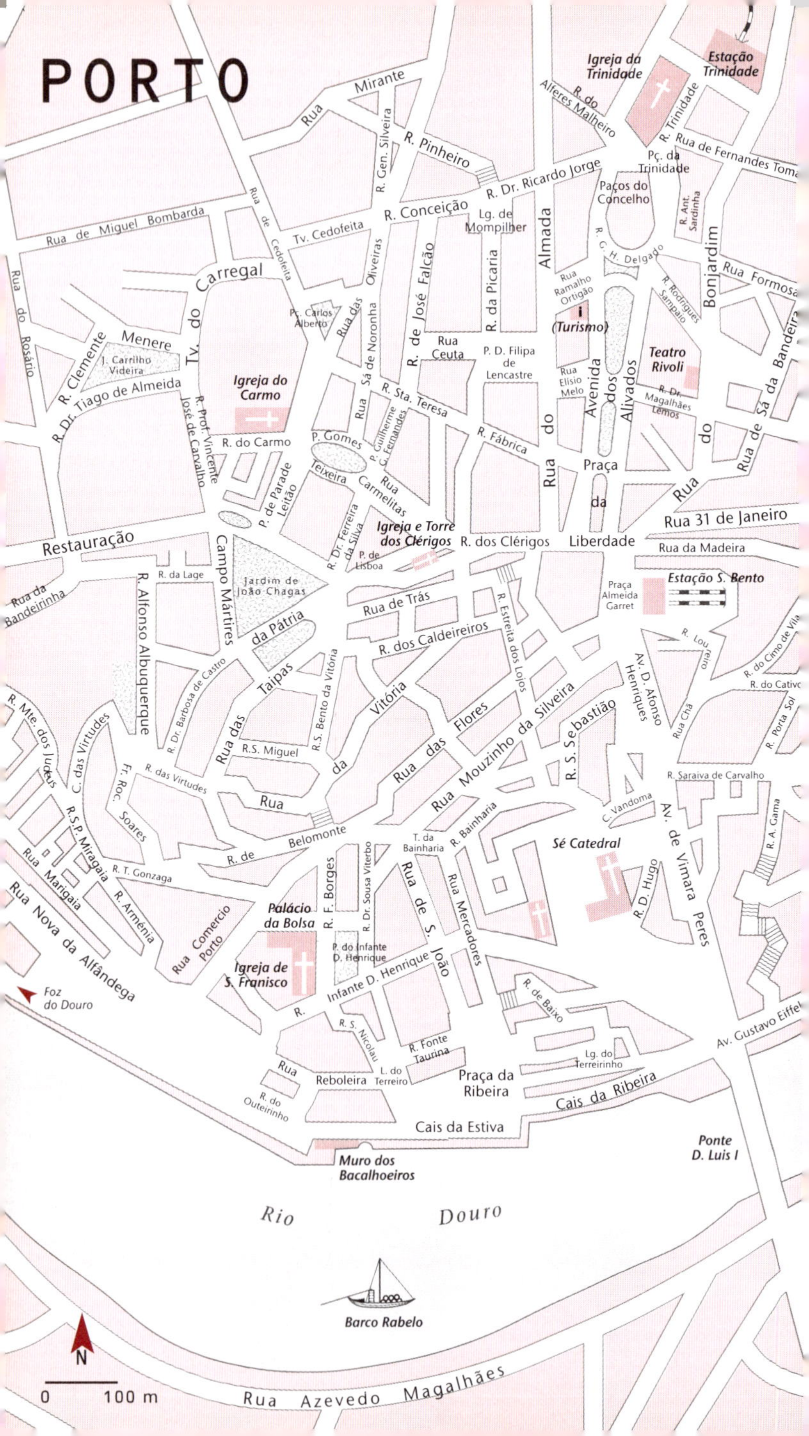
PORTO
Igreja da Trinidade
Estação Trinidade
R. do Alferes Malheiro
R. Trinidade
Rua de Fernandes Toma
Pç. da Trinidade
Rua Mirante
R. Gen. Silveira
R. Pinheiro
R. Dr. Ricardo Jorge
Paços do Concelho
R. Ant. Sardinha
Rua de Miguel Bombarda
Rua de Cedofeita
Tv. Cedofeita
R. Conceição
Lg. de Mompilher
Almada
R. G. H. Delgado
Bonjardim
Rua Formosa
Rua do Rosário
Tv. do Carregal
Rua das Oliveiras
R. de José Falcão
R. da Picaria
Rua Ramalho Ortigão
R. Rodrigues Sampaio
Pç. Carlos Alberto
Rua das
Sá de Noronha
i (Turismo)
R. Clemente Menere
J. Carrilho Videira
Rua Ceuta
P. D. Filipa de Lencastre
Teatro Rivoli
Rua de Sá da Bandeira
R. Dr. Tiago de Almeida
Igreja do Carmo
R. Prof. Vincente José de Carvalho
Rua Elísio Melo
Avenida dos Aliados
R. Dr. Magalhães Lemos
R. Sta. Teresa
P. Guilherme G. Fernandes
R. do Carmo
P. Gomes Teixeira
R. Fábrica
Rua do
Praça da Liberdade
Rua Carmelitas
P. de Parade Leitão
R. Dr. Ferreira da Silva
Igreja e Torre dos Clérigos
R. dos Clérigos
Rua 31 de Janeiro
Restauração
Campo Mártires da Pátria
P. de Lisboa
Rua da Madeira
R. da Lage
Jardim de João Chagas
Praça Almeida Garret
Estação S. Bento
Rua da Bandeirinha
R. Alfonso Albuquerque
Rua de Trás
R. Estreita dos Loios
R. dos Caldeireiros
R. Lou reiro
R. do Cimo de Vila
R. do Cativo
R. Dr. Barbosa de Castro
Rua das Taipas
R.S. Bento da Vitória
Rua da Vitória
Rua das Flores
Rua Mouzinho da Silveira
R. S. Sebastião
Av. D. Afonso Henriques
Rua Chã
R. Porta Sol
R. Mte. dos Judeus
C. das Virtudes
R.S. Miguel
R. das Virtudes
Fr. Roc. Soares
R. Saraiva de Carvalho
C. Vandoma
Av. de Vimara Peres
R. A. Gama
R.S.P. Miragaia
R. de Belomonte
T. da Bainharia
R. Bainharia
Sé Catedral
Rua Marigaia
R. T. Gonzaga
R. F. Borges
R. Dr. Sousa Viterbo
Rua de S. João
Rua Mercadores
R. D. Hugo
Rua Nova da Alfândega
R. Arménia
Rua Comercio Porto
Palácio da Bolsa
P. do Infante D. Henrique
Igreja de S. Franisco
R. Infante D. Henrique
Foz do Douro
R. de Baixo
R. S. Nicolau
R. Fonte Taurina
Av. Gustavo Eiffel
Lg. do Terreirinho
Rua Reboleira
L. do Terreiro
Praça da Ribeira
Cais da Ribeira
R. do Outeirinho
Cais da Estiva
Ponte D. Luis I
Muro dos Bacalhoeiros
Rio Douro
Barco Rabelo
N
0 100 m
Rua Azevedo Magalhães

ein, sondern der höchste Kirchturm des Landes ist das Wahrzeichen Portos.

Unbehelligt von Abrißbirnen, prägten Jahrhunderte dieses Zentrum, dessen enge Gassen und verwinkelte Treppen sich vom Fluß bergauf quälen. Massiver Granit, das ist Portos Baustoff. Trotzig drängen sich die hohen schlanken Gebäude aneinander, aufgeheitert von verspielten Details: schmiedeeiserne Balkongitter und Veranden, Blümchenkacheln und kunstvoll gehauene Steinportale, kleine Fenster, in Glasquadrate unterteilt – jene zum Hoch- und Runterschieben heißen sinnigerweise «Guillotine-Fenster». Doch zwischen den ineinander verschachtelten, schweren Granitmauern ächzte und schnaufte schon immer eine eifrige Handelsstadt.

Die ewige Nummer zwei

«Das Schönste an Porto? Die Autobahn nach Lissabon! Wollen Sie noch was wissen? Der Rio Douro, der hier vorbeikriecht, da kann man doch rüberspucken. Stellen Sie sich mal in Lissabon ans Tejo-Ufer, das ist ein richtiger Fluß. Von wegen Porto und heimliche Hauptstadt, die sollen sich bloß nicht so wichtig machen.» Diese Tirade ließe sich beliebig fortsetzen, ein sehnsüchtiger Seufzer folgt, dann bestellt der Lissabonner, den es nach Porto verschlagen hat, etwas zerknirscht noch eine *bica*, Entschuldigung, einen *café*. In Porto heißt der kleine Schwarze: *café*. Bei Bestellung einer *bica* straft der Blick des anständigen Portuenser Kellner so vernichtend, daß man auf der Stelle schamrot unters Marmortischchen rutschen möchte.

Ein jahrhundertealter Nord-Süd-Konflikt: Jedes Fußballspiel zwischen dem FC Porto und Benfica Lissabon ist ein Spektakel und mindestens eine doppelte Fotoseite in den Tageszeitungen wert. Porto, die Metropole des Nordens, ist die einzige ernst zu nehmende Großstadt in Portugal – abgesehen von der tatsächlichen Hauptstadt natürlich – und gab nicht nur dem berühmten Portwein seinen Namen, sondern der gesamten Nation. Aus dem römischen Flußhafen *portus* und der gegenüberliegenden Siedlung *cale*, heute Vila Nova de Gaia, wurde der Name der Grafschaft Portucale, die Keimzelle der späteren Nation. Da wäre es doch nur gerecht, wenn auch der Name der Hauptstadt …

Zumal jedes Sprichwort einen wahren Kern enthält: «In Porto wird gearbeitet, in Lissabon gelebt.» Aus Portuenser Sicht: Wir schuften, die da unten verprassen. Zwei Millionen Menschen leben im Ballungsraum rund um Porto, Petrochemie, Stahl- und Metallindustrie, Textil- und Möbelfabriken, der Hafen in Leça einige Kilometer außerhalb, ein Industriegürtel umschließt die Stadt mit ihren 300000 Einwohnern. Die Schaltstelle der wirtschaftlich wichtigsten Region Portugals.

Porto erscheint als ernsthafte Streberin, Lissabon dagegen als flirrende Schönheit, die einen Vergleich überhaupt nicht nötig hat. Die eine Stadt hat eben die telefonische Vorwahl 01, die andere 02.

«Porto ist nun mal etwas für Kenner», fügen die Liebhaber der Nordmetropole pikiert hinzu. Also gut, neutral ausgedrückt: Unterschiedliche historische und kulturelle Umstände prägten die Eigenheiten beider Städte. Tatsächlich fühlen sich viele Portuenser der Stadt Vigo in Galizien kulturell stärker verbunden. Dort sind sie über die neue Autobahn auch schneller als in Lissabon.

Die Mauren wurden bereits 868 zum ersten und nach einem erneuten kurzen islamischen Zwischenspiel 1050 zum zweiten Mal endgültig aus Porto vertrieben. In Lissabon residierten sie immerhin durchgängig von 711 bis 1147 und südlich des Tejo noch bis Mitte des 13. Jahrhunderts. Als das heute unbedeutende Silves im Algarve noch eine blühende islamische Kulturmetropole war, rebellierten die Portuenser 1209 schon gegen den Bischof und für ihr Selbstbestimmungsrecht in städtischen und wirtschaftlichen Angelegenheiten.

Mit höheren Mächten hatten die Portuenser nicht viel im Sinn. Die portugiesischen Könige residierten – und praßten – in und um Lissabon, nicht in Porto. Im Gegenteil: Jahrhundertelang durften sich Adelige nicht einmal zwei Tage lang in der Stadt aufhalten und schon gar nicht ansiedeln. In Porto etablierten sich Patrizierfamilien, eine – bis heute – geschlossene Gesellschaft. Allein der gute Name öffnet die Türen zu den exklusiven Clubs, in denen *man* sich trifft: die Nachfahren der steinalten Familien, die oft im Portweingeschäft zu Ruhm und Ehre kamen.

Die Portweinkeller liegen in Vila Nova de Gaia am gegenüberliegenden Douro-Ufer. Dow's und Sandeman, Fonseca und Graham, kaum portugiesische, meist britische Firmennamen prangen auf den weithin sichtbaren Firmenschildern: Der edle Tropfen war schon immer ein Exportprodukt.

Hundert Kilometer flußaufwärts, abgeschirmt vom kühlfeuchten Klima des Atlantiks, reifen bis zur spanischen Grenze die Portweintrauben auf wärmespeichernden Schieferböden. Es ist das älteste geschützte Weinbaugebiet der Welt, dessen Grenzen Marquês de Pombal 1756 festlegte. Hintergrund dieser Maßnahme: 1703 hatten Portugal und England den Methuen-Vertrag geschlossen. Er gewährte den Briten Exporterleichterungen für Wollwaren nach Portugal, was die gesamte portugiesische Textilindustrie fast zugrunde richtete. Im Gegenzug senkten die Engländer den Einfuhrzoll für Portwein. Nun quetschten die Weinbauern aus, was die Reben hergaben. Auf den Portweinboom folgte rasch die Ernüchterung: Überproduktion verpfuschte nicht nur die Qualität, sondern vor allem die Preise. Daraufhin sprach Marquês de Pombal sein Machtwort: Er begrenzte die Anbaufläche, was vielen kleinen Weinbauern die Existenz kostete, und führte strenge Qualitätskontrollen ein. Bis heute hätscheln und überwachen drei Organisationen das renommierte Exportprodukt: die Winzergenossenschaft, der Verband der Portweinexporteure und schließlich das staatliche Portweininstitut.

In keiner anderen Stadt stritten die Bürger im 19. und 20. Jahrhundert so heftig für liberale Freiheiten, womit auch immer die Freiheit des Handels gemeint war. 1820 wurde zum ersten Mal die Republik proklamiert. Zuerst in Porto, Lissabon zog einige Tage später nach. König Dom Miguel, der davon nichts wissen wollte, belagerte 1832 die aufrührerische Stadt, bis sein Bruder Pedro aus Brasilien zurückkehrte und die Republikaner unterstützte. Porto hatte durchgehalten. Und wo, wenn nicht hier, wäre ein Aufstand gegen die Einführung der Umsatzsteuer denkbar? Der Name der Portuenser Zeitung *Primeiro de*

Unter der Brücke Dom Luis I stapeln sich die Häuser der Ribeira am Douro-Ufer

Janeiro erinnert noch heute an die Rebellion am 1. Januar 1868, nicht zu vergessen der Volksaufstand von 1927 gegen die Militärdiktatur. Der fand übrigens auch in Lissabon statt.

Bildergeschichten im Bahnhof

Hinein ins Getümmel rund um die **Praça da República**. Am Kopfende erhebt sich das Rathaus, gesäumt von wuchtig verspielten Bankgebäuden mit Erkern und Türmchen. Die langgestreckte Praça ist das Herz der Stadt im ehrwürdigen merkantilen Zentrum. Autos, Busse, Mopeds jagen drumherum, auf dem Bürgersteig trappelt das geschäftstüchtige Volk, jeder hat irgend etwas fürchterlich Wichtiges sofort und eigentlich schon gestern zu erledigen: in den Banken, Büros und im Einkaufsviertel rund um die berühmte Rua Santa Catarina, deren Ruhm für «Schnäppchen» und geschickte Verkäuferkünste bis nach Lissabon reicht.

Im gegenüberliegenden **Bahnhof São Bento**, dessen Eingangshalle eher ein Museum ist, erzählen großformatige Kachelbilder bis unter die Decke vom Leben im Land zwischen den Flüssen Douro und Minho. Vor seiner Eröffnung wurden die Waren vom Zollamt am Douro oder vom weit entfernten Bahnhof Campanhã über Hügel quer durch die Stadt mit Ochsenkarren ins Zentrum gebracht. Als São Bento 1915 nach 25 Jahren Bauzeit endlich fertig war, konnten sie direkt ins Handelszentrum geliefert werden. Dieser prachtvolle Bahnhof ist ein Sinnbild seiner Zeit, der Vision von Fortschritt und Industrialisierung. Der Kachelfries dokumentiert die Geschichte des Reisens und der Fortbewegung, vom Rad bis zur Eisenbahn.

Die erste Eisenbahnbrücke über den Douro hatte 1877 Gustav Eiffel fertiggestellt, einige Jahre später entwarf einer seiner Schüler die benachbarte zweistöckige **Brücke Dom Luis I.** Beide Brücken sind grazile Eisenkonstruktionen, typisch für die Epoche, in der auch die filigrane Markthalle **Ferreira Borges**, heute ein lichtdurchfluteter Ausstellungsraum, gegenüber dem Börsenpalast entstand oder der inzwischen zerstörte Palácio Cristal, ein damals berühmtes kulturelles Zentrum mit einer riesigen Glaskuppel. Eisen und Glas – diese beiden Materialien symbolisierten Mitte des letzten Jahrhunderts Modernität.

Es waren bewegte Zeiten: Rund hundert Jahre tobten die liberalen Kämpfe, bevor 1910 zum zweiten Mal eine Republik ausgerufen wurde. Die Wirtschaft boomte, gleichzeitig wuchsen die Elendsviertel von Porto. Linksgerichtete Intellekutelle diskutierten damals Vorstellungen, wie sich die Industrie harmonisch mit der Natur im Sinne der blühenden Romantik entwickeln könnte. Eine «Gartenstadt» hätte diesen Ideen von sozialem Fortschritt entsprochen.

Die neue Kulturhauptstadt

Ende des 19. Jahrhunderts erschienen in Porto elf Tageszeitungen und rund dreißig Wochen- und Monatsblätter. Mit den literarischen und politischen Bewegungen florierten auch die Caféhausdebatten. Von den traditionsreichen Cafés blieben nur wenige übrig. Fernsehen, Video- und Diskotheken gewannen die Konkurrenz gegen den rituellen Schwatz mit Freuden am Caféhaustisch.

Doch die Stadtregierung ist zur Gegenoffensive angetreten. Seit einigen Jahren poliert sie mit umfangreichen Sanierungen kräftig am kulturellen Image von Porto. Ein Schwerpunkt: Die **Baixa** soll wiederbelebt werden, die Straßen um die Praça da Libertade starben nach Geschäftsschluß aus. So wurde aus dem legendären **Café Majestic** in der Rua Santa Catarina wieder ein Schmuckstück. Der einstige Treffpunkt von Intellektuellen und Künstlern mit seinen ledergepolsterten Bänken, Spiegeln, Kristall-Lüstern und üppig verzierten Holzdecken wurde in seinen luxuriösen Originalzustand zurückversetzt und als Konzertcafé wiedereröffnet. Dagegen wurde aus dem traditionsreichen **Caféhaus Imperial** an der Praça da Libertade eine McDonald's-Filiale im Jugendstil. Schwacher Trost: das Interieur samt dem riesigen Glasbild über der Pommes- und Burger-Ausgabe blieb erhalten.

Nach jahrelanger Renovierung wurde auch das nahegelegene **Teatro Rivoli** an der Praça Dom João I. wieder ein kultureller Treffpunkt. 1913 war es unter dem pompösen Namen Teatro Nacional gegründet und seit den dreißiger Jahren als Opernhaus und Kino genutzt worden. 1993 schlossen sich die Türen des völlig heruntergekommenen Hauses für vier Jahre. Heute ist hinter der alten Fassade nichts mehr wie früher: Ein vielseitiges, offenes Haus, in dem portugiesische Künstler ihren Raum finden, aber auch der Austausch mit Europa gepflegt wird. Es gibt ein großes Auditorium für Theater und Ballett, ein kleines für Lesungen, Diskussionen und Kino, das Foyer im 3. Stock ist auch Galerie, und das multifunktionale Café Concerto im 5. Stock ist Restaurant und Bühne, auf der von Jazz bis Flamenco alles möglich ist.

Nicht nur wirtschaftlich, auch kulturell tritt Porto mittlerweile aus dem Schatten von Lissabon. Im Jahr 2001 wird die Nordmetropole gemeinsam mit Rotterdam Kulturhauptstadt Europas sein. Als Lissabon 1994 diesen Titel trug, bekam das kulturelle Leben einen enormen Schub, der bis heute anhält. Für Porto wird das Jahr eher der Zuckerguß für eine langjährige Politik sein. «Es gibt schon heute ein Publikum für Theater und Tanz und Personen, die in der Lage sind, gute Aufführungen zu inszenieren. Musikkonzerte finden in einer Häufigkeit statt, die man noch vor wenigen Jahren nicht erwartet hätte. Es sind neue Schriftsteller aufgetaucht, es gibt eine Bewegung, die sich der Bildhauerei verschrieben hat», lobte die Tageszeitung *Público,* «es gibt also den Rohstoff und Gründe im Übermaß, um dem Jahr 2001 ohne Dramatik und mit der Gewißheit entgegenzusehen, daß die Stadt nur eine Intensivierung dessen erleben wird, was schon seit einigen Jahren gemacht wurde.» Unausgesprochen blieb, daß in Lissabon vieles auf den allerletzten Drücker organisiert worden war. In Porto dagegen krempelte man die Ärmel sofort hoch: Am Donnerstagnachmittag fiel die Entscheidung in Brüssel, am Montag fand das erste Planungstreffen mit dem Rotterdamer Bürgermeister statt.

Einkaufen wie im 19. Jahrhundert

Eintauchen in das Treiben des Handels, in eine Kulisse, die vor hundert Jahren nicht viel anders aussah. Westlich der Praça da Libertade stürzen sich die Gassen und Straßen des merkantilen Zentrums hinunter zum Douro: ehrwürdige Geschäfte mit meterhohen Decken, wo man den Kopf in den Nacken legt, um bis in das

oberste Regal zu blicken, vollgestopft mit Stoffballen, nichts als Stoffballen. Oder Eisenwarenläden: Schrauben und Rohre, Ketten und Wasserhähne. Oder Papier- und Schreibwarenstuben, wo der Verkäufer aus schwindelerregender Höhe eine Kiste Aquarellpapier hinunterbalanciert. Nicht daß man einfach herumwühlen könnte, nein, man verlangt eine Ware zu sehen, sie wird ausgebreitet, begutachtet, Vor- und Nachteile werden ausgiebig

Eine neue Generation übernimmt die Geschäfte

erwogen, bevor schließlich umständlich eingepackt und verschnürt wird.

Zu den traditionsreichen Familienunternehmen, die trotz der *Centros Comerciais* überlebten, gehört in der Rua das Carmelitas 144 die Buchhandlung **Lello & Irmão**. Bereits 1881 war das Unternehmen gegründet worden. Das erste Buch im Eigenverlag entsprach der sozialen Situation: ein homöopathisches Handbuch für den Familiengebrauch. In einem neuerrichteten Gebäude schufen die Buchhändler 1905 einen Buchpalast. Von der Eröffnung berichteten sogar Zeitungen in Brasilien, und im Gästebuch findet sich der Kommentar: «… einen so schönen Tempel dem göttlichen Kult der Idee und des Gefühls zu errichten, ist ein verdienstvoller Akt.» Unter den Turmspitzen der neogotischen Fassade symbolisieren zwei gemalte Figuren die Kunst und die Wissenschaft. Innen räkeln sich feingliedrige Blütenornamente auf der Holzdecke, Bücherregale reichen bis unter die Decke, eine elegante Freitreppe führt hinauf zur Galerie, wo Tageslicht durch ein großes buntes Glasdach fällt. Neunzig Jahre nach der Eröffnung beschloß der Erbe José Manuel Lello, aus diesem Tempel einen modernen Buchladen zu machen: Das Gebäude wurde liebevoll restauriert, ein Teesaal und eine Galerie für Maler und Bildhauer eingerichtet und mit Hilfe von Computern der Buchhandel modernisiert – aber die Seele des Geschäftes blieb erhalten.

Zu Wahrzeichen avancierten mittlerweile die kunstvollen Ladenschilder oder der Werbeslogan gegenüber dem Bahnhof São Bento, der sich über fünf Stockwerke zieht: *Vestir bem/E barato/Só aqui* – «Gut und günstig gekleidet, nur hier». Dort beginnt die **Rua das Flores**, eine der ältesten Straßen des Zentrums, die im 18. Jahrhundert vor allem für ihre Gold- und Silberschmieden weit über Porto hinaus berühmt wurde. Der Name erinnert an die Felder und Gärten, die 1521 noch hier lagen, als Dom Manuel die Straße eröffnete.

Leuchtend rote und blaue Farben und aufwendig verzierte Ladenfassaden aus Holz animieren zum Eintritt. Der Verkaufsraum im Erdgeschoß diente gleichzeitig als Eingang zu den darüberliegenden Wohnräumen. Schon vor mehr als hundert Jahren wurde in Porto aus Platzmangel in die Höhe gebaut, bis zu acht Stockwerken auf minimaler Grundfläche. «Wohnmaschinen» wurden diese Gebäude genannt, in denen die Händler ihr Geschäft und das Familienleben unter einem Dach vereinten.

Zwei Meter Breite reichten manchmal, um einen «Stadtpalast» zu errichten. Steil und schmal das Treppenhaus in der Mitte, nur durch ein Oberlicht erleuchtet. Im ersten Stock empfing der Hausbesitzer Besucher, darüber lagen die Schlafzimmer, streng geordnet, die Ältesten schliefen in den niedrigeren Etagen, im obersten Geschoß lag nach hinten die Küche, nach vorne der Eßsaal. Eine Konstruktion, die den Bürgern ein Höchstmaß an Schutz der Privatsphäre gewährte. Doch in den Bürgerhäusern, im Salon eines Goldschmiedes, trafen sich Poeten und Intellektuelle und gründeten 1855 die Literaturzeitung *A Grinalda*, die «Blumenlese», ein Blatt, das immerhin vierzehn Jahre lang erschien.

Wo Porto protzt

O Tripeiro, der «Kaldaunenhändler», heißt dagegen die Zeitung, die die *Associação do Comércio do Porto*, der Verein der Portuenser Geschäftsleute, herausgibt. Kaldaunen, Eingeweide, sind eine Spezialität in Portos Spelunken und Feinschmeckerrestaurants. Auf den Spitznamen *tripeiro* sind die Portuenser besonders stolz, beruht er doch auf einem wahrlich patriotischen Akt. Als 1415 Heinrich der Seefahrer – der Initiator der portugiesischen Entdeckungsreisen ist übrigens ein Sohn der Stadt – zur Eroberung von Ceuta auslief, wurde sämtliches Vieh geschlachtet und gepökelt, um die Flotte mit Proviant zu versorgen. Den Portuensern blieben nur die Eingeweide.

Die Vereinigung der Geschäftsleute, die 1834 gegründet worden war, beteiligte sich an diversen Großprojekten. Wahrlich kein Krämerladen, der dem Staat, nicht ganz uneigennützig, unter die Arme griff: Die Institution half bei der Anlage des Hafens, beim Ausbau von Eisenbahnlinien oder mit einem Darlehen für die Fertigstellung der Straße IP1 zwischen Lissabon und Porto, das später großzügig in eine Spende umgewandelt wurde. Sie gründete Banken, wie die Banco Comercial, die erste Bank von Porto, und das Portwein-Institut, das die Interessen der Portweinhändler verteidigt und über die Qualität des Weines wacht.

Der **Börsenpalast** wurde 1842 zunächst nur als Domizil der Associação do Comércio auf den Ruinen eines Klosters erbaut, das rebellisch gesinnte Bürger während der königlichen Belagerung der Stadt zehn Jahre zuvor in Brand gesteckt hatten. Hier errichtete die Vereinigung der Geschäftsleute ihr Domizil, finanziert mit den Einnahmen einer Zusatzsteuer auf die Zölle. Bis 1862 wurden die heiligen Hallen restauriert und dekoriert: tropische Hölzer in kunstvollen Parkettböden und aufwendigen Wandvertäfelungen, königliche Gemälde, im Saal des Präsidenten, wo eine Tafel die Namen der Vorsitzenden zwischen 1834 und 1934 auflistet. Die Fortsetzungstafel wurde schon bis in das Jahr 2034 datiert. Das prächtige Glanzstück ist der arabische Saal. Zwanzig Jahre lang wurde an den feinen Mustern, goldenen Verzierungen und maurischen Bögen gepinselt, und wenn nicht sicher wäre, daß dort hin und wieder hochrangige Vertreter aus Politik und Wirtschaft tafelten, könnte man meinen, hier träfe sich Ali Baba mit seinen Kumpanen.

Im Patio der Nationen, im ehemaligen Kreuzgang des Klosters, hallen vormittags die Rufe der Brooker; bereits 1891 etablierte sich hier die Börse. Der Handel verstummt ab 13.00 Uhr, dann erledigen Computer diskret das Geschäft zwischen den klösterlichen Säulen, über denen sich eine kunstvolle Glaskuppel mit Eisenverzierungen wölbt, gesäumt von den zwanzig Wappen befreundeter Nationen.

Neben dem Börsenpalast liegt die **Kirche São Francisco**, die zu dem früheren Kloster gehörte. 1410 als schlichte Kirche der Franziskaner fertiggestellt, erstrahlt der Innenraum seit dem 17. Jahrhundert in einem edlen Gewand. Adelige Familien hatten sie sich als «Ruhmeshalle» ausgeguckt, und zum Zeichen ihres Reichtums wurden die holzgeschnitzten Säulen bis in die Deckengewölbe hinauf vergoldet.

Gegenüber vom Börsenpalast erinnert ein Denkmal an Heinrich den Seefahrer, nur wenige Schritte entfernt von seinem – wahrscheinlichen – Geburtshaus in der Rua da Alfândega, in dem sich heute das historische Archiv der Stadt befindet.

Neues Leben in alten Mauern: Ribeira

Nirgendwo sonst kann diese ernsthafte Stadt so sonnig sein: In verwaschenen Farben schmeichelt die Häuserfront am Flußufer. Schmal und hoch und schon

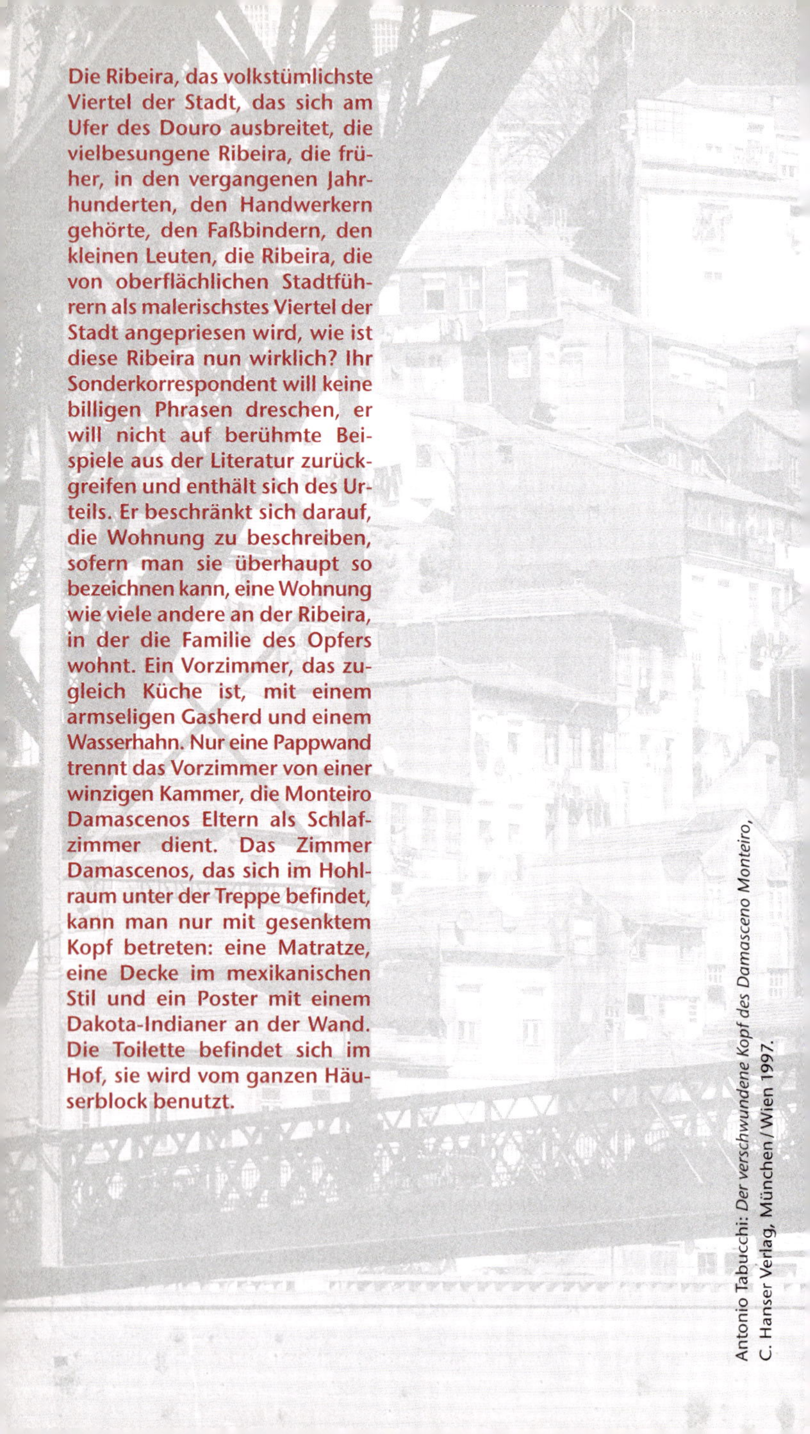

Die Ribeira, das volkstümlichste Viertel der Stadt, das sich am Ufer des Douro ausbreitet, die vielbesungene Ribeira, die früher, in den vergangenen Jahrhunderten, den Handwerkern gehörte, den Faßbindern, den kleinen Leuten, die Ribeira, die von oberflächlichen Stadtführern als malerischstes Viertel der Stadt angepriesen wird, wie ist diese Ribeira nun wirklich? Ihr Sonderkorrespondent will keine billigen Phrasen dreschen, er will nicht auf berühmte Beispiele aus der Literatur zurückgreifen und enthält sich des Urteils. Er beschränkt sich darauf, die Wohnung zu beschreiben, sofern man sie überhaupt so bezeichnen kann, eine Wohnung wie viele andere an der Ribeira, in der die Familie des Opfers wohnt. Ein Vorzimmer, das zugleich Küche ist, mit einem armseligen Gasherd und einem Wasserhahn. Nur eine Pappwand trennt das Vorzimmer von einer winzigen Kammer, die Monteiro Damascenos Eltern als Schlafzimmer dient. Das Zimmer Damascenos, das sich im Hohlraum unter der Treppe befindet, kann man nur mit gesenktem Kopf betreten: eine Matratze, eine Decke im mexikanischen Stil und ein Poster mit einem Dakota-Indianer an der Wand. Die Toilette befindet sich im Hof, sie wird vom ganzen Häuserblock benutzt.

Antonio Tabucchi: *Der verschwundene Kopf des Damasceno Monteiro*, C. Hanser Verlag, München / Wien 1997.

ein bißchen schief fügen sich die Mauern aneinander und wachsen den Berg hinauf. Ein Wirrwarr von Treppen, Arkaden und versteckten Hinterhöfen. Wäsche flattert zwischen den Fenstern, Vogelkäfige baumeln an Balkonen, auf denen es grünt und blüht. Irgendwo plärrt ein Radio, am Kai plappern morgens die Marktfrauen, der Douro glitzert. Und nirgendwo kann Porto so finster sein: Wenn der Nebel über dem Douro aufsteigt, die Ribeira im Nieselgrau versackt, die alten Gemäuer sich mit Feuchtigkeit vollsaugen wie Schwämme, dann verwundert kein Drama: «Die Körper der Selbstmörder, die sich von der Brücke stürzten, wurden von dem Bootsmann Duque eingesammelt und unter einem Laken auf die Escadas da Padeira (Treppe der Brotfrau) gelegt, fast ein Todesritual – fast ein Schauspiel – für die Bewohner der Ribeira», so der portugiesische Autor Helder Pacheco in seiner Beschreibung von *Porto*. Der Duque aus der Ribeira war Fischer, Bootsmann, Losverkäufer und derjenige, der in seinem Leben mehr als 700 Leichen aus dem Douro gezogen hat.

An der **Praça da Ribeira** legten die Boote an, die Passagiere, Obst und Gemüse über den Fluß transportierten. Einst war die Praça ein zentraler Umschlagplatz. Wo heute Tauben auf einem großen Würfel über dem Brunnen hocken, wurden die Tiere getränkt, bevor die Fuhrleute ihre Waren mit Ochsengespannen hügelaufwärts in die Stadt brachten.

Bis hinauf zur Se, der Kathedrale, verlieren sich die steilen Gassen mit ihren engstehenden Häusern im Mittelalter. Der Name Rua Escura, «dunkle Straße», beschreibt treffend viele Gassen und Treppchen des Viertels: feucht und finster, es riecht nach Kohlsuppe und Abwässern.

Familien hausten auf engstem Raum in den ältesten Wohnhäusern der Stadt. In dem dichtbesiedelten Gebiet sind ein Großteil der Gebäude, die teilweise noch aus dem 15. Jahrhundert stammen, baufällig oder nicht mehr zu sanieren und verfügen oft nicht über minimale sanitäre Einrichtungen.

Inzwischen dröhnt entschlossen Baulärm durch die steilen Gassen, die sich von der Kathedrale hinunterwinden zum Fluß. An der doppelstöckigen Brücke Dom Luis I prangt stolz in Leuchtschrift: «Porto – Patrimonio Mundial». Im Dezember 1996 erklärte die UNESCO den historischen Stadtkern zum Weltkulturerbe. Schon vorher hatte die Sanierung des historischen Zentrums um die Kathedrale begonnen. «Es reicht nicht, allein das urbane Erbe zu restaurieren, es ist gleichzeitig notwendig, den sozialen Zusammenhang zu bewahren und die starke kulturelle Identität wiederzubeleben und zu verinnerlichen», schreibt Luis Garcia Braga da Cruz von der Stiftung für die Entwicklung der historischen Zone. Es geht nicht nur um die Häuser, sondern auch um die Menschen, die das Viertel bewohnen. Die heruntergekommenen Gebäude sind nur das offensichtlichste Zeichen für soziale Not, die allein mit der Instandsetzung noch nicht gelindert wird. Die Stiftung leistet soziokulturelle Arbeit, unterstützt Bildungs- und Alphabetisierungsprojekte, hilft Arbeitslosen bei der Suche nach neuen Beschäftigungsmöglichkeiten, betreut Kinder- und Jugendliche, erstellt Sozialstudien. Nicht die alten Bewohner sollen vertrieben werden, Ziel der Entwicklung ist ein gemischtes Viertel.

Die frisch gestrichenen Fassaden an der Praça da Ribeira zeigen, daß die Zukunft längst begonnen hat: Galerien, Bars, Cafés, Restaurants in jeder Preisklasse eröffneten. Neben Foz, dem vornehmen Stadtteil an der Douro-Mündung, ist die Ribeira schon seit Jahren das zweite Zentrum des Nachtlebens. Von einem Restaurant in die nächste Bar schlendern die Portuenser am Douro entlang, und im Juni, rund um das Stadtfest São João, beschallen Freiluftkonzerte den Kai. In der Nacht vom 23. Juni schließlich dreht Porto völlig durch. Der Heilige São João treibt die Portuenser auf die Straßen und zur Brücke Dom Luis I nach Fontainhas hinauf. Zu diesem Stadtfest läßt einmal im Jahr auch der eifrigste Buchhalter seinen Griffel fallen und stürzt sich wie jeder anständige *tripeiro* in die karnevalsbunte Nacht.

Kultur & Kooperation

Die Kandidaturen zur Kulturhauptstadt 2001 und als Weltkulturerbe sind nur zwei dicke Ausrufungszeichen einer Veränderung: Die Stadt, in der man angeblich nur schuftet, will nicht nur den Anschluß an Europa schaffen. Abgesehen davon, daß man sich mittlerweile auch in Porto prächtig amüsieren kann, stärken die kulturellen Aktivitäten auch die eigene Identität im europäischen Einheitsbrei.

Auch den jungen Initiatoren des **Centro Regional das Artes Tradicionais** (CRAT) geht es darum, «die Eigenheiten unserer Region zu bewahren». In einem ehemaligen Lagerhaus am Douro in der Rua da Reboleira 37 existiert seit Jahren erfolgreich dieses Zentrum des traditionellen Handwerks. CRAT ist kein Souvenirshop verklärter Nostalgie, sondern Museum, Galerie und Verkaufsraum. Jedes Handwerk hat seine Geschichte, die in den verlorenen Dörfern douroaufwärts noch lebt. Die Tradition droht in Vergessenheit zu geraten, genauso wie das Wissen um die Fähigkeiten der Hände im Zeitalter von Bildschirm und Computer. Deshalb bietet die Kellerwerkstatt Töpfer- oder Holzkurse an, in denen die ursprünglichen Handwerkskünste gelehrt werden.

Westlich der Ribeira, oberhalb des alten Zollhauses, klettern die bunten Häuser des Viertels Miragaia empor. Vom Aussichtspunkt in einem kleinen Park saust der Blick den Abhang hinunter bis zum Douro. Hier nistete sich auf der Quinta das Virtudes («Landgut der Tugenden») die **Künstlerkooperative Árvore** ein. *Árvore* heißt Baum und ist das Symbol der Kooperative: Die tiefen Wurzeln, der kräftige Stamm und die weitverzweigte Baumkrone symbolisieren Gemeinsamkeit und Individualität. Ein offenes Haus für Künstler und Interessierte, den Ideen des Humanismus verpflichtet, wo nicht nur Kunst produziert und verkauft wurde – und wird –, sondern ein Kulturzentrum entstand, nicht elitär verschlossen, sondern mit weitgeöffneten Fenstern zur Welt.

Während der Diktatur, als die Repressionen der Zensur das Volk verstummen ließen, konnten auch Künstler kaum unbehelligt arbeiten. 1963 fanden sich deshalb Intellektuelle, Maler, Bildhauer, Schriftsteller, Filmemacher und Architekten zusammen. Schon in den vierziger Jahren waren der Cineclube do Porto und das Teatro Experimental do Porto, ein bis heute avantgardistisches Theaterprojekt, auf die Beine gestellt worden. Das waren kulturelle Freiräume, und die Mitglieder waren ständig der Gefahr einer Verhaftung ausgesetzt.

Aus dem einst verrufenen «Kommunistenhaufen» Árvore ist eine anerkannte kulturelle Institution mit dreitausend Mitgliedern geworden. Neben den Ausstellungen veranstaltet die Kooperative auch Colloquien und debattiert über die portugiesische Politik seit der Revolution oder die Identität des Nordens. Árvore vertritt eine stärkere Autonomie für den Norden Portugals: mehr Respekt vor den Eigenheiten einer jeden Region. Nicht nur innerhalb Portugals, sondern auch angesichts des starken europäischen Einflusses.

Kunst entsteht nicht losgelöst im freien Raum. 1991 schipperten sieben Árvore-Künstler den Douro hinauf und erzählten die Geschichte des Flusses in Aquarellen. Ein Fluß, der Porto zu seinem Reichtum verhalf, die Stadt und die Region prägt.

Die Seele im Glas

Grüne Weinberge erheben sich am Ufer, zwischen den akkurat gezogenen Terrassen blinkt hin und wieder ein Herrenhaus, dessen Besitzer den Wein selbst produziert oder die Trauben an eine der großen Firmen weiterverkauft. Dort werden sie durch eine monströse Presse gequetscht. In meterhohen Tanks bewegt eine Pumpe die Flüssigkeit, bis zu jenem Tag, an dem die Gärung durch einen wohldosierten Schuß Branntwein gestoppt wird. Das ist eines der Geheimnisse des Port, der danach in bis zu 70000 Liter fassenden Eichenfässern reift. Eiche muß es sein, egal wie groß das Faß ist, ob industrieller Großbetrieb oder kleine Quinta. Dort kann man noch eine weitere Besonderheit erleben: Frauen pflücken die Trauben, Männer schleppen sie den Berg hinunter und schütten sie in ein Bassin. Dann ziehen sie Schuhe und Strümpfe aus, krempeln die Hosen hoch, und barfuß, Schulter an Schulter, treten sie im Gleichschritt die Trauben. Dieser Spaß ist den Frauen verwehrt. Angeblich vergiften sie den Wein.

Am Kai von Vila Nova de Gaia blähen sich die Segel der flachen Holzbarken, mit denen einst der Wein in die Kellereien am Flußufer gebracht wurde und wo noch heute die Portweine unter ständiger Aufsicht reifen. Das renommierte Exportprodukt ist ein Heiligtum. Da gibt's den *Tawny*, meist weiß, und den *Ruby*, den roten Portwein, wobei allerdings auch ein Tawny rot sein kann, und den *Vintage*, den Rolls-Royce unter den Portweinen, der nur aus Trauben eines einzigen Jahrgangs gewonnen wird. Alle anderen sind Verschnitte verschiedener Jahrgänge.

Man kann bequem über die Brücke spazieren, um in die weitläufigen Keller hinabzusteigen, wo es feucht und würzig riecht, sich im schummrigen Licht die Umrisse der Fässer verlieren. Auf kostenlosen Rundgängen klären Angestellte über die geheimnisvollen Unterschiede, die Geschichte und Anbaumethoden auf. Die großen Firmen schaffen eine Führung in fünfzehn Minuten, aber in den kleineren Kellereien läßt man sich mehr Zeit. Auf jeden Fall hockt man am Ende auf einer Holzbank zur Weinprobe – der Verkaufsstand ist gleich nebenan. Portwein kommt von Porto.

AB DURCH DIE MITTE

VON COIMBRA DURCH DIE BEIRA

Andere Städte werden von einer Burg gekrönt, Coimbra von der «Ziege», dem Glockenturm der Universität, die früher die Studenten in die Vorlesungen rief. Coimbra ist seit 1537 in erster Linie Universität und zweitens auch noch Stadt. Aber Alltag, Anekdoten und Historie bestimmen vor allem die Damen und Herren doutores. Coimbra selbst lohnt einen Besuch, aber auch die Umgebung. Der Mondego, der «Dichterfluß», gleitet aus dem Gebirge an der Studentenstadt vorbei und in die Küstenebene bis zur nahen Mündung in Figueira da Foz.

Miguel trägt Latzhosen. In seinem Dachzimmer hängt ein Palästinensertuch an der Wand und ein Bild von Che Guevara. Aus dem Kassettenrecorder grummelt verzerrt die Stimme von José Afonso, der den Fado von Coimbra mit politischen und sozialkritischen Texten zu Protestliedern gegen die Diktatur aufmöbelte. Miguel, Student der Philosophie an der ehrwürdigen Fakultät von Coimbra, lebt einerseits gegen die Trend.

Schwarz gewandete Gestalten huschen am Morgen durch die mittelalterlichen Gassen der Oberstadt hinauf zur Universität. Die traditionelle Studententracht mit Capa und Batina ist wieder schick, die Mehrheit der gut 18 000 Studenten, so schätzt Miguel, wirft sich die *capa*, den schwarzen Umhang, über den dunklen Anzug oder das Kostüm. Für die einen das Zeichen: «Wir sind alle gleich, Studenten in Coimbra», für Miguel ein naserümpfendes, arrogantes «Sehen Sie doch, ich bin Student in Coimbra!». Wer in Portugal etwas auf sich hält, studiert an der ältesten Universität des Landes.

Dort, wo sich der Mondego, der «Fluß der Poeten», aus dem Gebirge herausschlängelt, legt sich Coimbra über die letzten auslaufenden Hügel. Auf dem höchsten Punkt, wo in anderen Städten eine Burg thront, wird Coimbra vom ehemaligen Königspalast gekrönt, in dem seit 1309 die Universität residiert. Über dem Dach lugt der barocke Turm hervor, die «Ziege». Der Ton der Glocke, der früher am Morgen zu den Vorlesungen rief, klang für verschlafene Ohren wie das Meckern einer Ziege. Dieser *torre* ist das Wahrzeichen der Universität und zugleich von Coimbra, das nicht irgendeine Stadt mit einer Universität ist, sondern die Universitätstadt schlechthin.

Não pagamos!

Einerseits ist Miguel mit seinen Latzhosen nicht gerade ein Hüter der Tradition. «Bei uns kommt

Die «Ziege», der Uhrenturm im Innenhof des Universitätspalastes, rief früher die Studenten in die Hörsäle

keiner ins Haus, der *capa* und *batina* trägt.» Andererseits lebt Miguel mit neun Kommilitonen in einer *república* zusammen, was man mit Studentenwohngemeinschaft übersetzen könnte. Eine recht traditionelle Institution in Coimbra. Ihre Ursprünge liegen im 14. Jahrhundert, als Dom Dinis die ersten Gemeinschaftsunterkünfte in der Oberstadt einrichten ließ, die ausschließlich und zu günstigen Preisen an Studenten vermietet wurden. Damit wurde die Oberstadt zum Studentenviertel. Die älteste der existierenden 26 Repúblicas in Coimbra, deren Namen auf den Wappen an den Hausfassaden prangen, wurde 1933 gegründet. Am langen Holztisch werden in Miguels Gemeinschaft die Entscheidungen einstimmig getroffen, ein Prinzip, das auch in allen andern Repúblicas gilt. Reihum darf jeder für einen Monat mal der Chef sein, der Streitpunkt «Wer kocht wann und vor allem: was?» erübrigt sich, denn die República leistet sich mit größter Selbstverständlichkeit eine Köchin. Man ist schließlich zum Studieren in Coimbra.

Unter dem Dach drängeln sich die Bücherregale der hauseigenen Bibliothek. «Wir ziehen eines Tages aus, aber unsere Bücher, die bleiben», sagt Miguel. In dem alten Haus in der Rua de Matemática hinterließ seit 1943 jede Studentengeneration ihre Spuren: Ihre Namen pinselten die 150 *doutores* an die Wände, ebenso Gedichte und Malereien: grüblerisch schwarz gekleidete Gestalten, Weinglas und Reden schwingend oder mit der Gitarre unter einem Balkon die Liebste anflehend.

«Einmal im Jahr veranstalten wir ein großes Fest mit den Ehemaligen», erzählt Miguel. Dann flegeln sich die inzwischen etablierten Herren noch einmal im abgewetzten Sessel oder hocken auf den morschen Treppenstufen, «und alle wischen sich irgendwann in der Nacht eine Träne aus dem Auge, wenn sie von ihrer Zeit hier erzählen», lächelt Miguel, «aber die haben wirklich was zu erzählen.»

Es ist die Generation, die während der Diktatur gegen die autoritäre Universitätsleitung rebellierte, die in den sechziger Jahren Streiks anzettelte, die die politische Opposition gegen Salazar organisierte, Flugblätter und Zeitungen druckte. Die Repúblicas hatten sich unter dem Druck der politischen Verhältnisse verändert: Ursprünglich pflegten sie das konservative studentische Brauchtum, nun galten sie als Avantgarde des Widerstands. Und wenn die PIDE, die Geheimpolizei, vorbeikam, dann erschien so manches geheime Treffen als ein gemütliches Essen mit Freunden.

Nach den kämpferischen Jahren und der Nelkenrevolution gelten heute wieder Traditionen. Mal mehr, mal weniger lustig. So wird seit Ende der siebziger Jahre wieder die *Queima das Fitas*, die «Verbrennung der Streifen», deren Farbe die jeweilige Fakultät auf der *capa* kennzeichnen, exzessiv gefeiert – nach dem Ende des Studienjahres und vor den Prüfungen. Tagelang steht dann die gesamte Stadt kopf: karnevaleske Umzüge, Konzerte und ein gigantisches Besäufnis, so daß sich der ehrwürdige Doktor in spe nach drei schlaflosen Nächten an kaum noch etwas erinnern kann. Genauso erlebt die *praxe* neue Sympathien: Der Verhaltenscodex sorgte einst für klare Verhältnisse in der Studentenhierarchie und bescherte beispielsweise manchem *caloiro*, einem Studienanfänger, eine Glatze, sofern er nächtens in den Gassen von einer studentischen Wächtertruppe erwischt wurde. Die Insignien der selbsternannten Moralapostel: Knüppel, Holzlöffel und Schere. Das Überlebenshandbuch für Studienanfänger, herausgegeben von der Studentenvertretung, empfiehlt heute, sich eine aktuelle Ausgabe des *Código de Praxe* zu besorgen, auch wenn die brutalen Exzesse vorbei seien. Die *praxe* beinhaltet auch die Kleiderordnung, und man möge doch eine *capa* nicht mit einem Bettlaken verwechseln.

Doch auch der kämpferische Funke zündete wieder. *Não pagamos* – «Wir zahlen nicht» – hieß die schlagkräftige Parole gegen die Erhöhung der Studiengebühren, die das portugiesische Parlament per Gesetz 1992 festschreiben wollte. Was als Boykott in Coimbra begann, weitete sich zu einer nationalen Protestbewegung aus: Demonstrationen vor dem portugiesischen Parlament in Lissabon, wie sie das Land seit der Revolution nicht mehr gesehen hatte, helles Entsetzen, als die Polizei zum Schlagstock griff – auch so etwas hatte Portugal seit Salazar nicht mehr erlebt. Der Bildungsminister mußte zurücktreten, und schließlich ging es nicht mehr nur um die *propinas*, sondern um die Reform der Hochschulausbildung insgesamt. So einfach ist es mit den Schubladen eben nicht: Der von der Presse hochstilisierte «charismatische Führer der Bewegung», der Vorsitzende der Studentenvertretung, war gleichzeitig ein Verfechter der praxe. Alle Ehre machten sie ihrer liberalen Tradition als Studenten aus Coimbra. Ob mit oder ohne schwarzen Umhang, Traditionalisten oder Republikaner, stolz sind sie alle, die in Coimbra studieren.

Die Oberstadt, die Cafés auf der Praça da República oder die Pinten in der Unterstadt, die Stadtfeste und kulturellen Ereignisse, das akademische Leben prägt den Alltag in Coimbra. Im Gebäude der Associação Académica, der bereits 1887 gegründeten Studentenvertretung, sendet 24 Stunden am Tag der universiätseigene Radiosender, unzensiert und von ehrenamtlichen Studenten produziert. Genauso lebendig ist noch heute der Fado von Coimbra, der sich vom bukolischen Liedgut über poetische Varianten der Ballade zum politischen Lied entwickelte. Nicht nur der entsprechende Studentenverein pflegt ihn, auch in mancher Kneipe liegt die Gitarre stets griffbereit.

Zwischen Islam und Christentum

Coimbra liegt mittendrin. Zwischen den Landschaften, wo das Gebirge in die Küstenebene übergeht, aber auch zwischen den Kulturen. Kaum eine Stadt im Norden wurde so stark arabisch beeinflußt, doch verglichen mit den blendend weißen Städten südlich des Tejo wirkt sie nördlich streng.

Die Römer gründeten sie unter dem Namen *Aeminium*, die Westgoten übergaben ihr im 6. Jahrhundert den Bischofsitz und den Namen der wenige Kilometer entfernten keltiberischen Stadt Conimbriga. Die Araber eroberten die Stadt 711, mußten sich den Christen 878 geschlagen geben und nahmen Coimbra gut hundert Jahre später wieder ein. Danach war die Stadt vollkommen verwüstet. Für sieben Jahre lebte kein Mensch auf dem Hügel am Mondego. Unter der maurischen Herrschaft entwickelte sich Coimbra aufgrund der zentralen Lage zu einer blühenden Handelsstadt.

Hier trafen sich Christentum und Islam: Die Stadt blieb auch unter den Mauren Bischofssitz, geprägt wie kaum eine andere durch *Moçáraber*: Christen, die zwar an ihrem Glauben festhielten, sich in ihren Lebensgewohnheiten jedoch der arabischen Kultur anpaßten: von den Arbeitstechniken, der Kleidung bis zu den Eßgewohnheiten, der Sprache und dem Habitus.

Auch der erste Gouverneur Sesando, der nach der Reconquista 1064 Coimbra wieder aufbaute, war Moçáraber. Sesando erweiterte seinen Einflußbereich bis zum Douro, betrieb eine Politik der Autonomie gegenüber den einflußreichen Familien nördlich des Douro und sicherte das Land der moçarabischen Bevölkerung. Coimbra, das war die Schaltstelle zwischen dem längst christianisierten Norden und dem islamischen Süden Portugals. Nach dem Sieg der Christen lebte zwar nicht der Islam, wohl aber die moçarabische Kultur weiter.

Almedina, diesen arabischen Namen trägt noch immer die Oberstadt innerhalb der ehemaligen Stadtmauern. Als ob jemand einen Sack Bauklötze über dem Hügel ausgeschüttet hätte, so scheinen die engstehenden Häuser den Hügel zum Mondego hinuntergepurzelt zu sein. Dazwischen dehnten sich einst Gärten und Felder aus. Bevor sich die Studenten ansiedelten, war die Almedina nach der Reconquista das Viertel der Geistlichen und des lokalen Adels mit ihren Angestellten und Dienstboten.

Von der Zahlstelle in die tasca

Außerhalb der Stadtmauern entwickelte sich am Ufer des Mondego die **Baixa**, das traditionelle Händler- und Handwerkerviertel. Dort, wo heute der Verkehr vierspurig über die Brücke in die Stadt quillt, wurden am **Largo do Portagem**, am Platz der Zahlstelle, die Gebühren für Güter kassiert, die vom anderen Ufer in die Stadt kamen. Wer aus Richtung Lissabon in den Norden nach Porto weiterreiste, querte den Largo da Portagem und passierte die **Rua Ferreira Borges**, einst die Straße der Schlosser und Klempner, die parallel zur Stadtmauer verlief. Heute schlendert man hier, auf den Spuren der Römer, durch eine lebhafte Fußgängerzone mit Straßencafés, zwischen Bürgerhäusern aus dem 17. und 18. Jahrhundert. 1883 bekam die Rua Ferreira Borges ihren heutigen Namen: Die Associção Liberal ehrte damit einen Führer der liberalen Revolution von 1820. Sie hatte sich zu einer Straße mit Handelshäusern und Banken, Buchläden und Cafés gewandelt. Aus dieser Zeit stammt das filigrane **Edifício Chiado** mit seiner auffälligen Fassade aus Eisenstreben und Glas. Das ehemalige Lagerhaus wurde restauriert und zeigt heute im ersten Stock eine ständige (Verkaufs-)Ausstellung mit regionalem Kunsthandwerk – vor allem Repliken von Fayencen aus mehreren Jahrhunderten.

Vom Ochsenkarren bis zum Auto erlebte die Rua Ferreira Borges sämtliche Verkehrsmittel. Doch auch in Coimbra wird umgedacht: Die historischen Zentren werden nach und nach restauriert – sofern das Geld reicht –, der Verkehr soweit wie möglich ausgesperrt. Und noch eine Erkenntnis setzt sich durch: Die alten Häuserzeilen sind nur schön, solange auch Menschen dort leben und sie nicht zu nostalgischen Einkaufspassagen und Bürohäusern verkommen.

Die romanische Sé Velha, die alte Kathedrale, sitzt mitten im Gassengewühl der Almedina

Unterhalb der ehemaligen Durchgangsstraße streckt sich die **Praça do Comércio**, eingerahmt von hohen schlanken Hausfassaden. Im Volksmund heißt der Platz einfach nur «Praça» oder «Praça Velha». Er ist das Zentrum der Baixa, hier wurden Handel getrieben und Markt gehalten; Stierkämpfe, Theater und die Hinrichtungen während der Inquisition fanden hier statt. Schon im 12. Jahrhundert wurde die romanische **Kirche San Tiago** mit ihren hellbraunen Steinquadern zwischen den schlanken, bunt bemalten Fassaden aus dem 19. Jahrhundert errichtet.

Wie auf einem Bazar zwängt man sich rund um die Praça do Comércio durch das Gewühl der düsteren Gassen zwischen Schuhen und Taschen, Töpfen und Laken hindurch. Ein verwirrendes Geflecht, in dem sich zwischen zwei Hauswänden immer noch eine finstere *travessa* und noch ein modrig-feuchter *beco* hindurchquetschen. Nachts ist die Baixa keineswegs tot. Es ist das Viertel der *tascas*: winzige Pinten, in denen man mal eben ein Gläschen Wein aus dem Faß schlürft, in denen schon mancher Student versackte. Keine Überraschung eigentlich, daß sich ausgerechnet in Coimbra ein Verein aus Hochschulprofessoren gründete, der sich gegen den schleichenden Tod dieser Wohnzimmerkneipen engagiert. Die EU-Normen für gastronomische Betriebe, wie beispielswiese die Einrichtung von Toiletten, drehen manchem Wirt den Hahn ab. Der Freundschaftsverein hingegen verteidigt diese Orte als ein Stück gastronomischer Alltagskultur. Tascas brauchen kein Schild. Entweder man kennt sie oder eben nicht.

Die Geschichte von der Freiheit der Geister

Den Grundstein für das «lusitanische Athen» wurde 1131 auf dem **Largo 8 do Maio** gelegt, als der Santa-Cruz-Orden hier seine Klosterkirche errichtete – heute ist sie das berühmteste Café der Studentenstadt. Lange vor der Gründung der Universität galt der Santa-Cruz-Orden mit Sitz in Coimbra als das Zentrum der Bildung in Portugal. Er ließ seine Mönche in Paris studieren, die ihr Wissen in Coimbra weitergaben.

Das Bildungsmonopol lag damals in kirchlichen Händen. Wer es sich leisten konnte, seinen freien Geist zu schulen, studierte später in Paris oder Salamanca. Mit der vorgeschobenen Begründung, teure und gefährliche Reisen ins Ausland müßten vermieden werden, baten kirchliche Orden, die eng mit dem Königshaus verbunden waren, schon 1288 den Papst, eine höhere Ausbildung außerhalb der Klöster in Portugal einzurichten. Zwei Jahre später wurde die Universität in Lissabon gegründet, deren Sitz mehrfach zwischen der Hauptstadt und Coimbra wechselte. Das erste Mal 1308, als es in Lissabon Schwierigkeiten mit der Bevölkerung gab. Ein Jahr zuvor waren eine große Synagoge und Jeschiwa eröffnet worden. Die jüdischen Schulen stellten eine Konkurrenz für die christlichen Orden dar. Sie bildeten damals sämtliche höher qualifizierten Berufe aus, vor allem Mediziner. Kaum jemand registrierte die neue Hochschule in Lissabon, und heute weiß man nicht einmal mit Sicherheit, wo ihr Sitz war.

Endgültig wurde die Universität 1537 nach Coimbra verlegt. Damit verdoppelte sich die Einwohnerzahl zwischen 1527 und

1570 auf über 10000. Religiöse Orden, unter anderem die Jesuiten, eröffneten neben der Universität zahlreiche Seminare, bauten Unterkünfte für die Studenten. Auch freie Professoren aus dem Ausland zog es nach Coimbra. Der Andrang zu ihren Vorlesungen war so groß, daß die Uni selbst in den Ferien offengehalten wurde. Den konservativen Kreisen des Adels und Klerus paßten diese freien Geister überhaupt nicht: Viele von ihnen endeten auf dem Scheiterhaufen.

Bis Mitte des 18. Jahrhunderts dämmerte die Universität relativ bedeutungslos dahin, Latein war weiterhin Unterrichtssprache, der Einfluß der Kirche blieb ungebrochen. Erst Marquês de Pombal reformierte das Hochschulstudium: Er förderte Naturwissenschaften, verbesserte das Medizinstudium, richtete neue Fakultäten für Mathematik und Philosophie ein und wechselte einen Teil der Professoren aus.

Zu Beginn des 19. Jahrhunderts waren die Studenten vor allem in die politischen Kämpfe der Nation verwickelt: gegen die französische Invasion, für liberale Errungenschaften und 1826 gegen die königstreuen Miguelisten. Am Ende des Jahrhunderts wurde die Eisenbahnlinie zwischen Lissabon und Porto in Betrieb genommen und schloß Coimbra an die urbanen Zentren an. Neue Ideen aus Frankreich und Deutschland beeinflußten das Denken an der Universität. Mit den Werken von Schriftstellern wie Antéro de Quental, Almeida Garrett und Teófilo Braga entstand eine neue Generation, die gegen die konservativen Strukturen rebellierte.

Wissen ist Macht. Bezeichnenderweise wurden erst nach dem Sieg der liberalen Revolution 1911 zwei weitere Hochschulen in Portugal gegründet, in den beiden Städten, in denen man eigentlich Universitäten vermuten würde: Lissabon und Porto.

Die heiligen Hallen

In der Rua Ferreira Borges öffnet das mächtige ehemalige Stadttor, der **Arco de Almedina**, den Zugang zur Oberstadt. Zur Universität geht es ein strammes Stück bergauf: über die Treppen und durch die winkligen Gassen der Almedina, mittendrin sitzt mächtig die romanische **Sé Velha**, die alte Kathedrale, und weiter zwischen den gedrängten zwei- und dreistöckigen Häusern hindurch, bis man sich endlich auf dem Höhepunkt ..., nein, nicht inmitten ehrwürdiger Universitätsgebäude wiederfindet, sondern zwischen seelenlosen Betonklötzen aus den vierziger Jahren. Oliveira Salazar hinterließ hier nachhaltige Spuren. Einen Teil der alten Universitätsgebäude und der Almedina ließ der Diktator abreißen und durch wuchtige Monumentalbauten ersetzen. Dagegen wirkt der **Paço das Escolas**, der Schulpalast, wie ein Schmuckstück. Die Hauptgebäude der Universität – inklusive der barocken «Ziege» – formen den quadratischen Innenhof. Den Eingang schmückt die **Porta de Férrea**, ein manieristisches Portal. Zwischen den korinthischen Säulen symbolisieren Figuren außen die Fakultäten Medizin und Recht, innen Theologie und Kirchenrecht. Auf der eleganten Treppe des Via Latina, dem Eingang zum Palast aus dem 15. Jahrhundert, hatten die Studenten im Schatten der Säulen fein lateinisch zu plaudern. Dahinter liegt der prächtige Festsaal, der Sala dos Capelos, in dem noch heute die Doktorhüte verteilt werden.

Die Pracht des 18. Jahrhunderts, als unter Dom João V. in Brasilien Gold gefunden wurde, protzt in der Bibliothek **Joanina**. Wer auf den dezenten Klingelknopf drückt, darf in das Büchermuseum eintreten. Hier wird nicht gelesen, sondern nur noch gestaunt: Bis unter die Decke sind die Bücher in zweistöckigen Regalen sortiert, allesamt kunstvolle Schnitzwerke aus verschiedenfarbigen Edelhölzern, teilweise *talha dourada*, mit Gold überzogen. Durch drei Säle schreitet man auf rotem Teppich unter barocken Bögen hindurch, direkt auf ein Porträt des Gründers Dom João V. zu. Insgesamt 300 000 Bücher lagern hier, das älteste aus dem 12. Jahrhundert.

Selbstverständlich verfügt die Akademie auch über eine eigene Kirche, die Capela de São Miguel aus dem 16. und 18. Jahrhundert, die mit bunten Kacheln und Deckenmalereien reich dekoriert ist. Noch heute wird täglich Messe gehalten, und wo, wenn nicht

Auf dem Weg nach oben: Studenten in Coimbra

hier, könnten sich die *doutores* stilvoller trauen lassen?

Eine verhängnisvolle Affäre aus dem 14. Jahrhundert

Abgesehen von der Universität ist Coimbra die Kulisse der kitschigsten Liebesgeschichte, wie sie schmachtender und dramatischer nicht erfunden werden könnte.

Aus politischen Gründen verheiratete Afonso IV. seinen Sohn Pedro mit Dona Constanza, der Tochter eines spanischen Hochadeligen. Doch der Kronprinz konnte seine Augen nicht von der betörend schönen Hofdame Inês de Castro lassen. Jahrelang lebten Inês und Pedro ihre Leidenschaft im geheimen aus, bis Dona Constanza frühzeitig starb. Der junge Pedro, das Enfant terrible, folgte der Stimme seines Herzens und heiratete Inês. Endlich. Doch der väterliche Wille sollte das junge Glück mit vier Kindern zerstören. Er und seine Berater fürchteten, daß die Galizierin und ihre Familie an Einfluß gewinnen könnten. Um Schaden für das portugiesische Königreich abzuwenden, kam es, wie es tragischer nicht enden konnte: Pedro war abwesend, als der König seine Männer auf die **Quinta das Lágrimas**, das «Landgut der Tränen», schickte, um Inês de Castro zu ermorden. Der Junge würde sich schon wieder beruhigen. Er beruhigte sich nicht. Zwei Jahre später starb sein Vater, Pedro wurde König, und seine Rache war unerbittlich. Die Mörder wurden gesucht, gefunden und brutal hingerichtet. Inês' einbalsamierten Leichnam ließ er aus dem Kloster Santa Clara in die Kathedrale von Coimbra schaffen, wo sie nachträglich zur Königin gekrönt wurde. So saß das Liebespaar doch noch nebeneinander auf dem Thron: der lebendige Pedro und seine tote Geliebte. Die Würdenträger defilierten vorbei, und keiner verließ den Raum, bevor er nicht die einbalsamierte Hand der Königin geküßt hatte. In einem prachtvollen Sarkophag ließ Pedro I. seine Frau in der Klosterkirche in Alcobaça bestatten. Auch sich selbst ließ er schon einen prachtvollen Sarkophag anfertigen. So liegen die beiden heute in einem Seitenschiff der schlicht weißen Klosterkirche wieder zusammen. Nicht nebeneinander, sondern sich gegenüber. Damit sie sich am Tag der Auferstehung als erstes in die Augen sehen können.

Auf der Quinta das Lágrimas, am südlichen Mondego-Ufer gelegen, raunen noch heute die Baumwipfel, plätschert leise die Fonte dos Ármores, die «Quelle der Liebenden», neben dem Gedenkstein mit Versen von Camões. Auch der Nationaldichter ließ sich anrühren von dieser Tragödie, die in über zweihundert verschiedenen Gedichten, Romanen, Opern und Filmen ausgeschmückt wurde.

Grenzgebiet – die Stadt und der Fluß

«Doch welche Frische und Waldesschönheit ringsum», schwärmte Hans Christian Andersen in seiner Reisebeschreibung über Coimbra: «Die Stadt selbst hob sich wie die Prachtblume in dem ganzen Bouquet.» Coimbra liegt mittendrin in den Beira-Provinzen. Wie ein Puffer schiebt sich das Zentrum von Portugal zwischen den grünen Minho und den sonnenverbrannten Alentejo, zwischen den früh christianisierten Norden und den maurisch beeinflußten Süden. *Beira* heißt Rand, und diese Provinzen scheinen von jedem etwas zu haben.

Der wichtigste Fluß ist der Mondego, der an Coimbra vorbei durch die Küstenebene fließt, bis er in Figueira da Foz in den Atlantik mündet. Der «Fluß der Poeten», dessen «süße klare Wasser», zwischen «murmelnden Pappelwäldern» hindurchziehen, er brachte die romantischen Saiten der studentischen Klampfen zum Schwingen. Er ist der einzige größere Fluß, der in Portugal, in der Serra da Estrela, und nicht in Spanien entspringt. Nur im Frühjahr verwandelten sich die «schmachtenden Wasser» des Mondego in einen reißenden Strom. Die Gassen der Unterstadt wurden zu tosenden Kanälen, am gegenüberliegenden Ufer versackte langsam das gotische Kloster Santa Clara-a-Velha im Uferschlamm – weshalb das höher gelegene Kloster Santa Clara-a-Nova gebaut wurde –, und westlich von Coimbra verwandelten sich die flachen Felder in riesige Seen.

Seit dem 15. Jahrhundert versuchten die Könige den Fluß zu bändigen, mehr oder weniger erfolglos. Ab 1791 wurde ein zweites künstliches Flußbett konstruiert, in den siebziger Jahren ein nordöstlich von Coimbra gelegener Stausee. Heute, so beschweren sich Ökologen, sei der Mondego weder ein poetischer Dichter noch überhaupt ein Fluß, sondern ein kontrolliert dahinfließender Kanal.

Doch den «Fluß der Dichter» erahnt, wer sich die kurvenreiche schmale Straße am Mondego bis zu der mächtigen Staumauer des Barragem da Aguiera entlangschlängelt. In tiefen Schluchten zwängt sich der Fluß zwischen steil abfallenden Bergrücken hindurch, wo zusammengedrängte Häuser an den Abhängen kleben. Wo das Ufer sanft emporschwingt, strecken sich lange schmale Felder aus. Bis vor wenigen Jahrzehnten gehörten «Bergboote» zu dieser Idylle. Die Bauern aus den Dörfern schipperten mit Wein, Kartoffeln, Früchten und Holz den Mondego hinunter und kamen zurück mit Fisch und Salz aus den Salinen nahe der Flußmündung. Erst durch die Eisenbahn und später durch den Autoverkehr wurde dieser ökologische Transportweg verdrängt.

Den schönsten Panoramablick bietet der kleine Ort **Penacova**. Der Aussichtspunkt scheint sich über das weite Flußbett zu lehnen, und der Mondego mäandriert hier über eine Strecke von sieben Kilometern, die per Luftlinie nur 750 Meter beträgt. Ein Stück aufwärts von Penacova heißt das Steilufer poetisch Livraria do Mondego, die «Buchhandlung am Mondego». Die wie Buchrücken geformten Felsen ragen direkt ins Wasser hinein.

Entlang der schmalen Zuflüsse des Mondego schneiden sich fruchtbare Täler mit verstreuten Dörfern zwischen die steil aufstrebenden Bergketten. Auf den kleinen Feldern wachsen Wein, einige Oliven und Orangen, Kartoffeln und Kohl. Von weitem sieht man die stolzen Windmühlen, die sich wie dicke Zylinder nebeneinander auf die Höhen gesetzt haben – auf der Portela de Olveira bei Espinheira oder Gavinhos. Uralt, dem Verfall preisgegeben, harren sie im Gestrüpp, blicken hinüber zu den silbrig blitzenden Schneehauben der entfernten Gipfel.

Waldschutz: Wie wär's mit einmauern?

Der kleine Ort **Lorvão**, verloren zwischen dichten Wäldern, ist für dreierlei bekannt: für seine Zahnstocher aus Pappelholz, für sein Kloster, dessen Ursprünge im 6. Jahrhundert vermutet werden, und für seine Mandelküchlein, deren Ursprung mit Sicherheit in der Klosterküche liegt. Nach dem vorläufigen Sieg über die Mauren im Jahre 878 spielte das Kloster eine wichtige Rolle bei der Wiederansiedlung und Ernährung der Bevölkerung. Nach der endgültigen Vertreibung der Mauren 1064 wurde es auch zu einem kulturellen Zentrum mit einer bedeutenden mittelalterlichen Buchmalerwerkstatt. 1200 schenkte Dom Sancho das Kloster seinen Töchtern, die es den Nonnen der Zisterzienser unterstellten.

Die heutigen Gebäude stammen fast ausschließlich aus dem 17. und 18. Jahrhundert. Die Kirche wurde im Stil der monumentalen Basilika in Mafra gebaut, das Chorgestühl aus schwarzem Palisander ist ein üppiges Schnitzwerk voller Masken und Aposteldarstellungen. Ländereien und Wälder gehörten zu dem einst reichen Kloster, das erst nach der Revolution von 1820 verarmte. In den weitläufigen Nebengebäuden ist heute eine psychiatrische Einrichtung untergebracht.

Lorvão kommt von Lorbeer. Korkeichen, Kastanien und Lorbeerbäume wuchsen auf den umliegenden Hängen. «Davon sieht man heute nicht mehr viele», sagt der Aufseher im Kloster und läßt sich zu fast radikalen Tönen hinreißen: «Sie rauben uns das Wasser. Ihnen geht es nur ums Geld.»

Sie, das ist die Zelluloseindustrie, die weite Teile der Beira in einen Streichholzwald verwandelte. Das «grüne Erdöl» heißt Eukalyptus, ein schnellwachsender Baum, der mit seinen langen Wurzeln den Bauern das Wasser abgräbt. Eukalyptuswälder bedecken in Portugal mittlerweile 530000 Hektar, mehr als die Hälfte davon in der Beira, wo es inzwischen mehr Eukalyptus- als Mischwälder gibt.

Auch in der Region um Lorvão wurden Wälder gerodet, Hänge mit Bulldozern terrassiert, um kleine Setzlinge zu pflanzen. Neun Jahre später kommen die Arbeiter wieder und können lange, schlanke Bäume roden. Aus einem abgeholzten Stamm wachsen binnen neun weiterer Jahre nicht nur ein, sondern zwei oder drei neue Bäume für die Zellulosefabriken an der Küste. Über die Jahre senkt sich allerdings der Grundwasserspiegel, laugt der Boden aus, und zurück bleibt eines Tages eine Wüste. Stundenlang kann man in der Beira durch tote Wälder fahren, denn wo Eukalyptus wuchert, wächst nichts anderes mehr. Zudem brennen in jedem Sommer Tausende Hektar Wald in der Beira – nicht nur, weil jemand eine Zigarettenkippe aus dem Autofenster wirft. Nicht wenige Feuer werden durch vorsätzliche Brandstiftung gelegt, doch nur selten werden Täter gefaßt, und seltener kann eine Verbindung zur Papierindustrie nachgewiesen werden.

Die Mönche des Karmeliterordens in der **Serra de Buçaco** schützten ihren Wald wesentlich rigoroser: 105 Hektar rund um ihr bescheidenes Kloster ließen sie einmauern. Sie pflanzten exotische Bäume, rund 700 verschiedene Arten aus Afrika, Indien und Amerika. Heute steht **Buçaco** unter nationalem Schutz und gilt als eine der wertvollsten Parkanlagen in Portugal – noch immer von einer vier Kilometer langen und zweieinhalb Meter hohen Mauer umgeben.

Lange hatte der Orden nach einem geeigneten Ort für das Eremitenleben seiner Mitglieder in Armut und Schweigsamkeit gesucht, bis schließlich der nordöstliche Zipfel der langgestreckten Serra do Buçaco auserkoren wurde: «Das achte Weltwunder», begeisterte sich der Vorsteher des Ordens und ließ 1628 den Grundstein für das bescheidene Kloster legen, das bis zur Auflösung aller Orden in Portugal 1834 bestand. 1810 nächtigte gar der Herzog von Wellington in einer der korkverkleideten Zellen des Klosters, um sich im Morgengrauen mit den englisch-portugiesischen Truppen in eine entscheidende Schlacht gegen die napoleonischen Besetzer zu stürzen.

Heute könnte er es gemütlicher haben: Neben dem Karmeliterkloster entstand 1887 der Palast von Buçaco. Der königliche Sommersitz wurde schon Anfang des zwanzigsten Jahrhunderts zu einem der teuersten Hotels in Portugal umgewandelt. Ein romantischer Traum der damaligen Epoche: Die Steinmetzen tobten ihre Zuckerbäckerphantasien aus und kleisterten den Palast mit allerlei manuelinischen Dekorationen zu. Die blau-weißen Kachelbilder in der prächtigen Eingangshalle erzählen von den iberischen Kriegen und Entdeckungsfahrten nach dem nationalen Heldenepos *Os Lusíados* von Luís Vaz de Camões. Bis heute ist Buçaco eines der edelsten Hotels Portugals. Berühmt ist vor allem das Restaurant mit seiner französischen Küche und dem Weinkeller: Es soll der größte Weinkeller Portugals sein. Über siebzig Jahre lang sammelten die Hoteldirektoren die besten Weine der Region und lagerten angeblich 200 000 Flaschen ein.

Vergangenheitsbewältigung auf portugiesisch

Bis 1987 mußten sich die Leute aus **Santa Comba Dão** einiges gefallen lassen. Die Autofahrer, die durch den Ort fuhren, zeigten ihnen die geballte Faust oder beschimpften sie als «Faschisten». Erst seitdem die neue Verbindungsstraße IP3 zwischen Figueira da Foz und Viseu eröffnet und den Durchgangsverkehr umleitet, haben die Bewohner wieder ihre Ruhe. Santa Comba Dão, zwischen den Flüssen Mondego und Dão direkt am Stausee Aguieira gelegen, das ist der Geburtsort von Doktor António de Oliveira Salazar.

Hinter einigen modernen Neubauten am Stadtrand scheint das idyllische Santa Comba Dão die Zeit verschlafen zu haben. Gefegte Gassen schlängeln sich zwischen den massiven Beira-Häusern aus Granitquadern mit blitzweißen Fugen und Geranien vor den kleinen Schiebefenstern. An der Kirchenmauer zeigt ein Kachelbild das Geburtshaus des Diktators: «Eine Ehrung der Stadt.»

Der gepanzerte Mercedes des Diktators steht heute im Automuseum des Luftkurortes **Caramulo**. Baujahr 1937, angeblich ein Geschenk Hitlers. In achtzehn Jahren fuhr Salazar damit keine 13 000 Kilometer. Sechzig Liter verbrauchte die schwere Limousine, das war dem Doktor der Wirtschaftswissenschaften zuviel. Der schwarze Wagen stand herum, Salazar ließ sich bevorzugt in einem kleinen Cadillac kutschieren und verkaufte den Mercedes 1956. Ein baugleiches Modell nutzte im übrigen der Chef der Geheimpolizei PIDE.

Ohne besondere Kennzeichnung parkt die ehemalige Staatskarosse in dem Automuseum, ein normales Ausstellungsstück zwischen den anderen Oldtimern, von Peugeot, Rolls-Royce bis zum Bugatti, allesamt chromblitzend und fahrbereit. Im Obergeschoß des Museumsgebäudes befindet sich die Kunstsammlung von Abel Larcerda. Genauer: ein Museum der Geschenke. Abel Lacerda, der Kunstliebhaber, muß ein ausgesprochen charmanter junger Mann gewesen sein, zumindest rührte er Künstlern, reichen Familien und Unternehmen an ihrer Ehre. Nicht einen Escudo bezahlte er für die ausgestellten Kunstwerke, die er nicht selbst stiftete. Immerhin hängt hier ein Gemälde von Picasso, eine Gabe des Malers höchstpersönlich, und eines von Salvador Dalí. Und wenn Shell Portugal eine Büste aus Mexiko stiftete, dann ließ sich Mobil Oil mit einem Gemälde von Eduardo Nery auch nicht lumpen. Ein leicht makabrer Beigeschmack bleibt bei den Autos hängen, die João Lacerda, der Bruder des Kunstliebhabers, leidenschaftlich sammelte. Abel de Lacerda kam 1957 mit nur 36 Jahren ums Leben – bei einem Autounfall.

Fluchtpunkte für Juden

Wäre nicht dieses Kunst- und Automuseum, warum sollte man nach Caramulo fahren? Ohne die zahlreichen Hinweisschilder würde man kaum glauben, daß in der Serra do Caramulo noch irgend etwas interessant ist. Pinienwälder, hin und wieder ein Dorf, flache, ineinander verschachtelte Häuser aus rohen Granitsteinen oder zusammengelegten Schieferplatten, einige rund gebaut und mit Stroh gedeckt. Hier brennen die Töpfer schwarze Keramik, und hier gedeihen seit Jahrhunderten die Trauben für den schweren Dão-Wein.

Die Fahrt durch das zerklüftete Gebirge nach Caramulo und noch ein Stück höher nach **Caramulinho** lohnt alleine wegen der Aussicht zu den Gipfeln der umliegenden Gebirge der Beira Alta, vor allem hinüber zur Serra da Estrela, dem «Sternengebirge». Fast 2000 Meter hoch liegt dort das einzige Skigebiet Portugals. Für die Region um Penhas Douradas, den kältesten Winkel des Landes, melden die Wettervorhersagen bis in den April hinein Schneefälle.

Mit Serra da Estrela verbinden die Portugiesen ein Heiligtum ihrer Küche: *Queijo da Serra*, der würzige Gebirgskäse aus Schafsmilch. Nicht zu vergleichen mit banalem Schafskäse – weit gefehlt! Im Nationalpark der Serra Estrela liegt die festgelegte Zone, aus der der einzig wahre *Queijo da Serra* kommt, flach und rund, gelb und duftend – und garantiert nicht industriell hergestellt.

Am östlichen Ausläufer der Serra, nahe der Grenze zum ungeliebten Nachbarn Spanien, thront seit Jahrhunderten Guarda, «der Wächter», auf über tausend Metern. Die am höchsten gelegene Stadt Portugals gehörte zu den Grenzbefestigungen an der Frontlinie, wie das nördlich gelegene Pinhel oder südlich, in der Beira Baixa, Castelo Branco.

Die versteckten Ecken der Beira an der Grenze zu Spanien waren Fluchtpunkte der Marranen: Juden, die sich zu Zeiten der Inquisition zwangstaufen lassen mußten, im geheimen jedoch an ihrem Glauben festhielten. Doch auch dieses offizielle Bekenntnis zum Christentum schützte sie nicht vor dem Scheiterhaufen.

Von Kriegsstämmen und Kirchenmalern

In diesem verwunschenen Bergland zwischen Tejo und Douro hausten die Urahnen der Portugiesen, die Lusitanier. Ein kriegerisches Volk, angeblich das stärkste auf der Iberischen Halbinsel, das sich gerne auch untereinander bekriegte. Der Widerstand der Lusitanier nötigte nicht nur den Invasoren Respekt ab – nach dem Sieg nannten die Römer diese Provinz, das spätere Zentrum von Portugal, *Lusitania*. Auch portugiesische Dichter und Geschichtsschreiber sympathisierten mit dem unbeugsamen Volk. Held vieler Legenden ist Viriato, der Schäfer, der zum Krieger wurde, und mit seinen Mannen zwischen 147 bis 139 v. Chr. manche Römerlegion in die Flucht schlug. Doch Undank ist der Welten Lohn: Von seinen eigenen Mannen wurde er gegen einen guten Sack Gold im Schlaf ermordet.

In **Viseu** schwingt der Freiheitskämpfer als Bronzefigur noch immer das Schwert vor der Cava de

Viriato, der «Grube des Viriato». Das 38 Hektar große Gelände, auf dem sich ein römisches Feldlager befunden haben soll, ist von einem Verteidigungsgraben umgeben. Daß Viriato ausgerechnet hier nicht gekämpft hat, sei nur nebenbei bemerkt.

Viseu, die Hauptstadt der Beira Alta, auf einem Hochplateau im Zentrum der Gebirgsregion gelegen, nennt sich «Museumsstadt». Warum? Dies herauszufinden erfordert unter Umständen starke Nerven und eine zuversichtliche Lebenseinstellung. Erst mal reinkommen: Stau vor Viseu an einem fürchterlich normalen Sonntag. Kein Volksfest läßt den Verkehr zusammenbrechen, sondern Modello, der große Supermarkt an der Hauptzufahrtsstraße nach Viseu. Gegen 15 Uhr ist der Parkplatz gerammelt voll. In monströsen Supermärkten nach französischem Vorbild einzukaufen, die auch am Wochenende geöffnet haben, das ist das moderne Vergnügen am Sonntagnachmittag.

Nach dem Kreisverkehr am Modello – schon zur Römerzeit liefen die Straßen sternförmig auf die Stadt zu – landet man auf dem Rossio, dem zentralen Platz am Fuße der alten Stadt, und das lichte Grün der schattigen Linden versöhnt. Mit elegantem Schwung zieht sich eine meterlange Azulejo-Wand am Rande des Platzes entlang. Ein Stück weiter aufwärts gelangt man durch den kleinen Jardim das Mães, den «Müttergarten», zum Museumshaus Almeida Moreira, eine für die Beira typische Stadtvilla mit einer Freitreppe zur Veranda. Das Haus des Kunstsammlers zeigt wertvolle Möbel, Fayencen und zeitgenössische Malerei. Durch einen Torbogen betritt man eine andere Zeit, das barock geprägte Viseu: Krumme Gassen laufen kreuz und quer zwischen gedrängten Häusern mit schmiedeeisernen Veranden. Weiter oben am Hügel deuten Farbpalette und Pinsel auf den gemalten Straßenschildern an, daß Viseu die Stadt der Maler war. Im 16. Jahrhundert gründete Vasco Fernandes, bekannt geworden als Grão Vasco, die «Schule von Viseu», und mit seinen ersten Renaissancegemälden Portugals machte er den damaligen Bischofssitz Viseu im 16. Jahrhundert zur Kulturmetropole. Auf dem höchsten Punkt der Stadt öffnet sich der weite Platz der wuchtigen Kathedrale aus dem 13. und 14. Jahrhundert. In einem Seitengebäude ist das Museum Grão Vasco untergebracht. Von außen erscheint die Kathedrale finster und streng, innen flutet das Licht durch den ionischen Kreuzgang.

Giftküche an der Küste

Bläulich schillert die kühle Morgenluft wie ein hauchdünner feuchter Schleier. Aus dem Kanal, der das Stadtzentrum durchzieht, guckt vorwitzig der bunt bemalte, hochgeschwungene Bug eines Bootes über den Kai. Vor den stattlichen barocken Fassaden der Bürgerhäuser schmiegen sich Palmenwipfel in den leichten Wind. Aveiro, das ist heute eine lichte Stadt am Rande der Lagunenlandschaft.

In **Aveiro** wurden im 16. Jahrhundert die Karavellen für die portugiesischen Entdeckungsfahrten gebaut, segelten die Fischer bis nach Neufundland, um Kabeljau zu fangen; Salz und Seehandel ließen Aveiro zu einer wohlhabenden Stadt wachsen. Direkt am Meer gelegen.

14 000 Menschen lebten damals in Aveiro, 3500 waren es noch Mitte des 18. Jahrhunderts. Aveiro

war versandet. Der Rio Vouga hatte über Jahrhunderte Tonnen von Sand in seine Mündung geschwemmt, bis 1575 schließlich ein heftiges Unwetter die gesamte Landschaft veränderte und Aveiro endgültig vom Meer abgeschnitten war. Bis ins 19. Jahrhundert verkümmerte die einst so bedeutende Bürgerstadt. Erst als 1808 das Haff zwischen São Jacinto und Barra geöffnet wurde, lebte Aveiro mit einem neuen Zugang zum Meer wieder auf.

Am Stadtrand blitzen noch immer die Salzkegel aus den weitläufigen Salinen, und im Hafen auf der Landzunge Gafanhas da Nazaré dümpeln rostige Fischtrawler am Kai, die heute vor Norwegens Küsten den Kabeljau fangen. Den Stockfisch für das Nationalgericht *Bacalhau* finden sie längst nicht mehr in heimischen Gewässern. Aus den Kühlräumen der Trawler verschwindet der Fisch direkt in den Fabriken am Anleger, wo er früher noch auf den Gestellen im Freien getrocknet wurde.

Das Haff, die Ria de Aveiro, zieht sich 45 Kilometer lang von Ovar nach Mira hinunter. Nördlich von Aveiro bildet es eine unübersichtliche Wasserfläche. Land und Meer wachsen ineinander, schmale Lagunen winden sich in die Wiesen hinein, und noch heute segeln einige Algenfischer auf ihren *moliceiros*, den langen, schmalen Holzbooten mit einem kühn aufschwingenden Bug, durch die Hafflandschaft. Mit einer langstieligen Harke reißen die Fischer die Algen aus dem Brackwasser und verteilen die Pflanzen als Dünger auf den Feldern. Ein Fischer war in diesem Landstrich traditionell auch Bauer.

Die Idylle aus Wasser und Wiesen liegt jedoch am Rande einer der Giftküchen Portugals. Eine Zellulosefabrik und die chemische Industrie nördlich von Aveiro leiten ihre Abwässer in die Ria und drohen den letzten Algenfischern ihre Lebensgrundlage zu entziehen.

Auf der anderen Seite der Nehrung strecken sich kilometerlange Sandstrände. Selbst wenn auch hier in den letzten Jahren die touristische Entwicklung kräftig angekurbelt wurde, Apartmenthäuser in ehemaligen Fischerdörfern wie Pilze aus dem Sand wuchsen, hinter dem Dünengürtel verteilen sich selbst in der Hochsaison noch die Massen. Und im Winter, wenn der Wind über den Strand fegt, verschwinden schon mal einige neue Asphaltstraßen unter dem Sand.

Die *palheiros*, die hohen schlanken Fischerhäuser aus Pinienholz mit ihren bunt gestreiften Latten, stehen heute Modell für stilgerechte Eisbuden oder für moderne Wohnhäuser aus Beton, wie zum Beispiel in Costa Nova auf dem schmalen Landstreifen zwischen Haff und Meer. Die Fischer dagegen sind noch nicht ganz verschwunden und auch ihre traditionelle Methode des Fischfangs, die *xávega*. Ein seit Generationen alltägliches Spektakel, wenn das Meer es zuläßt: Mit lautem Gejohle schieben Frauen und Männer die dickbauchigen, kunterbunten Holzboote vom Strand in die Brandung, und mit der Hilfe von Ochsen zerren sie später das Boot und das riesige, sackförmige Netz wieder an Land.

Heutzutage ersetzen immer häufiger Schiffsmotoren und Traktoren die Tiere, Grund genug für einen mächtigen Krach zwischen Fischern und Behörden. Die Motorisierung der *xávega* schädigt die Umwelt, und die Reifen zerstören die Dünen. Zumindest als sommerliche Touristenattraktion bleibt die *xávega* erhalten.

Studentisches Strandbad

Auf der einen Seite der Dünenketten und Pinienwälder trotten Ochsengespanne über die Felder der Fischerfamilien, auf der anderen ziehen sich 180 Kilometer Sandstrand von Ovar bis Nazaré, nur selten unterbrochen von einer Steilküste wie die dicht bewaldete Serra da Boa Viagem bei Figueira da Foz an der Mündung des Mondego. Ein «Schatzkästchen der Überraschungen», nannte ein portugiesischer Reiseführer den mächtigen Felsklotz einst. Die letzte Überraschung erlebte das Schatzkästchen leider 1993, als auch hier ein Feuer den Wald zerstörte. Geblieben ist die Aussicht vom Gipfel: silbern schillerndes Meer, die Küstenlinie verwischt im Dunst. Die Orte Buarcos und Figueira da Foz wirken wie Bauklötze, der 500 Meter breite Strand wie eine gigantische Mondsichel.

Eigentlich handelt es sich um zwei Orte, doch mittlerweile verbindet die vierspurige Strandstraße die beiden ungleichen Schwestern. Figueira da Foz, die Hafenstadt an der Mündung des Mondego und einst «Königin der Badeorte» genannt, ist heute massentouristisch gerüstet. **Buarcos** ist älter, kleiner und bewahrte zumindest sein Gesicht hinter der Festungsmauer. Als Figueira noch eine Fischersiedlung war, wußten Piraten längst, daß es im Nachbarort einiges zu holen gab: Im 16. Jahrhundert gehörte Buarcos zu den reichsten Städten Portugals und war beliebter Wohnsitz der Reeder, die ihre Handelsschiffe nach Übersee schickten.

Figueira da Foz dagegen entwickelte sich erst im 18. Jahrhundert, als der Hafen ausgebaut wurde und die Stadt von dem versandeten Aveiro profitieren konnte. Und schon damals kamen die ersten Badegäste. 1860 war das Gedrängel der noblen Familien so heftig, daß die Unterkünfte nicht ausreichten und das Bairro Novo mit edlen Sommervillen an der Festung Santa Catarina angelegt wurde. Davon blieben nur einige Ruinen zwischen den Hochhäusern an der Strandpromenade übrig. Hinter dem Beton ist es eine nette Kleinstadt. Mit gekachelten Häusern und verwaschenen Fassaden, hier hockt ein Hund im Fenster, dort lärmt es aus einer *tasca*, und am Eingang der kunterbunten, lebendigen Markthalle erzählt ein Kachelbild von dem Leben in Figueira, als es nur einige Fischerhütten und eine lange Reihe gestreifter Badehäuschen am Strand gab.

Figueira da Foz war auch immer der Badeort der Studenten aus dem fünfzig Kilometer entfernten Coimbra. Und daß eine Studentenkompanie 1806 die napoleonischen Truppen aus der Festung Santa Catarina vertrieb, daran erinnert eine Gedenktafel an den alten Mauern.

Miguel, der Latzhosenträger und Philosophiestudent aus Coimbra, ist doch sehr traditionell. Zumindest was seinen Hang zur Romantik betrifft. In einer lauen Sommernacht nimmt er den letzten Zug von Coimbra und rattert nach Figueira da Foz. Die Diskotheken und Betonklötze im Rücken, bleibt er einfach am Strand sitzen, bis der Morgen dämmert: Oben funkeln die Sterne, vor ihm glitzert die weiße Gischt über den Wellen. Das ist sein Figueira da Foz – an der Mündung des Dichterflusses.

KITSCHIG, KLOTZIG, KÖNIGLICH

AUSFLÜGE IN DIE UMGEBUNG VON LISSABON

Wenn schon monumental, dann richtig: Die portugiesischen Könige ließen sich nicht lumpen, wenn sie als Dank für gewonnene Schlachten oder endlich geborene Thronerben mal wieder ein Kloster bauten. Märchenhaft sind dagegen die Paläste in den üppigen Wäldern der Serra de Sintra, der Sommerfrische des Adels und romantisch verklärten Bürgertums. Die Reise führt durch das Bauernland und an die wilde Atlantikküste vor den Toren der Hauptstadt.

25 Jahre lang hatte Senhora Jeselia kaum etwas anderes getan, und selbst mit ihren 84 Jahren beherrscht sie die Kunst noch immer: Jeder ihrer Striche sitzt, obwohl sie über Magenbeschwerden klagt, über die Stille in ihrer Villa und die Feuchtigkeit, die im Winter durch die Mauern zieht. Im gelben Mäntelchen, die schwarze Baskenmütze ein wenig zur Seite gerückt, steht die kleine alte Frau mit geschlossenen Augen auf den Treppenstufen unter dem Königspalast und wärmt ihr Gesicht in der Wintersonne.

Die Taxifahrer langweilen sich vor dem Hotel Central gegenüber dem Stadtpalast. Für 2400 Escudos fahren sie zum Garten von Montserate oder zum Palácio da Pena hinauf. Aber heute ist kein Geschäft zu machen. Wie einst die Könige kommen die meisten Besucher im Sommer nach Sintra.

Senhora Jeselia bittet um ein Blatt Papier und einen Stift, breitet sorgfältig das geblümte Taschentuch auf der Balustrade aus, konzentriert sich, und dann beginnt der Stift über das Papier zu fliegen, zu stricheln und zu schraffieren. «Erkennen Sie das?» Ein kecker Blick der alten Dame, hier noch ein Schwung, dort einige Pünktchen, Fenster, Dachgiebel und darüber schließlich zwei kegelförmige Schornsteine. Keine Frage, der Königspalast mit manuelinischen Fenstern, Portal und Wahrzeichen: «Das ist Sintra. Paris hat seinen Eiffelturm, Sintra seine Küchenschornsteine», sie lächelt zufrieden. Ungezählte Buchdeckel illustrierte sie mit diesem Bild, es ist eingebrannt in ihr Gedächtnis. Was wäre Sintra ohne Küchenschornsteine samt Königspalast und die anderen Paläste in

In der Serra: die Burg von Sintra

der Umgebung? Ein idyllisches, mittelalterliches Städtchen im Wald, wenn überhaupt.

Palácio Nacional de Sintra

«Sieh Cintras glorreich Eden sich dort erheben», dichtete Lord Byron in *Child Harold's Pilgrimage*, als er 1811 die üppige Serra de Sintra unvermittelt aus der trockenen Ebene vor sich aufsteigen sah. Über Jahrhunderte, von den Mauren bis zum endgültigen Sturz der Monarchie 1910, galt den Königen und Adeligen das Gebirge mit seinen klaren Quellen und verwunschenen Wäldern als kühle Sommerfrische und Jagdrevier, wo sie ihrer Phantasie freien Lauf ließen und die verrücktesten Paläste in exotische Gärten setzten. Anfang des 19. Jahrhunderts ließen sich die portugiesischen Romantiker hier inspirieren, um inmitten üppigster Natur ihren Gefühlen poetischen Ausdruck zu verleihen.

Hoch über den rosafarbigen und blaßgelben Stadthäusern mit ihren Türmchen, Spitzgiebeln und Erkern ragen die Ruinen der Maurenburg aus den Baumwipfeln. Von dort wachten die Araber über die Tejomündung und die

Dem königlichen Palast in Sintra würdig: zwei monumentale Küchenschornsteine

Küste. Während der Reconquista wechselte Sintra mehrmals die Herrscher. Erst 1147 ergaben sich die Mauren mit der Eroberung Lissabons. Bereits sieben Jahre später erhielt Sintra Stadtrechte, und im 14. Jahrhundert begann Dom João I., vermutlich auf den Fundamenten eines maurischen Palastes, den Königspalast anzulegen. Seitdem bestimmten der Palast und seine Besucher den Alltag des Ortes.

In «Cintras lieblich Paradies» flüchtete also Lord Byron, angeekelt von dem nahe gelegenen Lissabon, wo «niemand, hoch wie niedrig, zeigt im Kleid/sich und im Hemd der Reinlichkeit gewogen; Ägyptens Plagen sind dort scheußlich eingezogen», und seine Jammerei gipfelte in dem Stoßseufzer: «Natur, weshalb die Wunder solchen Leuten.»

Sintra, das ist die Geschichte vom Aufstieg und Fall des Königreiches, von Prunk und Protz, von schwelgerischer Romantik in puren Naturtönen, eine Mischung aus portugiesischer Träumerei und Disneylandklischee. Ein einzigartiges Fleckchen Erde, das endlich unter Schutz gestellt wurde. Die UNESCO ehrte 1995 die Altstadt von Sintra und das Gebirge mit seinen artenreichen Wäldern als Weltkulturerbe. Seitdem werden viele Paläste restauriert und verwilderte Gärten wieder gepflegt.

Geschichten zwischen Gewürzkisten

Während Dom João I. einen relativ schlichten Palast gebaut hatte, begann Dom Manuel I. – mit dem Beinamen «der Glückliche», unter dessen Regentschaft Portugal zur Seefahrernation aufstieg – den Palast 1508 zu erweitern und ließ ihn, in dem nach ihm später benannten, manuelinischen Stil umgestalten. Auch spätere Herrscher paßten das Gebäude dem jeweiligen Zeitgeist an, bis die liberale Revolution am 5. Oktober 1910 der Monarchie ein Ende setzte. Der labyrinthische Palast mit seinen diversen Anbauten ist von Gotik, Manuelinik, Renaissance und islamischen Einflüssen geprägt.

Viele Köche verderben den Brei? Zumindest in der monströsen Küche – hier liegt übrigens die Erklärung für die riesigen Schornsteine – müssen einige Köche gerührt haben. Bis zu tausend Personen konnten verpflegt werden.

Auch in der Gestaltung der Säle ließen sich die Könige nicht lumpen: der arabische Saal ist mit blauen, grünen und weißen Kacheln aus Sevilla geschmückt, auch der Schwanensaal wurde mit wertvollen Wandkacheln und einem Renaissancekamin ausgekleidet, der zwar nie funktionierte, dafür stammt der kostbare Marmor immerhin aus Carrara.

Im «Elsternsaal» tragen die an die Decke gemalten Vögel eine Rose und ein Zettelchen im Schnabel mit der Losung «por bem», dem Guten gewidmet. Dom João I. soll hier in flagranti mit seiner Hofdame erwischt worden sein und nur noch «por bem» gestammelt haben, so etwa: «Ach, ein Küßchen in Ehren», was ihm natürlich kein Mensch abnahm. Schon gar nicht die anderen Hofdamen, die «wie klatschsüchtige Elstern» die Geschichte ausposaunten.

Und dann ein auffällig schlichtes Zimmer, das Gefängnis von Afonso VI., der hier neun Jahre lang bis zu seinem Tod 1683 schmachtete. «Da kann man doch nur verrückt werden», meint Carlos, der Palastwärter. «Geistig und körperlich behindert» sei er gewesen, so heißt es in der offiziellen Broschüre. «Schwul war er», behauptet Carlos. Deshalb habe sich seine Frau von ihm scheiden lassen. Sein Bruder Pedro II. übernahm angesichts der «geistigen Schwäche» nicht nur den Königsthron, sondern heiratete auch die Gemahlin von Afonso.

Klatsch und Tratsch zwischen Gewürzkisten aus Indien, aber immerhin wurde in diesem Palast die Eroberung von Ceuta (Marokko) 1415 beschlossen. Im repräsentativen Wappensaal regierte Manuel «der Glückliche», hier empfing er die Nachricht von der Entdeckung Brasiliens und des Seewegs nach Indien. Die 71 Wappen der wichtigsten Adelsfamilien ließ Manuel I. stolz an die achteckige Decke malen. Nur ein Wappen wurde rund 200 Jahre später abgekratzt: Diese Familie fiel in Ungnade, weil sie beschuldigt wurde, am Attentat auf Dom José I. beteiligt gewesen zu sein.

So wie die Seefahrernation Mitte des 16. Jahrhunderts ihren Ruhm einbüßte, geriet Sintra zeitweilig in Vergessenheit. Erst als die Romantik die portugiesischen Künstler entzückte, kam Sintra wieder in Mode. «Trendsetter» war ausgerechnet ein Deutscher.

Palácio da Pena: zauberhafter Kitsch

Die einen sehen in dem Bauwerk ein «portugiesisches Neuschwanstein», für die anderen ist es «der Ausdruck des romantischen Zeitgeistes». Auf jeden Fall bescherte Ferdinand von Sachsen-Coburg-Gotha den Portugiesen ein Schloß auf dem Gipfel der Serra de Sintra, das die Gebrüder Grimm zu kreativen Höhenflügen inspiriert hätte. Immerhin ging Ferdinand als der «Künstlerkönig» in die portugiesische Geschichte ein. 1836 hatte der neunzehnjährige Deutsche die zwei Jahre jüngere portugiesische Königin Maria II. da Glória geheiratet. Nach ihrem Tod – und der Geburt von elf Kindern in siebzehn Jahren – übernahm er bis zur Volljährigkeit seines Sohnes den Thron.

Auf einer Wanderung durch die Wälder der Serra de Sintra entdeckte Ferdinand die Ruinen eines Klosters der Jeronimusmönche. Von dem Geschenk Manuels I. an den Orden, der es Nossa Senhora da Pena weihte, hatte nur die Kapelle aus Marmor und Alabaster dem Erdbeben 1755 standgehalten.

Ab 1838 krempelte Ferdinand die Ärmel hoch, um seinen romantischen Traum zu erfüllen. Er erwarb die Ruine mit Ländereien und der Maurenburg. Ihren beschädigten doppelten Befestigungsring ließ er später weniger aus historischen Gründen restaurieren, sondern um die märchenhafte Kulisse auf dem wolkenumspielten Gipfel zu vervollkommnen. Baron von Eschwege wurde als Architekt engagiert und nach Nordafrika und Südspanien geschickt, um den maurischen Baustil zu studieren, den er später im Schloß eifrig kopierte.

Das Ergebnis auf dem Gipfel des Gebirges ist weithin sichtbar. Eine wilde Komposition aus bonbonfarbenen Türmen, Erkern, Terrassen und Zinnen, hier eine kleingemusterte Kachelfassade, dort wurde der trotzige Stein in maurische Arkadenbögen gezwungen, innen wölben sich Stuckdecken mal schwülstig geblümt, mal in zierlichen arabischen Mustern.

Dezent von Mozarts Symphonien berieselt, lustwandelt man heute durch die königlichen Gemächer, vollgestopft mit Mobiliar aus Portugal, Frankreich, England, China, Indien, hin und wieder überrascht von deutschem Kulturgut: Meißener Porzellan oder einer beeindruckenden Sammlung von Bierkrügen, und im Kinderzimmer warten das Buch vom Struwwelpeter und die Märklin-Eisenbahn auf den kleinen Prinzen.

Zum Malen zog sich der Künstlerkönig in seinen 200 Hektar großen subtropischen Park unterhalb des Palastes zurück. Die romantische Besinnung auf die Natur ließ ihn Tausende exotischer Bäume pflanzen. Spazierwege führen durch den Wald mit Höhlen und Wasserfällen, Seen und Skulpturen, Rhododendren und Kamelien – ein wundervoller Märchenwald.

Fruchtbarer vulkanischer Boden, mildes Atlantikklima und sprudelnde Quellen – die Serra de Sintra, wo ursprünglich vor allem verschiedene Eichenarten wuchsen, bietet optimale Voraussetzungen, um exotische Gärten anzulegen.

Ein Park von Pena in etwas kleinerem Zuschnitt ist die **Quinta von Montserate**. 1790 pachtete Gerard de Visme, ein Engländer,

der mit dem Import von brasilianischem Tropenholz ein Vermögen gemacht hatte, das Gelände mit dem traumhaften Blick bis zum Meer. Der Schriftsteller William Beckford lebte zeitweise in dem großzügigen Wohnhaus, das Francis Cook, einer der reichsten Männer Europas, abreißen ließ, als er 1856 die Quinta kaufte. Statt dessen entstand dort ein orientalischer Palast, in dem Cook Kunstschätze aus aller Welt sammelte. Von dieser Pracht ist heute allerdings nichts mehr zu sehen, denn nach seinem Tod verscherbelten die Erben sämtliche Kunstwerke an einen Antiquitätenhändler.

Aber der Park: Korkeichen, Magnolien und Rhododendren, Palmen, Kamelien und Azaleen, unterbrochen von verträumten Lichtungen, Wasserfälle stürzen zwischen wilden Farnen in kleine Teiche hinab, Moos schmiegt sich über die steinernen Skulpturen, die mit der Zeit in das schillernde Grün hineinwachsen. Die einst arrangierte Natur wucherte jahrelang ungehemmt, verwandelte den Park in einen Dschungel.

Surfer aus Leidenschaft

Nur wenige Kilometer vom Fuß der Serra de Sintra dehnen sich Atlantikstrände zwischen rotbraunen Felsen.

Eine Nase der Steilküste ragt in den tosenden Atlantik, das **Cabo da Roca**, der westlichste Punkt des europäischen Festlandes. «Wo das Land endet und das Meer beginnt», so beschrieb Nationaldichter Camões diesen sturmumtosten Landzipfel. Außer der beeindruckenden Küste gibt es nichts weiter zu sehen, deshalb dachte sich das Fremdenverkehrsamt etwas Besonderes aus: Jeder Besucher erhält – auf Wunsch und gegen eine Gebühr – ein Diplom. Mit Stempel und Unterschrift wird beglaubigt, daß die Senhora aus fernen Landen es tatsächlich bis an den Rand Europas geschafft hat.

Eine Mauer moderner Betonklötze umschließt den Küstenort **Ericeira**, eines der beliebtesten Wochenenddomizile der Lissabonner. Aber je enger die Gassen werden, desto näher ist das Meer. Über dem Fischerhafen drängen sich die weißen Häuser auf der Steilküste aneinander. Ein stürmischer Herbsttag, wenn die Männer an der Mauer über dem Strand lehnen, die Atlantikwellen über die Felsen jagen und die Gischt hinaufsprüht, dann ist die Kraut-und-Rüben-Architektur am Ortseingang vergessen. Das Gesicht von Ericeira ist hier, mit der Nase im Wind und dem Blick über das Meer.

Hinter der Mole liegen die Fischerboote, die vor allem Langusten nach Ericeira bringen. Gut dreißig Meter über dem Meer schlängelt sich die schmale, kopfsteingepflasterte Straße vorbei an bizarren Felsgebilden,

Rund 5000 Menschen leben in Ericeira, im Juli und August allerdings sind es um die 20 000. Und wenn die Wellenreiter anrücken, ist tatsächlich der Teufel los. Ericeira, das ist das portugiesische Mekka für die mutigen Jungs, die auf ihren Brettern die meterhohen Wellenkämme hinuntersausen. Am Strand Ribeira d'Ilhas, vier Kilometer weiter nördlich, wurden sogar internationale Wettkämpfe ausgetragen.

Wenn sich die Bodyboard-Künstler abends im Blue Wave treffen, über den «off shore» und den «swell» reden, das Meer als «muito crowd» bezeichnen, nur leider João ständig «outside» war, dann versteht der Fischer seinen eigenen Sohn nicht mehr. In ihrer Sprache kam der Wind vom Land, und die Wellen waren super, das Meer voll mit Surfern, nur leider paddelte João ständig hinter der Welle.

Bauernland vor den Toren Lissabons

Bis ins 19. Jahrhundert war Ericeira sogar ein bedeutender Hafen. Handelsschiffe legten nach Brasilien ab, Kisten mit in Salz eingelegtem Fisch wurden auf das Schiff nach Schottland geladen, das Wochen später mit Textilien zurückkam. In die Geschichtsbücher ging der Ort im Morgengrauen des 5. Oktober 1910 ein, denn als die liberale Revolution siegte, segelte die königliche Familie von Ericeira aus mit Sack und Pack nach England ins Exil.

Aber vor allem war es der Seeweg entlang der Küste, der Ericeira als der einzige Hafen zwischen Figueira da Foz im Norden und Lissabon seine Bedeutung gab. Gemüse, Fleisch, Tiere und Getreide wurden umgeschlagen. Schiffspassagiere, die in die nördliche Provinz Minho oder in den südlichen Algarve reisten, drängelten sich am Anleger, denn eine Reise über Land wäre wesentlich beschwerlicher gewesen. Erst mit dem Ausbau der Eisenbahn verlor Ericeira seine Bedeutung.

Jenseits des Küstensaumes wächst auf den Feldern der Region Saloia, was in Lissabon auf den Tisch kommt. Je nachdem, wie der Kleinbauer den Markt einschätzt, pflanzt er seine Obstbäume, dieses oder jenes Gemüse und Getreide auf den fruchtbaren Feldern. Seit den Mauren existiert diese Form individueller Landwirtschaft im Gegensatz zur großflächigen Monokultur im Alentejo. Sie führten Wasserräder ein, mit denen kleine Felder bewässert werden konnten, nutzten die Flüsse, um Mühlen anzutreiben. Techniken, die den Feldbau auf kleinen Flächen erleichterte und damit unabhängige Bauern unterstützte.

Im Saloia sangen einst die Flügel der Mühlen im Wind. Tontöpfe wurden an den mit Leinen bespannten Flügeln befestigt. Noch heute thronen die weißen Mühlen auf den sanften Hügeln, und mindestens die eine von Senhor José Franco dreht sich noch.

Der eifrige Töpfer schuf in jahrzehntelanger Arbeit ein Freilichtmuseum an der Straße nach Mafra, ein typisches Bauerndorf in Kindergröße mit allem, was dazugehört: der *casinha do moleiro*, dem Müllerhäuschen, nebenan wohnen der Schuhmacher und der Barbier, der gleichzeitig die Funktion des Zahnarztes erfüllt. Durch die kleinen Fenster blinken die Zangen und Messer, dahinter wartet das notwendige Weinfäßchen. Im Krämerladen hängen die Mädchenkleider zwischen den Zwiebeln unter der Decke, und neben dem Weinausschank verkauft die Bäckerin Brot mit *chouriço*, deftiger Wurst, im Teig eingebacken. Eine romantische Erinnerung an das Landleben. Wenigstens ein Miniaturbild sollen die Kinder, die am Wochenende mit ihren Eltern aus Lissabon kommen, bewahren. Aber auch die Erwachsenen sind begeistert von des Töpfers liebevoll gestalteter Idylle.

In Portugal existiert eine gewisse Vorliebe für kleine Dinge. Die allseits beliebten Verniedlichungen der Sprache drücken meist etwas ganz besonders Zauberhaftes aus: Es ist eben nicht das «Müllerhaus», die *casa do moleiro*, sondern die *casinha*, nicht *pequena*, klein, sondern *pe-*

quenina. Und in Portugal wartet man nie *um bocado*, «ein wenig», sondern stets *um bocadinho*, «ein wenigchen». Das kann gut und gerne eine halbe Stunde oder ewig sein. Wahrscheinlich existiert kein Land, in dem mehr öffentliche Uhren falsch gehen ober überhaupt nicht funktionieren. Das stört im allgemeinen wenig. In Portugal, diesem kleinen Land – «aber mit großer Geschichte», wie stets hinzugefügt wird –, hat die Zeit im Volk noch immer einen anderen Takt. Heute, das ist na ja …, gestern war's auf jeden Fall golden, zumindest besser. Und der Senhor Franco trifft mit seinem beschaulichen Miniaturdorf mitten ins Herz seiner Landsleute.

Nicht kleckern, sondern klotzen: Mafra

Ein mächtiger Brocken «goldener» Geschichte ist in dem Landstädtchen **Mafra** zu besichtigen. Jeder Wegweiser, jede Landkarte ist überflüssig, auf einer leichten Anhöhe mit Blick zum Meer hin errichtet, prangt die gigantische Silhouette des Klosterpalastes weithin sichtbar am Horizont des Bauernlandes. 1699 erreichte die erste Schiffsladung Gold aus Brasilien den Lissabonner Hafen. Ein halbes Jahrhundert lang sollte nun noch einmal die Illusion vom Weltreich Portugal aufleben, das tatsächlich schon seit mehr als hundert Jahren verloren war. Danach hatte Portugal die sechzigjährige spanische Besetzung überstanden, sich wirtschaftlich und kulturell jedoch nicht erholt. Während des fünfzigjährigen Goldrausches, von dem das Volk allerdings nicht viel mitbekam, saß Dom João V. auf dem Thron. Ein Herrscher, der mit seinem pompösen Lebensstil das Prestige der portugiesischen Monarchie vor allem im Ausland wieder aufpolieren wollte.

Dazu kam das brasilianische Gold gerade recht. Mit dem Klosterpalast von Mafra ließ er sich ab 1717 ein gigantisches Denkmal erschaffen, das sogar das schwere Erdbeben 1755 überstand.

Anlaß für den Bau soll ein Gelübde des Königs gewesen sein, denn der König sorgte sich um einen Thronfolger: «Stimmt es, was Eminenz mir soeben sagt, daß ich, wenn ich verspreche, in Mafra ein Kloster zu bauen, Kinder haben werde?» fragte der König den Mönch. Und dieser erwiderte: «Wahr ist's Herr, doch nur, wenn es ein Franziskanerkloster wird», rekonstruiert José Saramago den angeblich entscheidenden Augenblick des Versprechens in seinem Roman über den Klosterbau *Das Memorial*.

Die Gemahlin Maria Ana Josefa von Österreich brachte eine Tochter zur Welt, und die Franziskaner bekamen das langersehnte Kloster für dreihundert Mönche. Doch damit nicht genug. Der Bauplan wurde mehrfach erweitert, bis das Gebäude schließlich auf vier Hektar Grundfläche eine prächtige Basilika, ein Kloster und einen Königspalast in sich vereinigte. Es sollte das größte und prunkvollste Bauwerk auf portugiesischem Boden werden. Allerdings: Portugal verfügte weder über die entsprechenden technischen Mittel noch über Maler und Bildhauer für die künstlerische Gestaltung. Also wurde im Ausland eingekauft. Und zwar alles, abgesehen vom schwarzen Marmor aus dem Alentejo, was man für einen Palast braucht: vom Holz für Baugerüste und Arbeiterbaracken über Altarschmuck, Kirchenglocken bis zu Statuen und Gemälden, die vor allem von italienischen Künstlern

Die Strände bei Ericeira gehören zu den beliebtesten bei portugiesischen Wellenreitern

gestaltet wurden. Aus Deutschland kam der Architekt Johann Friedrich Ludwig, in Portugal als «Ludovice» bekannt geworden, unterstützt von zahlreichen italienischen Kollegen. Giasti, ein italienischer Meister, bildete in Mafra portugiesische Schüler aus, so entstand nebenbei die erste Bildhauerschule Portugals. Gegründet nicht auf eigenen Traditionen, entwickelte sich erst in der nächsten Epoche ein eigener Stil, der das italienische Vorbild «portugalisierte».

Dom João V. drängelte: Zu seinem 41. Geburtstag im Jahre 1730, dreizehn Jahre nach Baubeginn, sollte wenigstens die Basilika eingeweiht werden. Die Arbeiten mußten beschleunigt werden. Aus dem ganzen Land wurden nun Männer zum Klosterbau in Mafra gezwungen – 45 000 insgesamt. Bewacht von 7000 Soldaten.

1750 war das barocke und neoklassizistische Gebäude endgültig fertig: ungezählte Tonnen Marmor aus Carrara und dem Alentejo, insgesamt 880 Säle, 4500 Fenster und Türen und eine pompöse Klosterbibliothek. Die Glockenspiele in den beiden Türmen der Basilika, eines mit 56, das andere mit 60 Glocken, zählen zu den bedeutendsten der Welt. Hinter dem Nord- und Südflügel der Frontfassade liegen jeweils die Gemächer der Königin und des Königs. Dazwischen dehnen sich 230 Meter Korridor. Das Ehepaar traf sich züchtig in der Mitte, zur Messe über der Basilika.

Die Quellen der Königin

Als König muß man sich schon etwas Besonderes als Hochzeitsgeschenk einfallen lassen: 1228 schenkte Dom Dinis deshalb seiner Angetrauten Dona Isabel gleich ein ganzes Städtchen. Das mittelalterliche **Óbidos**, heute unter nationalem Denkmalschutz, schmiegt sich auf einem Hügel weiß blitzend zwischen mächtige Befestigungsmauern.

Als Ende des 15. Jahrhunderts Königin Leonor vorübergehend hier lebte, entdeckte sie wenige Kilometer entfernt blubbernde Schwefelquellen. Angeblich badeten Bauern darin, weil das Wasser von Gliederschmerzen befreie. Die Königin, selbst Rheumatikerin, probierte es aus und gründete das Thermalbad **Caldas da Rainha**, die Quellen der Königin. Das Krankenhaus, das sie bauen ließ, ist noch heute in Betrieb, das älteste dieser Art weltweit.

Heute ist Caldas da Rainha eine muntere Kleinstadt mit einem lauschigen Kurpark, als regionales Töpferzentrum berühmt für seine Fayencen, die im Museum und in einer Fabrik zu besichtigen sind, und die Konditoren sind allesamt Könige der *cavacos*, ein windbeutelähnliches Gebäck, das in erster Linie aus Eiern besteht. Zum Probieren reichen vielleicht auch die kleinen Ausgaben der Cavacos, ein Tütchen voll *beijinhos*, übersetzt: «Küßchen».

In den zahlreichen kleinen Pensionen wohnten während des Zweiten Weltkrieges allerdings kaum noch Badegäste. Caldas da Rainha, hundert Kilometer nördlich von Lissabon, wurde zur *residence forcée*. Tausende von Flüchtlingen wurden aus Lissabon zwangsweise in kleine Badeorte wie Caldas da Rainha umgesiedelt, wo der Kurbetrieb auf Grund des Krieges stark zurückgegangen war. Soweit es in dem verschlafenen Ort möglich war, schlugen sich die Flüchtlinge mit Gelegenheitsarbeiten durch. Nach dem Krieg verließen die meisten den Badeort wieder, einige jedoch leben noch immer hier.

Portugal blieb während des Zweiten Weltkrieges neutral, war das letzte Schlupfloch für viele Flüchtlinge, um nach Amerika auszuwandern. Auf der anderen Seite regierte Salazar das Land, und diese Diktatur zeichnete sich durch gnadenlose Unterdrückung der eigenen Opposition aus. Zensur und Folter standen auf der Tagesordnung. Und nicht weit von Caldas da Rainha lag eines der am besten gesicherten Gefängnisse für politische Gefangene: das Fort von Peniche.

Eigentlich ist **Peniche** bekannt als einer der größten Fischereihäfen Portugals. Auf einer Halbinsel gelegen, sicherte das Fort einst den Ort vor Piraten, einem Angriff von 12000 Engländern hielt es 1580 stand. Ab 1933 wurde es unter Salazar zum Symbol der Unterdrückung, in dem viele Häftlinge zwanzig Jahre und mehr eingekerkert waren, teilweise in Isolationshaft, in abgedunkelten Zellen bei Wasser und Brot.

Die Brandung jagt um die alten Mauern, nur über eine Brücke war das Fort zu erreichen, jede Flucht schien undenkbar. Trotzdem gelang es auf spektakuläre Weise Alvaro Cunhal, dem langjährigen Vorsitzenden der kommunistischen Partei. Die Einzelheiten erklären heute Texte auf den Stellwänden im ehemaligen Sicherheitstrakt. Sie sind Teil einer antifaschistischen Ausstellung, die die Lebensbedingungen der Häftlinge im Fort darstellt.

Forellen: aus dem Fluß in die Pfanne

Schlicht schön. Schlichte weiße Bögen, die sich im Gewölbe kreuzen, auseinanderlaufen und in mächtigen Säulen wieder zueinanderfinden. Ein leerer Raum aus hellem Stein, 106 Meter lang und 20 Meter hoch. Die Klosterkirche von **Santa Maria de Alcobaça** bezaubert allein durch die lichte Weite. Außer einigen verlorenen Kirchenbänken befindet sich fast nichts in der frühgotischen Hallenkirche. Erst im Querschiff, dort stehen sich die Särge von König Pedro I. und seiner geliebten Inês de Castro gegenüber. Die Liebesgeschichte, die auf der Quinta das Lágrimas bei Coimbra brutal endete, lebt hier fort: Die Geliebten liegen sich gegenüber, und wenn sie am Tag des Jüngsten Gerichts wiedererwachen, werden sie sich als erstes in die Augen blinzeln. Die filigran gemeißelten Särge aus Kalkstein hatte Pedro schon zu Lebzeiten in Auftrag gegeben.

Ende des 12. Jahrhunderts ließ der erste portugiesische König das Kloster für französiche Zisterzienser bauen. Afonso Henrique löste damit sein Versprechen ein, nach einem Sieg über die Mauren 1139 ein Kloster zu stiften. Es wurde im Laufe der Jahrhunderte zerstört, wiederaufgebaut, erweitert und galt bis ins 18. Jahrhundert als das geistige Zentrum Portugals. Nach der Säkularisierung sämtlicher Orden 1834 wurde es als Reitstall und Kaserne genutzt.

An die Kirche schließt sich der *Claustro do Silencio* – der Kreuzgang des Schweigens – an. Ein fernes Rauschen schleicht durch die Stille, wird lauter auf dem Weg in die Küche. In eine monströse Küche mit monumentalen Schornsteinen – die mit denen in Sintra durchaus konkurrieren können – und mit fließend Wasser. Vom 12. Jahrhundert bis heute: Ein schmaler Seitenarm des Flußes Alcoa wird durch die Klosterküche geführt, frischer konnten die Forellen nicht in der Pfanne landen.

ZURÜCK ZUM FLUSS

DURCH DIE GESCHICHTE DER STADT

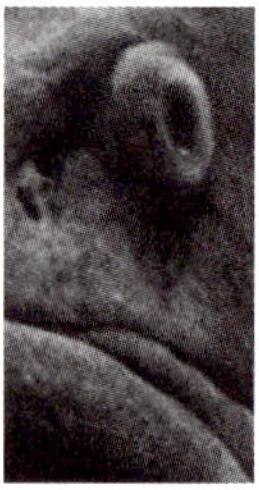

«Lissabon ist Portugal und der Rest Landschaft», dieser Satz gilt noch heute: Hier wird das Geld verteilt, hier werden die politischen Entscheidungen getroffen, hier sind die Museen, Konzert- und Theatersäle. Hier scheint, wenn schon nicht mehr der Nabel der Welt, dann doch wenigstens der Nabel der Nation zu liegen. Hier mischen sich die verschiedenen Gesichter des Landes, hier protzt das Europa von morgen und schlendert noch immer die portugiesische Seele. Die Route führt vom Wahrzeichen der Seefahrernation durch fünfhundert Jahre kontrastreiche Stadtgeschichte bis zum Gelände der Weltausstellung Expo 98.

Ankommen in Lissabon: Vorsichtig bricht das Morgenlicht durch den Dunst über dem Tejo. Auf der Ponte 25 de Abril, einer kleineren Version der Golden Gate Bridge, staut sich der Verkehr; Fähren tuckern über den Fluß, bringen Tausende von Pendlern aus den Trabantenstädten ans andere Ufer, wo sich einst «mit unvergleichlicher Pracht die weißschimmernde Lisboa» erhebt.

Auch wenn Lissabon längst nicht mehr weiß schimmert, der erste Blick auf die beschwingte Silhouette der Stadt läßt noch immer für einen Moment den Atem stocken. Ein Meer von Häusern, Kirchen und Palästen wiegt sich über die Hügel, senkt sich hinunter zu den Hafenanlagen am Tejo.

«Das Staunen des Touristen beginnt, wenn das Schiff sich der Hafeneinfahrt nähert», schrieb Fernando Pessoa in seinem postum veröffentlichten Führer *Lissabon – Was der Tourist sehen sollte.* «Während das Schiff weiterfährt, verengt sich der Fluß und dehnt sich gleich darauf zu einem der weitesten natürlichen Häfen der Welt, in dem die größten Flotten ankern können. Dann, zur Linken, das leuchtende Meer von Häusern, wie in Trauben über die Hügel verteilt. Das ist Lissabon.»

Lissabon präsentiert sich. Der Tejo dehnt sich zu einem kilometerweiten Becken, sein gelbgrün strahlendes Licht blitzt in der Stadt allgegenwärtig zwischen den Häuserfronten der steil abfallenden Gassen hindurch und lächelt hinauf zu den *miradouros*, den Aussichtspunkten. Nichtsahnend schlendert man eine Gasse hinauf und steht plötzlich wieder auf einem Hügel, der nun wirklich der höchste Punkt ist und den aufregendsten Blick über die Stadt und die Flußmündung bis zum Atlantik öffnet: Lissabon ist eine Stadt am Meer, wahrhaftig.

Wo Vasco da Gama aufbrach

Odysseus soll hier als erster eine Siedlung angelegt haben, die Phö-

Vom Bug des Entdeckerdenkmals blickt Heinrich der Seefahrer über den Tejo zum Meer.

Brückenschlag in die Zukunft: die neue Tejo-Brücke am Expo-Gelände

nizier tauften diesen Handelsplatz Alis Ubbo, «liebliche Bucht». Olisipo hieß sie unter den Römern, es folgten Alanen, Sueben und Goten, schließlich bevölkerten 400 Jahre lang die Araber ab 714 den Burghügel mit dem Castelo de São Jorge und tauften die Siedlung Ashbouna. Afonso Henriques besiegte die Araber mit Hilfe von deutschen, englischen und französischen Kreuzrittern 1147 und erklärte Lissabon zur Hauptstadt. Die Stadt wuchs den Burghügel hinunter und den nächsten wieder hinauf, immer am Tejo entlang.

Der Schriftsteller José Cardoso Pires betrachtete sein Lissabon als «Stadtschiff», als ein «Boot mit Straßen und Gärten, und selbst die Brise, die darin weht, schmeckt salzig». Seine Beschreibung im *Lissabonner Logbuch* beginnt in **Belém**, dem westlichsten Stadtteil nahe der Tejomündung. Hier legte Vasco da Gama ab, um den Seeweg nach Indien zu suchen. Wo die Kapelle am Flußstrand stand, in der der Seefahrer in der Nacht vor seiner Abfahrt betete, ließ König Manuel 1501 den Grundstein für das Jeronimuskloster legen. Ein Klo-

ster, ausgerichtet auf das Meer, das für ankommende Seeleute der erste Eindruck von Lissabon sein sollte. Welche Pracht. Nichts sollte jemals diesen Anblick verstellen.

Mittlerweile schob sich Europa in Form eines monumentalen Kulturzentrums zwischen Kloster und Tejo: Das **Centro Cultural de Belém** wurde 1991 zur portugiesischen EG-Präsidentschaft fertiggestellt, um die Damen und Herren in würdigem Rahmen empfangen zu können. Ein umstrittener sandsteinfarbener Bunker, wie ihn auch der Diktator Salazar hätte bauen lassen können. Zumindest paßt er architektonisch zum gegenüberliegenden wuchtigen **Padrão dos Decobrimentos**, dem Denkmal der Entdeckungen, mit dem der Diktator 1960 die nationale Größe anläßlich des 500. Todestages von Heinrich dem Seefahrer imposant aufbauschte: Ein Schiffsbug ragt in den Tejo, auf dem vorneweg überlebensgroß Prinz Heinrich in See sticht, im Gefolge stürmen die Ritter, Gelehrten, Kapitäne und Mönche, die dem Pionier der Entdeckungsreisen mit Rat und Tat zur Seite standen.

Auf diesem Gelände, zwischen Jerónismuskloster und Tejo, eröffnete 1940 Diktator Salazar eine Weltausstellung, genauer: eine Ausstellung der portugiesischen Welt, des «Mutterlandes» und seiner «Überseeprovinzen». 58 Jahre später wurde wieder eine Weltausstellung in Lissabon eröffnet, und sie stand unter dem Motto: Die Ozeane – ein Erbe für die Zukunft. Wieder liegt das Ausstellungsgelände am Tejo, aber diesmal exakt am anderen Ende der Stadt, am östlichen Hafenrand. Wie ein Bogen spannt sich das Flußufer zwischen Belém und dem Gelände der Expo 98. Fünfhundert Jahre Stadtgeschichte liegen zwischen beiden Punkten, in denen Lissabon am Tejo entlang bis nach Belém wuchs, sich Anfang des Jahrhunderts vom Fluß zurückzog und nach Norden ausdehnte und erst seit Mitte der neunziger Jahre den Tejo wieder entdeckte. Aber die Expo 98 symbolisiert auch Portugals Wendung nach Europa, das einstige «Armenhaus» scheint den Anschluß an die EU geschafft zu haben.

Dabei wurde keine andere Stadt so sehr ob ihres Verfalls geliebt. Als «Anziehungspunkt für Liebhaber der Dekadenz» galt Lissabon. Zwei Weltkriege hinterließen nicht einen Kratzer an den Fassaden der einst «lieblichsten Prinzessin der Welt», die im 16. Jahrhundert das Zentrum des portugiesischen Imperiums war. 1755 wurde sie von einem Erdbeben nahezu komplett in Schutt und Asche gelegt und wiederaufgebaut. Für den vielzitierten «morbiden Charme» sorgten im zwanzigsten Jahrhundert chronischer Geldmangel, Spekulanten und ein banaler Grund: die Zeit.

Für einen «internationalen» Skandal sorgten Anfang der achtziger Jahre bonbonfarbene Bauklötze am Rande des Zentrums in **Amoreiras**, einem der weitläufigsten Einkaufszentren Europas. «Der Stolz der portugiesischen Postmoderne», höhnte Hans Magnus Enzensberger in seinem Buch *Ach Europa!* und nannte den Architekten einen terroristischen Kindergartenonkel, beauftragt von dem damaligen Bürgermeister Abecasis, der sich noch heute eitel seiner monströsen Projekte zur «Stadtgestaltung» rühmt. Enzensberger schäumte: «Die zielbewußte Zerstörung Lissabons ist ein Verbrechen, das nicht nur die Portugiesen angeht.»

Das Einkaufszentrum Amoreiras war das Tüpfelchen auf dem i einer planlosen, chaotischen Stadtentwicklung. Banken und Konzerne hatten auch vorher schon mit ihren Glasbetonpalästen dem Stadtbild ihre Stempel aufgedrückt, doch diese pastellfarbenen Bauklötze drängelten sich nicht einfach nur irgendwo in die Stadt, sondern: in die Silhouette der «Stadt auf den sieben Hügeln».

Erst mit dem sozialistischen Bürgermeister – und heutigem Staatspräsidenten – Jorge Sampaio, der gemeinsam mit der linken Liste aus Kommunisten und Grünen die Stadtregierung übernahm, wurden 1992 Leitlinien zur Stadtgestaltung verabschiedet. Um Lissabon vor dem Verkehrskollaps und Verfall zu retten, gehören zu den Schwerpunkten Umweltschutz, Ausbau der Infrastruktur, Bewahrung des kulturellen Erbes, Wiederbelebung heruntergekommener, vor allem historischer Wohnviertel, Ausbau der Verkehrsmittel. Neben Großprojekten wie Umgehungsstraßen und die neue Tejobrücke, wurden auch fünf historische Viertel für integrierte Sanierungsmaßnahmen ausgewählt. Dabei werden nicht nur die Häuser restauriert, in die die Bewohner nach der Sanierung wieder einziehen können. Gleichzeitig soll die Entvölkerung der Stadt gestoppt werden. Lebten 1980 noch mehr als 800 000 Menschen in der Hauptstadt, so können sich 1993 noch 650 000 den knappen und teuren Wohnraum leisten. Immer mehr Bewohner zogen in die Randbezirke und drängeln sich allmorgendlich durch den Berufsverkehr.

«Lissabon – das einzige Museum der Welt, das sich täglich Tausenden von Besuchern öffnet», so lautete der Slogan für die Kulturhauptstadt Europas des Jahres 1994. Viele historische Gebäude wurden aus Anlaß des Kulturjahres restauriert, blieben allerdings noch lange nach der Eröffnung hinter Plastikplanen oder Baugeländern versteckt. Man hatte sich ausführlich darum gestritten, ob Lissabon eine Stadt in Weiß, Pastellfarben oder einfach bunt sei und entschied sich in den meisten Fällen für letztere Variante mit kräftigen Farben. Die Zeit für die Vorbereitungen hatte nicht ganz gereicht. Doch dafür erlebten die Besucher eine Stadt im Umbruch.

Stärker noch als die Kulturhauptstadt markierte die Expo 98 eine Zäsur in der Stadtgeschichte. Abgesehen vom Ausstellungsgelände wurde auch im alten Stadtzentrum aufgeräumt. Viele Baustellen, die nach Jahren schon zum gewohnten Stadtbild gehörten, wurden beendet. Endlich wurden neue Metrolinien eingeweiht und die neue, fast achtzehn Kilometer lange Brücke über den Tejo, eine Bahntrasse wurde unter die Fahrbahn der alten Ponte de 25 Abril gehängt und Umgehungsstraßen eröffnet, die den Verkehr aus der Stadt heraushalten – moderne Infrastruktur für eine europäische Hauptstadt.

Das große Beben

Wie eine Empfangshalle präsentiert sich die **Praça do Comércio** am Tejo. Herrschaftliche Gebäude, Sitz von Ministerien, und Arkadengänge umschließen den quadratischen Platz, der sich zum Fluß hin öffnet. Während nebenan die Berufstätigen zur Fähre wetzen, kann man auf den Stufen am Wasser hocken, oder mit dem Schriftsteller José Cardoso Pires in einem Café am Anleger: «Jetzt liegt die Stadt hinter meinem Rücken. Handel und Wandel, Menschenmengen, Europa, alles liegt hinter mir. Dort fragen die Leute einander alle nach der Uhrzeit, während man hier, an diesem vergessenen Zufluchtsort, den Ablauf des Tages an der Veränderung der Farbe des Tejo abliest, und niemand wird bestreiten, daß es ein ungeheures Glück ist, hier am Tisch über den Wassern zu sitzen, wo die Möwen unter unseren Füßen vorkommen und zwei Handbreit vor unseren Augen in einem kreischenden Tanz vorbeiziehen.»

Die Praça do Comércio, die Visitenkarte der Stadt, ist wie geschaffen zum Flanieren, für Freiluftkonzerte und Theater. Allerdings: Erst seit der Expo 98 wurde der Platz endlich den Bürgern zurückgegeben. Jahrelang galt er als schönster Parkplatz Europas. Ein einziges Café am Platz versteckt sich in den Arkaden. Dafür ist es das älteste der ganzen Stadt: 1782 gegründet, das Martinho da Arcada. Von den ursprünglich zusammenhängenden Sälen wird heute nur noch ein Teil als Café genutzt, die anderen sind ein nobles Restaurant geworden. Während man in dieser Oase flugs eine bica oder ein Bier am Tresen nimmt, fällt der Blick vielleicht in der Ecke auf einen unscheinbaren Herren mit Hut und Brille. Der Poet Fernando Pessoa hockte hier, kippte seinen Branntwein und schrieb Verse. Eine Zeichnung auf den elfenbeinfarbenen Kacheln erinnert an den berühmten Gast.

Bis zum Erdbeben 1755 hieß die Praça do Comércio noch Terreiro do Paço, «Königsplatz» – das sehnsüchtelnde Volk nennt ihn noch heute so. König Manuel I. hatte seinen Palast 1511 vom Burghügel herunter an das Tejo-Ufer verlegt, wo die kostbaren Schiffsladungen aus Übersee gelöscht wurden. Damals war Lissabon das Zentrum eines Weltreiches. Zwischen dem 15. und 16. Jahrhundert verdoppelte sich die Einwohnerzahl auf 100 000, obwohl in dem verworrenen mittelalterlichen Straßengeflecht der Baixa Pest und Cholera wüteten und Ende des 16. Jahrhunderts rund 60 000 Lissabonner der Epidemie erlagen.

Heute steht in der Mitte der Praça do Comércio die bronzene Reiterstatue des Königs Dom José. Sein Minister Marquês de Pombal baute die Stadt nach dem Erdbeben von 1755 wieder auf und gestaltete auch diesen Platz neu. Denn vor allem in der Unterstadt, in der Mitte von Lissabon, wütete das Erdbeben.

«Das glänzende Lissabon mit seinem fiebrigen Reichtum in der Hand eines prachtliebenden Königs auf das verschwenderischste überbaut und vergoldet, hat sich in wenigen Minuten in einen Trümmerhaufen verwandelt», so beschrieb ein deutscher Zeitzeuge das Erdbeben vom 1. November 1755. Es war nicht das erste Erdbeben, das die Stadt erschütterte, und wird auch nicht das letzte gewesen sein, aber es war das schwerste und markierte eine Zäsur in der Stadtgeschichte.

Es war Allerheiligen, in den Kirchen strahlte das Kerzenlicht, die Lissabonner lauschten dem Gottesdienst, als die Erde zu wanken begann. Kurze Stille. Dann die gewaltigen Stöße. Neun Minuten sollen es gewesen sein, in denen Gebäude und Paläste zusammenstürzten, «und in solcher Zeit ward die Luft vom Kalk und Staub der vielen eingestürzten Häuser so verfinstert, daß ich die Sonne nicht sehen konnte. Von allen Seiten vernahm man Geschrei und Wehklagen», so ein Zeitzeuge. «In den Straßen, die ich passieren mußte, sah es erbärmlich aus. Kirchen und Klöster waren eingestürzt, und die Menschen lagen haufenweise halb tot und lebendig auf den Gassen herum.»

Eine meterhohe Flutwelle erfaßte jene Überlebenden, die auf die Kaimauern am Tejo flüchteten. Das Erdbeben erschütterte selbst das Meer vor der schwedischen Küste und das Wasser der Schweizer Seen. «Von allen Seiten behauptete die Natur ihre schrankenlose Willkür», schrieb Goethe in *Dichtung und Wahrheit*. Noch Jahre später beschäftigten die Naturgewalten Wissenschaftler und Literaten. Immanuel Kant meinte, das Beben sei in höherem Sinne vernünftig, da es zur Konservierung der heilsamen Quellen von Nutzen sei.

In anderen Worten: Aus jeder Krise erwächst eine neue Chance. Marquês de Pombal, der Minister des Königs, gehörte zu denen, die in der Katastrophe auch die Gelegenheit sahen, Lissabon zu modernisieren. Zudem wußte er um seine politische Chance und behielt als einziger einen kühlen Kopf. Der König dagegen, heftig durcheinander, sah seinen Sekretär fragend an: «Und? Was tun wir jetzt?» Für jedes Geschichtsbuch zitierfähig, antwortete sein Untergebener: «Die Toten begraben, die Lebenden versorgen, die Häfen schließen». Von solcher Entschlußkraft überzeugt, verlieh Dom José dem Geistesgegenwärtigen sämtliche Vollmachten, und Marquês de Pombal krempelte die Ärmel hoch – noch ehe die Toten begraben waren. Fünf Tage brannte Lissabon, am sechsten standen die Galgen, an die die Plünderer gehängt wurden.

Der Marquês räumte kräftig auf, vor allem in der Baixa. Statt des epidemieträchtigen Gassengewühls wurden am Reißbrett exakte, rechtwinklige Straßenzüge entworfen und wegen der Erdbebengefahr einheitliche vierstöckige Häuser mit verputztem Fachwerk konstruiert. Marquês de Pombal bestand auf Einheitlichkeit, verbot jeglichen Schmuck an den Fassaden, die auf die soziale Stellung des Besitzers hinwiesen.

Innen sah es in den Kaufmannshäusern allerdings anders aus. Neben den Läden und Warenlagern im Erdgeschoß diente der Hausflur oft als Pferdestall. «Die vornehmsten Zimmer der vornehmern und der reichern Kaufleute sind prächtig möbliert. Indische und chinesische Zeuge und Gerätschaften sind in denselben häufiger als europäische ... Kamine und Öfen sind beinahe unbekannt. Im Winter bedient man sich gemeinhin eines warmen Mantels», beschrieb James Murphy 1795 die neuen Gebäude, die innerhalb weniger Jahre entstanden waren.

Unter Marquês de Pombal hatte alles seine Ordnung, die Gewerbe wurden in den neuen Straßenzügen streng nach Zünften sortiert, heute noch erkennbar an den Straßennamen: in der Rua da Prata die Silberschmiede, in der Rua dos Sapateiros die Schuster und in der Rua dos Fanqueiros die Tuchhändler.

Vom Triumphbogen an der Praça do Comércio zieht sich die Rua Augusta durch die Baixa, eine für damalige Verhältnisse ungewöhnlich breite Straße, heute eine belebte Fußgängerzone. Wen es hügelaufwärts zieht, steigt in den komfortablen **Elevador de Santa Justa**, den schmiedeeisernen Fahrstuhl, dessen Holzkabine aus der Baixa in die Oberstadt schwebt. Nicht Eiffel, wie oft vermutet, sondern Raoul Mesnier de Ponsard erbaute 1902 dieses Verkehrsmittel.

Jenseits der schicken und teilweise uralten Läden der Rua Augusta warten in den stillen Seitenstraßen kleine Restaurants mit stets gedeckten Tischen auf den mittäglichen Ansturm. In den Obergeschossen befinden sich Lagerräume oder weitere Läden, auf die statt eines Schaufensters nur ein unscheinbares Türschild im düsteren Treppenhaus hinweist, beispielsweise auf die «Gesellschaft zum Import von Uhren und Zubehör für Goldschmiede und Graveure». Und man kann sicher sein, dort oben gibt es in Hunderten von Kisten und Kästchen alles, was für die Reparatur einer Uhr notwendig sein könnte.

Treffpunkt Welle 5

Wie eine Wirbelsäule zieht sich zwischen den Hügel eine Achse von der Praça do Comércio Richtung Norden. Mit dem Rücken zum Tejo, durch die Baixa zum

Rossio, der nur auf dem Stadtplan Praça Dom Pedro IV. heißt. Rossio bedeutet nichts anderes als «großer Platz». Davon gibt es viele in Portugal, aber nur einen wahren Rossio: das pulsierende Herz von Lissabon.

Platz nehmen im traditionsreichen **Café Nicola** oder gegenüber im **Café Suiça**, wo Stühle und Tischchen wie im Varieté in Zweierreihen auf dem Bürgersteig stehen. Hier sitzt man und schaut umher, lehnt am Geländer des Metroausgangs und wartet auf Freunde. In der Mitte des Platzes sprudeln die Fontänen eines Springbrunnens, leuchtet die bunte Pracht eines Blumenstandes, rundherum dröhnt der Autoverkehr. Einst schwangen sich die Wellen des Mosaikpflasters über den gesamten Rossio und waren fortlaufend numeriert. «Allein die erfindungsreichen Lustwandler benutzen diese Einrichtung gar sinnreich, um sich dort ohne Mühe zu treffen; denn es spricht der eine zu dem andern: Ich gehe diesen Abend nach Rossio und werde auf Nr. 5 spazieren, und der andere findet nach dieser Zahl sogleich Freund oder Freundin», beschrieb Heinrich Karl Brandes 1864 das Ritual.

Sträflinge hatten das Pflaster 1848 gelegt, sie waren die ersten *calceteiros*, «Pflasterer», die in den kommenden Jahrzehnten noch manchen Bürgersteig und Platz mit Blumenmustern, Sternen, Wappen und Wellen aus kleinen schwarzen Basalt- und weißen Kalksteinen schmücken sollten. Manch stolzer Ladenbesitzer läßt sich noch heute von den Pflasterkünstlern seinen Namen in den Bürgersteig legen.

Seit dem Mittelalter ist der Rossio der Treffpunkt der Stadt. Hier fanden Turniere und Feste statt, hier richtete die Inquisition Tausende von «Ketzern» hin. Wo heute am Kopf des Rossio das Nationaltheater prangt, stand einst der Palácio dos Estaus, der Sitz der Inquisition. Angeblich soll der Palast das erste Gebäude gewesen sein, das beim Erdbeben 1755 einstürzte. Mahnung und Gedenken ist die Kirche am benachbarten Largo de São Domingos. Ihre zerborstenen Säulen wurden wieder aufeinander gesetzt, hier scheint das Grummeln des Bebens noch immer zu hallen.

Afrikanische Gesichter

Im Bahnhof Rossio mit seinen neo-manuelinisch verspielten, hufeisenförmigen Türen endeten früher die internationalen Züge. Der noble Avenida-Palace, das Bahnhofshotel mit fünf Sternen, liegt direkt nebenan und wurde ebenfalls vom Architekten José Luis Monteiro gebaut.

Während des Zweiten Weltkrieges, als Lissabon das letzte Schlupfloch Richtung Südamerika oder in die Vereinigten Staaten war, tauschten Exilanten in den damals zahlreichen Caféhäusern die Neuigkeiten aus. Wer hat ein Visum, wann geht das nächste Schiff?

Im Herbst dampfen weiße Maronen auf den Öfen der Mopedanhänger. Der Verkäufer reißt eine Seite aus dem alten Telefonbuch, rollt sie zu einem Tütchen und schippt eine Kelle voll Maronen hinein. Schuhputzer wienern und polieren – überhaupt: blitzblanke Schuhe sind das A und O –, an kleinen Tischen verkaufen fliegende Händler Sonnenbrillen und Plastikspielzeug, für 100 Escudos gibt der Bettler fünf Pflaster, und falls es zu regnen beginnt, erscheint wie aus dem Nichts eine Frau und preist brüllend ihre *guarda-chuva*, «Regenwächter» oder auch Regenschirme an – das ambulante Gewerbe hat Konjunktur auf dem Rossio, Überlebenskunst in Lissabon.

Und wenn es Nacht wird, der Springbrunnen im Licht eines Scheinwerfers glitzert, die Stadtreinigung den Platz mit Wasser besprüht, dann liegen jene in den Hauseingängen und unter dem herrschaftlichen Portal des Theaters, deren Besitz sich gerade in zwei Plastiktüten stopfen läßt. Hier schlafen zusammengekrümmt auf einem Karton die Obdachlosen, die noch nicht einmal in den *bairros de lata*, in den «Blechvierteln», von Lissabon, leben können.

Nach der Nelkenrevolution und der Aufgabe der Kolonien waren Tausende von Portugiesen und Afrikanern nach Portugal (zurück) gekommen, vor allem nach Lissabon. Rund 600000 Wohnungen fehlten Mitte der siebziger Jahre in der Hauptstadt. Damals entwickelten sich die «bairros da lata». In diesen Slums am Stadtrand wurden im Laufe der Jahre feste Häuser Marke Eigenbau mit Nachbars Hilfe zusammengemauert. Alles illegal, aber meist geduldet, inklusive Strom- und Wasseranschluß. Oft entstanden afrikanische Siedlungen, kleine Dörfer, in denen die Straße zum Wohnzimmer wird, wo der Mais für die Cachupa auf der Gasse gestampft wird, wo Musik und Tänze nicht nur in Kulturvereinen gepflegt werden. Eine afrikanische Alltagskultur hat sich in Lissabon etabliert. Sie ist auf den Straßen weder zu übersehen noch in Musikclubs und Diskotheken zu überhören.

Die Emigranten kommen vor allem von den Kapverdischen Inseln, aus Angola und Moçambique, und sie leben inzwischen in der zweiten und dritten Generation in Portugal. Seit einigen Jahren werden sie nach und nach mit aufwendigen Sozialprogrammen umgesiedelt, teilweise werden auch die vorhandenen Viertel legalisiert und offiziell an die öffentliche Versorgung angeschlossen.

Wo das romantische Lissabon flanierte

Nördlich des Rossio, auf der langgestreckten **Praça dos Restauradores**, lag bis vor rund hundert Jahren noch die Lissabonner Promeniermeile, der Passeio Público, den Marquês de Pombal nach dem Erdbeben 1764 anlegen ließ. Ein exklusiver Garten für den Adel und das aufstrebende Bürgertum, per Gesetz und durch eine hohe Mauer vom gemeinen Volk abgeschirmt. Eine elegante Idee, nur spazierte nicht einmal die erlesene Gesellschaft dort: Die Herren trafen sich in ihren Vereinigungen, und für die Damen schickte es sich nicht, allein das Haus zu verlassen. 1834 wurde die Mauer durch einen Zaun ersetzt, und der Park mit Cafés und einem Musikpavillon neu gestaltet. Die Romantik erblühte in Portugal, die Lissabonner lustwandelten und verliebten sich in dem öffentlichen Garten, der Passeio Público avancierte zum gesellschaftlichen Treffpunkt.

Mit der Industrialisierung platzte Lissabon aus allen Nähten, die einzige Lösung hieß damals für den Bürgermeister Rosa Araújo: eine Straße bauen, die wegführt vom Fluß und die Stadt Richtung Norden öffnet. Eigentlich galt der Bürgermeister als ein Mann mit sozialem Engagement. Er finanzierte die erste Kinderkrippe Lissabons, in seinem eigenen Laden führte er den wöchent-

Stilisierte Palmen: die hypermoderne Estação do Oriente am Expo-Gelände

lichen Ruhetag für die Angestellten schon 1888 ein, was per Gesetz erst neunzehn Jahre später festgelegt wurde, aber schließlich war er es auch, der den Passeio Público zerstörte. Nach jahrelangem Krach bezahlte Araújo schließlich die Abrißarbeiten im Passeio Público aus eigener Tasche. 1875 konnte die **Avenida da Liberdade** gebaut werden.

Mit ihrer Eröffnung wuchs die Stadt um die Jahrhundertwende Richtung Norden. Wo sich bislang Landgüter ausdehnten, entstanden nun die Avenidas Novas mit den prestigeträchtig geschmückten Wohnhäusern des Großbürgertums. Dieses innenstadtnahe Gebiet verwahrloste in den siebziger Jahren zum Spekulationsobjekt. Heute kann man entlang der Avenida da República eine architektonische Stilmischung der letzten 150 Jahre besichtigen: Verrottete Jugendstilfassaden mit bunten Kachelfriesen spiegeln sich in den mächtigen Glaspalästen an der gigantischen Ausfallstraße.

Wer sich von einer Stippvisite

an der Avenida da República erholen muß, sollte in das vornehme **Café Versailles** flüchten. Ein letztes Relikt des Art déco, wo muntere Lissabonner Damen hemmungslos den Torten frönen und der dickflüssigen heißen Schokolade aus dem Silberkännchen.

«Plötzlich blieb Ega stehen. ‹Da hast du die Avenida! Nun? Nicht übel, was!› Auf einer weiten freien Fläche, die bei Carlos Abreise noch der stille dichtbelaubte Passeio Público war, ragte ein zuckerfarbener Obelisk mit bronzegetöntem Sockel in das zarte, flimmernde Licht des Winterhimmels. Die großen durchsichtigen Lampenglocken um ihn herum funkelten im Sonnenschein wie in der Luft schwebende riesige Seifenblasen», so beschrieb 1888 der gesellschaftskritische Romancier José Maria Eça de Queiroz in *Die Maias* die neue Praça dos Restauradores mit seinem Denkmal, das an den Sieg im Unabhängigkeitskrieg gegen Spanien erinnert. Der Schriftsteller war liebend gern durch den einstigen Park ge-

schlendert, und für dieses neue Stadtbild hatte er bestenfalls Spott übrig, «eine Attacke billigen Luxus».

Als neunzig Meter breite Prachtstraße zum Flanieren war die Avenida da Liberdade angelegt worden. Heute ziehen sich die beiden lauschigen Grünstreifen mit Straßencafés unter Palmen, mit Skulpturen, Parkbänken und einem schmalen künstlichen Fluß auf jeder Straßenseite, die den Tejo und den Douro symbolisieren, mitten durch den sechsspurigen Verkehrsstau. Die Avenida, einst die «Champs-Élysées» Lissabons, wurde teilweise mit der Abrißbirne saniert: protzige Neubauten stehen neben bröckelnden Fassaden und zugemauerten Fenstern. Büros von Versicherungen, Banken und Fluggesellschaften machten sich breit.

Direkt neben der pompösen Avenida taucht man in der schmalen Parallelstraße **Ruadas Portas de Santo Antão** in ein Lissabon mit kleinen Trödel- und Krämerläden, Restaurants und Werkstätten und einem Aufzug: Eine kleine Kabelbahn transportiert ihre Passagiere den steilen Hügel hinauf. Dort oben versteckt sich in gutbürgerlicher Idylle der Aussichtspunkt **Torel**. Nicht weit entfernt,

Eine der Attraktionen der Weltausstellung: im Ozeanarium tummeln sich die Meerestiere

am **Campo dos Mártires da Pátria**, liegen das Goethe-Institut und die deutsche Botschaft. Und das bemerkenswerte Denkmal des Doktor Sousa Martins. Zu seinen Füßen stapeln sich Blumen und Marmorplatten, auf denen dem Doktor für seine Heilung und sonstige Wundertaten gedankt wird. Zu Lebzeiten behandelte Sousa Martins die Armen allein für Gottes Lohn, und bis heute bitten Lissabonner um seinen Beistand.

An der Avenida de Libertade liegen auch einige ehrwürdige Zentren des Amüsements: Die großen Kinopaläste wie das São Jorge; das Coliseu, der größte Konzertsaal der Stadt, dessen Dach aus Eisenstreben den Saal wie ein Zirkuszelt überspannt. Vom ehemaligen Theater und Kino Eden am Restauradores, einem wuchtigen Klotz mit Art-déco-Verzierungen aus den zwanziger Jahren, blieb nur noch die Fassade und eine geschwungene Treppe im Megastore der Plattenfirma Virgin, die ins Erdgeschoß einzog. In den oberen Stockwerken richtete sich ein Hotel ein mit Apartments und Dachgarten mit Swimmingpool.

Ein wenig versteckt, in der Rua do Salitre, liegt der **Parque Meyer**, ein Vergnügungspark mit Karussells, Restaurants und verschiedenen Varietétheatern. In dem Garten des Industriellen Adolpho Mayer, der sich oberhalb einen Stadtpalast spendiert hatte, eröffnete 1922 das erste Theater, in dem bis heute die *revista*, die portugiesische Variante der französischen Revue, überlebte. Die bissigen Jahresrückblicke gerieten mit ihren sozialkritischen und politischen Texten natürlich ins Kreuzfeuer der Zensur, genauer gesagt: Daran wurde ihre Qualität gemessen. Wenn die Zensoren nichts zu beanstanden hatten, war das Programm einfach zu lasch.

Bairro Alto: Mischung mit Tradition

Von der Praça dos Restauradores zieht ein Aufzug ins **Bairro Alto**, ins hohe Viertel. Gleich rechts neben dem Ausstieg bietet der Garten von **São Pedro de Alcântara** eine spektakuläre Aussicht über die Innenstadt zum Castelo São Jorge auf dem Hügel gegenüber bis zum Tejo. Der Park mit seinen Terrassen stammt aus der Zeit von Dom João V. Der König, unter dessen Regentschaft der Aqueduto das Águas Livres ab 1748 die Lissabonner mit Wasser versorgte, hatte ursprünglich geplant, die mächtigen Bögen dieser Wasserleitung als Brücke und Viadukt über die Praça dos Restauradores hinweg bis zum gegenüberliegenden Hügel nach Graça zu verlängern. Doch dazu reichte das Geld nicht mehr, der Bau wurde ohnehin von den Bürgern durch Steuern auf Fleisch-, Wein- und Ölpreise finanziert. So enden die massiven weißen Bögen, denen auch das Erdbeben nichts anhaben konnte, zwei Hügel weiter westlich, nahe dem Largo do Rato.

In einem Bogen spannt sich oberhalb des Parkes die Rua Dom Pedro als nördliche Grenze um das Bairro Alto. An der Ecke zur Rua da Rosa liegt eine kleine Bäckerei, die in deutschen Landen ein Museum wäre: die Padaria São Roque. Unter der hohen Stuckdecke, umrandet von Kacheln mit Blumen-Ornamenten, spazieren Tauben zwischen den Marmorsäulen umher. Das stört niemanden, denn hier benimmt man sich wie in jeder anderen Pastelaria: rein, bica am Tresen bestellen, der Zucker rieselt in den Kaffee, das Tütchen flattert auf den Boden, zahlen und raus.

Die Rua da Rosa durchschneidet das Bairro Alto von Norden bis zum Chiado hinunter. Sie ist die einzige Straße des Viertels, die schnurgerade verläuft, die anderen knicken fast rechtwinklig ab oder enden an der nächsten Querstraße. Kein zufällig gewachsenes Viertel, sondern planmäßig ab 1513 angelegt, war es ein früher Vorläufer der Reißbrettplanung, mit der nach dem Erdbeben die Baixa wieder aufgebaut wurde.

Damals benötigte die Stadt Wohnraum für die Seefahrer, später kam das Viertel bei Aristokratie und Bürgertum in Mode. Obwohl das Erdbeben hier kaum etwas verwüstet hatte, verzog sich der Adel vorsichtshalber an den Stadtrand. Danach kamen Künstler in die Stadtpaläste, und heute leben einfache Leute in den niedrigen und schlichten Häusern. Dieser Stadtteil hatte immer viele Gesichter, es ist ein Viertel mit Spelunken und Fadosängern, mit Prostitution, Zeitungsredaktionen und viel Avantgarde – hier hat die Mischung Tradition.

Die Rua da Rosa zieht eine Grenze zwischen dem Bairro Alto der Tavernen und Bordelle und dem eher bürgerlichen Teil bis zur Rua do Século. In dieser Straße, benannt nach einer liberalen Ta-

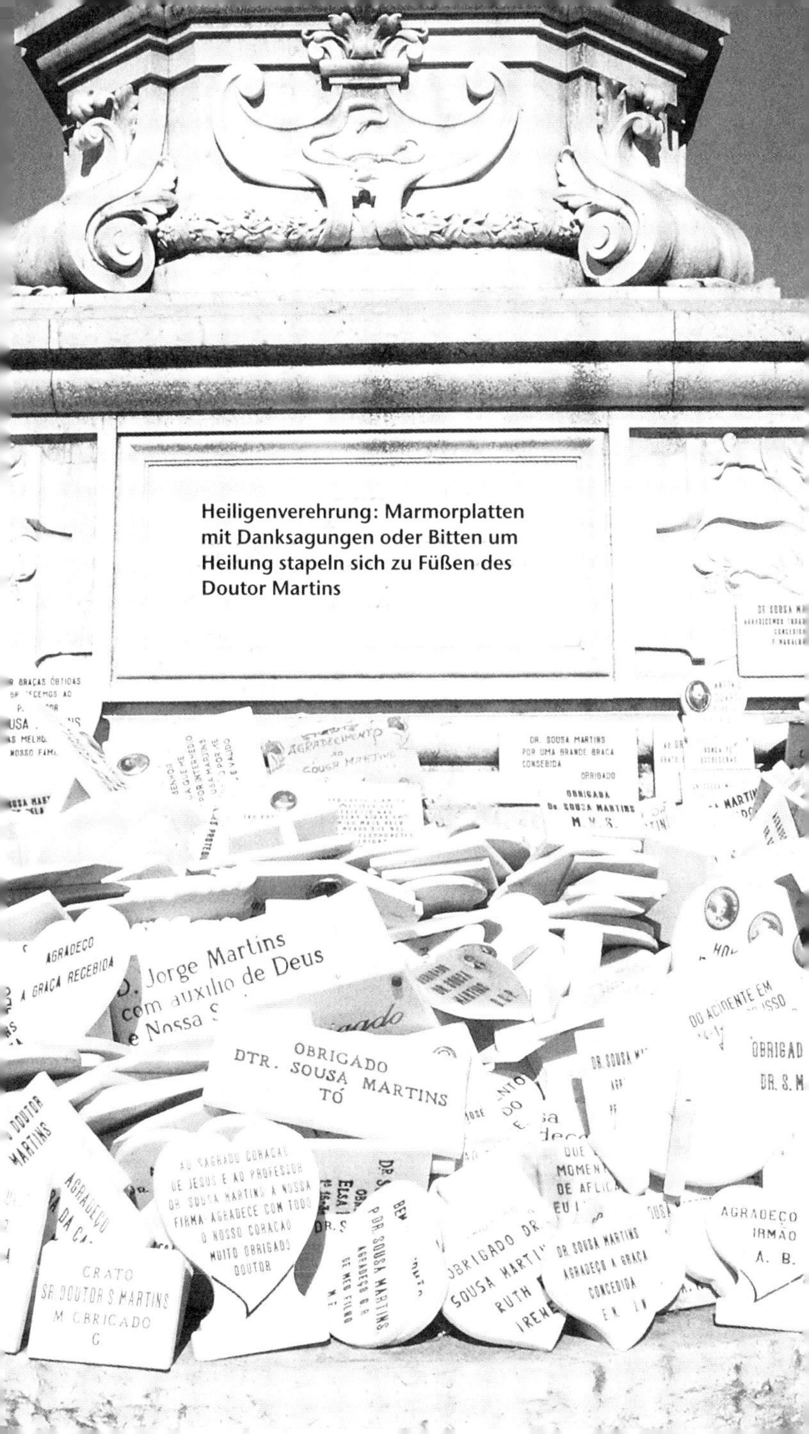

Heiligenverehrung: Marmorplatten mit Danksagungen oder Bitten um Heilung stapeln sich zu Füßen des Doutor Martins

geszeitung, die inzwischen eingestellt wurde, wuchs Sebastião José de Carvalho e Melo auf, der spätere Marquês de Pombal. Nach dem Tod seines Fürsprechers, Dom José I., fiel er in Ungnade. Eine heute nur noch schwer entzifferbare Gedenktafel am Geburtshaus erinnert an ihn.

Ab Mitte des 19. Jahrhunderts verlegten Zeitungen ihre Redaktionen in die ehemals adeligen Stadtpaläste: In der Travessa da Queimada 23–27 arbeiten die Redakteure der auflagenstarken Fußballzeitschrift *A Bola*. In der dunklen Rua da Barroca richtete in einem Palast aus dem 16. Jahrhundert eine Baronesse einen Literatur- und Kunstsalon ein, hier lebte Almeida Garrett, und später wurde in diesen Mauern das portugiesische Boulevardblatt *Correio da Manhã* produziert. Heute muß man allerdings schon genau hinsehen, um die Paläste überhaupt noch als solche zu erkennen.

Typisch für das kontrastreiche Straßenbild sind zwei- und dreistöckige Häuser mit kleinen Läden und Werkstätten. In der Rua Atalaia wird exquisite Herrenunterwäsche in einem Schaufenster drapiert, daneben ein Nobelrestaurant, das sämtliche Kreditkarten akzeptiert, und gegenüber hocken Männer in einer dunklen Pinte vor dem Fernseher. Die Diskothek Fragil eröffnete als erste Disko des Viertels in einer ehemaligen Bäckerei; und schräg gegenüber trinkt man nach Sonnenuntergang das Bier sehr lässig aus Plastikbechern auf der Gasse. Denn nachts zeigt das Viertel ein anderes Gesicht: Bars, Restaurants, Diskotheken, ständig eröffnen neue Lokale, Galerien oder Designerläden.

Bis Mitte der achtziger Jahre verwahrloste das Viertel. Abgesehen von wachsenden Drogenproblemen und steigenden Mieten, kann im In-Viertel nachts kaum noch ein Bewohner ruhig schlafen. Früher beschränkte sich das Nachtleben auf die traditionellen Fadorestaurants. Im schummrigen Licht der Pinten des Bairro Alto wurde der Fado gesellschaftsfähig. Heute ist dieser sehnsüchtige Gesang oft zum jämmerlichen – und teuren – Touristenspektakel verkommen. Es gibt sie kaum noch, die unscheinbare Kneipe, wo sich um Mitternacht die Nachbarin eine schwarze Stola über die Schultern legt, die Augen verdreht und losschluchzt.

Zu neuen Ufern

Inzwischen haben die Nachtschwärmer einen zweiten Treffpunkt, unten am Tejo, an der **Avenida 24 de Julho**. An der breiten Hauptstraße etablierten sich zwischen Werkstätten, Tankstellen und Autosalons neue Bars und Diskotheken nach internationalem Vorbild. Wenn morgens um sechs die Markthalle öffnet, weist nichts mehr auf das Treiben der Nacht hin, höchstens einige verkaterte Gesichter, die sich zwischen die Markthändler mischen. Die letzten Tänzer, die im Trubel der Marktcafés noch frühstücken, bevor sie sich die Bettdecke über die Ohren ziehen.

Die Lissabonner zieht es zurück zum Fluß: Ab mittags bis zum Morgengrauen liegt die angesagte Flaniermeile an den **Docas** unter der Brücke des «25. April». Die alten Lagerhäuser am Tejo wurden restauriert, Bars, Restaurants und Diskotheken zogen ein – vom irischen Pub bis zum portugiesischen Nobelrestaurant. Alles garniert mit Blick auf den Tejo.

Lagerhallen, Fabrikgebäude, Hafenanlagen hatten den direkten Zugang zum Fluß jahrzehntelang wie eine Mauer versperrt. Die Stadt hatte sich zurückgezogen vom Tejo. Erst mit der Weltausstellung erinnerte man sich der Bedeutung des Flußes für die Stadt und begann, Uferzone und Hafenanlagen zu öffnen und neu zu gestalten.

«Die Ozeane – ein Erbe für die Zukunft» hieß das Motto der **Expo 98**. Als Ausstellungsort wurde im äußersten Osten der Stadt eine Industriebrache am Tejo ausgesucht. 3 502 700 Quadratmeter nicht mehr genutztes, verseuchtes Hafengebiet, durchzogen von verrotteten Erdölleitungen, mit Raffinerien und einem verrosteten Waffenarsenal. Ein Gebiet, in das kein Immobilienmakler auch nur einen Escudo gesteckt hätte.

1995 begannen die Bauarbeiten, der Boden wurde saniert, die Raffinerien abgebaut, der Giftmüll entsorgt. Als Industriedenkmal blieb nur ein Gasometer. Um die Bauarbeiten rechtzeitig zu beenden, schufteten die Bauarbeiter in den letzten Monaten rund um die Uhr. Gebaut wurde die Weltausstellung vor allem von Immigranten von den Kapverdischen Inseln, ihre portugiesischen Kollegen klotzten zur gleichen Zeit ein bißchen besser schlecht bezahlt als Leiharbeiter in Berlins Mitte.

Als die Expo 98 tatsächlich pünktlich eröffnet wurde, schien ein Wunder wahr geworden. Der nationale Freudentaumel ließ selbst die meisten Kritiker verstummen: Wir Portugiesen haben eine Weltausstellung im vorgesehenen Zeitrahmen auf die Beine gestellt. Symbol für ein modernes, weltoffenes Portugal. Kurz vor Toresschluß konnte dann nach enttäuschenden ersten Wochen doch noch eine akzeptable Besucherbilanz vorgelegt werden: Von ursprünglich erwarteten fünfzehn Millionen Besuchern kamen immerhin zehn. Man trug es mit Humor: Die Portugiesen seien eben dafür bekannt, alles auf den letzten Drücker zu schaffen.

Immer wieder wurde betont, die Fehler von Sevilla und anderen Weltausstellungen nicht zu wiederholen: Die Expo sei nur Anlaß für eine grundlegende, städtebauliche Modernisierung. Nach dem offiziellen Ende wird das Expo-Gelände am Stadtrand nicht vergessen, im Gegenteil: Es wird weitergebaut, und für den **Parque das Nações** gibt es ein Leben nach der Expo. Das **Ozeanarium**, eines der größten Aquarien der Welt, zeigt die vier Weltmeere und ihre Bewohner. Zusätzlich entsteht ein Museum der Meere und Meeresforschungszentrum. Der Utopie-Pavillon, eine riesige Holzkonstruktion, die einem umgekehrten Schiffsrumpf nachgebildet ist, wird Konzert- und Sporthalle für Großveranstaltungen. Die Messegesellschaft zog inzwischen in einen Teil der Ausstellungsgebäude ein. Ein Wohn- und Geschäftsviertel für 25 000 Bewohner und 18 000 Angestellte mit supermoderner Infrastruktur befindet sich in der Planung: verkabelt und vernetzt, mit automatischer Müllentsorgung, verkehrstechnisch nur eine Viertelstunde mit der Metro vom Zentrum entfernt. Mit öffentlichen Tennis- und Golfplätzen, Grünflächen, Wassergärten, Segelclub und Schwimmbad lockt der «Park der Nationen» die Lissabonner an den Fluß. Ein neuer Stadtteil wächst am Tejo; allerdings nicht aus dem bestehenden Lissabon heraus, sondern angeklebt. Aber die Stadt kehrt zurück zum Fluß. Auf zu neuen Ufern.

LINIE 28

MIT DEM ELÉCTRICO ÜBER DIE HÜGEL LISSABONS

Die legendäre Linie 28 ist – zumindest zu bestimmten Tageszeiten – eine komfortable Variante zur vollklimatisierten Stadtrundfahrt per Bus. An wippenden Drähten hangeln sich die nostalgischen Wägelchen durch die verwinkelten Gassen der historischen Viertel Graça und Alfama, vorbei am Castelo São Jorge und der Kathedrale. Sie quert die geschäftige Unterstadt, ächzt hinauf in den Chiado, das Viertel der schönen Künste, und endet am «Friedhof der Vergnügungen». Zur Hauptverkehrszeit ist er allerdings ein ganz normales öffentliches Verkehrsmittel: vollgestopft wie eine Sardinenbüchse drängelt er sich durch den Verkehrsstau.

Sie kommt. Na endlich. Eine gute halbe Stunde in brütender Hitze, in Staub und Abgaswolken, brav eingereiht in die geduldig murrende Warteschlange, und jetzt rumpelt natürlich nicht nur eine daher, jetzt kommen gleich drei dieser nostalgischen Holzwägelchen, die sich seit dem Anfang des Jahrhunderts über die Hügel Lissabons schieben: der Eléctrico, die alte Lissabonner Straßenbahn, ein von Fremden gutmütig belächelter Anachronismus.

Mit einem Knall öffnet sich die Tür, der Fahrer thront auf einem Hocker, gestikuliert, erklärt seine Verspätung: «Senhora! Schauen Sie nur auf die Straße! Dieser Verkehr!», die Fahrgäste drängeln hinein in die gute Stube mit den grünen Sitzbänken – die Rückenlehnen, je nach Fahrtrichtung, zum Umklappen –, den Holzfenstern zum Hochschieben und den Jalousien zum Herunterziehen.

Die 28 ist inzwischen eine der letzten Linien, auf denen noch die historischen Waggons durch die Stadt zuckeln. Zur Stadtmodernisierung der letzten Jahre gehörte auch die Einführung moderner Straßenbahnen auf eigenen Gleisen. Das ist zwar nicht romantisch, für den alltäglichen Gebrauch aber sehr komfortabel.

Einsteigen, bitte schön, am **Martim Moniz**, am Fuß der Mouraria. In diesem historischen Viertel siedelten sich die überlebenden Mauren nach dem Sieg von Afonso I. Henriques an. Damals lag dieser Hügel noch außerhalb der alten Stadtmauer. Später galt die Mouraria als das Viertel der Prostitution und des Fado. Ein Teil der Mouraria am Martim Moniz wurde 1940 abgerissen, einzig verschont blieb die Kapelle Nossa Senhora da Saude. «Unsere Liebe Frau der Gesundheit» wird seit 1570 alljährlich mit einer Prozession beehrt, nachdem 60000 Lissabonner an der Pest starben.

Die Linie 28 ächzt vorbei an kleinen Läden und Werkstätten, hinauf in das Arbeiterviertel

Die alte Straßenbahn im dichten Gedränge

Graça. Einst ein bürgerliches Stadtviertel der Händler, wandelte sich Graça um die Jahrhundertwende zum Arbeiterquartier. Von der Haltestelle an der belebten Einkaufsstraße Rua da Graça ist es nicht weit zum Aussichtspunkt Nossa Senhora da Graça. In den Hinterhöfen verstecken sich eng verschachtelte Arbeitersiedlungen, Vilas, die Industrielle Anfang des Jahrhunderts für ihre Angestellten bauen ließen.

Die Stimme des Arbeiters

Tue Gutes und zeige es auch: In der **Rua Senhora do Monte** ist ein fünfzackiger Stern allgegenwärtig. Auf einem kunstvollen Kachelfries mit zwei Engeln und der Schrift: «Bairro Estrela d'Ouro de Agapito Sousa Fernandez», ein Hinweis auf das 1908 von Senhor Agapito Sousa Fernandez erbaute Viertel, das sich ein Stück weiter im Hinterhof befindet. Man folge den fünfzackigen Sternen im Pflaster. Auch das Cine Royal mit seiner aufwendigen Fassade auf der Rua da Graça stammt offensichtlich von demselben Senhor. Die Besichtigung des alten Kinos ist kostenlos, weil heute ein Supermarkt darin untergebracht ist.

In der Rua da Senhora da Glória öffnet sich hinter Nummer 142 die Vila Rodrigues mit ihrem verschachtelten System von Galerien und Treppen und in einer winzigen Seitenstraße, der Rua do Sol a Graça, die etwas noblere Vila Berta hinter einem mit Blumenkacheln verzierten Torbogen: gelbgestrichene Häuser mit Veranden, kleinen Vorgärten und schmiedeeisernen Balkonen. Den wahren Arbeiterstandard repräsentiert die Vila Sousa am Largo da Graça. Hinter dem blaugekachelten Vorderhaus liegt ein trister quadratischer Hinterhof ohne Baum und Strauch: viel Mensch auf wenig Platz.

Die Straßenbahn rumpelt von der Rua da Graça hinunter in die **Rua Voz do Operário**, benannt nach dem Verein «Stimme des Arbeiters», der hier seinen Sitz hat. Hinter dem wuchtigen Säulenportal toben Kinder durch die hohe Eingangshalle, poltern hinauf in die Spielzimmer im ersten Stock. Dort knarzen hinter einer Schwingtür behäbig die Bodendielen: die Bibliothek des Arbeitervereins. Hinter Glas harren die ledergebundenen Bücher ordentlich in Regalen aufgestellt. «Während des Faschismus mußten einige kirchenfeindliche und kommunistische Schriften natürlich verschwinden», erzählt der Bibliothekar, «aber heute stehen sie alle wieder hier.» Auch er selbst mußte für einige Jahre verschwinden, ins Exil nach Paris. «Natürlich kann ein Arbeiterverein nicht unpolitisch sein», aber nach außen präsentierte er sich schlicht als soziale Einrichtung.

Schon 1879 hatten sich Arbeiter der Tabakindustrie zusammengeschlossen und eine Zeitung gegründet, das *Jornal à Voz do Operário*, das bis heute gedruckt wird. Damals allerdings «war sie viel zu intellektuell und», der Bibliothekar schmunzelt, «es gab noch ein Problem: Die meisten Arbeiter konnten nicht lesen.» Die Arbeiter organisierten Alphabetisierungskurse und eine Schule, bis 1883 sich schließlich der Verein A Voz do Operário um soziale und kulturelle Belange der Arbeiter kümmerte und 1930 in dieses neu errichtete Gebäude einzog.

Heute bietet der Verein zeitgemäß Fortbildungen in Informatik an, können Jugendliche Karate und Jazz-Gymnastik lernen, ist das Haus Seniorentreffpunkt und Kindergarten. Es stehen öffentliche Duschen zur Verfügung, in Lissabonner Altstadtvierteln noch immer eine alltägliche Einrichtung, im Café können die Bewohner des Viertels günstig essen, und am Wochenende treten Rockbands auf. Ein Begräbnisfonds finanziert manche würdige Beerdigung, die die Angehörigen nicht zahlen könnten – auch wenn «Die Stimme des Arbeiters» ansonsten noch immer nichts mit der Kirche am Hut hat.

In der Rua Voz do Operário siedelte sich auch die **Associação José Afonso** an, kurz: AJA. Dieser Verein hält die Erinnerung an den Sänger José Afonso lebendig, der neben vielen anderen Liedern «Grandôla Vila Morena», die Hymne der Nelkenrevolution, schrieb. Zeca, so sein Spitzname, wurde unter Salazar inhaftiert, engagierte sich nach der Revolution in Basisgruppen und Kooperativen für die Ziele der Revolution und starb 1987 mit nur 57 Jahren. Der Verein organisiert Ausstellungen und Konzerte, im Laden von AJA summt die Musik von Zeca und anderen portugiesischen Liedermachern. Ein Verein gegen das Vergessen, jenseits des europäischen Mainstream.

Arabisches Erbe: die Alfama

Die **Kirche São Vicente de Fora**, deren ursprüngliche Kirche Afonso Henriques nach der Eroberung von Lissabon außerhalb – *de fora* – der damaligen Stadtmauer errichten ließ. Unter der spanischen Herrschaft wurde sie abgerissen und durch einen Renaissancebau ersetzt. Dienstags und sonnabends breiten sich hinter der Kirche Kitsch, Trödel und Haushaltswaren aus – der Lissabonner Flohmarkt, die Feira de Ladra, der «Markt der Diebin». An der kleinen Markthalle in der Mitte des Platzes verfügen einige kleine Antiquariate über ein erstaunliches Spektrum an vergriffenen Buchtiteln: von revolutionären Erklärungen bis zur französischen Grammatik, über deutsche Lore-Romane bis zu philosophischen Abhandlungen.

Ein wenig unterhalb des Marktplatzes wölbt sich die weiße Kuppel der Igreja de Santa Engrácia, die unter Salazar als nationales Pantheon fertiggestellt wurde. Erst 1962, nach vierhundert Jahren Bauzeit, wurde die Kuppel aufgesetzt. «Obras de Santa Engrácia» ist noch heute ein geflügeltes Wort für nie beendete Arbeiten.

Die Linie 28 sackt auf der Rua Voz do Operário hinunter in die Alfama, zwischen engstehenden Häusern hindurch: hier eine dunkle tasca, dort die Gemüsekisten des Krämerladens, ein Schnaufen, ein Ruck, der Eléctrico hält vor einer roten Ampel. Der Fahrer stützt den Kopf auf. Warten. Der entgegenkommende Waggon zwängt sich durch die Häuserschlucht. Weiter geht's.

Die **Portas do Sol**, die «Sonnentore», gehörten einst zu der maurischen Stadtmauer, die sich vom Castelo São Jorge bis zum Tejo hinunterzog. Heute heißt nur noch der Aussichtspunkt mit dem – bei Sonne geöffneten – Kiosk nach den maurischen Stadttoren. Nur wenige Schritte bergauf sind es zu den ältesten Mauern der Stadt, dem **Castelo São Jorge**.

Ein «must» jeder Besichtigungstour, doch die Lissabonner lassen sich aus dem lauschigen Garten mit der phantastischen Aussicht nicht vertreiben. Steinbänke laden zum schattigen Schwatz, Männer spielen Karten, an den alten Mauern plätschert ein Bach,

Enten schnattern, ein Pfau stolziert herum. Von unten aus der Baixa summt und brummelt der Gesang der Stadt herauf und mischt sich mit dem Vogelgezwitscher aus den Baumkronen, hin und wieder zerrissen von der Sirene eines Krankenwagens, irgendwo bimmelt eine Kirchturmuhr zur vollen Stunde – eine Oase über den roten Dächern der Stadt.

Schon die Römer ließen sich auf diesem Burghügel nieder, von den Westgoten aus dem 6. Jahrhundert sind noch einige Steine erhalten, die Mauren bauten die Burg aus und siedelten sich unterhalb an. Damals mag der Ausblick von der Maurenburg ein anderer gewesen sein: «… das ist ein Lustgarten, jeder braven Seele ein Verzücken, man beachte nur diese Gemüsegärten zu Seiten des Haffs, das sich landein schiebt, in dieser Niederung zwischen dem Hügel, auf dem die Stadt emporragt, und jenem anderen, gegenüber, nach Sonnenuntergang hin, der vollkommene Beweis, daß es im Gartenbau eigentlich keine geschickteren Hände gibt als die der Mauren», schreibt José Saramago in seinem Roman *Die Geschichte der Belagerung von Lissabon*.

Gut vierhundert Jahre siedelten die Mauren im damaligen Al-Usbuna, bis sie nach einer dreimonatigen Belagerung 1147 vom ersten portugiesischen König Afonso I. Henriques und christlichen Kreuzrittern aus ganz Europa geschlagen wurden. «Christus mochte sich den Mauren nicht zeigen, und das war schade, denn statt der so äußerst grausamen Schlacht könnten sonst wir, heute, in diesen Annalen die wundersame Bekehrung der einhundertfünfzigtausend Barbaren nachlesen, die da letztlich ihr Leben verloren, eine himmelschreiende Verschwendung von Seelen», so José Saramago, der mit seinem Buch *Die Geschichte der Belagerung von Lissabon* durch ein unscheinbares «nicht» alles auf den Kopf stellt: Was wäre gewesen, hätten die Kreuzritter dem portugiesischen König nicht geholfen und wären die Mauren nicht mit Hilfe der Kreuzritter geschlagen worden? Eine respektlose Fiktion vor dem Hintergrund, daß die portugiesische Geschichtsschreibung den arabischen Einfluß negierte und in wenigen Sätzen abhandelte. Zumindest zeigte Afonso I. Henriques klar und deutlich, wer der neue Herrscher war. Er ließ unterhalb der Burg die Moschee zerstören und auf den Trümmern die wuchtige Kathedrale Sé errichten.

Von den Portas do Sol kann man mit dem Eléctrico an der Kathedrale vorbei hinunter in die Baixa sacken oder sich zu Fuß dem Abenteuer **Alfama** stellen: «Der Reisende begibt sich nun zur Alfama, fest entschlossen, sich an der übernächsten Straßenecke zu verirren und nicht nach dem Weg zu fragen», spöttelt José Saramago in seinem Reisebuch *Viagem a Portugal*. Hügelabwärts drängen sich die weißen Häuser zusammen, verschachtelt und verwinkelt wie in einer orientalischen Stadt.

Die Alfama ist ein Stück maurisches Erbe. Benannt nach den «heißen Quellen» auf diesem Hügel, die der Grund dafür waren, daß die Mauren hier ihre Stadt errichteten. Sie legten Zisternen an, die auch nach ihrer Zeit noch genutzt wurden. Wo immer ein Haus zusammenkrachte, wurde im Laufe der Jahrhunderte ein neues im gleichen Stil gebaut. So erhielt sich bis heute weitgehend der maurische Stadtplan.

Ein Dorf aus vielen Dörfern

Tatsächlich wird man das Gefühl nicht los, ungeladen durch das Wohnzimmer fremder Leute zu spazieren. In die nur eine Armlänge breiten escadinhas und becos, den Treppchen und Gäßchen, zwängt sich kaum ein Sonnenstrahl. Unterhosen und Bettlaken trocknen zwischen schmiedeeisernen Balkongittern, Geranien wuchern in Blumenkästen, Kanarienvögel tschilpen. Aus den dunklen tascas, in denen Eichstriche an den Gläsern noch eine unbekannte Größe sind, duftet es feucht moderig nach Wein, dann erobert der Rauch des Sardinengrills die Nase. Früher durfte man sich im Vorbeigehen eine Sardine vom Feuer stibitzen, damals, als die Nachbarn noch unter sich waren.

Heute zur pittoresken Sightseeing-Tour avanciert, war die Alfama einst das Schmuddelkind der Stadt: «Zum Wohle der Volksgesundheit hätte hier schon längst die Spitzhacke geschwungen werden müssen», erboste sich 1905 Alfredo Mesquita in einem Reisebericht. «Beim Betreten der Behausungen ergreift den Besucher eine Mischung aus Mitleid und Abscheu ... In verpesteten Bruchbuden haust eine dichtgedrängte Menge, die kaum Luft zum Atmen findet.» Marquês de Pombal soll sich gar ein zweites Erdbeben gewünscht haben, denn die verruchte Alfama, das berüchtigte Viertel der Hehler und Prostituierten, hatte nicht einmal gewackelt.

Bis zum 16. Jahrhundert war sie das Wohngebiet der Fischer und Seefahrer, dann siedelten sich einige Adelige an. Am Terreiro do Trigo – einst lag der Platz direkt am Tejo – wurde der Weizen ausgeladen, und im 16. Jahrhundert soll es zu einem heftigen Streit zwischen Bewohnern und Seeleuten über die Wasserverteilung an den öffentlichen Brunnen gekommen sein. Am Chafariz de Dentro, dem Brunnen innerhalb der Stadtmauern, bekam laut einer Verordnung von 1551 jede soziale Gruppe ihre eigene Brunnenröhre: die Schwarzen und Gefangenen, die Seeleute, die ihre Schiffe versorgten, die freien Männer, die Mulattinnen und Sklaven sowie die weißen Frauen und Mädchen.

Ende des 19. Jahrhunderts strömten aus allen Landesteilen Portugals Menschen in die Hauptstadt, um im Hafen Arbeit zu suchen, und wohnten – je nach Landesteilen – in bestimmten Straßenzügen. Die Alfama war ein Dorf aus vielen Dörfern. Wer hier geboren wurde, heiratete und starb hier. Die Familie ist die Nachbarschaft, und diese gewachsene Struktur ersetzt bis heute so manchen Sozialarbeiter. Viele Bewohner mit einem alten Mietvertrag zahlen noch heute umgerechnet nur ein paar Mark für ihre Wohnung im Monat, was dem Niveau der Renten allerdings angemessen ist. Das Mietgesetz, das bis 1985 keine Mieterhöhung erlaubte, verhinderte andererseits Investitionen der Hausbesitzer, die ihre Häuser verfallen ließen.

Ein Gebäude, das renoviert und neu vermietet wird, ist mittlerweile auch bei Trendsettern beliebt. Schlagwort: os novos residentes. «Die neuen Bewohner» sind kinderlose Paare oder Singles in freischaffenden, kreativen Berufen, im Alter zwischen zwanzig und vierzig Jahren. Besonders beliebt, so fand eine Studie der Universität heraus, seien Häuser unterhalb des Castelos und vor allem obere Stockwerke. Der begehrte Blick auf den Tejo.

Chiado: Der Hügel der Dichter und Denker

Die Straßenbahn quert die turbulenten Einkaufsstraßen der Baixa und nimmt Anlauf für die nächsten krummen Gassen. «Die Wagen in Lissabon fahren gern um Ecken, ja vorzugsweise um Ecken, und Lissabon ist darum mit vielen Ecken ausgestattet, weil das Fahren um Ecken eine unglaubliche Vielheit von Geräuschen ermöglicht», schrieb Alfred Döblin 1940, in *Die Lust am Lärm*.

Hinauf in den legendären Chiado, Haltestelle: **Praça Luís de Camões**. «Um die Welt zu betrachten, gibt es nur zwei Gipfel: den Himalaya oder den Chiado. Ich entscheide mich für den Chiado», meinte der Schriftsteller Junqueiro zu dem Viertel, das genaugenommen nur aus drei Straßen besteht: Rua Garrett, Rua do Carmo und Rua Nova do Almada. Der Chiado gilt als nobel, als würdiges Einkaufsviertel und Inbegriff des kulturellen Lebens der Stadt, wo man sich traf und in den Cafés zeigte, mit Restaurants, Buchläden, Kino, Theater und Oper.

Gerüchteküche und Klatschspalte, ein Ort zum Philosophieren und Politisieren. «Der Besitzer dieses Hauses erlaubt hier weder Streitereien noch Diskussionen über politische Meinungen», zu dieser Mahnung sah sich 1823 der Besitzer des Nobelrestaurantes Tavares Rico in der Rua da Misericórdia genötigt, als liberale Ideen heftig diskutiert wurden. Genützt hat es angeblich wenig, doch das teure Tavares existiert noch immer in altem Prunk.

Rund um die Praça Luís de Camões sind die illustren Gestalten der portugiesischen Kultur versammelt – zumindest als Straßenname oder Statue: Der Nationaldichter Luís de Camões, mit Buch in der einen, Schwert in der anderen Hand, thront auf dem nach ihm benannten Platz. Noch als Soldat segelte er auf den portugiesischen Karavellen, und mit seinem Heldenepos *Os Lusíados* über die Entdeckungen wurde er zum Literaten, zum «portugiesischen Shakespeare». Nebenan, in der Rua do Alecrim, hält die schneeweiße Statue des Romanciers Eça de Queiroz die nackte Wahrheit im Arm: eine hingebungsvolle, halbentblößte Dame. Diese Straßenzüge des romantischen Lissabon waren der Stoff, aus dem Queiroz im letzten Jahrhundert seine gesellschaftskritischen Romane schrieb. Auf dem **Largo do Chiado** hockt António Ribeiro, der polemisierende Franziskanermönch, der im 16. Jahrhundert zum volkstümlichen Dichter konvertierte. Ein «mittelmäßiger Verseschmied» sei er gewesen, doch gab er dem Viertel der schönen Künste den Spitznamen: Chiado.

António Ribeiro alias Chiado kichert auf seinem Sockel. Ihm gegenüber sitzt gußeisern und ernst der berühmteste portugiesische Poet Fernando Pessoa vor dem bekanntesten portugiesischen Café: **A Brasileira**. Den Kopf aufgestützt, wartet er am Tisch auf den nächsten Touristen, der sich auf dem freien Stuhl mit ihm fotografieren lassen will. Sein Leben lang wohnte Pessoa zur Untermiete in möblierten Zimmern, Caféhäuser waren sein Wohnzimmer: «Im Gegensatz zu dem, was vermuten konnte, wer ihn nur aus seinen Schriften kennt, war Pessoa im intimen Umgang (jedenfalls in der Intimität eines Cafés, praktisch der intimste Ort, den er kannte, seit er in sehr jungen Jahren sein einziges wahres Heim verloren hatte) … der umgänglichste und alltäglichste Mensch, den man sich vorstellen kann», schreibt der Pessoa-Biograph João Gaspar Simões.

A Brasileira: Café und kulturelle Institution

«Das so gefährliche wie verführerische Bollwerk der portugiesischen Spielart des ‹vie intelectuelle›», nannte der Schriftsteller Luis Forjaz Trigueiros das Kultcafé A Brasileira. Von einem brasilianischen Emigranten 1906 als Kaffeehandlung gegründet, avancierte das Café zum Treffpunkt von Künstlern und Schriftstellern. Die Brasileira ist noch ein letztes Relikt der Kaffeehauskultur. Andere Institutionen dieser Art mußten längst schließen, denn die großen Cafés lagen vorzugsweise an zentralen Plätzen, wo sich auch gerne Banken oder Imbißketten einrichten.

Über dem langen Tresen mit seinen geschwungenen Holzschnitzereien, den Spiegeln und Marmortischen hängen zwischen Kristallüstern moderne Gemälde, früher auch von dem Gast José Almada Negreiros, der sich 1925 im Kreis seiner Freunde malte. Doch mittlerweile ist das Kunstwerk wertvoll geworden und hängt im Museum.

Er war das Enfant terrible der Lissabonner Kulturszene, ein experimentierfreudiges Multitalent und gehört zu den wichtigsten Personen des portugiesischen Modernismus: Autor von Theaterstücken und Gedichten, Maler und Karikaturist. Er entwarf Wandgemälde und Glasfenster von Kirchen und erregte mit seinen wilden Aktmalereien Aufsehen zu einer Zeit, als die Herren auf der Rua Garrett eine Dame nur aus einigen Metern Entfernung grüßten.

Im Brasileira traf sich der jugendlich sprühende Almada mit dem nachdenklichen Pessoa. Dieser bewunderte Almada für seine Spontaneität und schrieb 1916 in einem Brief über den Freund: Er sei «ein absolut genialer Mensch ..., eine der großen Sensibilitäten der modernen Literatur». Almada arbeitete an der literarischen Zeitschrift *Orpheu* mit, die Fernando Pessoa und Mário de Sá-Carneiro herausgaben. Auf den beiden Porträts, die Almada später von Pessoa zeichnet – eines hängt im Museu da Cidade, ein anderes mit weiteren Arbeiten von Almada im Museu Calouste Gulbenkian –, liegt die zweite Ausgabe des *Orpheu* auf dem Tisch. Die dritte gedieh nur bis zu den Korrekturfahnen.

Während Pessoa in Depressionen versank, kostete Almada den Augenblick aus und stellte sich selbst als Individualist dar. Im Alter von zwanzig Jahren formulierte er im Vorwort eines Ausstellungskatalogs: «Das denkwürdigste Datum meiner Person wird sicherlich 1993 sein, wenn man umfassend meinen 100jährigen Geburtstag feiert.» Ins Schwarze getroffen: 1993 wurde in Portugal das «Almada-Jahr» gefeiert. Erstmals wurden, teilweise über Zeitungsannoncen, seine Werke in aller Welt aufgespürt und ausgestellt. 1970 starb Almada in einem Lissabonner Krankenhaus – im selben Zimmer wie 35 Jahre vorher Fernando Pessoa.

Einige Gemälde von Almada Negreiros hängen auch im **Museu do Chiado** in der Rua Serpa Pinto 4. Die alten Klostergewölbe, die früher das «Museum für zeitgenössische Kunst» beherbergten, wurden im Zuge des Wiederaufbaus nach dem Brand im Chiado renoviert und um einen moder-

Im leichten Nebel des Vorfrühlingsmorgens erwacht schlaftrunken die Baixa, die Unterstadt, und die Sonne geht auf, als ob sie langsam wäre. Es liegt eine beruhigte Freude in der Luft, dazu halbe Kühle, und das Leben erbebt beim leichten Luftzug der nicht vorhandenen Brise vor einer Kälte, die schon vorüber ist; es erbebt eher in der Erinnerung an die Kälte als wegen der Kälte selber, mehr beim Vergleich mit dem nahen Sommer als im Vergleich zum Wetter von heute.

Nun auf einmal fällt es mir auf, daß der Lärm viel größer geworden ist, daß viel mehr Leute vorhanden sind. Die Schritte der meisten Passanten sind weniger eilig. Es erscheinen nun, aus der eigenen Abwesenheit und der geringeren Eile der übrigen hervortretend, die Fischfrauen in ihrem gehenden Laufschritt, die schwankenden Bäcker, Ungeheuer mit Körben, und die unterschiedliche Gleichheit der Verkäuferinnen verliert ihre Eintönigkeit nur im Inhalt der Körbe, deren Farben stärker voneinander abweichen als dieser Inhalt. Die Milchmänner klappern mit den ungleichen Blechkannen ihres ambulanten Berufes wie mit hohlen absurden Schüsseln ... Die Polizisten erstarren an den Kreuzungen, ein uniformiertes Dementi der Zivilisation in der unsichtbaren Bewegung des aufziehenden Tages.

Fernando Pessoa: *Das Buch der Unruhe.*
Fischer Taschenbuchverlag, Frankfurt 1987

nen Anbau erweitert. Zwischen Alt und Neu liegt im Innenhof ein Café, bevölkert von einigen Skulpturen.

Almada Negreiros begegnet man auch im **Hotel Ritz**, das als kunstvolles Hotel im Stil der fünfziger Jahre geplant und 1959 eröffnet wurde. Wandteppiche, Gemälde, Skulpturen wurden zum Teil extra für das Hotel angefertigt, und heute macht die aufwendige Kunstsammlung das «Ritz» zu einer Art Privatmuseum moderner portugiesischer Kunst. Almada Negreiros gestaltete unter anderem für den Salon hinter der Eingangshalle die großformatigen Wandteppiche.

Der Chiado ist das Gedächtnis der Stadt. Hier haben die großen Buchläden ihren Platz, wie die alteingesessene Livraria Bertrand, dessen Gründer verbotene Bücher verbreitete. In vier hohen Räumen stapelt sich die portugiesische Literatur in Regalen bis unter die Decke. In den Seitenstraßen kann man bei den alfarrabistas, den Antiquariaten, stöbern. Andächtige Orte, in denen es nach Staub und welkem Papier duftet, irgendwo hockt zwischen Bücherbergen meist ein älterer Mann, kein Verkäufer, eher ein Herr, der die Zeit, ihre Gedanken und Ideen behütet.

Und natürlich ist der Chiado auch die beste Adresse für die vornehmen Läden, deren gediegene Fassaden und feine Schaufensterauslagen aus einem vergilbten Schwarzweißfoto stammen könnten. «Wenn hier die Fassaden blättern, fällt der Verputz anders herunter als anderswo in den Straßen Lissabons. Hier hat das Heruntergekommene etwas von den schicken Löchern, deren sich ein Kaschmirpullover nicht schämt», schrieb Hugo Loetscher in der *Neuen Zürcher Zeitung*.

Wer in der Rua Garrett, benannt nach Almeida Garrett, dem Vorkämpfer der portugiesischen Romantik und Gründer des Nationaltheaters, oder der Rua do Carmo einkauft, drängelt nicht und hastet nicht. Hier hat auch die zielgerichtete Bewegung etwas von spazierengehen, von bummeln. *Fazer compras* bedeutet «einkaufen», und *fazer Chiado* heißt demnach genußvoll schlendern und ein Schwätzchen halten, dabei baumelt ein Tütchen oder Päckchen in der Hand, selbst wenn es sich nur um ein banales Pfund Kaffee handelt. Aber es wurde in der **Casa Perreira** auf die Bohne genau abgewogen und gemahlen, derweil man in der Duftwolke aus Schokolade, Tee und Kaffee entschwand. Seit 1930 verkauft die Familie Perreira sämtliche Utensilien, die der Zubereitung und dem Genuß von Kaffee und Tee dienen.

Doch seit dem frühen Morgen des 25. August 1988 ist der Chiado nicht mehr derselbe: «Die Marktfrauen wußten es längst, die Mütter hörten es in den Frühnachrichten, von Mund zu Mund ging der Alarm. ‹Der Chiado steht in Flammen. Es brennt seit zwei Stunden›, sagte der Radiosprecher mit der speziell für Unglücksfälle reservierten Stimmlage, schnell und aufgeregt. Man hielt den Atem an und spürte einen Stich, als ob einem alten Bekannten etwas zugestoßen sei», erinnerte sich die Journalistin Ellen Heinemann. Düstere Rauchschwaden drängten sich aus der Stadt in den klaren Sommerhimmel. Als die Feuerwehr endlich anrückte, war es zu spät.

Die Schlagzeilen der internationalen Presse schrieben die gesamte Stadt in Schutt und Asche, an das Erdbeben von 1755 wurde

erinnert. Das war nun doch etwas übertrieben. Zumal sich jahrzehntelang niemand über den schleichenden Verfall aufgeregt hatte. Erst einige Wochen später wurde der Schaden zurechtgerückt: Das Feuer, das im Kaufhaus Grandela ausgebrochen war, zerstörte achtzehn Gebäude an der Ecke Rua Garrett und Rua do Carmo. Man munkelte von Brandstiftung, denn bei Immobilienmaklern gehört der Chiado zu den begehrtesten Plätzen in Lissabon – der Quadratmeterpreis vervielfachte sich in den Jahren nach dem Brand.

Electricos zweier Generationen

1992 wurden die Untersuchungen über die Ursache ohne Ergebnis abgebrochen. Brandstiftung konnte niemandem nachgewiesen werden. Ein Fonds der Europäischen Union unterstützte den mehr als zehn Jahre dauernden Wiederaufbau. Nach den Plänen des Architekten Siza Vieira blieb zumindest das Gesicht des Chiado erhalten. Die Fassaden wurden rekonstruiert, nicht jedoch die Seele des Viertels. Eine «offene Wunde in unserem kollektiven Gedächtnis» nannte der Schriftsteller José Cardoso Pires die Brandstelle.

«Mehr noch: Es ist auch etwas von der Erinnerung an mich selbst, das dort zerstört wurde, denn auch ich ging in verschiedenen Lebensaltern meiner Bücher und mit Freunden aus verschiedenen Generationen den Chiado hinauf. Daher weiß ich, daß es, so schnell die Wunden dieser geisterhaften Fassaden auch verheilen mögen, immer eine Rauchwolke, einen schmerzlichen Schatten geben wird, der wie ein Nebel über meiner Vergangenheit liegen wird.»

Lotterie für Wohltätigkeit

Von der Rua Garrett geht es die Calçadas do Sacramento hinauf, und der idyllische **Largo do Carmo** öffnet sich. Rundbögen umschließen das schwere Tor zu den Ruinen des Convento do Carmo. Nach dem Erdbeben von 1755 wurde das Kloster mit der gotischen Kirche nicht wieder aufgebaut. So streunen heute Katzen über den Rasen im Kirchenschiff, und zwischen den einstigen Deckenbögen leuchtet das Blau des Himmels.

Kaum etwas erinnert auf dem Largo do Carmo noch an jene euphorischen Stunden der Nelkenrevolution vom 25. April 1974: «Die ganze Blütenpracht eines Aprilmorgens war unterwegs, ein festlicher Wirbelwind fegte von den Hügeln der Hauptstadt ... und erreichte wie von Schicksalshand geleitet die Anhöhen des Chiado», erinnert sich der Schriftsteller José Cardoso Pires. Tausende versammelten sich um die Panzer der aufständischen Streitkräfte vor der Kaserne der Guarda Republicana, in der sich die Regierung des diktatorischen Regimes verschanzt hatte. «Niemand wollte auch nur einen einzigen Augenblick an dem Wunder zweifeln, das hier geschah, niemand wollte zugeben, daß ein verrückter Schuß, ein einziger verrückter Schuß genug wäre, um den ganzen menschenüberfüllten Platz in ein Blutbad zu verwandeln.»

Die Regierung mußte sich ergeben. Heute leuchten alljährlich am Revolutionstag bescheiden einige rote Nelken auf einer Steinplatte, die an die Ereignisse erinnert: unscheinbar im Pflaster eingelassen, über das man alltäglich hinüberhastet.

Durch die Rua Nova da Trinidade führen die Straßen hinauf zum Largo da Trinidade do Coelho. In dem ehemaligen Jesuitenkloster mit der innen prächtigen **Kirche São Roque** befindet sich der Hauptsitz der kirchlichen Wohltätigkeitsstiftung Santa Casa da Misericórdia. 1498 gründete Königin Isabel die nationale Organisation, ein umfassender sozialer Dienst, der manche sozialen Versäumnisse des Staates ausgleicht. Ihre Aktivitäten in den Slumvierteln, in Kindergärten, Altenheimen, Krankenhäusern oder auch im landesweit ersten Haus für Menschen mit Aids finanziert die Stiftung unter anderem mit Geldern aus einer Lotterie. Den allgegenwärtigen *cauteleiros*, den Losverkäufern, wurde ein bronzenes Denkmal auf dem Largo da Trinidade do Coelho gesetzt, das die Tauben respektlos bekleckern. Direkt daneben kann man im Kiosk die Lose, Zeitungen, Zigaretten, Fahrscheine und Telefonkarten erstehen, wie es sich für einen klassischen Lissabonner Kiosk gehört.

Die größte Wäscherei der Nation

Zurück auf dem Largo do Camões: Die Linie 28 windet sich von hier aus am Rande der **Madragoa** entlang, des ehemaligen Viertels der schwarzen Bevölkerung und der sagenumwobenen Varinas, der Fischverkäuferinnen, die einst mit dem Korb auf dem Kopf singend durch die Stadtviertel zogen. «Ja, es ist ein harter Beruf», befand Friedrich Sieburg 1937, «und nun hat die Obrigkeit den Fischhändlerinnen aus hygienischen Gründen auch noch das Barfußgehen verboten. Nach einigem Widerstand haben sie sich an Schuhe gewöhnt.» Varina kommt von «Ovarina» und geht auf den Ort Ovar an der Nordküste Portugals zurück. Von dort zogen Fischer nach Lissabon, die hier auf ein besseres Leben hofften. Damals, als man im Tejo noch fischen konnte. Solche ambulanten Dienstleistungen gehörten bis Ende des letzten Jahrhunderts noch zum Alltag Lissabons: Wasserträger, Obst- und Gemüseverkäufer zogen durch die Straßen, oder Wäscher sammelten die Kleidung in den Stadtvierteln ein, wuschen sie in den Flüssen am Rande der Stadt und ließen die Wäsche in der Sonne trocknen.

«Die größte Wäscherei des Landes» allerdings, zumindest nach Aussage der Taxifahrer, liegt auf dem nächsten Hügel: Strahlend weiß erhebt sich der **Palácio São Bento**, ein ehemaliges Kloster und heute die Assembleia da República, der Sitz des portugiesischen Parlaments.

Der Eléctrico rumpelt unbeirrt weiter bis nach Estrela und hält zwischen der weißen Basílica de Estrela und dem **Jardim da Estrela**, einem der schönsten Gärten Lissabons, mit tropischen Pflanzen und Skulpturen, einem Musikpavillon und Café am See.

Endstation am «Friedhof der Vergnügungen»: Cemitério dos Prazeres, eine weiße Marmorstadt mit mehr als achtzig «Straßen». Der Name stammt noch von dem Landgut, das nach einer Marienerscheinung im 16. Jahrhundert zum Ziel von Prozessionen wurde.

1835 wurde der Friedhof nach dem Verbot, Tote in den Kirchen zu begraben, angelegt. Mit den «Totenhäusern» zeigen die Angehörigen selbst in der allerletzten Wohnstatt den familiären Reichtum: Mal schlicht, mal mit Putten oder gar Statuen verziert, durch die Spitzengardinen hinter den Türen sieht man die gestapelten Särge und einen frischen Blumenstrauß neben dem Foto des Verblichenen, das – wie in den Todesanzeigen der Zeitungen – nie alte, kranke Menschen, sondern stets frische Gesichter in der Blüte ihres Lebens zeigt. Hier lag auch Fernando Pessoa, nur wurde ihm die Ehre zuteil, ins Jeronimuskloster nach Belém umzuziehen.

Dieser Friedhof liegt nahe dem ordentlichen Viertel **Campo Ourique**: ein hübsches, gutbürgerliches Viertel. Erst im 19. Jahrhundert erbaut, mit allem, was zu einer Kleinstadt gehört: Markthalle, Kirche, kleine Läden, Cafés und Boutiquen, Häuser mit gekachelten Art-déco-Fassaden. Auch Pessoa wird häufig mit der Linie 28 in Campo Ourique ausgestiegen sein. In der Rua Coelho da Rocha 18 wohnte der Dichter während seiner letzten Lebensjahre zur Untermiete. Inzwischen wurde das Haus in einen lichten Kunstraum verwandelt mit einer Bibliothek und Räumen für wechselnde Ausstellungen. Des Dichters Zimmer selbst allerdings blieb leer – bis auf die Truhe, in der er Tausende unveröffentlichter Gedichte hinterließ, die bis heute die Forscher beschäftigen. Im Hinterhof eröffnete ein kleines Café – ganz im Sinne des Dichters.

AUS DER KORNKAMMER AUF DEN GOLFPLATZ?

EIN STREIFZUG DURCH DEN ALENTEJO

Der weite Süden, das geschwungene, sonnenverbrannte Land. Felder mit uralten Korkeichen und Olivenhainen. Weiß leuchtende Städtchen mit viel zu großen Burgen auf den Anhöhen. Und dazwischen ist Platz, viel, viel Platz. Ein Land für die Sinne. 1975, ein Jahr nach der Nelkenrevolution, besetzten Tagelöhner Landgüter und gründeten Kooperativen. Bis auf die mehrheitlich kommunistisch besetzten Rathäuser ist wenig von dem revolutionären Elan geblieben. Der Alentejo, einst «Kornkammer Portugals», gehört zu den ärmsten Regionen der EU und wird andererseits als die Toskana der Iberischen Halbinsel gehandelt.

Es hatte geregnet. In diesem Winter hatte es endlich wieder geregnet. Der Guadiana zieht prall und blau durch die geschwungene Weite des Alentejo, hüpft und tänzelt in seinem Oberlauf über Felsbrocken hinweg, stürzt übermütig die Stufen hinab. Ein März, so wie er sein sollte. Endlich. Zwei Jahre Trockenheit im Winter hatten den kräftigen Guadiana zu einem lauwarmen Bach verkümmern lassen, in dem rätselhafte Algen blühten und das Leben erstickten.

Es gibt kein Portugal ohne den Alentejo und keinen Alentejo ohne den Guadiana, heißt es in der Region, die sich über ein Drittel des portugiesischen Festlandes ausdehnt. Flach bis zum Horizont im südlichen Baixo Alentejo, leicht geschwungen und von sanften Gebirgszügen durchzogen weiter im Norden, im Alto Alentejo und an der Küste.

Wasser, daran mangelte es schon den Römern, als sie den ersten Weizen in Alentejo anbauten. Glühende vierzig Grad Celsius dorren im Sommer die Erde aus, lassen das Leben während der langen Mittagszeit verstummen, und Gnade dem Sommer, wenn der Winterregen ausgeblieben ist. Daran hat sich nie etwas geändert, im Gegenteil: Durch den Alentejo geistert heute die Angst vor Versteppung.

In diesem Jahr sind die Stauseen nahezu gefüllt. Nebel verschleiert am frühen Morgen die sanften Hügel, sinkt gemächlich hinab zwischen den ausladenden Baumkronen verstreuter Korkeichen und den akkuraten Reihen der Olivenbäume. Von Sonnenstrahlen zerstäubt, funkelt schließlich das kräftige Grün der jungen Getreidepflanzen, schimmern gelb, rot und weiß die Früh-

Zentrum des Alltags: die Praça
Giraldo mit ihren Arkaden in Évora

Rohstoff aus Rinde: Korkeichen gehören zum Landschaftsbild

lingswiesen. In wenigen Wochen werden violette Teppiche auf den Wiesen strahlen, und es wird nach Rosmarin duften, dem milden Parfum des Alentejo.

Niedrige weiße Gehöfte, *montes*, schmiegen sich über die Kuppen der Hügel. Bald ist es Zeit für den Frühjahrsputz, und die Frauen, die die zerbeulten Hüte ihrer Männer über den Kopftüchern tragen, werden die Lehmwände der Häuser frisch kalken. Von diesen weißblitzenden Krönchen kann man weit schauen, über die gewellte Landschaft bis zum nächsten Monte. Und weit darüber hinaus.

Eine leise Fröhlichkeit summt durch den Alentejo im März. Die beharrliche Kraft der Hoffnung, bevor mit der Jahreszeit auch die Farben wechseln. Kunterbunte Wiesen vertrocknen in der staubigen Hitze des Sommers zu blassem Gelb, und wo sich das Getreide wiegt, leuchten im frühen Herbst rotbraune Äcker, betupft mit den immergrünen,

ausladenden Wipfeln steinalter Korkeichen. Einmal in neun Jahren, keinesfalls früher und nur selten später halten Wanderarbeiter an jeder Korkeiche, um sie zu schälen. Keine Maschine wird diese Arbeit je ersetzen; jede Korkeiche wächst eigensinnig, nie wird ein Stamm dem anderen gleichen. Der Alentejo hat nicht nur Land im Überfluß, sondern auch die Zeit und die Geduld, um Korkeichen wachsen zu lassen.

Alltäglicher Baustoff: Marmor

Bis heute hält Portugal auf dem Weltmarkt die Spitzenposition in der Korkproduktion. Verarbeitet allerdings wird der größte Teil des Korkes in den Industriezentren im Norden Portugals. «Kolonialismus» nennen das einige Alentejanos.

Além Tejo, jenseits des Tejo, beschreibt nicht nur eine regionale Grenze. Der Fluß zieht ebenso kulturelle und eine klimatische Grenze. Für den geschäftstüchtigen Norden sind die Alentejanos die Ostfriesen unter den Portugiesen. Ein bißchen langsam seien sie. Soo langsam, um nicht zu sagen, faul. Ja, so feixt Volkes Mund und vergißt, daß man bei vierzig Grad im Schatten gesünder im Takt des Herzschlages arbeitet.

Fünfhundert Jahre maurische Herrschaft prägten den Süden Portugals. Im Alentejo waren die Kirchen nach der Christianisierung nie so voll wie im Norden. Statt Kleinbauern regierten Großgrundbesitzer den Alentejo, und seit der Nelkenrevolution sitzen – im Gegensatz zum eher konservativen Norden – noch immer mehrheitlich Kommunisten in den Rathäusern.

Jenseits des Tejo ist einfach Land, und die Menschen leben von dem, was der Boden hergibt. So etwas wie Industrialisierung – mit allen Vor- und Nachteilen – hat der Alentejo nie erlebt. Die einzige größere Industrie sind die Marmorsteinbrüche bei Estremoz, Borba und Vila Viçosa. Dort türmen sich über den Wipfeln der Korkeichenhaine unvermittelt rosafarbene und weiße Marmorhalden. Aus gigantischen Gruben ziehen Kräne die Quader heraus, die sogar nach Italien exportiert werden.

In **Vila Viçosa**, was übersetzt etwa «üppige Stadt» bedeutet, wird der Marmor geschnitten, poliert, verkauft und – wo immer ein Stückchen Marmor hinpassen könnte – auch als alltäglicher Baustoff verwendet: Nicht nur die Fassade der Kirche, auch das Innere: Marmor. Brunnen, Parkbänke, Bordsteine: schlicht Marmor. Hauseingänge und Fensterverzierungen der einfachen gekalkten Alentejo-Häuser, selbst die Sockel der Straßenlaternen: schlichter weißer Marmor.

10000 Arbeiter werkeln in den Marmorbrüchen. Ein ganzes Dorf samt umliegender *montes* südöstlich von Évora arbeitet dagegen in den dreißig Töpfereien von **São Pedro de Corval**. Seitdem António denken kann, formen und lasieren die Bewohner Gebrauchskeramik. Vor vierzig Jahren töpferte António vor allem Krüge für Olivenöl und Wasser. Diese wurden mittlerweile durch Plastikflaschen ersetzt, auch der Ton kommt heute nicht mehr ausschließlich aus der Region, sondern teilweise aus Spanien, weil er preiswerter ist und in handlichen Quadern, in Plastik abgepackt, geliefert wird. Aus aller Welt kommen die Kunden in dieses unscheinbare Straßendorf und klappern die Töpfereien ab. Konkurrenz belebt das Geschäft? «Nein», sagt António. «Mich interessiert nicht, was die anderen machen. Ich habe meine Modelle und meine Preise. Ich lebe hier mein Leben.»

Nördlich des Tejo befinden sich die Industriezentren meist an der Küste, im Alentejo dagegen dehnen sich einsame Strände – abgesehen von dem Hafen in **Sines**. Anfang der siebziger Jahre siedelten sich hier Ölraffinerien an. Mitten in der gewellten Landschaft wird die schmale Straße plötzlich vierspurig, kilometerlange Pipelines und Fabriken blitzen auf, dann ist der Spuk vorbei. Zumindest auf den flüchtigen Blick, denn in Sines wird Giftmüll gelagert, nicht nur aus den dortigen Ölraffinerien, sondern aus ganz Portugal – die einzige Deponie für toxische Abfälle im Land.

Südlich von Sines streckt sich die wohl schönste Küste Europas bis in den Algarve hinunter. Wilde Dünenstrände und schroffe Steilküsten, die – noch – unverbaut sind und mittlerweile unter Naturschutz stehen. Langgezogene, niedrige Gebirgszüge riegeln den Küstensaum zum Hinterland ab. Dorthin verirrt sich nicht einmal mehr der Hauch eines atlantischen Sturmtiefs.

Ein Binnenmeer im Alentejo

Irgendwo in der staubigen Weite zeigt ein schmales Holzschild die Abzweigung nach **Aldeia da Luz** an. Schnurgerade wiegt sich die holperige Straße über die Hügel, auf und ab, Richtung Horizont und endet dort, wo sich die weißleuchtenden Häuser mit den mächtigen Schornsteinen zwischen verdorrten Wiesen verkrümeln: im «Dorf des Lichtes». Auf dem Dorfplatz des 25. April hat ein ambulanter Händler bedruckte Stoffe, eingeschweißte Herrenoberhemden und mehr oder weniger raffinierte Damenunterwäsche auf dem Boden ausgebreitet. Irgendwo kräht ein Hahn. Ein verrostetes Hinweisschild zeigt in Richtung der römischen Ruinen des Castelo da Lousa, ein anderes Richtung Guadiana. Aldeia da Luz: vierhundert Einwohner, ein Café, eine Kirche, ein Krämerladen. Der Ort wird mit hoher Wahrscheinlichkeit eines Tages im Wasser des Guadiana versinken – in einem der größten Stauseen Europas. «Stausee der Rettung und der Hoffnung», so nennen die Verfechter das Projekt Alqueva. Andere halten dieses «Meer im Alentejo» für den «Assuan Portugals», dessen ökologische Auswirkungen längst nicht abzuschätzen seien.

Entwickelt wurde der Plan noch unter der Diktatur Salazars, als in den fünfziger Jahren ein Bewässerungsplan für den Alentejo erstellt und elf kleinere Stauseen angelegt wurden, einige davon schon im Hinblick auf den Alqueva, der als «Mutter aller Stauseen» die anderen füllen sollte. Lange Jahre stand allerdings nicht mehr als eine gigantische Staumauer in der Landschaft, nachdem 1970 die Arbeiten gestoppt worden waren. Der Stausee wurde vergessen, bis der ehemalige Ministerpräsident Cavaco Silva das Mammutprojekt wieder aus der Schublade zog. Nach diversen umstrittenen Umweltgutachten unterstützt inzwischen auch die EU das Projekt, so daß im Jahr 2020 alles fix und fertig sein könnte.

Langsam scheint es für die Bewohner, die seit Jahrzehnten in Ungewißheit leben, ernst zu werden. In Luz wird sich niemand mehr wehren. Die meisten der jungen Leute emigrierten nach Lissabon oder ins Ausland, und verbringen nur die Ferien noch in ihrem Haus im Dorf. Luz geht es nicht besser als anderen Dörfern im Alentejo, die aus weniger dramatischen Gründen zu sterben drohen: Es gibt keine Arbeit, die Landwirtschaft steht vor dem Aus. Auch mit dem Alqueva werden die Bauern des Alentejo in der Konkurrenz nicht bestehen können, argumentieren die Kritiker, während die Befürworter gar von einem «grünen Alentejo» träumen. Manch einer hat dabei allerdings kein Bauernland, sondern Golfplätze im Kopf.

Welche Zukunft haben Dörfer wie Aldeia da Luz, wo zwei Drittel der Bewohner über sechzig Jahre alt sind? Welche Zukunft hat der Alentejo, der immer von der Landwirtschaft lebte? Zwei Jahre Trockenheit haben auch einige ökologische Kritiker des Alqueva weichgekocht: Wenn weiterhin Menschen im Alentejo leben sollen, brauche man eine Wasserreserve. Für wen sollte man sonst die Natur schützen? Im Baixo Alentejo versorgen Tankwagen im Sommer die Orte mit Wasser. Zwischen 1950 und 1991 verließen 250000 Alentejanos, etwa ein Drittel, ihre Heimat. Der Trend hält an. Im Baixo Alentejo, in der Nähe der spanischen Grenze, leben noch neun Menschen auf einem Quadratkilometer, in der Region um Mértola sind es noch sechs. Dafür ziehen in den Ferien gestreßte Städter aus Lissabon, Holland, Deutschland oder England auf die verlassenen Montes und genießen die Stille.

Wo die Brotsuppe eine Spezialität ist

«Der Alentejo ist die Kornkammer der Nation. Wir sind Alentejanos, sind aus dem Land des Brotes», singen die Männerchöre im Alentejo. Lang anhaltende Töne lassen sich Zeit, viel Zeit, bis die Melodie hinuntersackt. Aus der Tiefe gleitet sie empor, hinaus in die heiße Sommerluft, vibriert und wird aufgefangen von den Stimmen der anderen Männer. Schulter an Schulter, eingehakt und im Takt ihrer bedächtigen Schritte, so singen die Bauern und Schäfer des Alentejo seit Generationen von der Armut und der Liebe, von der Schönheit ihres Landes und auch von dem Protest und der Landreform, von der Hoffnung, daß das Land endlich denen gehöre, die es bearbeiteten.

Wie lange ist es her? Damals, im März 1975 war es, ein knappes Jahr nach der offiziellen Nelkenrevolution, als die wahrhaftige Revolution im Alentejo stattfand: Landarbeiter begannen die Latifundien ihrer *patres* zu besetzen, der Großgrundbesitzer, denen sie einst auf Knien die Hand geküßt hatten. Sie begannen Ländereien zu bearbeiten, die vormals oft brachgelegen hatten, und gründeten Kooperativen. 1977 existierten rund fünfhundert Kooperativen mit mehr als einer Million Hektar Land. Damals reiste die deutsche Linke zu Ernteeinsätzen an den Rand Europas, um die realen Bedingungen des revolutionären Prozesses zu studieren.

Wenige Großgrundbesitzer hatten über riesige Latifundien verfügt. Häufig lebten die Besitzer in Lissabon und hatten einen Verwalter eingestellt, konnten es sich leisten, einen Großteil des Landes brachliegen zu lassen, oder nutzten es als Jagdgebiet. Einige Bauern pachteten Land, doch die meisten Alentejanos schlugen sich seit Generationen als Tagelöhner und Landarbeiter durch. Zwischen der Olivenernte im Winter und der nächsten Aussaat mußten sie sich meist in anderen Regionen Portugals Arbeit suchen. Selten besuchten Kinder mehr als vier Jahre lang eine Schule. Wahrscheinlicher war, daß sie Schafe oder Ziegen hüteten. Ohnehin war der Diktator Salazar der Meinung, vier Jahre seien mehr als genug. Bis heute kann jeder fünfte Alentejano weder lesen noch schreiben.

Das Leben, das Überleben hing vom guten Willen des *patrão* ab. Hunger gehörte zum Alltag der Landarbeiterfamilien. So ist bis heute der Alentejo das Land der Suppen. Die lassen sich im Notfall mit Wasser verlängern. Die *Açorda à Alentejana* aus Wasser mit Kräutern, Knoblauch, einer Scheibe Brot und einem Schuß Olivenöl, sofern vorhanden, sie steht noch immer auf jedem Speisezettel. Pikanter Nebenaspekt: Heute sind selbst Feinschmecker in Edelrestaurants auf den Geschmack gekommen.

Vom Ritterorden zur Kooperative

Die Wurzel der feudalen Ordnung, die bis zur Nelkenrevolution 1974 überlebte, lag schon in den Gründerjahren des portugiesischen Staates: Als die christlichen Heere sich von Norden heruntergekämpft und schließlich die Mauren auch im Süden Portugals besiegt hatten, sahen sie den Alentejo: Ländereien ohne Ende, ideal für Könige, um diejenigen zu entlohnen, denen sie noch etwas schuldeten. Krone, Adel und Kirche teilten sich den Alentejo, mit Großpächtern wurden Verträge geschlossen und vor allem: Ritterorden bekamen Latifundien als Dank für ihre schlagkräftige Hilfe bei der Vertreibung der Mauren. Mit mächtigen Burgen befestigten und verteidigten sie die neue spanisch-portugiesische Grenze.

1834 wurden im Zuge der liberalen Revolution die christlichen Orden in Portugal aufgelöst und deren Ländereien meistbietend versteigert. Doch damit änderte sich nichts an den Lebensbedingungen der Landarbeiter. Die Strukturen blieben die gleichen, die Latifundien hatten nur neue, diesmal bürgerliche Besitzer. Mitte des letzten Jahrhunderts wurde zudem auch das Gemeindeeigentum privatisiert. Diese Felder und Weiden, die vormals gemeinschaftlich bewirtschaftet worden waren, hatten wenigstens die minimale Lebensgrundlage der Landarbeiter gesichert.

«Kornkammer Portugals» – wie Kathedralen kündigen noch heute die Silhouetten mächtiger Getreidespeicher Ortschaften schon Kilometer entfernt an. Während der Diktatur förderte die Campanha do trigo, die «Weizenkampagne», mit Staatsprämien den Getreideanbau. Nach der ersten Euphorie folgten katastrophale Mißernten. Vollkommen unbeeindruckt davon, ob der Boden geeignet war oder nicht, ließen sich die Großgrundbesitzer weiterhin für Weizenanbau bezahlen. Die Folgen dieser großflächigen Monokultur sind bis heute fatal: erodierte, ausgelaugte Böden.

Es rumorte unter den Landarbeitern. Nach dem Sturz der Monarchie 1910 gründeten sich nach einem monatelangen Generalstreik erste Gewerkschaften. In den folgenden Jahren und selbst unter der Diktatur Salazars kam es immer wieder zu Protesten und Streiks. Im Untergrund organisierte sich die Kommunistische Partei. Doch die *patres* konnten auf die Unterstützung der Nationalgarde rechnen, die nahe jeder größeren Ortschaft in Kasernen stationiert war und jeden Ansatz einer Revolte brutal niederschlug. Aber auch die PIDE, die Geheimpolizei Salazars, war präsent. Zumindest formal errangen die Landarbeiter 1962 einen Erfolg: Einführung des Achtstundentages und Lohnerhöhungen. Doch verändert hat sich das Leben im Alentejo erst mit der Nelkenrevolution.

Inzwischen singt kaum noch jemand die Revolutionshymne *Grândola vila morena*, das Lied der braunen Stadt im Land der Gleichheit, wo das Volk den alten Herren die Macht abgenommen hat. Die Parolen aus dem Frühling der Revolution sind verblaßt. Längst kehrten die Großgrundbesitzer zurück, längst gehört ihnen wieder das Land. Wieder rückte die Nationalgarde an, um die Bauern von den Feldern zu vertreiben. Die Landreform wurde Stück für Stück zurückgenommen, na-

Schnurgerade zieht sich die Straße durch den Alentejo

tionalisierte Latifundien zurückgegeben. Selbst die Äcker, die vormals brachlagen und erst durch die Arbeit der Kooperativen aufblühten. Die meisten Kooperativen mußten aufgeben, von rund fünfhundert existieren heute noch etwa fünfzig. Die, die überlebten, kauften oder pachteten das Land von den Großgrundbesitzern und arbeiten als landwirtschaftliche Unternehmen mit einer Geschäftsführung, Angestellten und nach Qualifikation gestaffelten Gehältern.

Die Kooperativen gründeten sich 1975 im Geiste der Revolution und wollten einen sozialisti-

schen Staat aufbauen. Diese Perspektive wurde längst aus der portugiesischen Verfassung gestrichen. Die Kooperativen haben genauso mit der Agrarpolitik der Europäischen Union zu kämpfen wie jeder andere Betrieb. Das Durchschnittsalter der Mitglieder liegt zwischen fünfzig und siebzig Jahren, der Nachwuchs fehlt. Der Anwalt António Velez, der viele Kooperativen im Streit um Landrückgaben verteidigte, meint heute: «Viele rechnen mit dem Tag, an dem die Kooperative beschließt, sich aufzulösen, und das gemeinsame Vermögen aufgeteilt wird. Irgendwann wird es so kommen, und die, die noch da sind, versuchen durchzuhalten.»

Kleine Stadt mit großer Geschichte: Mértola

Mértola ist eine kleine Ewigkeit. Ein Punkt auf der Landkarte, direkt neben den blauen Strich des Guadiana gesetzt. Vom anderen Flußufer, wo auf einem Hügel extra eine Antenne installiert wurde, um den Fernsehempfang zu ermöglichen, wirkt Mértola wie ein Spielzeugdorf. Flache weiße Häuser winden sich in Schlangenlinien hinauf zur Burg. Wie auf einem dicken Finger streckt sich der mittelalterliche Stadtkern zwischen dem Rio Guadiana und einem Nebenfluß aus. Ein Finger, der Richtung Meer zeigt.

Mértola, scheinbar zufällig zwischen die runden baumlosen Hügel an das Ufer des Guadiana geplumpst, darf getrost ein verschlafenes Städtchen genannt werden. Einmal morgens, einmal mittags macht sich der Bus auf zur zweistündigen Reise nach Vila Real de Santo António an der Flußmündung und dröhnt unüberhörbar wichtig um die steile Kurve vor dem Café Guadiana. Dieses ist in Mértola *das* Café – und wie sollte es auch anders heißen, außer vielleicht noch Café Central –, wo man herumsteht, um die Hände in die Hosentaschen zu graben. Am Stadtrand wächst ein bescheidenes Neubauviertel mit adretten Häusern an der sogenannten Avenida – das wiederum ist eine etwas großspurige Bezeichnung in dem 1200-Einwohner-Städtchen.

Doch Mértola war, bis die Araber von den christlichen Heeren vertrieben wurden, eine lebendige Hafenstadt. Achtzig Kilometer von der Küste entfernt war der Rio Guadiana bis Mértola schiffbar. Eine Wasserstraße, die den Weg in ferne Länder rund um das Mittelmeer eröffnete. Am Ufer unter der restaurierten Stadtmauer hat ein Ausflugsboot an den ehemals römisch-arabischen Kaianlagen festgemacht, und auf den Türmen, von denen einst der Schiffsverkehr kontrolliert wurde, nisten Störche.

Die Römer hatten Weizen im Alentejo nicht nur für ihren Eigenbedarf angebaut, sondern auch für den Export. Getreide und Metallerze aus den Minen der Umgebung wurden in Mértola verladen. Die Stadt prägte eigene Münzen, war kommerzielles wie kulturelles Zentrum der Region.

Später eröffneten die Mauren den Handel mit dem Orient. Die strahlend weiße Kirche unterhalb der Burg war die Moschee, die einzige in Portugal, die nach der Reconquista zwar christlich geweiht, aber nicht komplett umgebaut wurde. Das islamische Museum mit Keramik und Schmuck wurde in einer ehemaligen Kirche untergebracht, in der kleinen Werkstatt stellen Goldschmiedinnen Repliken der Schmuckstücke her.

Arabische Spuren zeigen auch die Muster der *mantas*, der dicken Wolldecken, die drei Frauen in einer Kooperative weben. Die weiße und braune Wolle stammt von den Schafen einige Hügel weiter. Sie wird gewaschen, gesponnen und kommt ohne Chemie oder Farbe auf den klapprigen Webstuhl. Senhora Amélia erbte das Wissen von ihrer Mutter und gibt es heute als eine der wenigen noch weiter.

Mértola sammelt seit einigen Jahren die Spuren der Vergangenheit, belebt alte Handwerkskünste wieder und restauriert behutsam die alten Gebäude des mittelalterlichen Stadtkerns, in denen einige

Bewohner auch Zimmer vermieten. Vila Museu heißt die Idee, die dahintersteckt, Mértola als lebendiges Museum zu restaurieren, um damit langfristig Arbeitsplätze zu schaffen und gleichzeitig Traditionen und Geschichte zu bewahren.

Im Rathaus, das 1982 durch ein Feuer zerstört wurde, fand man bei den Restaurierungsarbeiten die Fundamente eines römischen Hauses. Während heute also im Obergeschoß Formulare ausgefüllt und Anträge bearbeitet werden, kann man im Keller in die Vergangenheit hinabsteigen und im Museum neben Mauerresten auch den Stadtplan der einstigen Myrtillis oder die Köpfe der verschiedenen römischen Herrscher bewundern. Die dazugehörige Statue steht daneben – kopflos. Die wallende Toga sah sowieso immer gleich aus, gewechselt wurde nur der kluge Kopf.

Unterhalb der Burg graben sich Wissenschaftler seit 1978 durch die Stadtgeschichte. Unter dem christlichen Friedhof fanden sie Reste islamischer Häuser auf den Fundamenten des römischen Myrtillis. Häuser mit siebzig bis achtzig Quadratmeter Grundfläche, einst mit Atrium, Kanalisation und Badezimmer. Prunkstück unter der Erde ist eine Galerie von Gewölben aus dem 4. Jahrhundert, die den Römern als Lagerraum und später den Arabern als Wasserreservoir diente. Nachdem die Kreuzritter Mértola «befreiten», wurde das Städtchen vergessen. Doch es kamen neue Herrscher. 1864 begann ein englisches Unternehmen, die Metallerze in einem Dorf nahe Mértola abzubauen. An diese Geschichte erinnert man sich in Mértola nur ungern.

Eine fast vergessene Geschichte

«Die Mine von São Domingos blieb totes Land, ein alter Friedhof, eine kalte vergessene Hölle», schrieb 1965 António Serrão Martins, der spätere Bürgermeister von Mértola, ein Jahr nachdem das englische Unternehmen Mason and Barry Limited die Kupfermine geschlossen hatte. Diejenigen Männer, die heute noch im Ort leben, haben alle in der Mine gearbeitet. Kaum jemand in Mina de São Domingo ist jünger als sechzig Jahre. Sie waren 1964 schon zu alt oder zu krank von der Arbeit im 400 Meter tiefen Schacht, um noch zu emigrieren.

Hinter einigen Eukalyptusbäumen breitet sich am Rande der Ortschaft die geisterhafte Industriebrache aus. Rostige Schienen durchqueren die aufgerissene Erde, enden irgendwo weit hinten unter dem Rundbogen einer freistehenden Gebäudefront. Zwischen Sandhügeln spiegelt sich tief unten ein See mit kupferrotem Wasser. Stille Wasser sind tief: In dieses Loch könnte man den Eiffelturm zweimal übereinander hinstellen.

Als die Mine keinen Gewinn mehr abwarf, schlossen die Engländer ihren Palast in dem mittlerweile verwilderten Garten, verkauften die Maschinen und hinterließen eine aufgewühlte Landschaft, für die sich keiner mehr verantwortlich fühlt. Auf dem Minengelände und in dem Dorf hatten portugiesische Behörden nichts zu sagen. Es gehörte dem englischen Unternehmen, genauso wie die Metallerze, die hier gefördert wurden. Eine inoffizielle Kolonie.

Bis zu fünftausend Arbeiter lebten in den langen, flachen Häusern der Minengesellschaft: Eine Tür, ein Fenster, dahinter ein

Raum, in dem jeweils eine Familie mit fünf oder sechs Kindern wohnte. Eine Stadt im Besitz des Unternehmens, von den Läden bis zum Krankenhaus. «Ja, selbst ein Krankenhaus hatten wir hier», bekräftigt einer der Alten, die in der Nachmittagssonne im Schatten der Kirche lehnen. «Und elektrischen Strom! Als erster Ort in Südportugal!» Die Geräte und Kabel hatte die Gesellschaft wie jede Maschine und jede Schraube aus England mitgebracht. Wer wußte Ende des letzten Jahrhunderts denn im Alentejo schon, was Elektrizität ist. Die Leute wunderten sich nur über die merkwürdige Behandlung im Krankenhaus, über die *bolos de fogo*, die «Feuerbälle», heute auch Elektroschocks genannt.

«Era uma miséria», wiederholen die Alten an der Kirche immer wieder. «Zu dritt hatten wir eine Sardine und ein Ei», erinnert sich der eine, der Lohn reichte aus, um gerade nicht zu verhungern. Nachts schlichen die Männer an die spanische Grenze und verdingten sich als Schmuggler. Und wie viele Arbeiter in der Mine ums Leben kamen, das kann keiner genau sagen. Selbst die Kirche ließ die Minengesellschaft von den Arbeitern errichten, als Ersatz für die kleine Kapelle, die auf dem Minengelände abgerissen worden war. «Und auch den Friedhof!» ereifert sich der eine. «Nein», widerspricht der andere, «ausgerechnet den Friedhof nicht.»

Was wird aus Mina de São Domingo? Seit Jahren schwirren die Gerüchte. Von Hotels mit Golfplatz und sonstigen Sportanlagen war die Rede, von ökologischen Industrieunternehmen und allerlei Dingen mehr, die aus Mina de São Domingo eine Oase des Fortschritts und Wohlstands machen sollten. Doch geschehen ist bislang nichts.

Portugiesisch-spanisches Schlachtfeld

Die Eisenbahnschienen, auf denen die Metallerze aus São Domingos zum Guadiana transportiert wurden, enden in **Pomarão**. Dort, wo der Fluß durch die Stille zwischen den Hügeln schleicht, am Steg schleckt und die Holzboote wiegt. Sag, wann hast du zum letzten Mal einen Storch klappern gehört, dieses kecke Tactactac? Tatsächlich, in diesem Dorf, dessen verschachtelte, weiße Häuser sich am Hang stapeln. Zeit? Ach, die mümmelt so dahin. Einen Steinwurf entfernt liegt Spanien. Einst zog der Rio Guadiana hier die Grenze zwischen zwei Diktaturen. Manche Flüchtlinge aus dem Nachbarland wurden von Alentejanos versteckt. Diese Spanier und diese Portugiesen setzten sich über die offizielle, historische Feindschaft hinweg.

Westlich des Flusses schiebt sich wie eine Nase das Land der Schäfer von Barancos in das Nachbarland hinein. Eine Enklave, in der sich Spanien und Portugal vermischten. Hier werden die Menschen weder von Spaniern noch von Portugiesen so recht verstanden. Sie sprechen eine eigene Sprache, eine Mixtur aus Spanisch und Portugiesisch.

Entlang der Grenze erheben sich auf den weichen Hügeln des Alentejo noch heute trutzige Burgen und massive Stadtmauern. Einige existierten schon unter den Römern und Arabern, andere wurden erst nach der Reconquista von den verschiedenen Ritterorden errichtet, die den portugiesischen König im Kampf gegen die Mauren unterstützt hatten. Der

Alentejo, das war das Schlachtfeld, auf dem Portugal sich als Nation behaupten mußte. Zuerst gegen die Spanier und Anfang des 19. Jahrhunderts gegen die napoleonischen Truppen.

Die Zeit scheint in den Kleinstädten mit ihren wuchtigen Befestigungsanlagen zu verharren. In **Serpa**, das tatsächlich so weiß ist, als ob ein Kalkeimer über dem Hügel ausgekippt worden wäre, hocken die schwarzgekleideten Frauen in den Hauseingängen, und selbst der würzige Käse wird in einer kleinen Fabrik noch mit der Hand geformt.

Oder **Montsarraz**, das eingeschlossen von der Festung hoch über dem Guadiana thront: die Straßen und Häuser, alles blitzblank geputzt. Hundert Einwohner und sechs Schüler, die die putzige Grundschule neben dem Tourismusbüro besuchen. Ein Schild am Eingang des Klassenzimmers weist die Besucher darauf hin, daß die Schule in Betrieb ist und Besichtigungen nicht gestattet sind. Auch wenn sich das Dorf ansonsten als Museumsstück eignet.

Elvas, die Stadt nahe dem spanischen Badajoz mit ihrem monumentalen Aquädukt, wurde vorsichtshalber nach der Reconquista gleich dreifach eingemauert. Das benachbarte **Estremoz** gründete der König im 13. Jahrhundert ohnehin nur aufgrund der strategischen Lage. Von der ursprünglich mittelalterlichen Schloßburg über der enggedrängten Oberstadt steht nur noch der wuchtige Turm, der *torre de menagem*, denn 1698 explodierte das – vermutlich nicht gerade bescheidene – Waffen- und Munitionslager. In dem pompösen Neubau aus dem 18. Jahrhundert geht es mittlerweile friedlich zu: 1970 richtete der Staat eine der edelsten Pousadas des Landes ein.

Beja: aussterbende Zugvögel

«Beja ... diene nicht als logistische Basis, es gehe hier nur um Schieß-, Bomben- und Tiefflugtraining. Im Alentejo könne man ungestört auf hundert Meter heruntergehen; bei der Verständnislosigkeit, die bei der deutschen Bevölkerung für die Belange der Luftwaffe herrsche, bleibe einem ja nichts anderes übrig», gibt Hans Magnus Enzensberger in *Ach Europa!* den Kommandeur der deutschen Luftwaffenbasis in **Beja** wieder und schreibt weiter: «Unbefangen wird das entscheidende Wort ausgesprochen: Lärmexport.»

Eine weite Ebene, wenige Dörfer und geduldige Portugiesen – eine Landschaft wie gebacken, um ungestört mit Jagdflugzeugen durch die Lüfte zu donnern und für den Ernstfall zu üben. Das Training verlief seit 1966 ohne größere Zwischenfälle, die Ausländer lebten in hübschen Einfamilienhäusern im «deutschen Viertel». Nur selten protestierte die Umweltschutzorganisation Quercus, weil der Alentejo auch für Zugvögel aus Skandinavien und Nordafrika ein Refugium ist. Einige vom Aussterben bedrohte Arten haben hier ihren Lebensraum.

Eine Woche vor Weihnachten 1993 springt auf der Lokalseite der portugiesischen Tageszeitung *Público* eine deutsch getextete Schlagzeile ins Auge: «Auf Wiedersehen Beja». In Anwesenheit der Verteidigungsminister beider Länder werden die Deutschen verabschiedet. Den gastfreundlichen Portugiesen war es dann doch zu bunt geworden, als die Deutschen weitere Rechte im portugiesi-

Der Platz war der Mittelpunkt des Dorfes. Hier stiegen die Reisenden aus der Postkutsche aus und erzählten Neuigkeiten. Durch den Platz standen die Leute mit der Welt in Verbindung. Und wenn es keine Nachrichten gab, wurden sie eben erfunden; Hauptsache, sie ähnelten der Wahrheit.

Die Zeit verging, und mit ihr wurde eine frei erfundene Geschichte wahr. Niemand würde mehr an ihr zweifeln: kam sie doch vom Platz. Und so war der Platz der Mittelpunkt der Welt.

Wer dort herrschte, beherrschte das ganze Dorf. Die Intelligentesten und die Schlauesten gingen hinunter zum Platz, und von dort aus unterwiesen sie das Dorf. Die Tapferen bauten sich in der Mitte des Platzes auf, forderten das Dorf heraus und machten es ihrem Willen gefügig. Torkelnd lachten die Betrunkenen über das Dorf, stellten sich taub gegen die ganze Welt. Wer wollte, solle sich ruhig ärgern, das ginge sie nichts an – sie torkelten und fielen auf die Nase. Von Traurigkeit zermürbt sanken sie in den weißen Staub des Platzes. Hier war der Ort, wo sich die Männer in allem, was das Land zu bieten hatte, groß fühlen konnten, einerlei ob Tapferkeit, Intelligenz oder Schwermut.

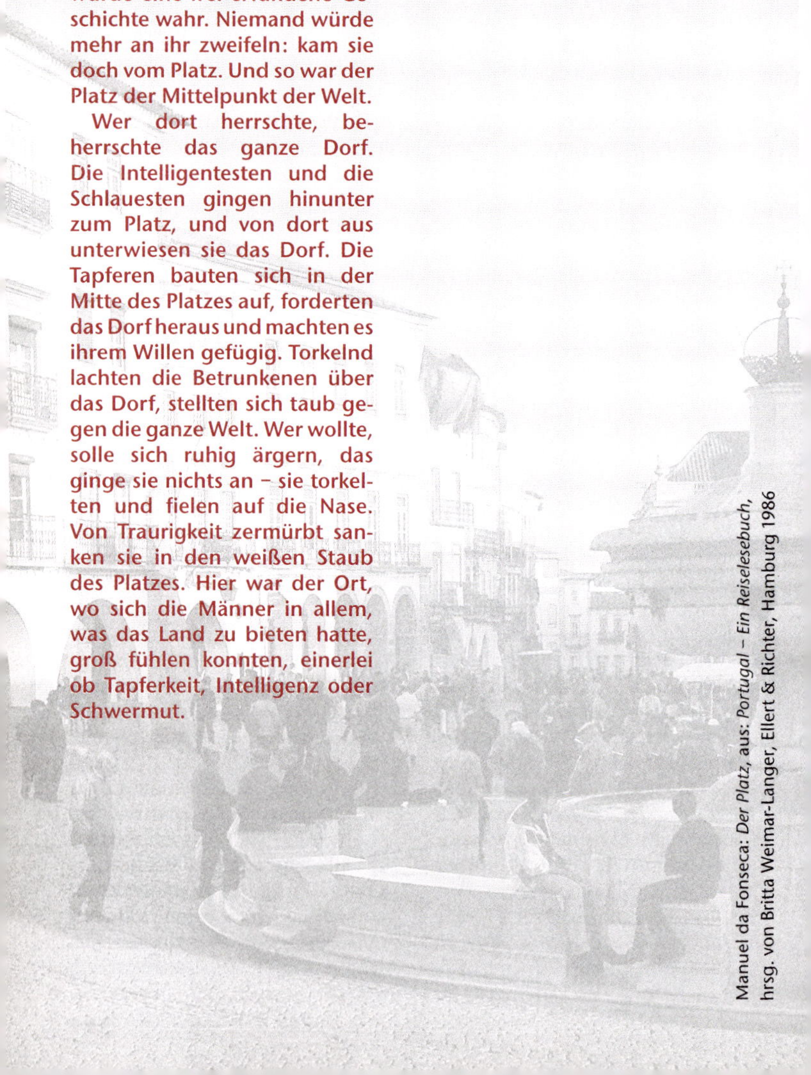

Manuel da Fonseca: *Der Platz*, aus: *Portugal – Ein Reiselesebuch*, hrsg. von Britta Weimar-Langer, Ellert & Richter, Hamburg 1986

schen Luftraum gefordert hatten. Nicht gerade ein tränenreicher Abschied. «Beja gilt bei der Bundeswehr als Einöd-Standort», beschrieb Hans Magnus Enzensberger die Stimmung in der Truppe. «Wo soll man abends hingehen? Die Wirtschaften sind schmutzig, man wird auch als Deutsche komisch angesehen, hier soll es ja viele Kommunisten geben.»

Nachts in Beja ankommen: Die Umgehungsstraße verliert sich in krummen Gassen, stockfinster und leergefegt. Die wuchtigen Mauern des Kastells sind hell erleuchtet, dahinter die langgestreckte Praça da República. Schemenhaftes Licht, ein Schatten in den Arkaden, plötzlich grinst ein bestürzend häßliches Gesicht, lallt und torkelt weiter. Fehlen noch einige Nebelschwaden, und die Phantasie trudelt ins Mittelalter. Doch ist Beja noch ein paar Jahrhunderte älter.

Eigentlich sollten nur Leitungen für die Klimaanlage im Boden des Franziskanerklosters verlegt werden, aber die Bauarbeiter durften die Spaten an Archäologen weiterreichen. Die Eröffnung der luxuriösen Pousada mußte bis auf weiteres verschoben werden. Immer dasselbe Theater: Wenn in Beja ein historisches Gebäude restauriert wird, können die Architekten davon ausgehen, daß früher oder später die Baustelle zur historischen Ausgrabungsstätte wird.

Eine ähnliche Überraschung hatten Bauarbeiter schon einige Jahre vorher erlebt, als sie in der nahe gelegenen Rua de Sembrano hinter dem Stadttor Portas de Mértola römische Ruinen unter einem baufälligen Haus fanden. In der hübschen Gasse des mittelalterlichen Viertels mit Fenstern aus dem 15. Jahrhundert verbirgt sich die Ausgrabungsstätte hinter Alublechen.

Pax Julia nannten die Römer die damalige Hauptstadt des südlichen Lusitaniens, hoch über der fruchtbaren Ebene mit den Getreidefeldern gelegen. Straßen verbanden die reiche Weizenmetropole mit Mértola, der Provinz Hispania und Lissabon. Auf den Latifundien arbeiteten Sklaven für römische Großgrundbesitzer. Eine frühe Version des Feudalismus im Alentejo. Ihren Ruhm hielt Beja noch bis ins 16. Jahrhundert, unterbrochen nur von den Schlachten während der Reconquista, die die Stadt komplett verwüsteten. Unter dem Beton von Beja dürfte noch einiges zu finden sein.

Im Kloster São Francisco standen die Bauarbeiter also zunächst zwischen nahezu intakten Skeletten der Mönche und bedeutender Familien aus dem 14.–17. Jahrhundert. Darunter entdeckten Archäologen dann den ältesten römischen Friedhof von Beja, wo bereits im 1. Jahrhundert n. Chr. die Toten, wie es üblich war, außerhalb der Stadtmauer begraben worden waren.

Neues Leben im alten Gemäuer

1268, dreißig Jahre nach der letzten Schlacht der Reconquista, gründeten Franziskanermönche das Kloster. Damit begann die Stadt, über ihre Mauern hinauszuwachsen, und aus den Wohnhäusern für die Bauarbeiter des Klosters entstand das Viertel Portas de Mértola. Kurz darauf siedelten sich Handwerker an, Töpfer, Ziegelbrenner und Weber. Die Straßenzüge erweiterten sich, Wollkämmerer, Schuhmacher, Schafscherer, Sattler und Schmiede kamen hinzu, und noch bis in die fünfziger Jahre bewahrte das Handwerker- und Wohnviertel diesen Charakter. Doch die alten Zünfte starben aus, und mit Aluminium- statt Holztüren, glattpolierten Steinen statt der dekorativen Friese, Beton statt Kopfsteinpflasterung zog das 20. Jahrhundert ein. 1983 besann sich die Stadtregierung, und in zehnjähriger Arbeit wurden die Straßenzüge zwischen der Rua Capitão João Francisco de Sousa, der Stadtmauer und dem historischen Zentrum restauriert.

Die Kommunalpolitiker bemühen sich um kulturelle Aktivitäten in der Stadt: So wurde in den Gewölben der Kirche Santo Amaro ein bemerkenswertes Museum für westgotische Kultur eingerichtet, das erste dieser Art in Portugal überhaupt. Eine Kultur, die keinen tiefen Einschnitt markierte, sondern sich nahtlos an die römische Epoche anschloß. Bis zur Reconquista wurden die vorherigen Kulturen nicht ausgelöscht, sondern lösten einander ab: heidnische Kulturen, erste Christianisierung der Römer, Westgoten und Mauren.

Kaum ein anderer Ort wäre geeigneter, dieses Kapitel der portugiesischen Geschichte darzustellen, als die Kirche Santo Amaro. Einer der letzten westgotischen Sakralbauten, der trotz Veränderungen mit seinem dreischiffigen Grundriß noch eindeutig die Charakteristika einer Basilika zeigt. Außerhalb der römischen Stadtmauern an einer Stelle gelegen, wo über die Jahrhunderte von den Römern bis zu den Mauren Begräbniskulte abgehalten wurden. In der Basilika zeigen die Grabsteine auf der einen Seite heidnische Zeichen und auf der Rückseite islamische Inschriften: Steine, die jenseits aller religiösen Dogmen mehrfach benutzt wurden. Die ältere Kultur lebte jeweils in der folgenden weiter.

In einer anderen Kirche in der Rua dos Escudeiros richtete die Stadtverwaltung eine Galerie für moderne Kunst ein, in der sowohl international bekannte wie auch Künstler aus der Region ausstellen. Der Leiter, Jorge Castanho, besitzt eine Vorliebe für ungewöhnliche Kunsträume. Zeitweise nutzte er auch die Metalúrgica Alentejana an der Rua de Lisboa, eine halbverfallene Fabrik, die Metallwaren aller Art herstellte: von landwirtschaftlichen Geräten bis zu Gartenbänken, Schiffsteilen und Straßenlaternen. Sämtliche Beleuchtungsanlagen der ersten Generation im Algarve und Alentejo kamen aus der Metalúrgica.

Die 1919 gegründete Fabrik beschäftigte 400 Arbeiter, die teilweise in den werkseigenen Häusern lebten. Beja ohne Metalúrgica, das schien undenkbar. Nach dem Tod des Besitzers übernahmen einige Arbeiter die Leitung, doch die wirtschaftliche Krise in der Metallbranche verschonte auch diesen Betrieb nicht. Ein letzter Streik der Arbeiter, deren Löhne nicht mehr bezahlt werden konnten, dann mußte die Metalúrgica 1983 öffentlich versteigert werden.

Hochburg der Künste und Kommunisten: Évora

Mal ehrlich: Wie stellt man sich eine Stadt vor, die seit 1976 unangefochten von Kommunisten regiert wird? Jeglicher Betonklotzphantasien sollte man sich schämen, Évora ist seit 1986 Weltkulturerbe und steht unter dem Denkmalschutz der UNESCO. Das läßt ehrfürchtig erschauern. «Perle des Alentejo» wird Évora genannt, wegen ihres lichten, mittelalterlichen Stadtkerns, der sich strahlend aus den weitläufigen Feldern erhebt, rundherum eingefaßt von Befestigungsmauern. Sie dankt bescheiden für dieses Kompliment, die schöne Évora braucht nicht zu protzen. Gut, hinter jedem Arkadenbogen und auf jeder rundgetretenen Treppenstufe lauert Geschichte: vom römischen Tempel bis in die engsten Gassen des maurischen Viertels an der Porta da Moura, dem Maurentor der ersten Stadtmauer, von der Kathedrale bis in die Judiaria, das jüdische Viertel in der Rua da Moeda und Rua dos Mercadores. Maler, Schriftsteller und Bildhauer machten Évora vor allem im 15. und 16. Jahrhundert zu einer Stadt der Künste. Könige, religiöse Orden und bedeutende Familien errichteten ihre Paläste, Klöster und Kirchen.

Daraus mischte sich ein Stadtbild, in dem diverse kunsthistorische Facetten schillern: ein wenig Romantik, Gotik und Renaissance, Barock neben Rokoko sowie ein kräftiger Schuß manuelinischer Stil mit Mudejar-Einflüssen, die von islamischen Steinmetzen aus Spanien stammen. Schattige Arkaden und Innenhöfe im Geflecht der Gassen, kunstvolle Brunnen und moderne Marmorplastiken als Kontrast zur Antike hinter dem römischen Tempel. Sorgfältig restauriert wurden nicht nur die repräsentativen Monumente, sondern das weißleuchtende Stadtbild als Gesamtkunstwerk. Und so versteckt sich in manch idyllischem Hinterhof ein banaler Supermarkt oder ein Jugendzentrum – rund 2000 Jahre Geschichte, präsent auf Schritt und Tritt.

Ja, da dürfen die Besucher schon mal tief durchatmen und erstaunt «Oh!» hauchen. Die Gastgeberin lächelt geschmeichelt: «Fühlen Sie sich zu Hause», Évora ist doch nur eine kleine Stadt. Kein gepflegtes Museum, in dem die pittoresken Ausstellungsstücke nicht berührt werden dürften, sondern trotz des ehrwürdigen Alters eine muntere, nachts gar quietschlebendige Stadt.

Dafür sorgen schon die rund 6000 Studenten, die natürlich nicht in irgendeinem modernen Klotz der Forschung und Lehre frönen, sondern in Stadtpalästen und im ehemaligen Jesuitenkolleg aus dem 16. Jahrhundert. Bereits 1559 zur Universität ernannt, wurde es rund 200 Jahre später geschlossen, als Marquês de Pombal die Jesuiten aus Portugal vertrieb. Erst 1979 wurde die Universität wiedereröffnet. Allmorgendlich stolpern nun die Studenten mit dem obligatorischen Mäppchen unterm Arm aus irgendeinem möblierten Zimmer durch das üppige Barockportal in die Universität und hocken in den Vorlesungen zwischen prächtigen Azulejos, die biblische oder mythologische Geschichten erzählen. Évora ist zwar eine Museumsstadt, aber zum alltäglichen Gebrauch freigegeben.

In diesem historischen Gewand lebt in Évora das 20. Jahrhundert. Als Hauptstadt und Dienstleistungszentrum des Alto Alentejo, faktisch jedoch der gesamten Provinz, verbucht Évora mit heute 53 000 Einwohnern als einzige Stadt im Alentejo eine Zunahme der Bevölkerung. Zudem entwickelte Évora früher als andere Städte im Hinterland eine moderne Infrastruktur: Fast alle Haushalte verfügen über ein eigenes Telefon, sind elektrifiziert, und die Abwässer werden nahezu vollständig geklärt.

Auf der anderen Seite wird das historische Erbe geschützt. Als erste portugiesische Stadt mit einem Bebauungsplan unterliegen neue Gebäude innerhalb der Stadtmauern strengen Vorschriften. Ohnehin werden sie nur genehmigt, wenn die alte Bausubstanz nicht mehr zu retten ist. Die alten Wohnhäuser wurden ebenso restauriert wie Klöster und Paläste. Wohnsiedlungen und Industrie, wie das Werk von Siemens, dürfen nur außerhalb der Stadtgrenzen errichtet werden.

Der Barbier der Akademie der Wissenschaften

Das Bewußtsein für den historischen Wert der Stadt schärfte sicherlich auch Túlio Espança. Im Alter von sieben Jahren kam er aus seinem Geburtsort Vila Viçosa nach Évora und begann nach der Schulzeit als Barbier zu arbeiten. Doch sein Leben hinter Frisierstühlen zu verbringen, dafür war er viel zu neugierig.

Neugierde und ein Gespür für gute Geschichten sind übrigens durchaus eine Qualifikation zum Herrenfrisör. In einer *barbearia* dreht sich die Welt. Zwischen Rasierschaum und Duftwässerchen wird so manche lokale Anekdote weitererzählt und die Politik und das Leben eingehend und in Bausch und Bogen untersucht. Eine barbearia ist erstens eine Nachrichtenbörse, die im übrigen oft auch Zeitungen verkauft, und zweitens stehen dort Friseurstühle herum. In dieser Reihenfolge. Soll nur niemand behaupten, Männer würden nicht tratschen. Túlio Espança liebte Geschichten, nicht nur die großen, weltbewegenden, sondern auch die kleinen. Er begann seine Stadt zu erforschen und zu beschreiben. Mit vierzehn Jahren verbreitete er bereits eine kleine Zeitung. 1940 wurde der Barbier zum Stadtführer, zwei Jahre später gründete er mit Freunden die Zeitschrift *Boletim da Cidade de Évora*. Er wurde zu dem Historiker von Évora, der die Stadt entzifferte und mit seinen zahlreichen Büchern auch nationale Anerkennung fand. Als erster und einziger Autodidakt mit Volksschulbildung und ohne akademischen Titel wurde er in die Akademie der Wissenschaften aufgenommen.

Der kühne Ritter Giraldo Sempavor – «Geraldo ohne Furcht» – war es, der in einer Herbstnacht des Jahres 1165 heimlich über die Stadtmauer kletterte und anschließend seine christlichen Truppen zum Sturm auf die maurische Stadt blies. Nach ihm wurde der langgestreckte Platz im heutigen Zentrum benannt, wo am Morgen die Männer in den langen Arkaden lehnen und in der Zeitung blättern – irgendein Grüppchen plaudert dort immer, bis in die Nacht hinein. Etwas später spannen die Kellner der Straßencafés die Sonnenschirme auf, doch der eigentliche Treffpunkt ist der runde weiße Marmorbrunnen Henriquina aus dem 16. Jahrhundert mitten auf der Praça Giraldo. Stundenlang läßt dort der Herr im dunklen Anzug die Beine baumeln, kann ein Päuschen nach dem Einkaufsbummel eingelegt oder die Hausarbeit mit den Kommilitonen besprochen werden.

Dieser Brunnen ist eine Art generationsübergreifendes Kommunikationszentrum unter freiem Himmel und einer der zentralen kunstvoll gestalteten Brunnen, die der Aqueduto da Água da Prata mit Wasser versorgt. Ein anderer liegt auf der Largo da Porta de Moura, von einer weißen Weltkugel gekrönt. Aus achtzehn Kilometer Entfernung erreicht die Was-

Alltag im Alentejo:
zum Einkaufen in die nächste
Kleinstadt

serleitung die Stadt, den längsten Teil der Strecke verläuft sie unterirdisch und nur auf dem letzten Stück über die Renaissancebögen. In nur fünf Jahren Bauzeit wurde der Aquädukt als erster und längster in Portugal 1537 fertiggestellt. Innerhalb der Stadt nutzen die Bewohner das Bauwerk auf zweifache Weise: Während oben das Wasser plätschert, wurden unten Häuser in die Granitbögen hineingebaut.

Als der forsche Giraldo das Schwert schwang, lag der Platz noch außerhalb der Stadt. Die alte Befestigungsmauer, von Römern und Mauren erbaut, verlief ein Stück oberhalb. Von diesem inneren Ring aus wuchs die Stadt in den folgenden Jahrhunderten hinunter in die Ebene.

Von der Praça Giraldo führt die Fußgängergasse Rua 5 de Outubro hügelaufwärts ins alte Zentrum von Évora, vorbei an kleinen Läden, die ihre Waren nicht nur für Touristen auf der Straße präsentieren. Es ist gleichzeitig eine Ausstellung alentejanischer Alltagskultur: bunte gewebte Decken, leuchtend lackierte Bauernmöbel mit geschwungenen Pflanzornamenten, Tonteller, Krüge und dickbauchige Gefäße mit Blumenmustern angepinselt oder kleinen Steinchen besetzt. Aus Estremoz kommen kleine Tonfiguren, die Heilige oder Bauern bei der alltäglichen Arbeit darstellen. Eine Kunst, die im 15. Jahrhundert von Franziskanermönchen aus Italien nach Portugal gebracht wurde und seit dem 18. Jahrhundert in Estremoz ausgeübt wird. Die Wollteppiche aus Arraiolos lagen schon im 17. Jahrhundert in Königshäusern und werden noch heute von den Frauen des kleinen Ortes nahe Évora geknüpft.

In einigen Läden findet man auch *capotes*, die dicken filzigen Wollumhänge mit Fuchskragen, die früher nur die Schäfer im Alentejo trugen. Patronengürtel, Felle, Ledertaschen hängen dort für die Jagd, die eine ungeahnte Renaissance im Alentejo erlebt. Wer mit seinen Ländereien nichts Rechtes anzufangen weiß, läßt sie einzäunen und als Jagdzone ausweisen. Nicht nur Ökologen wehren sich dagegen, häufig schlägt auch die anliegende Bevölkerung Krach: Schäfer und Bauern ärgern sich über die Zäune, die ihnen die gewohnten Wege versperren, und häufig laufen aus Versehen nicht nur Kaninchen vor die Flinte.

Soziologisches Wissen im Kerker

Der Jagdgöttin Diana soll der römische Tempel aus dem Jahr 3 n. Chr. geweiht sein, deren korinthische Säulen noch heute den höchsten Punkt der Stadt markieren. Jahrhundertelang waren sie in einem öffentlichen Schlachthaus eingemauert, und erst 1870 wurden sie nach einem Appell verschiedener Schriftsteller restauriert. Bereits 59 v. Chr. verliehen die Römer der Stadt den Namen Liberalitas Julia, die auch später unter den Westgoten und ab 711 den Mauren ein wichtiger Handelsplatz war.

Auf dem Platz rund um den römischen Tempel drängt sich die Geschichte Évoras. Eines der dunkelsten Kapitel versteckt sich in den Casas de Vasco da Gama, den beiden Häusern des Entdeckers des Seeweges nach Indien, von denen eines heute zur Universität gehört. Hinter einem Seiteneingang befindet sich unter hohen Deckengewölben die Bibliothek der Soziologen und ein düsterer Lesesaal.

Früher wurden in diese dicken, fensterlosen Mauern die Gefangenen der Inquisition eingesperrt. Die Zellen waren hohe, quadratische Räume ohne Tageslicht. Eng gedrängte Bücherregale bewahren heute dort soziologisches Wissen auf. Die Spezialisten der Isolations- und Dunkelhaft waren in Évora am Werk.

1536 wurde die Inquisition in Portugal eingeführt. Neben Coimbra und Lissabon war Évora der dritte Hauptsitz und galt als die brutalste Hinrichtungsstätte für Juden, Hexen, Atheisten und sonstige Ketzer. Erst 1821 wurde die Inquisition abgeschafft. Noch 1963 fand man im Keller dieses Palastes Skelette von vergessenen Gefangenen «in den dramatischsten Positionen», wie der Historiker Túlio Espança in seinem Buch *Évora – Encontro com a Cidade* schreibt.

Im Museum der Stadt, dem ehemaligen Bischofspalast, oder im alten Rathaus, wo inzwischen die Bibliothek eingezogen ist, gehörte der Historiker von Évora zum Inventar. Immerhin 50000 Bücher stehen hier, darunter Raritäten aus dem 15. und 16. Jahrhundert. Natürlich kannte der «Barbier» jedes Detail der mächtigen romanisch-gotischen Kathedrale aus dem 12. und 13. Jahrhundert, von den nachdenklich blickenden Aposteln am Hauptportal bis zu den Namen bedeutender Bildhauer, wie der Franzose Nicolas de Chanterène, die sich in der größten Kathedrale Portugals verewigten.

Besonders aber liebte Túlio Espança die Kirche und das Convento dos Lóios, die auf den Fundamenten des Castelo Velho errichtet wurden. Die Bürger Évoras hatten die alte Burg im Kampf gegen die Ansprüche Kastiliens auf den portugiesischen Thron und für die Unabhängigkeit der Nation 1384 in Brand gesetzt. 150 Jahre später wurde auf diesen Fundamenten das Kloster errichtet.

Einige Tage vor seinem achtzigsten Geburtstag betrat Túlio Espança das Kloster dos Lóios, in dem heute eine Pousada eingerichtet ist, und bat den Portier, sich einen bestimmten Platz noch einmal anschauen zu dürfen. Mit Pomp und allen Würden sollte sein Geburtstag gefeiert werden. Davon war der bescheidene Alentejano nicht sehr begeistert. Er liebte Évora und hatte einfach das getan, was ihm im Leben am meisten Spaß machte, mehr nicht. Der Historiker spazierte durch die Pousada. An einem Fenster im oberen Stockwerk blieb er stehen und blickte über die geschwungene Weite des Alentejo in Richtung seines Geburtsortes Vila Viçosa.

Die offizielle Version lautete später, er sei wegen einer Schmerzattacke zehn Meter tief aus dem Fenster gestürzt. Das wäre möglich gewesen, Túlio Espança war tatsächlich ein kranker Mann. Die Zeitung dagegen titelte: «Ein selbstgewählter Tod». Túlio Espança wollte niemandem zur Last fallen, lieber einen würdigen Tod als einen peinlichen achtzigsten Geburtstag. Und damit bot er Stoff für eine dieser kleinen Geschichten, die er selbst so gern erzählte.

DAS VERSTEINERTE PARADIES

DIE ZWEI GESICHTER DES ALGARVE

«So, so ...», sagte die junge Frau im Café, «das finden Sie also schön.» Dann lächelte sie, wischte den Tisch ab und blinzelte an der weißen Kirche vorbei in den unglaublich blauen Himmel. So, so, wird sie sich gedacht haben, typisch Touristin. Was gibt's schon in Cacela Velha? «Zwei Cafés, fünfzig Einwohner, die noch leben, und viele auf dem Friedhof», meint sie. Abgesehen davon, gibt es wenige Orte, wo man auf einer Mauer so wunderbar mit den Beinen baumeln und den Blick trödeln lassen kann: über die blau schillernden Lagunen und das glatte Meer, über die Fischerboote im Schlick, die auf die Flut warten. Wo ein weiches Lüftchen durch die Haare wuselt und irgendein Vogel krächzt. Sonst nichts. Außer den paar weißen Häusern, die sich hinter dem kleinen Fort ducken, zwei Cafés ...

Cacela Velha liegt an der Algarve. Nicht an der Postkarten-Algarve, dem Küstenstreifen mit bizarren roten Felsen und goldenen Sandbuchten. Cacela Velha liegt im Sotavento – der dem Wind abgewandten Seite der Küste – östlich von Faro. Kein «Geheimtip», sondern auf jeder Landkarte eingezeichnet. Es gibt eben nicht nur die Postkarten-Algarve, die, vor allem zwischen Faro und Portimão, nicht sehr originell zubetoniert wurde. Doch da kann man auch drumherum fahren, denn der Algarve ist kein Küstenstreifen, sondern eine Region, die von einem Gebirgszug im Norden begrenzt wird. Es gibt also auch einiges hinter dem Strand zu entdecken.

Wer ahnt denn, daß man mit der simplen Frage nach einem Geschichtsbuch in ein Wespennest tritt. Zwei Buchläden stehen in der Ferien- und Hafenstadt Lagos – neben der Bibliothek – zur Auswahl: Der eine verkauft internationale Zeitungen, Postkarten, Spielzeug, Schreibwaren, Zigaretten – und Bücher. In dem anderen guckt der Buchhändler verblüfft, grinst dann und sagt: «Gibt es nicht. Tut mir leid, ein Buch, das zusammenhängend unsere Geschichte im Algarve beschreibt, gibt es nicht. Und wissen Sie was, der gesamte Algarve existierte für Portugal nicht. So ist das. Natürlich, seitdem man hier Geld verdienen kann ...» Seitdem kennt man selbst in Lissabon den Algarve. Zumindest die Küste. Sonne und Strand, das ist Algarve. Und während seine Angestellte das anarchistische Bändchen *Die portugiesischen Entdeckungen* – oder – die andere Version einer schlecht erzählten Geschichte in weißes Papier einschlägt, erzählt

Nebel und Neubauten in Vilamoura

Die andere Seite des Algarve

der Buchhändler die andere Geschichte des Algarve. Seine Urgroßmutter, die brauchte vier Tage mit der Kutsche, bewacht von Gendarmerie, um aus dem Algarve über die Berge durch das Alentejo bis nach Lissabon zu kommen. In der Regenzeit verwandelten sich die Straßen in Sturzbäche. Wer es sich leisten konnte, reiste mit dem Schiff von Vila Real de São António den portugiesisch-spanischen Grenzfluß Guadiana hinauf ins Alentejo, nahm dort die Postkutsche und stieg fünfzig Kilometer weiter in Beja in den Zug, der ab 1864 nach Lissabon rumpelte. Noch Ende der siebziger Jahre war es einfacher, von London mit dem Flugzeug als von Lissabon auf dem Landweg den Algarve zu erreichen.

Im Norden Gebirge, im Osten der Guadiana und das ungeliebte Spanien, im Süden Atlantik und im Westen Atlantik. «Der Algarve ist nicht Portugal», sagt ein altes Sprichwort, das heute noch gilt, wenn man sich unter Algarve nur die einst paradiesische Südküste vorstellt. Orange leuchtende, bizarre Felsen und Grotten, lange Sandstrände und malerische Buchten – eine Küste, die zwischen Portimão und Faro weitge-

hend zugebaut wurde mit touristischen Gettos, die mit Portugal soviel zu tun haben wie Legoland mit Dänemark. Diesen Küstenstreifen meinen Reiseprospekte, wenn sie «die» Algarve anpreisen und noch immer manche Betonwüste für ein idyllisches Fischerdorf verkaufen. «Die» Algarve ist inzwischen berühmt. Und für Beton berüchtigt. Viel mehr kennt man noch immer nicht von dieser Provinz, die im Portugiesischen «der» Algarve heißt. Eine Region, die sich von der Küste im Süden noch vierzig Kilometer nach Norden ausdehnt, über die sanften Hügel der fruchtbaren Übergangslandschaft bis hinauf in die Serra, in das bis zu 900 Metern hohe Gebirge, das den Algarve vor kühlen Nordwinden abschirmt – und vor Portugal.

«König von Portugal und Algarve», so nannten sich die Monarchen des Landes, denn längst hatten die christlichen Heere den Norden des Landes erobert, längst hatte der Papst dem Königreich Portugal seinen Segen gegeben, und schließlich waren die Mauren selbst aus Lissabon 1147 vertrieben worden, da lag jenseits der Berge noch immer eine unbeugsame islamische Provinz: *Al-Gharb*, «der Westen» des mauri-

Hinter dem Beton geht's weiter …

schen Reiches, das sich von Andalusien bis zur Atlantikküste hinüberzog. Erst 1250, also gut hundert Jahre später als Lissabon, eroberten die christlichen Heere «den» Algarve. Eine Provinz, die wie kein anderer Landesteil unter der maurischen Herrschaft aufgeblüht war.

Es waren die Araber, die das Hinterland in einen Garten verwandelten. Feigen, Mandeln, Oliven, Orangen oder Johannisbrotbäume gedeihen noch heute prächtig. Als Spezialisten in Bewässerungstechnik brachten sie die *nora* mit, Wasserräder, die über ein großes Rad, eine Kette mit Gefäßen in Brunnen versenkten, um das Wasser aus der Tiefe herauszuschöpfen. Ebenso erinnern Namen mit der Silbe «al» oder «a» am Anfang an das maurische Erbe: *oliveira* heißt zwar der von den Römern eingeführte Olivenbaum. Doch die Oliven, das sind *azeitonas*, das Öl ist *azeite*, und der von den Arabern angepflanzte Johannisbrotbaum heißt *alfarrobeira*. Ebenso stammen von den Arabern die kunstvollen Schornsteine, Miniatur-Minarette, die – heute als Massenware angeboten – einst den Reichtum des Hausbesitzers zeigten. Diese Gartenlandschaft und ihre Küste blieben ein An-

hängsel an Portugal, das aus Lissabonner Sicht kaum mehr zu bieten hatte als weiß gekalkte Fischerdörfer und ein paar Bauern mit Eselskarren.

Tatsächlich zeigt sich die Geschichte des Algarve nicht in bombastischen Monumenten. Auch ohne das Erdbeben von 1755, das viele Städte des Algarve zerstörte, wären keine protzigen Paläste zu besichtigen. Einige römische Ausgrabungsstätten wie in Vilamoura oder Milreu: Reste einer römischen Villa mit Baderäumen sowie einer Basilika aus dem 4. Jahrhundert auf den Fundamenten des römischen Tempels. Einige maurische Festungsanlagen, die in manchem Provinznest an eine glorreiche Vergangenheit erinnern. Einige Kirchen, wie die von São Lourenço nahe Almansil, die bis unter die Decke mit prächtigen Azulejos ausgekleidet ist. Natürlich, die angebliche Seefahrerschule des Infanten Heinrich in Sagres am südwestlichen Ende Europas – das war's dann schon fast.

Und dann ist da plötzlich eine verwaschene, unscheinbare Gedenktafel, ein verlorenes Fünf-Häuser-Dorf zwischen Orangen und Feigenbäumen. Eine römische Brücke biegt sich über einen

Bach, daneben preist diese Gedenktafel die mutigen Bürger von Olhão.

Im Jahre 1808 schlugen sie in dieser blühenden Idylle die napoleonischen Truppen zurück. Ja, ein Aufstand der Algarvios gegen die französischen Truppen, die in Portugal einmarschiert waren und auch den Algarve plünderten. «Sogar unsere kleine Kirche haben sie ausgeräumt», erzählt die Schweizerin Katharina, die in dem nahe gelegenen Moncarapacho durch das örtliche Museum führt – ein Hobby des Pastors. Der Achtzigjährige sammelte seit seinem 15. Lebensjahr Alltägliches und Skurriles aus der Region: römische Särge, die in einem Stall als Tränke dienten, Mahlsteine, Amphoren, Münzen, Öllämpchen, Kruzifixe aus indischem Elfenbein, Heiligenbilder, ein Krippenspiel, das er den Nonnen aus dem ehemaligen Kloster in Faro abschwatzte, und schließlich sogar ein rostiges Schwert, das ein Bürger des Dorfes gegen die Franzosen schwang.

Die Botschaften der «weißen Industrie»

Mit solchen Fundstücken kann man natürlich nicht berühmt werden, aber mit 3000 Sonnenstunden im Jahr – mehr als in jeder anderen Region Europas – und einer traumhaften Küste. Diese Kombination konnte im Zeitalter des Massentourismus nicht ungeschoren davonkommen. Wie eine Narbe zieht sich heute die Nationalstraße 125 an der Küste entlang und verbindet die widersprüchlichen Gesichter des Algarve: moderne Hotel- und Appartementsiedlungen mit einsam verstreuten Dörfern, wo hochrädrige Eselskarren inzwischen zwar selten, aber noch immer keine folkloristische Einlage für Touristen ist.

«Sprechen Sie von Kultur? Und meinen, daß es noch irgend etwas an der Küste zu retten gibt? Wir haben unsere Folklore verloren, unsere traditionellen Feste, unsere Gastronomie. Unsere Töpfer, Korbmacher und Bootsbauer, unsere Lieder und kleinen traditionellen Häuser. Vor allem: unsere Eigenart und unsere Gastfreundschaft», so Miguel Velez von der Associação In Loco, einem Verein, der die regionale Entwicklung im gebirgigen Nordosten des Algarve fördert. Dort, wo man das Meer nicht mehr sieht, wo die geschwungene Linie der kargen Hügel den Horizont zeichnet, dort ist die Serra. Die Serra, das ist Niemandsland. «Wir gehen runter in den Algarve», sagen die Bewohner, wenn sie ihr Dorf verlassen. Die Bewohner der Serra waren lange Zeit vergessen und abgeschnitten von der Außenwelt. Selbst Algarvios von der Küste ahnten nur, daß dort oben irgendwo ein Gebirge ist. Die Serra de Caldierão, das war ein blinder Fleck auf der Landkarte.

Nur ein Fünftel des Algarve ist Küste. Dort ballen sich die urbanen Zentren, während beispielsweise die Dörfer der Serra de Caldeirão durch die Emigration seit Anfang der achtziger Jahre fast ausgestorben sind. Landflucht nicht nur nach Frankreich oder Deutschland, schon vierzig Kilometer südlich kann man Geld verdienen: in den Hotels, Restaurants und auf den diversen Baustellen. Der Wind von der Küste trug die Botschaften der «weißen Industrie» auch ins Hinterland. Die Serra drohte auszusterben.

An der Küste sind die Lebenshaltungskosten so hoch wie in kaum einem anderen Landesteil. Die

Speisekarten generell mehrsprachig – unter anderem auch portugiesisch, weil ein Gesetz es mittlerweile vorschreibt –, und längst nicht mehr jeder Fisch, der in den Restaurants auf den Teller kommt, wird auch vor der Küste gefangen. Während des Booms Mitte der achtziger Jahre bestellten selbst Portugiesen ihr Essen auf englisch, wollten sie bedient werden. Und einmal mehr behaupteten böse Zungen, für den Algarve bräuchte man einen eigenen Paß.

«Das verbaute Paradies» zieht sich heute von Portimão bis nach Faro. Doch der Algarve hat viele Gesichter: die Gartenlandschaft der Serra de Monchique, die geschwungenen Bergrücken der Serra de Caldeirão und die fruchtbaren Hänge am südlichen Rand der Gebirge. Die Salinenlandschaft an der Flußmündung des Guadiana, die kilometerlangen Lagunen des Sotavento im Osten, die Südküste und die Costa Vicentina, die rauhe Atlantikküste im Westen, die heute unter Naturschutz steht und bislang vom Bauboom verschont blieb.

Eine kurze Gebrauchsanweisung: Es gibt keine «unberührten Ecken» im Algarve, aber es gibt auch keinen Grund, in den Sommermonaten zu reisen. Auch im April und im Oktober sind die Wassertemperaturen zum Baden geeignet. Mit dem Risiko einiger Regentage läßt sich Eigenartiges im warmen Herbst und mildem Winter erspüren: Wenn oft nur noch die Dorfpinten geöffnet sind, die Mandelbäume blühen, die Wiesen gelb blenden und das silbrig schimmernde Licht die weißen Dörfer abends in fliederfarbenes Pastell tunkt. Dann ist es, als ob der Algarve in einen wohligen Winterschlaf sackt und sich erholt. Bis zur nächsten Saison.

Vom Fischerdorf zur Bettenburg

Wie immer begann alles ganz harmlos. Es war um die Jahrhundertwende, als sich in **Praia da Rocha** die ersten Badegäste einfanden. Der «Strand der Felsen» avancierte zur Sommerfrische reicher Familien aus dem nur zwei Kilometer entfernten Portimão, die auf den Klippen ihren Landsitz anlegten. Im Winter sonnten sich nieselregengeplagte Engländer. Heute ist das einst feine Seebad ein Synonym für Betonkultur spanischen Ausmaßes. «Ach was», sagt die Witwe eines deutschen Industriellen, «man kann immer alles von zwei Seiten betrachten: Das Glas ist halbvoll oder halbleer. Zeigen Sie mir einen Platz, der schöner ist.» Zugegeben, von der Terrasse ihrer Villa mit Swimmingpool – direkt neben dem Sommerdomizil des ehemaligen Staatspräsidenten Mário Soares – ist der Blick postkartenreif: Auf einer Klippe gelegen, darunter dehnt sich goldgelb der Strand, das Meer ist blitzblau, einen Ton dunkler als der Himmel, und die Felsen leuchten gülden, wie es sich gehört.

Das Industriellenehepaar gehörte zu den Pionieren: Sie waren 1960 die ersten Ausländer, die hier eine Villa errichteten. Noch heute heißt der Strand deshalb auch *Praia do Alemão*, der «Strand des Deutschen».

In den fünfziger Jahren verbrachten sie ihre Flitterwochen in dem Hotel Bela Vista, einer ehemals privaten Villa mit maurisch anmutenden Fenstern und einem Minarett. Abgesehen von einigen verstreuten Pensionen, war es 1936 das erste kleine Hotel weit und breit und – welch ein Luxus – 1959 auch das erste Gebäude im Algarve mit einem Fahrstuhl. Zwischen Portimão und dem Fels-

Das gestrandete Schiff: Vergnügungspark bei Portimão

strand pendelten regelmäßig Kutschen, und einziger gesellschaftlicher Treffpunkt war das Casino. «Ein goldener Strandgürtel mit rötlichen Felsen, der unglücklicherweise durch eine Reihe von häßlichen Landhäusern verunstaltet ist», so beschreibt der Engländer Rodney Galop das edle Praia da Rocha. Sofern noch vorhanden, sind die «häßlichen Landhäuser» heute zwischen bombastischen Hotelklötzen eingezwängt.

Natürlich, findet auch die Industriellenwitwe, daß viel gebaut und viel geklüngelt wurde, und «man kann doch auch mit Korruption wenigstens schöne Häuser konstruieren», aber der Spaziergang am Strand, der sei doch immer noch derselbe.

Wenn man sich durch die Großbaustellen kämpft und die internationalen Restaurantketten, Autovermietbüros und Souvenirgeschäfte an der Uferpromenade ignoriert, schließlich die Felsen zum Meer hinuntersteigt und sich nicht umdreht, dann liegt dort noch immer der traumhaft schöne Strand von Praia da Rocha. Und ebenso das Hotel Bela Vista, das mit seinen vierzehn exquisiten Zimmern in

einem exotischen Garten thront, direkt am Rand der Klippe – mit dem Rücken zum Beton.

Was für ein Schatz im Süden Portugals verborgen liegt, entdeckte der Diktator Salazar erst in den sechziger Jahren, als er für seinen Kolonialkrieg nach Geldquellen suchte. Man erinnerte sich an den letzten Zipfel der Nation, der in den kommenden Jahrzehnten manches Finanzloch stopfen sollte und bis heute die wichtigste Devisenquelle Portugals ist.

«Orgulhosamente sós», das stolze einsame Volk sollte nach der Vorstellung des Diktators unbefleckt von ausländischen Moralvorstellungen und oppositionellen Ideen bleiben. Nobeltourismus der Luxuskategorie hieß die Lösung. Alleine der Preis selektierte das erlauchte Publikum, das sich im 1966 eröffneten Hotel Penina am Rand von Portimão einfand. 150 Hektar Reisanbaufläche hatten sich in den ersten Golfplatz des Algarve verwandelt. 1968 kreuzte Paul McCartney hier auf, was einige Unruhe verursachte, aber man war verzückt von dem jungen Mann, der sich nicht nur anständig benahm, sondern auch einen Song dort schrieb.

Nach der Nelkenrevolution zogen vorübergehend *retornados* in die Nobelhotels des Algarve, Rückkehrer aus den sogenannten Überseeprovinzen, sowohl portugiesischer als auch afrikanischer Herkunft. 1975 wurde ausgerechnet in den Räumen des Hotel Penina ein historischer Schlußpunkt gesetzt: Die Führer der angolanischen Befreiungsbewegung und die Vertreter der neuen portugiesischen Regierung unterschrieben das Abkommen zur Dekolonialisierung. Inzwischen puttet man auf den Greens des Penina selbstverständlich wieder ungestört, mittlerweile allerdings auf drei Golfplätzen.

Schon 1965 hatte sich mit dem internationalen Flughafen in Faro das Tor für Charterreisen geöffnet, doch die wahrhaftige «Demokratisierung» des Tourismus begann Ende der siebziger Jahre – und der Bauboom. Allen voran investierten Engländer, die Grundstücke auf Vorrat gekauft hatten. Noch heute ist es üblich, daß die Preise in den Schaufenstern der Makler in Pfund statt in Escudos angegeben werden.

So schlimm wie in Spanien sei das alles doch gar nicht, wird immer wieder betont. Mag sein, aber vor allem zwischen Faro und Portimão ist es schlimm genug. Nie wurde im Algarve eine Gesamtplanung durchgeführt, sondern stets jedes Projekt für sich genehmigt. Nach dem Motto: «Wo Platz für ein Hotel ist, reicht's auch für drei», durfte ungehemmt reingeklotzt werden. Die einst «schönste Küste Europas» verkam zum Spekulationsobjekt internationaler Immobilienhändler.

Zeit der Einsicht?

«Die Bebauung und deren Übermaß», so ließ sich der Minister für Handel und Fremdenverkehr, Ferreira do Amaral, 1988 zitieren, «hat Teile der Region bereits irreparabel geschädigt.» Restriktionen wurden eingeführt: nicht näher als 200 Meter am Strand und nicht höher als vier Stockwerke. Eine Bestandsaufnahme wurde für die gesamte Region vorgenommen und weitere Baugenehmigungen nur unter strengen Auflagen erteilt. Das portugiesische Touristikamt meldete damals knapp 200 000 Gästebetten; 260 000 waren es drei Jahre später.

Die zumindest wortgewaltige Einsicht kam spät und nicht ganz uneigennützig. Einerseits sind die fetten Jahre längst vorbei, viele der monotonen Hotelblöcke stehen auch im Sommer leer. Andererseits sehnt man sich zurück in die Zeiten des Luxustourismus. Hat man doch erkannt, daß mit den *turistas docas* kein Geld zu verdienen ist. Die «Dock-Touristen» kaufen in London ihr Pauschalticket zum Dumpingpreis und lassen keinen Penny im Land.

Die nebulöse Zauberformel vom «Qualitätstourismus» macht nun die Runde. Der zahlungskräftige Tourist ist gemeint, jung, modern, mit Vorliebe für fünf Sterne und Golfplätze – ein gutes Dutzend besteht bereits, weitere Projekte liegen in den Schubläden. Nebenbei bemerkt: 3000 Sonnenstunden im Jahr sorgen zwar für milde Winter im «Golferparadies», aber auch für Wasserprobleme. Vor allem, wenn der Regen im Winter ausbleibt.

1991 wurden die Gemeinden aufgefordert, Bebauungspläne bei der Koordinierungskommission einzureichen. Von sechzehn Gemeinden war bis 1994 nur einer genehmigt worden. «Abgesehen von wenigen ehrenwerten Ausnahmen, die vorhandenen Bebauungsvorschläge der Gemeinden würden die Küste in ein städtebauliches Chaos verwandeln», so damals ein Mitarbeiter der Kommission. Teilweise stammten die Baugenehmigungen noch aus den sechziger Jahren – eine schlummernde Zeitbombe. Um sie zu entschärfen, wurde 1993 ein Gesetz erlassen, das sämtliche bereits erteilten Baugenehmigungen aufhob, um eine Gesamtplanung zu ermöglichen. Denn von Ost nach West ist so gut wie jeder Quadratmeter Küste verkauft, und die irgendwann genehmigten Projekte hätten die vorhandenen Kapazitäten locker verdoppelt.

Schließlich setzten die Naturgewalten die Politiker zusätzlich unter Druck: Erosion, Wind und Wellen nagen an der Küste, die ohne Rücksicht auf den weichen Untergrund betoniert wurde. Fünf Küstenordnungspläne wurden schließlich erlassen, die Vorrang vor regionalen Flächennutzungsplänen haben. Der sozialistische Ministerpräsident Guterres gab dem Küstenschutz gar nationale Priorität.

Massiver Beton

Als erste Übersicht zwischen Portimão und Faro bietet sich die Küstenstraße N 125 an. Am östlichen Ufer des Rio Arade, gegenüber von Portimão, legt sich weißblitzend **Ferragudo** über den Hügel. 1520 gegründet, um Portimão vor Piraten zu schützen, ist zumindest der Dorfkern so erhalten, wie man sich gemeinhin die Dörfer des Algarve vorstellt: frischgekalkte, niedrige Häuser, violett strahlende Bougainvillea ranken die weißen Mauern hinauf. In den verschlungenen Gassen verläuft man sich auf Anhieb, Hunde dösen auf dem Kopfsteinpflaster. Manchmal knöttert ein Moped vorbei. Der Hund bleibt liegen. Über Ferragudo drückt mittags noch diese Stille der Algarvedörfer. Diese eigene Stille, die um die Ecken schleicht.

Einige Kilometer weiter biegt in Lagoa, das für seinen Wein bekannt ist, die Straße nach **Carvoeiro** ab. Das Fischerdorf, als solches zwischen Pubs und Restaurants durchaus noch zu erkennen, krallt sich an den Felsen. Das eine oder andere Boot tuckert in der kleinen Bucht, um Touristen die Grotten zu zeigen. Rund um das Dorf dehnt sich aber ein Betongürtel in der Breite: kleine Appartements und pseudomaurische Villen asphaltieren quadratkilometerweise die Landschaft.

Armação de Pêra bietet die Variante «Beton in der Vertikalen», besonders fotogen aus der Perspektive des Nachbardorfes Pêra: Hier guckt man dem ausländischen Wagen, der sich da durch die Gasse schiebt, die für Eselskarren konstruiert wurde, genervt hinterher. Hinter dem Dorf zieht sich die schmale Straße zwischen halbverfallenen Mauern hindurch, die die Weinfelder und Orangenhaine säumen. Zwischen blühenden Wiesen und krumpeligen Feigenbäumen wächst zur Rechten die futuristische Skyline von Armação de Pêra. Die Straße endet als Sandweg an den Dünen, und dahinter dehnt sich der kilometerlange Strand aus, der Armação de Pêra berühmt machte und für den Anblick entschädigt.

Next exit auf der N 125 ist das Mekka des «easy living», das 2000 Jahre alte **Albufeira**, wo Phönizier und Römer siedelten. Die «Burg am Meer», deren weiße Häuser wie eine Krone auf den Felsen thronen, wurde erst nach zwei Anläufen von Dom Afonso erobert und schlummerte bis in die sechziger Jahre dieses Jahrhunderts als

Fischerdorf vor sich hin. Dann kamen Cliff Richard und die Shadows vorbei, James Michener ließ seine *Kinder von Torremolinos* hier herumtollen, und Sir Harry's Bar hauchte Albufeira das internationale Flair ein, das heute aus einer Diskothek neben der nächsten Bar donnert. Wer im Urlaub die Sau rauslassen möchte, bitte sehr.

Die Version Qualitätstourismus der Zukunft repräsentiert schon heute Vilamoura, die künstliche «Maurenstadt» mit Golfplatz und Yachthafen. Pfiffige Stadtplaner kamen auf die Idee, eine «Old Town» zu errichten und sämtliche Stilrichtungen europäischer Kunstgeschichte zu vermischen – garantiert keine Prise Portugal.

Nein, nicht weiter nach Quarteira, das verdirbt die Sommerlaune, Betonklötze in Viererreihen, der Strand soll irgendwo dahinten sein – aber vielleicht **Vale do Lobo**, das «Wolfstal», oder **Quinta do Lago**: Der Rasen wellt sich wie ein Teppich, betupft mit kugeligen Pinien. Zwischen Süß- und Salzwasserseen schlängelt sich eine fünf Kilometer lange Hauptstraße, die die locker im Gelände verteilten privaten Villen, Tennisplätze, Restaurants, Fünf-Sterne-Hotel und Reitstall miteinander verbindet. Die gesamte Anlage breitet sich auf 645 Hektar aus: vier Golfplätze, auf denen internationale Wettkämpfe ausgetragen werden, und ein eigener dreieinhalb Kilometer langer Strand. Das Ressort mit dem weltweit größten Waldbestand an Schirmpinien und einer vielfältigen Vogelwelt liegt im Naturpark Ria Formosa und gilt als ökologische Edelversion von Tourismus. Nur acht Prozent der Fläche dürfen bebaut werden. Wenn eines Tages die letzte Villa bezogen ist, werden 4000 Bewohner – wohlbehütet vor dem Land jenseits der Mauern – die Sonne des Algarve genießen.

Endstation Flughafen Faro. Up and away? Nein, zurück nach Portimão.

Dosenfisch und Trockenfrüchte

Kaum jemand mag **Portimão**. Die Hafenstadt an der Flußmündung des Rio Arade war nie besonders aufgeräumt, ließ sich nie romantisch oder pittoresk verklären. Portimão ist eine Stadt, zweckmäßig und ohne offensichtlichen Charme. Und das ist im Süden des Algarve zumindest eine erholsame Eigenschaft.

Portimão hat eine Einkaufszone, wie sie auch in Bielefeld sein könnte. Hier kaufen Urlauber Mitbringsel ein und die Vorräte für das Appartement in Praia da Rocha. Anschließend heißt der Treffpunkt Praça Manuel Teixeira Gomes, benannt nach dem Romancier und einstigen Präsidenten der Republik, der in Portimão geboren wurde. Ein klassischer Platz – sicher, es gibt schönere – mit Kiosk, Park, Eisbuden, darunter das Bela Itália mit den genialsten Eisbechern des Algarve und das ehemalige Caféhaus Casa Inglesa.

Portimão riecht nach Diesel, Fisch und Meer. Eine gewachsene Stadt mit einer Geschichte, die von Fischern und Bauern, Händlern und Fabrikanten erzählt. Zu betrachten von der alten Eisenbrücke am Hafen, die sich über den Rio Arade und den ehemaligen Fischerhafen legt. Im Rücken die Flußmündung, reicht der Blick nach Norden hin über den alten Hafen und die Eisenbahnbrücke. Dahinter liegen feuchte Wiesen und verlassene Salinen, wo schon im 15. Jahrhundert Salz gewonnen wurde. Weiter flußaufwärts schlängelt sich der Arade bis nach Silves in die Serra de Mochique. Dort wurde das Holz für den Schiffbau geschlagen, dort wuchsen Feigen, Mandeln und Oliven, die über den Fluß nach Portimão gelangten und wie das Salz aus den Salinen exportiert wurden.

Die Mauren erklärten Xelb, das heutige Silves, zur Hauptstadt der Region, am Südhang der Serra de Monchique, auf halber Höhe zwischen Bergkamm und Meer gelegen. Der Rio Arade öffnete den Weg nach Nordafrika, und der Ruhm des reichen Xelb als zentralem Handelsplatz und kultureller Metropole konnte sich mit Sevilla oder Granada mit seiner Alhambra messen. Doch die christlichen Feldzüge und das Erdbeben 1755 zerstörten die Pracht. Silves ist heute ein kleines Provinznest, der Rio Arade versandet, und der Rest des maurischen Erbes thront als mächtige rote Burg über dem Ort. Im Zentrum des archäologischen Stadtmuseums, das auf den Fundamenten eines arabischen Hauses errichtet wurde, kann zudem noch eine arabische Zisterne besichtigt werden.

Portimão wuchs schon im 16. Jahrhundert zu einer Handelsmetropole heran, bevor das Erdbeben 1755 hier kaum einen Stein auf dem anderen ließ. Auch später, als Industriestandort, profitierte die Stadt von ihrer Lage an der Mündung des Arade. In Portimão wurde nicht gepraßt, aber die Stadt hatte doch ihren Stolz, der sich im alten Zentrum nahe des Hafens zeigt: Rund um die Rua de Júdice Fialho mit dem früheren Zollamt blättern die meisten Fassaden der einst würdigen zweistöckigen Bürgerhäuser, geschmückt mit gekachelten Fassaden, kleine Statuen zieren die Friese, Steinmetzarbeiten die Türen und Fenster. Ebenso in der Rua de Santa Isabel, der Rua 5 de Outubro oder der Rua Júdice Biker, in der der Handel mit Hamburg, Antwerpen, Le Havre und London abgewickelt wurde.

Im trüben Hafenbecken dümpeln Fischerboote, dahinter ruht eine verlassene Fischkonservenfabrik mit ihrem schlanken Schornstein. Der Duft frischgegrillter Sardinen weht von den Holzkohlegrills an der Hafenpromenade herauf, wo an den langen Holztischen der Restaurants Sardinen mit Pellkartoffeln serviert werden.

Direkt dahinter liegt der ursprüngliche Stadtkern. Unter den feuchten Arkaden hindurch findet man sich plötzlich in engen dunklen Gassen wieder, zwischen schummrigen Spelunken und versteckten Hinterhöfen. Auf dem gebogenen Pflaster zwischen den gedrängten Häusern rumpelten einst die Fischkarren entlang.

Portimão, das war die Stadt, in der mit kleinen Fischen das große Geld verdient wurde: mit Sardinenkonserven, die nach England, Deutschland, Frankreich und in die USA exportiert wurden. Nicht ohne Grund trägt eine Straße am Hafen den Namen Júdice Fialho. Der Industrielle war der König der Sardinendose. Die erste Konservenfabrik gründete er 1891, in den nächsten Jahren sollte sich Portimão zum zentralen Hafen und Industriestandort des 20. Jahrhunderts im Algarve entwickeln. Zwischen 1910 und 1914 waren 1300 Arbeiter in der Sardinenindustrie beschäftigt. Der Aufschwung während des Ersten Weltkrieges trieb den Fischpreis in die Höhe. Fialho legte sich daraufhin eine eigene Fangflotte zu. Ende der zwanziger Jahre lebten zwei Drittel der Bevölkerung von Portimão vom Geschäft mit den

Sardinen, die in elf Konservenfabriken verarbeitet wurden.

Aus dem Hinterland kamen die Arbeiter. Je nach Bedarf eingesetzt und stundenweise bezahlt, lebten sie meist im Bairro dos Fumeiros, heute südlich von der Avenida Infante Henrique gelegen, direkt neben den Sardinenfabriken am Fluß. *Fumeiros*, das waren die Häuser, in denen die Trockenfrüchte aus der Serra de Monchique bearbeitet wurden: Feigen, Mandeln und Johannisbrot. Meist waren es dieselben Frauen, die – je nach Arbeitslage – entweder in den Fabriken Fische ausnahmen und kochten oder in der Rua dos Fumeiros oder am Postigo dos Fumeiros Feigen sortierten, reinigten und in große runde Körbe aus Palmblättern einlagerten.

Während des Zweiten Weltkrieges erlebte die Konservenindustrie eine Krise: Die Fischer durften nicht in Kriegsgewässern fangen. Zudem limitierten England und Frankreich die Ausfuhr von Weißblech für die Dosen, und auch danach ging es langsam bergab. In den sechziger Jahren bekamen die portugiesischen Sardinenfischer Konkurrenz aus Spanien und Marokko, heute arbeitet keine der Fabriken mehr. Ein Museum soll eingerichtet werden, und von den Fumeiros blieben neben den Straßennamen nur die süßen Spezialitäten des Algarve: Mandeltorte, Marzipan und Feigenkuchen.

Wundervolle Wässerchen im Garten des Algarve

Nördlich von Portimão erhebt sich die Foia, der 900 Meter hohe Gipfel der **Serra de Monchique**. Wie eine Wand schiebt sich das Gebirge zwischen die Provinzen Algarve und Alentejo. Schwere Wolken wälzen sich manchmal von Norden über die Serra, und während man sich unten an der Küste sonnt, verschwindet die Foia im Regengrau. Die Serra de Monchique hat ein eigenes Klima, mediterran und gleichzeitig atlantisch beeinflußt, das einen subtropischen Garten entstehen ließ. In den Tälern und an den Hängen stapeln sich die Terrassenfelder übereinander, weiter oberhalb wachsen Korkeichen und Pinien, und ganz oben auf der Foia fühlt man sich in das karstige Bergland der Alpen versetzt – sofern man sich die Masten, Leitungen und Radaranlagen einmal wegdenkt, die den Gipfel verkabeln. Bei klarem Wetter reicht der Blick bis zur Küste und in den Alentejo.

Am Wochenende kommen die Bewohner aus Portimão mit Plastikkaraffen, um in **Monchique** Wasser zu schöpfen. Das «heilige» Wasser, von dessen Qualität schon die Römer überzeugt waren, sprudelt aus acht Quellen in dem Kurort **Caldas de Monchique**. Eine kleine Fabrik füllt davon jährlich zwanzig Millionen Liter in Flaschen und Gallonen ab.

Das winzige Kurbad an der Straße nach Monchique ist ein kleines Schmuckkästchen: Häuser mit verspielten Belle-Époque-Fassaden, umgeben von dichten Wäldern. Lichtflecken blinken durch das dichte Blätterdach der verwunschenen Parkanlage, Wasser plätschert, Grillen zirpen, kühle Waldluft mischt sich mit den Rauchschwaden der Sardinengrills.

Das Picknick gehört zur Alltagskultur. Kinder, Eltern und Großeltern quetschen sich am Sonntag in das kleine Auto, und auf geht's nach Monchique. Nicht nur in den Caldas, sondern an jedem möglichen und unmöglichen schattigen Plätzchen werden Campingstühle, Kühltaschen, Brot, Wein und Bier ausgepackt, das Strickzeug, die Spielkarten und schließlich der obligatorische Sardinengrill. Die lustvolle – und günstige – Alternative zum noblen Mittagessen im Restaurant auf dem lauschigen Kurplatz.

Bis etwa 1800 stand der Kurort unter kirchlicher Verwaltung. Vor allem arme Leute wurden kuriert. Aber auch einige Könige verschlug es in die Caldas, wie Dom Sebastião im 16. Jahrhundert vor seiner Schlacht in Alcácer Quibir, was ihn nicht vor der vernichtenden Niederlage schützte. Trotzdem werden dem Wasser wahre Wunder nachgesagt: Einem tauben Patienten schüttete man das Wasser so lange über den Kopf, bis er wieder hören konnte. Ob Hautkrankheiten, Rheuma, Epilepsie, Unfruchtbarkeit oder Appetitlosigkeit – die Quellen aus Monchique halfen. Aber vielleicht war es auch nur die Ruhe, die gute Luft oder die Fonte dos Amorés, die Quelle der Liebenden.

Nach einem vierstündigen Ritt von Portimão erreichte Anfang des 19. Jahrhunderts der Brite George Landeman die Caldas. Abgesehen von den Patienten galt das Kurbad schon damals als beliebtes Ausflugsziel. «Die Spaziergänge in der Umgebung sind entzückend … Jeden Nachmittag treffen sich Gruppen von Badegästen und ihren Freunden an schattigen Plätzen zu seiten der Berge, erquicken sie sich mit Früchten und Erfrischungen … Inmitten dieser fantastischen Szenerie … sind wir für einen Moment frei von den Leiden des Lebens.»

Der Militärangehörige trabte weitere eineinhalb Stunden hinauf in den Bergort Monchique, umgeben von «einem großen Garten mit einer luxuriösen Vegetation». Er stolperte durch die Gassen und die Treppchen hinauf und befand, daß sich trotz der ärmlichen Häuser «die Bewohner scheinbar bester Gesundheit erfreuen».

Er war der Vorbote vieler Briten, für die heute die Villa im Grünen mit Meerblick eine ländliche Alternative zum Ferienhaus auf den Klippen ist. Allerdings dürfen heute hier nur noch Ruinen restauriert und keine neuen Häuser mehr gebaut werden. Viele Bauern verkauften ihr Land an Ausländer, die erwachsenen Söhne und Töchter versuchen nun, mit dem Tagestourismus von der Küste Geld zu verdienen, in Souvenirläden und Restaurants, die allesamt mindestens «frango piri-piri» auf dem Speisezettel anbieten: Hühner vom Holzkohlegrill, die mit piri-piri, einem roten Pfeffer aus Afrika, mal mehr, mal weniger heftig gewürzt werden.

Etwas Besonderes hat das verschlafene Monchique eigentlich nicht zu bieten. Aber es liegt eben an der Straße zum Gipfel Foia. Also will die Stadtregierung den Ort attraktiv gestalten für Tagestouristen, die gegen Mittag vom Strand im Ort eintrudeln. So wurden für eine moderne Straße einige historische Gebäude abgerissen. Jahrelang parkten auf diesem staubigen Platz Feuerwehrwagen – Oldtimermodelle aus deutschen Landen –, inzwischen dreht sich dort in einem angedeuteten Fluß ein Wasserrad, wie die Araber es einführten, und viele Hinweisschilder geben Monchique den rührenden Anstrich einer richtigen Stadt.

Unter anderem ist die kurze Wanderung zu dem verfallenen Franziskanerkloster über dem Ort gekennzeichnet, nur einer von

vielen Wanderwegen in der Serra de Monchique. Wer aus dem Mietwagen aussteigt, die Wanderschuhe schnürt und durch die Täler, zwischen Terrassenfeldern und entlang klarer Bäche läuft, trifft auf verlorene Gehöfte, wo im Garten Früchte und Gemüse gedeihen, wo Imker den angeblich besten Honig Portugals ernten und wo der *Medronho*, der klare Schnaps aus den Früchten des Erdbeerbaumes, noch selbst gebrannt wird.

Algarve ohne Meeresblick

Das «Hinterland» war auch östlich der Serra de Monchique eigentlich das Zentrum des Algarve. In **Loulé**, nördlich von Faro am Fuße der Serra de Caldeirão, kreuzten sich die Wege. Diese Kleinstadt war und ist für die Bauern aus den nur wenige Kilometer entfernten Dörfern der Serra de Caldeirão die große Welt. Schon 1291 wurde in Loulé der erste Markt abgehalten, und noch heute ist samstags in Loulé der Markttag des Algarve. Bis in

Dorfpolizei im Grenzdorf Alcoutim am Guadiana

die Gassen rund um die arabisch anmutende Markthalle drängen sich die Stände. In dem verwinkelten Stadtkern unterhalb der einst arabischen Festung arbeiten Kupferschmiede, Sattler und Töpfer. Die Handwerker- und Handelsstadt schämt sich nicht ihres arabischen Ursprungs: Loulé leistet sich ein historisches Archiv, das eine Zeitschrift herausgibt, die die regionale Geschichte aufarbeitet. Der Titel: Al Alya, der arabische Name der Stadt.

Die Araber gründeten in der fruchtbaren Übergangslandschaft auf halber Höhe zwischen Küste und Serra mehrere Orte, darunter auch **Alte**, das weiß leuchtende Vorzeigedorf mit seinen Quellen am Ortsrand. Im Wettbewerb um das «portugiesischste Dorf» unter Diktator Salazar wurde es an zweiter Stelle plaziert. Oder das heute stille **Salir**, wo die Araber eine Burg anlegten. Unkraut wuchert aus den Mauerresten, und über dem größten Teil der Ruine wurden die engstehenden Häuser des

Dorfes gebaut. Zwischen Alte und Salir erhebt sich der Rocha da Pena. In die Höhlen des Kalkmassives sollen sich die Mauren geflüchtet haben, als die Christen ihre Burg in Salir erstürmten. Von dem Dorf Rocha aus führt am «Café Fonte» vorbei ein leichter, gut markierter Rundweg (ca. 4,5 km) hinauf.

In einer Gasse von Salir verkauft der kleine Laden «Casa da Serra» typische Produkte aus den Dörfern der Serra de Caldeirão. Körbe, Wolldecken, Honig, Holzspielzeug oder auch die kleinen Jutepuppen aus Martimlongo: «Unsere Puppen sollen das Dorf verlassen, damit wir hier bleiben können», sagen die Frauen der Kooperative «Flor da Agulha». Jede ihrer handgearbeiteten Jutefiguren ist eine Persönlichkeit aus dem Ort: Lourdes mit dem Brot, Joana, die das Leinen webt, António mit der Hacke. Diese Kooperative ist eines der zarten Pflänzchen, die in der Serra sprießen. Der Gebirgszug hinter den Ferienfabriken an der Küste drohte durch Emigration auszusterben. Inzwischen gründen sich kleine Projekte, finanziell unterstützt durch ein Programm der EU zur ländlichen Entwicklung. Vor allem Frauen schaffen sich selbst Arbeitsplätze und bewahren damit gleichzeitig die Traditionen, die Kultur der Serra. Dort waren die Wege schon immer weit, und so mußten sich die Bewohner auf den verstreuten Höfen weitgehend selbst versorgen können. Heute werden wieder Kräuter angebaut, mit denen früher ausschließlich geheilt wurde, Leinen und Decken gewebt oder Liköre aus Orangen und Kräutern nach traditionellen Rezepten hergestellt. Auf einer Tour durch die Serra lohnt sich ein Besuch bei den Weberinnen der Kooperative «A Lançadeira» in Cachopo oder in Martimlongo bei den Puppenmacherinnen.

Die Weite der Serra öffnet sich auf dem Weg von Martimlongo nach **Alcoutim**: endlose Kissenlandschaft bis zum Horizont, Algarve ohne Meeresblick. Jahrhundertelang saßen sich Alcoutim und San Lucar gegenüber, getrennt nur durch den Grenzfluß Gundiana. Weiße Häuser, die das Ufer hinaufkrabbeln, beide gekrönt von einer unverhältnismäßig dicken Burg, die die historische Feindschaft zwischen Spanien und Portugal dokumentieren.

Störche nisten auf dem weißen Kirchlein, das über dem alten Ortskern blitzt. Die Burg wurde restauriert und dabei fanden die Archäologen Mauerreste der ursprünglich arabischen Burg. Ein Landhotel wurde am Ortsrand eröffnet, und am Fluß serviert ein Kiosk Kaffee in Plastikbechern. Alcoutim rüstet sich für den Tourismus, der mittlerweile von der Küste den Guadiana hinaufschwappt. Nachdem jahrhundertelang Fischerboote den Grenzverkehr besorgten, sollen jetzt auch Autos den Guadiana an dieser Stelle überqueren, die Zwillingsstädtchen sollen im Zeichen des Fortschritts mit einer Brücke verbunden werden.

Der Guadiana war die «Straße», auf der Getreide an die portugiesische Küste geliefert wurde, auf der Gold, Silber und Kupfer aus den Minen bei Alcoutim und dem benachten Alentejo über das Mittelmeer nach Spanien, Rom, Nordafrika und Athen verschifft wurde. Salz und Fisch wurde flußaufwärts geschickt. Schmuggel in Hungerzeiten und Flutkatastrophen gehören zur lokalen Geschichte der Dörfer am Flußufer, die in **Guerreiros do Rio** erzählt werden: Die alte Dorfschule wurde dort in ein kleines Museum umgewandelt.

Über die internationale Brücke nach Europa

Bevor der Guadiana in den Atlantik mündet, spiegeln sich Salzgärten in der weiten Ebene bei **Castro Marim**. Ein Feuchtgebiet, das dem wechselnden Einfluß von Salz- und Süßwasser ausgesetzt ist, Lebensraum für seltene Tiere und Pflanzen, Brutstätte von Säbelschnäblern und Stelzenläufern, Rastplatz für Zugvögel, die hier zum Teil überwintern.

Mitten durch das Naturschutzgebiet zieht sich die Autobahnschleife hinauf zur sogenannten «Internationalen Brücke», die Spanien und Portugal seit der Weltausstellung in Sevilla miteinander verbindet. Im Zentrum der Naturparkverwaltung zucken die Ornithologen resigniert mit den Schultern: Das offizielle Gutachten zur Umweltverträglichkeit war positiv ausgefallen.

Unterhalb des Castelos, das schon die Mauren gründeten, fristete der staubige Ort Castro Marim jahrelang ein Schattendasein. Die grenznahe Stadt hatte für die portugiesischen Könige früher eine strategische Bedeutung. In der Burg hoch über dem Guadiana hatte der Christusritterorden, Nachfolger der Templer, zwischen 1319 und 1334 seinen Sitz. Daran erinnert der Name der Autobahn, die die internationale Brücke eines Tages mit Lagos verbinden wird: Via do Infante, der «Weg des Infanten», wie Heinrich der Seefahrer auch genannt wurde. Er war Vorsteher des Ordens und ließ in Lagos die Schiffe für die Entdeckungsfahrten bauen. Dann könnte er aus der Burg immer nach Lagos gelaufen sein. Einziger Haken am gloriosen Namen Via do Infante: Zu Lebzeiten des Infanten war der Orden längst nach Tomar umgezogen.

Bis 1991 hielt Vila Real de Santo António das Grenzmonopol am Guadiana. Wer unbedingt nach Spanien wollte, konnte nur hier den Fluß mit der Fähre überqueren. Die Existenz dieser Stadt dokumentiert einmal mehr die geschichtsträchtige Antipathie zwischen Spanien und Portugal. Ayamonte am gegenüberliegenden Ufer war eine florierende Stadt im 18. Jahrhundert, das Fischerdorf Arenilha dagegen, wo heute **Vila Nova de Santo António** steht, war vom Meer verschluckt worden. Ein Zentrum der Fischerei und des Handels wollte Marquês de Pombal aufbauen, und den Spaniern mal zeigen, wie schnell man eine Stadt aus dem Erdboden stampft. Nach nur fünf Monaten Bauzeit wurde 1776 Einweihung gefeiert. Eine neue Stadt mit strengen rechtwinkligen Straßenzügen, Häusern wie aus einem Guß, zweistöckig mit kleinen Balkonen. Die vorgefertigten Teile hatten Schiffe aus Lissabon geliefert, und daraus war eine Minikopie der Baixa von Lissabon entstanden, der Unterstadt, die der Marquês nach dem Erdbeben 1755 hatte neu konstruieren lassen. Nur war Vila Nova de Santo António eine Totgeburt. Kaum jemand wollte hier leben. Erst Mitte des 19. Jahrhunderts blühte der Handel durch die Konservenindustrie auf. Später wurde die Stadt zum Einkaufszentrum der Spanier.

Mit Verlaub: die Stadt der Zukunft

An einem späten Nachmittag Ende Januar, wenn die Sonne tief steht, der eben noch blankgeputzte Himmel in Pastelltönen zerfließt und die weißen und roséfarbenen Mandelblüten im silbrigen Licht verwischen, dann soll man von den Hügeln des Hinterlandes hinunterfahren an die stille Küste des Sotavento, an die «dem Wind abgewandte Seite» des Algarve, wo sich weite Lagunen vor den offenen Atlantik gelegt haben. Im weichen Abendlicht leuchtet dort unten **Tavira**, das gelassen den etwas übertriebenen Vergleich «Venedig des Algarve» hinnimmt. Spiegelglatt ruht der Fluß Gilão zwischen den beiden Hügeln inmitten der weißen Stadt. Flache Fischerboote glänzen rot und gelb auf dem Wasser, die Fassaden der stolzen Häuser mit ihren schmiedeeisernen Balkonen, hohen Fenstern und leicht geschwungenen Ziegeldächern säumen die Uferpromenade. Dort soll man unter den Palmen ein wenig spazieren, über die Römerbrücke mit ihren sieben Bögen auf die andere Seite des Ortes schlendern und über die nächste Brücke wieder zurückgehen. Eine stille Romanze, Tavira ist einfach hübsch, auch – oder gerade – im Januar.

Com licença, «mit Verlaub», schiebt sich die Pensionswirtin vorbei, eilt die Treppe hinauf, klimpert mit dem großen Schlüsselbund und öffnet die hohe Zimmertür. Sie entschuldigt sich für das schlichte Zimmer mit den antiquierten Möbeln. «Wir werden modernisieren», sagt sie, «mit Klimaanlage und Heizung und neuen Fenstern, und dann wird alles so sein, wie es sich gehört.» Tavira, com licença, das ist die Stadt der Zukunft. Davon ist sie überzeugt.

Dazu hat die kleine Stadt alle Voraussetzungen. Boote pendeln im Sommer regelmäßig zu der vorgelagerten flachen Sandinsel – Strand ohne Ende. Den Bildungsreisenden halten dagegen mehr als dreißig Kirchen auf Trab. Darunter die Igreja von São Paulo mit flämischen Kacheln oder die Igreja Santa Maria do Castelo auf den Fundamenten der ehemaligen Moschee. Dort erinnern Grabsteine an sieben christliche Soldaten. Während in den Nachbarorten die Mauren schon geschlagen waren, lebte Tavira in einem Waffenstillstand. Diese sieben lieferten sich ein heimliches Scharmützel und wurden prompt von den Arabern erledigt.

Umgeben von fruchtbarem Land und als Zentrum des Thunfischfangs war Tavira für einige Jahre Hauptstadt des Algarve, doch 1755 zerstörte das Erdbeben auch Tavira, und die Stadt erholte sich davon wirtschaftlich nicht mehr. Als die Thunfische auch noch einen weiten Bogen um den Algarve machten, wurde Tavira fast vergessen. Wie der Sotavento insgesamt, abgesehen von einzelnen Ausnahmen wie Monte Gordo, das schon in den sechziger Jahren – mit Casino! – spanische Touristen empfing.

Die Lagunen schützten den Sotavento vor dem Massentourismus. Keine aufregende, dramatische Felsküste, sondern eine stille Landschaft, wo das Meer leise seufzt und die Zugvögel eine Pause auf den silbrig-blau schillernden Sandbänken einlegen. Das achtzig Kilometer lange Feuchtgebiet zwischen Faro und Vila Real de Santo António steht seit 1987 unter dem Schutz des **Parque Natural da Ria Formosa**. Das ist einerseits besser als gar nichts, andererseits verläuft die Grenze direkt am Festland. Auch dort wachsen in den letzten Jahren Neubauten aus dem Sand, zudem gelangt ein Großteil der Abwässer aus Olhão ungeklärt in die Ria Formosa.

Wer von Faro Richtung Olhão fährt, meint eine unsichtbare Grenze zu überschreiten. Städtebaulich ist Tavira, trotz der mittelalterlich anmutenden Gassen und einigen arabischen Anklängen, eine Ausnahme. Typisch ist eher Olhão oder der kleine Nachbarort Fuzeta. Zwischen den kubischen Häusern und Dachterrassen könnte man sich glatt in Nordafrika wähnen, glücklich, ein Stück original maurisches Erbe entdeckt zu haben. Allerdings: Olhão wurde erst Ende des 17. Jahrhunderts gegründet. Kaufleute und Seefahrer brachten diese architektonischen Inspirationen von ihren Reisen aus Marokko und Cadiz mit.

Sklavenmarkt in der Kunstgalerie

Bei Fernanda hat man den Überblick. Ihr Straßencafé neben der Markthalle in **Lagos** ist internationaler Treffpunkt, und Fernanda saust zwischen den Tischen hin und her, rückt Stühle zurecht, schiebt Tische zusammen, fragt hier nach dem Befinden, verteilt dort ein Küßchen, und auch der letzte lernt, was auf portugiesisch «guten Tag» heißt. Ihre Englischkenntnisse beschränken sich meist auf Zahlen, auf die Summe, die zu bezahlen ist. Bei Fernanda sitzen Freaks und Pauschalurlauber, ältere britische Damen und die Dauergäste, Camper und Golfspieler – wer sich eben in Lagos gerade aufhält.

In den Sommermonaten quillt das Stadtzentrum genauso über wie in jeder anderen Stadt im Algarve. Restaurants, Andenkenläden und Immobilienmakler haben sich in den zweistöckigen Häusern aus dem 18. Jahrhundert mit ihren gekachelten Fassaden und schmiedeeisernen Balkongittern ausgebreitet. Trotzdem: Lagos hat es geschafft, sein freundliches Stadtbild nicht preiszugeben und neben dem Tourismus ein eigenes Leben zu bewahren. Die Hotel- und Appartementanlagen wurden am südlichen Stadtrand errichtet, nahe den Sandbuchten, die sich in die klassischen Algarvefelsen schmiegen.

Zudem setzte Lagos 1992 eine kräftige Pflanze in die Kulturwüste des Algarve: ein regionales Kulturzentrum. Gut, im Frühjahr veranstaltet die Gulbenkian-Stiftung ihre alljährlichen klassischen Musikfestspiele im Algarve. In São Lourenço, nahe Almansil bei Faro, betreibt ein deutsches Ehepaar ein kleines Kulturzentrum, in dem auch Günter Grass sich gerne mal blicken läßt und Lesungen hält. Ansonsten sieht es kulturell in der sonnigen Provinz ziemlich düster aus: Fado-Abende in den großen Hotels, wenige Kinos, von Theater gar nicht zu reden. Wer kulturell etwas erleben möchte, reist nach Lissabon.

Mit dem Centro Cultural bewies Lagos der Hauptstadt, daß Kultur weder aus Lissabon importiert werden muß noch monumentale Zentren braucht. Lichte Ausstellungsräume für zeitgenössische Kunst und ein Auditorium mit 300 Plätzen als Theater- und Konzertsaal wurden in einem restaurierten Haus in der Altstadt eingerichtet, das ganzjährig geöffnet hat. Das Programm kennt keine Saisonzeiten, Sonne und Strand reichen eben nicht als kulturelles Angebot, schon gar nicht für die Bewohner der Stadt.

Hinter dem neuen Sportboothafen biegt sich die lange Sichel des Dünenstrandes Meia Praia. Palmen säumen die Hafenpromenade an der Avenida dos Descob-

rimentos bis zur Praça da República. Dort sitzt Heinrich der Seefahrer in wallendem Gewand auf seinem Sockel und schaut weise über den Hafen und das Meer. Hier legten seine Schiffe an, beladen mit Gold, Elfenbein und Sklaven. Der fromme Infante gründete eine Monopolgesellschaft für den Handel mit Waren aus den Kolonien, die Companhia de Lagos. Gesellschafter waren Seeleute, Händler und vor allem der Prinz höchstpersönlich. Bis ins 16. Jahrhundert – bevor die Karavellen in Lissabon anlegten – löschten sie in Lagos ihre Fracht, und unter den Arkaden an der Praça da República wurde 1443 zum ersten Mal das «schwarze Gold» auf dem Sklavenmarkt versteigert. Mercado dos Escravos nennt sich heute am gleichen Platz eine Kunstgalerie.

Auch in Lagos huldigt man der portugiesischen Entdeckungen mit einer Ausstellung in der Festung an der Avenida dos Descobrimentos. Gegenüber feuerte aus einem Fenster im Gouverneurspalast an der Stadtmauer der junge König Sebastião sein Heer zur vernichtenden Schlacht nach Alcácer Quibir an. Von dem 18000 Mann starken Heer konnten sich nur 60 Soldaten lebend retten. Sebastião war nicht dabei. Seine Leiche wurde angeblich nie gefunden. Nicht daß der König mit Schimpf und Schande aus der Galerie der Monarchen verbannt worden wäre angesichts dieser Kamikaze-Aktion, nein, er stieg auf zum Messias der portugiesischen Seele. Der Bildhauer João Cutileiro setzte ihm auf der Praça Gil Eanes 1973 ein modernes Denkmal, das einen Skandal auslöste:

Das Cabo de São Vicente, die südwestliche Spitze Europas

ein unschuldig blickendes Kind in Ritterrüstung, eher Mädchen als Junge, das seinen Ritterhelm verloren hat.

Dem Infanten auf der Spur

Bis Anfang 1994 verband nur eine Schlaglochpiste den westlichen Rand des Algarve mit Lagos und den Zentren des Tourismus. Dank großzügiger Förderung aus Brüssel kann man nun – nach mehrjähriger Bauzeit, «in der alles schiefgegangen ist, was schiefgehen konnte», so die Lokalpresse von Lagos – auf der neuen Nationalstraße 125 von Lagos nach Sagres auf den Spuren von Prinz Heinrich dem Seefahrer brausen. Diesen Beinamen trägt der Infante übrigens weniger, weil er ein mutiger Seemann war, sondern allein, weil er den Impuls zu den portugiesischen Entdeckungsfahrten gab. Ein Segelschiff betrat er nur ein einziges Mal, als er an der Eroberung von Ceuta teilnahm. Auf dieser Reise sah er zum ersten Mal die südwestliche Landspitze Europas: mächtige Klippen, die wie lange Finger in den Atlantik greifen.

Schnurgerade zieht sich die Straße über die karge Ebene, vom ständigen Wind zerzauste Büsche und Gestrüpp. Eine Fahrt ans Ende der Welt? Nein, nur bis nach **Sagres**: ein zerrupfter Ort auf dem Felsplateau mit einigen Hotels und verstreuten Häusern, den Heinrich der Seefahrer im Schutz einer mächtigen Befestigungsanlage gründete.

Seit 1910 ist die Fortaleza ein nationales Denkmal, denn in dieser Einsamkeit habe der mutige Prinz eine geheime Seefahrerschule betrieben, habe Gelehrte um sich versammelt und gotteslästerliche Forschungen über die Erdkugel angestellt – das behauptet zumindest die Gedenktafel: «Hier an diesem Ort baute er auf eigene Kosten seinen Palast, gründete die berühmte Schule der Kosmographen, eine Sternwarte und Werkstätten für den Schiffsbau.»

Eine Kapelle, ein aus Steinen gelegter großer Kreis, durchkreuzt von Linien, die eine Windrose darstellen könnten. Ein Haus, das als Unterkunft kluger Leute gedient haben könnte. Doch inzwischen meinen portugiesische Historiker, nichts davon sei belegt. Ein Märchen, das Salazar aufbauschte, um den Mythos nationaler Größe aufrechtzuerhalten.

1443 faßte Heinrich den Plan, Sagres zu bauen. Eine Stadt, die die Seeleute versorgte, die gezwungen waren, im Schutz der Felsen zu ankern, bis der Wind günstig drehte. Schön und gut. Er träumte wohl auch von einem großen Hafenprojekt, das sich allerdings niemals realisieren ließ, denn schon die Stadtgründung gestaltete sich schwierig: Niemand war bereit, in dieser öden Weite zu siedeln, wo es weder Wasser noch fruchtbares Land gab. Das soziale Umfeld des Infanten bestand wahrscheinlich nicht aus klugen Männern, die geheime Pläne austüftelten, sondern aus Verbannten und Strafgefangenen, die mit dem Aufenthalt ihre Strafe abbüßten. Die Windrose ist wahrscheinlich eine Sonnenuhr, und wie alt sie ist, vermag niemand zu sagen. Und der Infante selbst lebte wahrscheinlich nicht hier, sondern im einige Kilometer entfernten Dorf Raposeira.

Eine Klippe weiter, gegenüber der geschichtsträchtigen «Seefahrerschule», liegt der südwestlichste Punkt Europas, das **Cabo São Vicente**. Von dort huscht nachts der Lichtkegel des stärksten Leuchtturmes Europas durch die Finsternis, das noch in knapp hundert Kilometer Entfernung zu sehen ist.

Schon in prähistorischen Zeiten galt das Cabo São Vicente als eine Kultstätte, Saturn und anderen Gottheiten geweiht. Ein heiliger Ort auch für Christen: Als im Jahre 304 der christliche Diakon Vicente im spanischen Valencia ermordet wurde, flüchteten Glaubensbrüder mit seinen Gebeinen auf die andere Seite der Iberischen Halbinsel und verstecken sie auf diesem Felsen in einer Kirche. Während der maurischen Herrschaft im Algarve beschreibt ein islamischer Geograph die christlichen Pilgerfahrten und erzählt: «Auf der Kirche verweilen ohne Unterlaß zehn Raben. Bisher konnte niemand beobachten, daß diese sich einmal von der Stelle bewegt oder den Platz verlassen hätten.» In einer anderen Beschreibung ist es nur ein Rabe, und unter Umständen ist dieser Rabe auch eine Krähe, von denen es hier viele gibt. Zumindest überführten 1173 zwei Mönche die Reliquien auf einem Segelschiff nach Lissabon. Der sonst tosende Atlantik sei merkwürdig ruhig gewesen, sagt die Legende. Zwei Raben hätten dieses Schiff begleitet. Raben und Schiff sind seitdem Teil des Lissabonner Stadtwappens, und der heilige Vicente ist der Schutzpatron der Hauptstadt.

Wie pittoresk: die letzten Indianer

Vom Cabo São Vicente verliert sich die schroffe Silhouette der Westküste im Dunst, die Costa Vicentina. Einer der letzten, nahezu unverbauten Küstenstreifen Europas. Einsame Strände, die immer ein bißchen windiger sind als im Süden. Eine herbe Schönheit, um die sich scheinbar niemand kümmerte. In den Orten zwischen Lagos und Sagre schlug der Bauboom nie so gnadenlos zu wie östlich von Portimão. Hier erhielt sich trotz allem noch ein Stück Algarve.

Vielleicht auch in **Salema**, einem Ort, der Anfang der achtziger Jahre für Rucksackreisende einen mythischen Klang hatte. Sie kommen heute noch, selbst wenn aus den Jesuslatschen inzwischen noble Reebok-Turnschuhe geworden sind. Dieses kleine weiße Dorf, direkt am Meer gelegen, mit einer zauberhaften Bucht gesegnet und einem ruhigen Meer, bewahrte auf eigentümliche Weise seinen Charakter trotz zweier Hotels mitten im Dorf, trotz der Appartementanlage am Rande und trotz des kleinen portugiesischen Hotels über dem Ort. Die Fischer weichen am Strand nicht ein einziges Meterchen zurück, flicken in aller Seelenruhe ihre Netze, tuckern in bunten Booten aufs Meer, kommen zurück, lassen die aussortierten Fische am Strand liegen. Von Mai bis Oktober ist Saison, danach ist Schluß. Und Salema wird so langweilig – oder erholsam –, wie nur ein Fischerdorf sein kann.

Die Chance besteht, daß die westliche Küste nicht auch noch zubetoniert wird. Seit 1988 ist die gesamte Küste von Burgau bis Sagres und im Westen bis Sines ein Landschaftsschutzgebiet, in dem keine neuen Baugenehmigungen erteilt werden dürfen. Der Plan, diese Zone unter verschärften Schutz zu stellen und als Naturpark auszuweisen, führte zu heftigen Diskussionen der Gemeindevertreter und Bürger auf der einen, der Naturparkverwaltung aus Lissabon auf der anderen Seite.

Empörung vor allem an der Westküste, nördlich des Cabo São Vicente: Der Schäfer, der mit geruhsamen Schritten und seiner blökenden Herde über die Hügel zieht, gehört hier genauso zum Alltagsbild wie der Eselskarren, der Bauer mit drei Kühen und einem kleinen Flecken Land. «Uns braucht niemand beizubringen, wie man eine Küste schützt, die wir seit Jahrzehnten bewahren», empörte sich ein Fischer auf einer öffentlichen Diskussionsveranstaltung.

Schützen ist vielleicht ein wenig übertrieben, die Bauern und Fischer überlebten an der Costa Vicentina und in ihrem Hinterland mehr schlecht als recht. Was nützt ihnen der Naturschutz? Und wer würde schon noch ihr Land kaufen, wenn darauf nicht gebaut werden darf? Hotels und Straßen, die erscheinen erst einmal als Fortschritt in einer Region, in der es in den «malerischen» Dörfern an Schulen, Wegen, Verkehrsmitteln und Läden fehlt. Das Bild von den letzten Indianern im Reservat drängt sich auf, solange nicht ein Konzept realisiert wird, das auch den Menschen im Naturpark eine Perspektive bietet.

Die Costa Vicentina wurde nicht tatsächlich vergessen. Banken und Konzerne haben sich mit Grundstücken eingedeckt. Sicherlich werden nicht alle gleichzeitig ihre touristischen Projekte beantragen, aber einer nach dem anderen, und wo schon ein Hotel steht, dort paßt auch ein zweites hin … Es bleibt die Hoffnung, das diesmal die existierenden Gesetze auch angewandt werden. Eine zweite Betonkolonie im Algarve – davor schütze der heilige Vicente.

4 a 27 Março
de 3ª a Sábado
21,30h
Teatro
Garcia de Resende
TEATRO
EVR 1365
19·LS

INFOTEIL

PORTUGAL
VON A–Z

Anreise

In den Monaten Juli und August ist Highlife auf Schienen, Straßen und im Flugzeug, da nicht nur Touristen unterwegs sind, sondern auch portugiesische Gastarbeiter in ihrer Heimat urlauben.

Mit dem Auto

Von Hamburg nach Faro sind es 3000 Kilometer, für die man mindestens drei Tage veranschlagen sollte. Neben Führerschein und Fahrzeugpapieren muß in Portugal die grüne Versicherungskarte mitgeführt werden. Die Autobahnen in Frankreich und Spanien sind gebührenpflichtig. Aus leidiger Erfahrung eine Warnung für Spanien: Man halte sich an Überholverbote und Geschwindigkeitsbegrenzungen. Vor allem auf der Strecke Burgos nach Badajoz (landschaftlich zauberhaft) harrt die Guardia Civil hinter manchem Busch ausländischer Autokennzeichen und kassiert gnadenlos – in bar oder die Autopapiere. Von den siebzehn Grenzübergängen zwischen Spanien und Portugal sind nur wenige ganzjährig 24 Stunden geöffnet: Tuy/Valença do Minho (Nordportugal), Fuentes de Oñoro/Vilar Formoso (Guarda, Aveiro, Coimbra), Badajoz/Elvas (Lissabon, Alentejo, Algarve).

Mit der Bahn

Am schnellsten über Paris und von dort weiter über Nacht mit dem «Lusitânia Expresso» nach Lissabon/Porto. Alternativ ab Paris mit dem Hochgeschwindigkeitswunder TGV nach Hendaye/Irún, dort Anschluß an den Südexpreß nach Lissabon/Porto. Für Süddeutschland, die Schweiz und Österreich: über Basel, Genf, Lyon, Narbonne und Pau nach Hendaye, dort wiederum Anschluß an den Südexpreß. Fahrzeiten liegen um die 40 Stunden.

Mit dem Bus

Die anstrengende Variante: im Sommer eng wie in einer Sardinenbüchse, aber durchaus kommunikativ; günstiger als die Bahnfahrt und unter Umständen teurer als ein Flug – sofern man eine billige Chartermaschine nach Faro erwischt. Info über Europabusse: **Deutsche Touring GmbH**, Am Römerhof 17, 60486 Frankfurt, Tel. 069/79030, Fax 7078511, Internet: www.deutsche-touring.com.

Mit dem Flugzeug

Flughäfen sind in Porto, Lissabon und Faro. Die portugiesische Fluggesellschaft TAP Air Portugal, Lufthansa, KLM und Sabena unterhalten tägliche Flugverbindungen nach Lissabon und Porto von allen deutschen Flughäfen. Ab Wien fliegt die TAP mehrmals wöchentlich nach Lissabon, ab Zürich und Genf fliegen Swissair und TAP nach Lissabon und Porto. Faro ist die Domäne günstiger Charterflüge (Hapag Lloyd, LTU, Condor). Wer nach Lissabon will, sollte sich trotzdem nach günstigen Charterflügen nach Faro erkundigen. Zwischen beiden Städten verkehrt mehrmals täglich ein günstiger Intercity-Zug.

Anschriften

Die kleinen, hochgestellten Ziffern und Buchstaben hinter der Hausnummer sind wichtiger, als sie aussehen: Jeder Briefträger und Besucher ist ohne diese Zusätze aufgeschmissen, denn weder an Klingelknöpfen noch an Briefkästen stehen Namen. Die unscheinbaren Ziffern bezeichnen das Stockwerk, *R/C* steht für *rês-de-chão*, das Erdgeschoß, der Zusatz *dto.* meint die Wohnung zur rechten, *esq.* die zur linken Seite, wenn man die Treppe hinaufkommt. Zudem sollte man peinlich auf die richtige Postleitzahl achten, da ein Ortsname, wie beispielsweise Vila Verde, so allgemeingültig wie Neustadt ist.

Auskunft

Tourismus gilt in vielen Regionen als die Wunderwaffe für eine wirtschaftliche Entwicklung. So ist mittlerweile mancher zunächst unscheinbare Ort mit einem *posto de turismo* ausgestattet. Die Vielfalt und Qualität der Informationen ist allerdings sehr unterschiedlich und nicht unbedingt abhängig von der Größe des Ortes. So zogen die Angestellten des *turismo* in Lissabon jahrelang dieselbe Broschüre mit Stadtplan und Adressen aus der Schublade, in einem Ort im Alentejo dagegen gibt's Infos über lokales Handwerk bis zur bewegten Stadtgeschichte und Kultur – alles inklusive einer freundlichen Auskunft.

In Deutschland

ICEP – Portugiesisches Touristik- und Handelsbüro, Schäfergasse 17, 60313 Frankfurt, Tel. 069/234094, Fax 231433.

In der Schweiz
Portugiesisches Verkehrsamt und Handelsdelegation, Badener Str. 15, CH-8004 Zürich, Tel. 01 / 2 41 00 01, Fax 2 41 00 12.

In Österreich
Portugiesische Handelsdelegation – Touristikzentrum, Stubenring 16[3], A-1010 Wien, Tel. 01 / 5 13 26 70, Fax 5 12 88 28.

Autofahren

Das Volk der *brandos costumes*, der «sanften Sitten», ist hinter dem Steuerrad alles andere als sanft, auf Hauptverkehrsstraßen wie zwischen Lissabon und Faro patrouillieren die Ambulanzen: Portugal hält in Europa mit Abstand den Rekord an Verkehrstoten. 1994 wurden die Verkehrsregeln und Polizeikontrollen verschärft: Das Anlegen des Sicherheitsgurtes ist nun generell vorgeschrieben (Strafzettel beginnen bei rund 150 Mark), die Alkoholgrenze liegt bei 0,5 Promille, innerhalb von Städten sind 50 km / h, außerhalb 90 km / h, auf Schnellstraßen, *vias rápidas*, 100 km / h, auf Autobahnen 120 km / h erlaubt. Ausländer zahlen ihre Strafzettel sofort bar. Zudem war Portugal als Land der Schlaglochpisten und schrottreifen Autos bekannt. Beides hat sich in den letzten Jahren verändert: Blitzblanke Kleinwagen rollen über Hauptverkehrsstraßen, die mit EU-Geldern ausgebaut wurden. Auf Nebenstraßen in ländlichen Regionen fühlt man sich allerdings noch oft an die alten Zeiten erinnert. Das Autobahnnetz wird kräftig ausgebaut. Die Nordroute von Lissabon über Porto reicht jetzt bis Vigo in Galizien, nach Osten geht's von Lissabon über Evora zur spanischen Grenze in Badajoz, und Anfang des 3. Jahrtausends soll auch die Lissabon-Algarve-Autobahn fertig werden. Alle Autobahnen sind gebührenpflichtig. Bleifreies Benzin ist in der Regel ohne Probleme zu erhalten, schwierig kann es nur in abgelegenen Regionen werden, wo Tankstellen ohnehin knapp sind. Mietwagen sind in allen größeren Städten von internationalen Verleihfirmen problemlos zu bekommen, sofern man 21 Jahre alt ist und den Führerschein seit mindestens einem Jahr besitzt.
Die Partnerorganisation des ADAC ist der portugiesische Autoclub **ACP**, Rua Rosa Araújo, 24, 1200 Lisboa, Tel. 01 / 56 39 31, Fax 57 47 32.

Botschaften

Portugiesische Botschaften
in Deutschland: Ubierstraße 78, 53173 Bonn, Tel. 02 28 / 36 30 11, Fax 35 28 64;
in Österreich: Operngasse 20 b, A-1040 Wien, Tel. 02 22 / 56 75 36;
in der Schweiz: Jungfrauenstr. 1, CH-3006 Bern, Tel. 0 31 / 43 17 73

Botschaften in Portugal
Deutschland: Campo dos Mátires de Pátria, 38, 1150 Lisboa, Tel. 01 / 8 81 02 10;
Österreich: Avenida Infante Santos, 43 – 4°, 1350 Lisboa, Tel. 01 / 3 95 82 21;
Schweiz: Travessa do Patrocínio, 1, 1399 Lisboa Codex, Tel. 01 / 3 97 31 21.

Konsulate in Portugal
Bundesrepublik Deutschland, Avenida da República 166 – 4°, 8000 Faro, Tel. 0 89 / 80 31 48;
Republik Österreich, Largo Heliodoro Salgado, 8, 8500 Portimão, Tel. 0 82 / 82 61 44, Fax 41 62 18.

Busfahren

Busfahren ist nicht nur günstig, das Streckennetz der staatlichen Gesellschaft Rodoviária und einiger privater Anbieter erreicht im Prinzip auch fast jedes Dorf – fraglich ist nur wie häufig. *Expressos* sind Schnellbusse, die die größeren Orte miteinander verbinden und etwas teurer sind. Haltestelle heißt *paragem,* und zum Thema Pünktlichkeit nur soviel: Die Portugiesen finden es komisch, das in Deutschland Abfahrts- und Ankunftszeiten nicht nur auf die Minute genau angegeben, sondern meist auch eingehalten werden.

Camping

Wildes Campen ist generell nicht erlaubt. Eine Übersicht der rund 100 Campingplätze in Portugal ist erhältlich bei **Federação de Campismo e Caravanismo**, Avenida 5 de Outubro, 15 – 3.°, 1000 Lisboa, Tel. 01 / 52 33 08, oder dem **ICEP** in Frankfurt (siehe Auskunft)

Drogen

Marokko liegt um die Ecke: Portugal

ist mit 800 Kilometer Küste eines der Haupttore und einer der wesentlichen Umschlagplätze für Drogen in Europa. Hasch, Heroin oder Kokain werden nicht nur weitergeschmuggelt, sondern in Portugal, vor allem in den Lissabonner Slums, verkauft. Die Zahl der Drogenabhängigen und -toten steigt von Jahr zu Jahr, die Abhängigen werden immer jünger; Anti-Drogen-Kampagnen versuchen dagegen aufzuklären und gefährdete Jugendliche bei der Suche nach einer Lebensperspektive zu unterstützen. Die Drogengesetze wurden mittlerweile liberalisiert – für den Eigenbedarf von fünf Tagen ist der Besitz von Narkotika straffrei, inzwischen befürworten einige Politiker sogar eine weitergehende Freigabe. Vor allem in Lissabon, aber auch im touristischen Algarve, wird auf der Straße ständig «'aschisch?» angeboten. Allerdings: Es sei davor gewarnt, darauf einzugehen. Schauergeschichten über Ausländer, die einige Gramm zuviel in der Tasche hatten und deshalb in ausgesprochen ungemütlichen Gefängnissen mit portugiesischer Geduld monatelang auf ihre Verhandlung und Abschiebung warten, enthalten mehr als nur das Körnchen Wahrheit.

Einkaufen

Die Portugiesen wissen ihre Kunden zu verwöhnen: Schuhläden beispielsweise, eher plüschige Salons, präsentieren ihre Ware zunächst nur im Schaufenster. Drinnen wählt man nicht aus dem Angebot eines Regals, sondern wartet in einem Sessel und läßt sich bedienen: vielleicht dieses oder jenes Paar aus dem Schaufenster. Und ohne ausführliche Beratung der Verkäuferin läuft gar nichts. Insgesamt feierte die Kaufhauskultur noch kein Stelldichein. Statt dessen bestimmen noch immer kleine Läden den Einkaufsbummel. Erst in den letzten Jahren eröffneten an den Stadträndern *Hypermercados* nach französischem Vorbild, die auch am Wochenende teilweise bis 22 Uhr von der Badehose bis zum Brötchen alles angeblich billig verkaufen. Vor allem in Porto und Lissabon schlendert die «neue Mittelschicht» gerne durch edle Shopping-Center, die in Hamburg nicht wesentlich anders aussehen.

Alltäglich werden jedoch immer noch Frischwaren auf den Märkten, die meist in Hallen stattfinden, verkauft – sowohl in den Lissabonner Stadtvierteln als auch auf dem Land. In fast jedes Dorf reisen einmal im Monat die Händler zu einem großen Markt an, wo dann alles verkauft wird, was Haus und Hof gebrauchen können. Besonders günstig sind regional unterschiedliche Töpferwaren und Schuhe.

Eisenbahn

Nostalgiker kommen voll auf ihre Kosten: Zwar ist das Schienennetz sehr beschränkt, und viele Linien wurden in den letzten Jahren eingestellt, aber vor allem im Norden zuckeln Bummelzüge gemütlich auf landschaftlich zauberhaften Strecken, und alleine die azulejogeschmückten Bahnhöfe wären häufig schon eine Pause wert. Mehrmals täglich verbinden die modernen *Alfa*-IC-Züge Porto und Lissabon (reservierungspflichtig!), teilweise verkehren auf dieser Strecke auch Züge, die gegen geringen Aufpreis das Auto transportieren. Fahrkarten für Hin- und Rückfahrt heißen *bilhete de ida e volta*. Einen Touristenpaß, *bilhete turístico*, mit unbeschränkter Kilometerzahl gibt es gegen Vorlage des Personalausweises für eine, zwei oder drei Wochen. Internationale Züge enden in Lissabon und Porto.

Feiertage und Feste

1. Januar: Neujahr; Februar: Faschingsdienstag; März/April: Karfreitag; 25. April: Tag der Nelkenrevolution von 1974; 1. Mai: Tag der Arbeit; Mai/Juni: Fronleichnam; 10. Juni: Nationalfeiertag (1580 starb der Nationaldichter Luís Vaz de Camões); 15. August: Mariä Himmelfahrt; 5. Oktober: Nationalfeiertag (1910 wurde die Republik proklamiert); 1. November: Allerheiligen; 1. Dezember: Nationalfeiertag (1640 endeten sechzig Jahre spanische Fremdherrschaft); 8. Dezember: Tag der unbefleckten Empfängnis; 25. Dezember: Weihnachten. Dazu kommen unzählige Wallfahrten, Prozessionen und Feste, wenn im Sommer, vor allem im Minho, jedes Dorf und jede Stadt ihren Schutzheiligen feiert. Die Kirche dient dabei oft nur als Dekoration, tatsächlich stecken hinter bestimmten Bräuchen Fruchtbarkeitskulte und heidnische Riten. Zu jeder *Romaria*, Prozession, gehört ein weltliches Fest wie das Amen in der Kirche. Bei den Festen *Santo António*

(12./13. Juni) und São João (23./24. Juni), deren Ursprünge im mediterranen Sonnenkult liegen und die besonders in Lissabon und Porto gefeiert werden, spielt die Kirche so gut wie gar keine Rolle mehr. In der Nacht bleibt niemand im Bett, in den Straßen feiern Hunderttausende. Bei der Prozession am nächsten Morgen dagegen erscheinen nur einige hundert Gläubige.

Geld

Portugal wird wie die meisten anderen EU-Staaten den Euro einführen. Bis dahin gilt noch der Escudo (PTE). Euroschecks können bis 30000 Escudos ausgestellt werden. 1999 entsprachen 100 Escudos etwa 1 Mark. Reiseschecks werden gegen eine kräftige Provision in Banken und vielen Hotels eingelöst. Mittlerweile ist auch Portugal flächendeckend mit Geldautomaten versorgt. Kreditkarten werden in größeren Läden, Restaurants und Hotels akzeptiert.

Internet

In den achtziger Jahren war der Neuanschluß eines Telefons noch ein kühnes Unterfangen, das sich über Monate, gar Jahre hinziehen konnte. Ende der neunziger Jahre steht Portugal im Internet. Behörden und Musikclubs, Universitäten und Hotels, Zeitungen und Immobilienmakler, die Fülle der Informationen über Portugal im Internet steigt exponentiell an, weil sich viel auch schnell ändert, hier nur einige Adressen zum Einstieg:
Der **Metaindex** bietet einen guten Einstieg mit portugiesischen Suchmaschinen: www.hj.se/hs/bibl/miewww/portugal.html
Übersicht der wesentlichen portugiesischen Websites: www.well.com/user/ideamen/pother.html wird ständig aktualisiert. Die wohl umfangreichste Sammlung an Links für Portugal-Freunde aktualisiert ständig einer der Autoren des Handbuchs «Portugal Heute»: www.uni-mainz.de/~lustig/bookpart.htm
Die umfangreichste Suchmaschine ist **SAPO** www.sapo.pt/. Übersichtlich nach Themen sortiert ist die Suchmaschine www.aeiou.pt/; gut gemachte, informative Sites zu diversen Themen bietet /www.terravista.pt/index.html

Zur Reiseplanung: www.geocities.com/Paris/4118/ oder www.demon.co.uk/perth. Auf einer Portugal-Landkarte kann man auf der Homepage der Universität Minho direkt in sein Zielgebiet klicken: www.s700.uminho.pt/homepage-pt.html.
Alles über die portugiesische **Küche**, über Käse und Wein gibt's auf www.gastronomias.com/
Tageszeitungen: **Público:** www.publico.pt, **Jornal de Notícias:** www.jnoticias.pt

Kachelkunst

Die Fliesenbilder erzählen Geschichten: aus dem Alltag von Bauern und Fischern, von königlichen Schlachten und Martyrien der Heiligen. Sie verkleiden ganze Hausfassaden, Treppenaufgänge, Brunnen und sind Straßenschilder. Die *Azulejos* leuchten blauweiß, aber auch polychrom in Bahnhöfen und Markthallen, Kirchen und Palästen.
Die Ursprünge gehen auf die Mauren zurück. Die ersten Azulejos stammen zwar aus der Gründungszeit der Nation, aber erst im 16. Jahrhundert kommen die Azulejos richtig in Mode, als die Mauren Sevilla und Málaga zu Zentren der Kachelkunst machten. Die bunt gemusterten, geometrischen Formen wurden nach Portugal importiert und nachgeahmt. Um das Ineinanderlaufen der Farben zu verhindern, legte man dünne Schnüre in Ritzen auf dem Ton. Erst mit der Majolika-Technik, die während der Renaissance aus Italien importiert wurde, war es möglich, direkt auf die weiß lasierte Oberfläche zu malen.
Moderne Fliesenkunst zeigt sich heute in den neuen Metrostationen von Lissabon (siehe S. 280).

Kriminalität

Sicherlich keine «italienischen Verhältnisse», aber ein Mietwagen oder deutsches Autokennzeichen kann – unabhängig vom äußeren Zustand des Vehikels – unangenehmes Interesse wecken. Vor allem in Porto, Lissabon und in den Touristenhochburgen des Algarve sollte man nichts im Wagen lassen – in Porto wirklich gar nichts: Selbst ein Schraubenzieher ist sicherer im Hotelzimmer aufgehoben, und ein Auto ist in allerkürzester Zeit ausgeräumt. Ansonsten sollte man sich vor Taschendieben wie anderswo auch in acht nehmen.

Literatur

Eigentlich hatte niemand mehr damit gerechnet: Der Nobelpreis für Literatur wurde auch 1997, als Portugal Schwerpunktland auf der Frankfurter Buchmesse war, wieder einmal nicht an José Saramago oder António Lobo Antunes vergeben. Schon seit Jahren waren beide als mögliche Preisträger gehandelt worden. Saramago, 1922 als Sohn einer Landarbeiterfamilie in der südportugiesischen Provinz Ribatejo geboren, lernte Schlosser, arbeitete als technischer Zeichner, Lektor und Journalist. Erst 1980 gelang ihm mit *Hoffnung im Alentejo*, einem Roman über eine Tagelöhnerfamilie, als Schriftsteller der Durchbruch. Seitdem verarbeitet er mit einem kräftigen Schuß Ironie und Fiktion vor allem historische Stoffe, Wissen, das er sich autodidaktisch aneignete. Ein Studium brach er ab, inzwischen wurde er mehrfach mit Ehrendoktorhüten und Literaturpreisen ausgezeichnet.

António Lobo Antunes, 1942 geboren, wuchs dagegen in der reichen Lissabonner Oberschicht als Sohn eines Arztes auf. Er studierte Medizin, wurde Chirurg und arbeitet auch heute noch hin und wieder als Psychiater im Krankenhaus, «damit ich geistig gesund bleibe». Als Student leistete er Militärdienst in Angola, um «mit Nadel und Faden die heldenhaften Verteidiger des Imperiums zusammenzuflicken». Er war fast vierzig Jahre alt, als sein erstes Buch erschien, bis 1998 waren es dreizehn Titel, übersetzt in fünfzig Sprachen. Seine traumatischen Erlebnisse im Krieg, die Schatten der portugiesischen Geschichte und Gesellschaft sind Themen seiner Romane. Der zweite Band seiner Trilogie der Gewalt trägt eine Zeile aus der portugiesischen Nationalhymne im Titel: «Portugals strahlende Größe» und spielt in der ehemaligen Kolonie Angola, das heute noch immer ein vom Bürgerkrieg zerstörtes Land ist.

1998 war es dann doch noch soweit: José Saramago mußte noch einmal vom Frankfurter Flughafen zurück auf die Buchmesse geholt werden: Das Nobelpreiskomitee hatte kurz vor seinem Abflug die Entscheidung für den älteren der beiden Portugiesen getroffen.

Eine späte Anerkennung für die portugiesischsprachige Literatur. Mit dem Hinweis, Kultur an der Peripherie des Kontinents wäre schließlich keine periphere Kultur, hatte Saramago dem wirtschaftlich potenten Europa schon lange Ignoranz vorgeworfen. Tatsächlich kannte man außerhalb von Portugal bis vor wenigen Jahren bestenfalls Fernando Pessoa (siehe «Portugiesische Befindlichkeiten», S. 60 ff.) als portugiesischen Schriftsteller. Während der fast fünfzigjährigen Diktatur hatten Schriftsteller nicht frei arbeiten können. Die «Nelkenrevolution» 1974 bedeutete für viele, wie Saramago, nicht nur die Befreiung von der Diktatur, sondern auch «die Befreiung des Wortes» entsprechend der Parole «A poesia está na rua!» – Die Poesie ist auf der Straße. Die Entdeckung der portugiesischen Literatur kam spät, mit dem Portugal-Schwerpunkt auf der Buchmesse 1997 wurden viele Autoren zum erstenmal auch ins Deutsche übersetzt. Auch wenn in Portugal Bücher bis heute nur in kleinen Auflagen erscheinen und sehr wenige Schriftsteller alleine vom Schreiben überleben können, entwickelte sich seit den siebziger Jahren eine vielfältige Literaturszene, von der hier nur ein kleiner Teil genannt werden kann.

Über Literatur

Henry Thorau (Hrsg.): *Portugiesische Literatur*, Suhrkamp Verlag, Frankfurt/M. Das Handbuch gibt mit Hintergrundartikeln und Autorenporträts einen umfassenden Überblick.

Du – Zeitschrift der Kultur: *Zentrum am Rand. Literaturstadt Lissabon*, Zürich, September 1996. Ein literarisches Reiseheft durch Lissabon, mit Autorenporträts.

Kegler, Michael: *Literatur aus Portugal*, übersetzte lieferbare Titel, TFM, Frankfurt. Die Broschüre wurde zwar schon 1997 zusammengestellt, ist aber trotzdem noch interessant und soll aktualisiert werden.

Exil in Portugal

Ilse Losa: *Unter fremden Himmeln*; Beck & Glückler, Freiburg. Ilse Losa, die selbst aus Deutschland vor den Nazis flüchten mußte, beschreibt das Schicksal der Emigranten in Porto.

Erich Maria Remarque: *Die Nacht von Lissabon*; Kiepenheuer & Witsch, Köln. Die Geschichte einer Flucht aus Nazi-Deutschland nach Portugal.

Patrick von zur Mühlen: *Fluchtweg Spanien – Portugal*; Die deutsche Emigration und der Exodus aus Europa 1933–1945.

Faschismus / Nelkenrevolution

António Tabucchi: *Erklärt Perreira*, Hanser Verlag, München. Ein Kulturredakteur wird aus dem neutralen Einerlei seines Alltags gerissen und lernt die verschlüsselte Sprache des Widerstands gegen die Diktatur. Kurz vor seinem Tod spielte Marcello Mastroiani in dem gleichnamigen Film seine letzte Hauptrolle.

Curt Meyer-Clason: *Portugiesische Tagebücher*, Athenäum Verlag, Königstein. Curt Meyer-Clason erlebt von 1969–1976 als Leiter des Goethe-Instituts die letzten Jahre der Diktatur und die Nelkenrevolution.

José Cardoso Pires: *Die Ballade vom Hundestrand*, Hanser Verlag, München. Ein oppositioneller Offizier wird ermordet, die Indizien weisen auf die PIDE, die Geheimpolizei Salazars, hin. José Cardoso Pires schrieb den Roman nach einem realen Fall, dessen wahre Hintergründe erst nach der Nelkenrevolution ans Licht kamen.

Lídia Jorge: *Der Tag der Wunder*, Suhrkamp Verlag, Frankfurt. Ein verlorenes Dorf im Algarve dämmert in seinen Erinnerungen dahin. Bis mit der Nelkenrevolution Hoffnungen erwachen.

Lídia Jorge: *Die Küste des Raunens*; Suhrkamp Verlag, Frankfurt. Ein fast surrealer Roman über die Gesellschaft der portugiesischen Militärs, ihrer Familien und der afrikanischen Realität in Moçambique vor dem Zusammenbruch des Kolonialreiches.

Gesellschaft

Camilo Castelo Branco: *Das Verhängnis der Liebe*; Beck & Glückler, Freiburg. Eine gemeine Liebesgeschichte und Satire auf die gesellschaftliche Moral des 19. Jahrhunderts, geschrieben von einem der Hauptvertreter der portugiesischen Romantik.

Agustina Bessa-Luís: *Fanny Owen*, Suhrkamp Verlag, Frankfurt/M. Zwei lieben dieselbe Frau: der romantische Schriftsteller Camilo Castelo Branco und sein Freund. Eine wahre, tragische Liebesgeschichte, die Agustina Bessa-Luís kunstvoll rekonstruiert.

Florbela Espança: *Der Rest ist Parfum*; Beck & Glückler, Freiburg. Erzählungen und Briefe von einer der wenigen bekannten Autorinnen, die um die Jahrhundertwende lebten. Im Schreiben konnte sie die Freiheit ausleben, die das Leben ihr versagte. Sie beging an ihrem 36. Geburtstag Selbstmord.

Mário de Carvalho: *Wir sollten mal drüber reden*, Klett-Cotta, Stuttgart; Joel tritt in die Kommunistische Partei ein. Das ist heutzutage ja nun völlig daneben und führt zu einer Reihe von Mißverständnissen. Ein ironischer Querschnitt durch die Lissabonner Gesellschaft.

Clara Pinto Correia: *Das Alphabet der Frauen*; Byblos Verlag, Berlin. Ein Roman über Generationen portugiesischer Frauen, über den Alltag, die Liebe und das Leben in Lissabon aus weiblicher Sicht.

Fernando Pessoa

Fernando Pessoa: *Das Buch der Unruhe*; Fischer Taschenbuch. Pessoa schickt seinen fiktiven Hilfsbuchhalter Tag für Tag in die Monotonie des Lebens. «Ein grandioses Werk existentieller Traurigkeit.»

Fernando Pessoa: *Ein anarchistischer Bankier*; Fischer Taschenbuch. Eine entlarvende Erzählung.

Fernando Pessoa: *Mensagem/Botschaft*; Ammann Verlag, Zürich. Der Gedichtband, in dem Pessoa den Mythos der portugiesischen Helden der Geschichte fortspinnt, ist das einzige Buch, das er zu Lebzeiten veröffentlichte.

Fernando Pessoa: *Dokumente zur Person und ausgewählte Briefe*; Fischer Taschenbuch. Aus Briefen Pessoas, Fotos, biographischen Notizen und Anmerkungen seiner Zeitgenossen entsteht eine Ahnung von der schillernden Persönlichkeit.

Alberto Caeiro: *Dichtungen*/Ricardo Reis: *Oden*, Fischer Taschenbuch Verlag, Zweisprachige (portugiesisch/deutsch) Gedichte des wichtigsten Heteronyms Caeiro und seines Schülers Ricardo Reis.

António Tabucchi: *Wer war Fernando Pessoa?*, Hanser Verlag, München. Aufsatzsammlung des italienischen Schriftstellers und Literaturwissenschaftlers Tabucchi, für den Pessoa mittlerweile fast zum zweiten Ich wurde.

José Saramago

José Saramago: *Das Memorial*; Rowohlt Verlag, Reinbek. Die Geschichte des monumentalen Palastbaus in Mafra und einer wahrhaft unglaublichen Liebe.

José Saramago: *Das Todesjahr des Ricardo Reis*; Rowohlt Verlag, Reinbek. Ricardo Reis, eines der Heteronyme Pessoas, kehrt nach dessen Tod in das Lissabon der Dreißiger zurück und trifft sein Alter ego.

José Saramago: *Der Stuhl und andere Dinge*; Rowohlt Verlag, Reinbek. Welche Macht üben die Dinge über uns aus? Der einzige Band mit Kurzgeschichten von Saramago.

José Saramago: *Handbuch der Kalligraphie und der Malerei*; Rowohlt Verlag, Reinbek. Ein Roman über den künstlerischen Prozeß eines Porträtmalers und die Qual des Schreibens.

José Saramago: *Die Geschichte der Belagerung von Lissabon*; Rowohlt Verlag, Reinbek. Ein harmloses «nicht» fügt der Korrektor eigenmächtig in ein Buchmanuskript ein und ändert zumindest in der Phantasie den Lauf der Geschichte. Was wäre, wenn ...?

José Saramago: *Das Evangelium nach Jesus Christus*; Rowohlt Verlag, Reinbek. Die Geschichte des humanistisch gesinnten Jesus, der seine eigene Kreuzigung provoziert, löste im katholischen Portugal einen Skandal aus.

José Saramago: *Das steinerne Floß*; Rowohlt Verlag, Reinbek. Die iberische Halbinsel bricht ab vom europäischen Kontinent und treibt auf den Atlantik – eine Metapher für die kuturelle Eigenständigkeit Iberiens.

José Saramago: *Die Stadt der Blinden*; Rowohlt Verlag, Reinbek. Ein Mann erblindet ohne Grund, ein Polizist, der Augenarzt, seine Patienten ... die ersten Blinden werden noch kaserniert, schließlich erblindet die ganze Stadt. Die bittere Version einer total individualisierten Welt.

Orlando Grossegesse: *Saramago lesen*; José Saramago: Werk – Leben – Bibliographie: Frey, Walter, Berlin, 1999

António Lobo Antunes

António Lobo Antunes: *Der Judaskuß*; Deutscher Taschenbuch Verlag, München. Ein Veteran aus Angola erzählt seine traumatische Kriegsgeschichte. Mit dem Roman brach Antunes als erster das Schweigen über den Kolonialkrieg.

António Lobo Antunes: *Reigen der Verdammten*, Hanser Verlag, München. Das Hauen und Stechen um ein Erbe aus Schulden entblößt die Dekadenz einer Großgrundbesitzerfamilie.

António Lobo Antunes: *Das Handbuch der Inquisitoren*, Luchterhand Literaturverlag, München. Im ersten Band seiner «Trilogie der Gewalt» zeichnet Antunes ein Sittengemälde Portugals nach der Nelkenrevolution.

António Lobo Antunes: *Portugals strahlende Größe*, Luchterhand Literaturverlag, München. Der zweite Band der Trilogie spielt in Angola.

Kurzgeschichten

Curt Meyer-Clason (Hrsg.): *Portugiesische Erzählungen des 20. Jahrhunderts*, Beck & Glückler Verlag, Freiburg.

Ilse Losa: *Tagträume und Erzählungen der Nacht*; Beck & Glückler, Freiburg. Kurzgeschichten und liebevolle Personenporträts.

Nordportugal

Miguel Torga: *Die Erschaffung der Welt*; Beck & Glückler, Freiburg. Portugiesische Zeitgeschichte dieses Jahrhunderts, zusammengefaßt in dem autobiographischen Werk großer Erzähler aus dem Trás-os-Montes.

Miguel Torga: *Weinlese*, Beck & Glückler Verlag, Freiburg. Sozialkritischer Roman über die Weinlese im Dourotal.

Agustina Bessa-Luís: *Die Sibylle*, Suhrkamp Verlag, Frankfurt/M. Die Lebensgeschichte einer außergewöhnlichen Frau um die Jahrhundertwende, die sich alleine im ländlichen Milieu des Dourotals durchschlägt, in Männerdomänen eindringt und schließlich als Seherin beschimpft wird.

Carlos de Oliveira: *Eine Biene im Regen*, Beck & Glückler, Freiburg. Eine Kleinstadt im Norden Portugals während des Estado Novo, ein Mikrokosmos der Gesellschaft, in dem es unter der genormten Oberfläche brodelt.

José Riço Direitinho: *Brevier der schlechten Gewohnheiten*, Hanser Verlag, München. Ein Dorf an der Grenze zu Spanien während des Bürgerkrieges. Das Dorf beherrschen magische Vorstellungen, in denen man mit Hilfe von streng einzuhaltenden Ritualen die bösen Geister zu besänftigen versucht. Die seherischen Fähigkeiten des José de Risso könnten Teufelswerk sein, doch manche Menschen verehren ihn als wahren Heiligen.

António Tabucchi: *Der verschwundene Kopf des Damasceno Monteiro*, Hanser Verlag, München. Ein Krimi aus dem Porto von heute, der auf einer wahren Geschichte beruht.

Lissabon

António Tabucchi: *Lissabonner Requiem*; Hanser Verlag, München. Merkwürdige Personen laufen dem Autor innerhalb von 12 Stunden in Lissabon über den Weg, bis er schließlich einen geheimnisvollen Herrn zum Essen einlädt – zufällig Fernando Pessoa.

Fernando Pessoa: *Was der Tourist sehen sollte*, TFM, Frankfurt. Eigentlich wollte Pessoa ein Reisebuch «All about Portugal» schreiben, er schaffte allerdings nur diesen kleinen Reiseführer durch das Lissabon der zwanziger Jahre.

Ellen Heinemann (Hrsg.): *Lissabon – ein Städte-Lesebuch*; Insel Verlag, Frankfurt. Ein Taschenbuch, vollgepackt mit historischen Texten über die Geschichte und die Stadtviertel Lissabons.

Pires, José C.: *Lissabonner Logbuch*; Hanser Verlag, München. Ein literarischer Reisebegleiter durch das Lissabon des José Cardoso Pires, der handfeste Bars immer den intellektuellen Schwatzbuden der Caféhäuser vorgezogen hat.

Lidia Jorge: *Paradies ohne Grenzen*, Suhrkamp Verlag, Frankfurt/M. Eine Gruppe junger Menschen lebt in einem abbruchreifen Haus in der Lissabonner Altstadt. Eine Schriftstellerin protokolliert ihre Versuche, gesellschaftliche Grenzen zu überschreiten. «... ein scharfer Schnitt durch die innere Verfassung der modernen Großstadt Lissabon, die es satt hat, mit anmutiger Melancholie am Rande Europas zu verharren» (Klappentext).

Alentejo

Manuel da Fonseca: *Saat des Windes*; Beck & Glückler, Freiburg. Die wortgewaltige Geschichte einer Tagelöhnerfamilie im Alentejo.

José Saramago: *Hoffnung im Alentejo*; Rowohlt Verlag, Reinbek. Der erste Roman von Saramago, für den er drei Monate lang mit Tagelöhnern im Alentejo zusammenlebte.

Über Portugal

Hans Magnus Enzensberger: *Ach Europa!*; Suhrkamp Verlag, Frankfurt. Immer wieder lesenswert, fast eine Pflichtlektüre: das Kapitel «Portugiesische Grübeleien», über die Seele und das Sein der Portugiesen.

Dietrich Briesemeister/Axel Schönberger (Hrsg.): *Portugal heute*, Vervuert Verlagsgesellschaft, Frankfurt/M. Mehr als 900 Seiten über Politik, Wirtschaft, Kultur, aktuelle und abseitige Themen, vom *Estado Novo* bis zur Integration in die EU, Musik und Medien, Internet und Theaterwesen, Sprache und Städtebau.

José Saramago: *Viagem a Portugal*, Editorial Caminho, Lisboa. Das Ende einer Reise ist nur der Anfang einer anderen ... Saramagos Notizen von einer Reise durch sein Land (portugiesisch).

Reinhold Schneider: *Portugal – Ein Reisetagebuch*, Suhrkamp Taschenbuch, Frankfurt/M. *Der* Klassiker unter den Reisebüchern, immer wieder aufgelegt seit 1931, üppige Bilder, viel Saudade.

Britta Weimer-Langer (Hrsg.): *Portugal – Ein Reise-Lesebuch*; Ellert & Richter, Hamburg.

Beate Schümann: *Land und Leute Portugal*; Polyglott Verlag, München. 81 Stichworte von «Aberglaube» bis «Wohnen» zum besseren Verständnis des Landes.

Novos Guias de Portugal, Editorial Presença, Lisboa; wer des Portugiesischen mächtig, dem sei diese Reisebuchserie wärmstens empfohlen, die mit Liebe zu Details und Anekdoten verschiedene Regionen und Städte historisch, kulturell und alltäglich entziffert.

1. **Helder Pacheco**: *Porto*;
2. **José Victor Adragão**: *Lisboa*;
3. **José Victor Adragão**: *Algarve*;
4. **Helder Pacheco**: *O Grande Porto*;
5. **Carlos Alberto Ferreira de Almeida**: *Alto Minho*;
6. **Nelson Correia Borges**: *Coimbra e Região*.

Naturparks

Neben dem Nationalpark Peneda-Gerês im Norden wurden 23 weitere Gebiete als Naturpark, Naturreservat oder geschützte Landschaft unter Schutz gestellt. Dazu gehören im Süden die Feuchtgebiete von Castro Marim / Vila Real de Santo António im Mündungsbereich des Guadiana und der angrenzenden Ria Formosa in der Lagunenlandschaft des Algarve. Ebenso erhielt die Costa Vicentina, die noch unverbaute Westküste südlich von Sines, 1994 den Status als Naturpark. Die Ausweisung als geschütztes Gebiet erscheint oft allerdings als eine Maßnahme nach dem Motto: Retten, was zu retten ist. Häufig werden die Grenzen relativ willkürlich gezogen, liegen die Gebiete in der Nähe von Industriezonen, und was dort geschieht, steht auf einem anderen Blatt. Zudem reicht manches Mal ein guter Freund an der richtigen Stelle, um ein Bauprojekt – Naturschutz schön und gut – doch noch durchzusetzen.

Abgelegen und zum Wandern besonders schön sind die gebirgigen Naturparks in der Serra da Estrela, von Montesinhos – nördlich von Bragança im Trás-os-Montes –, von Alvão – nördlich von Vila Real – und am äußersten Nordost-Zipfel des Alentejo, in der Serra de São Mamede direkt an der spanischen Grenze. Eine Gesamtübersicht mit Adressen der jeweiligen Info-Zentren kann man anfordern beim Serviço Nacional de Parques Reservas e Conservação da Natureza, Rua Ferreira Lapa, 29-1.Esq., 1100 Lisboa, oder dem ICEP, Frankfurt (siehe Auskunft).

Notfall

Landesweit gilt die Telefonnummer **112** für alle Notfälle. Die ambulante Behandlung im Krankenhaus oder *Centro de Saúde* (Gesundheitszentrum) ist gegen Vorlage eines internationalen Krankenscheins meist kostenlos. Ansonsten muß zunächst in bar gezahlt werden. In Portugal gibt es diverse Polizeidivisionen. Wichtig ist für Diebstähle die **GNR** (*Guarda Nacional Republicana*), die außerhalb der Städte zuständig ist, und ansonsten für Verkehrsunfälle die **PSP** (*Polícia de Segurança*). Meist sind beide im regionalen Serviceteil angegeben.

Öffnungszeiten

Die Zeiten seien als Anhaltspunkt gedacht, sie können durchaus um eine halbe Stunde schwanken: Banken Mo–Fr 8.30–15 Uhr; Läden im allgemeinen 9–13 und 15–19 Uhr; Post Mo–Fr 9–12 und 14–18 Uhr, Sa 8–12 Uhr; Sehenswürdigkeiten wie Museen, Kirchen und Paläste folgen der Grundregel: montags geschlossen, Kernzeit geöffnet von 10–12.30 und 14.30–17 Uhr, große Änderungen sind im regionalen Serviceteil angegeben.

Ökologie

In den letzten Jahren ist Ökologie zu einem Thema geworden. Portugal hat zwar kein Atomkraftwerk, aber weniger aus grundsätzlichen Bedenken heraus, sondern aus Geldmangel. Mit zunehmender Industrialisierung wuchsen auch die Müllberge, Abwässerbelastung und Luftverschmutzung.

Mittlerweile existieren zwar gute Gesetze, nur ob sich wer drum schert, ist eine andere Frage. Eine breite Umweltschutzbewegung gibt es nicht, der Protest entzündet sich meist erst dann, wenn es der Bevölkerung an die Substanz geht: ob bei den massiven Protesten gegen weitere Eukalyptusanpflanzungen, die den Bauern das Wasser abgraben, oder wenn ein Naturpark vergrößert oder gegründet werden soll, was mit Bauverboten und Einschränkungen bei der landwirtschaftlichen Nutzung verbunden ist. Naturschutz pur kann sich Portugal nicht leisten, er läßt sich nur durchsetzen, wenn gleichzeitig die wirtschaftliche Ent-

wicklung der Region gefördert wird. Die grünen Grüppchen finden langsam Akzeptanz, allen voran die nationale Organisation **Quercus**, Centro de Educação Ambiental, Sitio do Calhau, Parque Florestal de Monsanto, 1500 Lisboa, Tel/Fax 01/7788473, E-Mail: Quercus@mail.telepac.pt, eine Art portugiesische Ausgabe von Greenpeace. Sie unterhält mittlerweile in allen Landesteilen Büros, hat Info-Material und bietet manchmal auch geführte Wanderungen an. Eine der ältesten Gruppen ist die **Liga para Protecção da Natureza (LPN)**, Estrada do Calhariz de Benfica, 187, 1500 Lisboa, Tel. 01/7780097, Fax 7783208.
Das staatliche Instituto da **Conservação da Natureza** unterhält in Lissabon einen Info-Laden: Loja do Ambiente, Rua Ferreira Lapa, 29, 1100 Lisboa (zwischen Avenida Duque de Loulé und Rua do Conde de Redondo), Tel. 01/3523317, Fax 3523103.

Portugiesisches in Deutschland

TFM Postfach 100839, 60008 Frankfurt/Main, Tel. 069/282647, Fax 287363; Versandbuchhandlung für Platten und Bücher aus dem gesamten portugiesischen Sprachraum.

Tranvía – Revue der Iberischen Halbinsel; Postfach 303626, 10727 Berlin, Tel. 030/8832561; vierteljährlich erscheinende Zeitschrift, die über Kultur und Politik in Spanien und Portugal berichtet.

Post und Telefon

Postämter heißen *correios*, dort gibt es *selos*, Briefmarken, Telefonkabinen, in denen die Gebühren nach dem Gespräch kassiert werden, und Telefonkarten (auch an Kiosken und in Bars). Da noch bis Ende 1999 viele Telefonnummern in Portugal geändert werden, hier die Auskunft: 118 oder im Internet: http://NET118.telecom.pt
Vorwahl nach Portugal: 00351; von Portugal nach Deutschland: 0049, nach Österreich: 0043, in die Schweiz: 0041, danach die jeweilige Ortsnetznummer ohne Null.

Preise

Im regionalen Serviceteil wird angegeben, wenn ein Restaurant sehr teuer oder äußerst günstig ist. Ansonsten bewegen sich die Preise um 30 Mark für ein Essen mit Suppe, Hauptgericht, Nachtisch, Kaffee und einem halben Liter Wein. Die Übernachtungspreise sind in drei Kategorien aufgeteilt: 1. über 130 Mark, 2. 80 bis 130 Mark; 3. bis 80 Mark. Dazu ist die jeweilige Klassifikation von 1 bis 5 Sternen angegeben. Die Preise beziehen sich auf ein Doppelzimmer mit Bad und Frühstück.

Reiseveranstalter

Größter Portugal-Spezialist ist **Olimar-Reisen**. In dem dicken Katalog gibt's jede Art von Portugal-Urlaub vom Campingflug bis zur individuell zusammengebastelten Reise durch Herrenhäuser. Info-Telefon 0180/5237474, Internet: www.olimar.de.

Radtouren und Wanderreisen organisiert **Wikinger-Reisen**, Tel. 02331/904-6, Fax 904-740, Internet: www.Wikinger-Reisen.de oder **Baumelern Wanderreisen**, Tel. 0761/38057-0, Fax 38057-30. Eine Gesamtübersicht über das Reiseangebot gibt es beim ICEP (siehe Auskunft).

Reisezeit

Das Klischee «sonniger Süden» trifft ganzjährig nur auf den Algarve zu, wo selbst im Winter tagsüber milde 16 Grad schmeicheln. Ansonsten herrschen starke klimatische Gegensätze: Je weiter man sich nördlich des Tejo befindet, desto feuchter und kühler werden die Winter. Im Hinterland sind die Sommer meist sehr heiß, vor allem im Alentejo, im Winter fällt in der Serra da Estrela sogar Schnee. Die Flucht vor deutschem Nieselgrau gelingt auf jeden Fall zwischen April und Ende Oktober.

Sprachschulen

Folgende Universitäten bieten Sprachkurse für mehrere Wochen oder auch semesterweise an:

Faculdade de Letras da Universidade de Lisboa,
Cidade Universiária,
1000 Lisboa,
Tel. 01/7937625

Faculdade de Letras da Universidade do Porto,
Rua do Campo Alegre, 1055, 4000 Porto,
Tel. 02/6098441

Faculdade de Letras da Universidade de Coimbra, Praça Porta Férea, 3000 Coimbra, Tel. 039/833625

Privat-Schulen gibt es vor allem in Lissabon sehr, sehr viele. Eine kleine, freundliche Schule ist **PortLingua** Calçada do Garcia, 29-1°dto., 1150 Lisboa, Tel. 01/8867331, Fax 8867332. Qualifizierten, abwechslungsreichen Unterricht in kleinen Gruppen, ein Kultur- und Land-und-Leute-Programm plus original Lissabonner Romantik mitten im Zentrum.

Taxi

In Lissabon und Porto ein ausgesprochen empfehlenswertes Verkehrsmittel: erstens günstig, zweitens ist Autofahren vor allem in Porto und Lissabon alles andere als lustig, und drittens kriegt man den neuesten Klatsch volksmundig serviert. Für Gepäck können Zuschläge kassiert werden. Taxen waren früher schwarz mit grünem Verdeck, damit keine Mißverständnisse aufkommen, wurden sie nach und nach «europabeige» umgespritzt.

Trinkgeld

Ist in Restaurants und Hotels zwar eingeschlossen im Preis, die üblichen 10–15 Prozent werden aber oft erwartet, vor allem von Taxifahrern.

Übernachten

Neben Hotels und Pensionen gibt es in Portugal die *Pousadas,* staatliche Gästehäuser, die oft in historischen Gebäuden eingerichtet wurden und wunderschön gelegen sind. Das hat seinen Preis: 100–260 Mark. Außerdem werden seit Anfang der achtziger Jahre Herrenhäuser und Landhäuser restauriert, die einige Zimmer an Reisende vermieten: Das Angebot reicht von einer Art Urlaub auf dem Bauernhof, *Turismo rural*, bis zur Luxusunterkunft in palastartigen Gebäuden, *Turismo de Habitação*. Informationen und Buchungen über die beiden Verbände, in denen sich die Besitzer zusammengeschlossen haben:

TURIHAB – Associação do Turismo de Habitação, Praca da República, 4990 Ponte de Lima, Tel. 058/741672, Fax 741444.

PRIVETUR – Associação Portugesa de Turismo de Habitação, Largo das Pereiras, 4990 Ponte de Lima, Tel. 058/743923, Fax 741493.

Das Buch *Turismo no Espaço Rural – Guia Oficial* faßt sämtliche Angebote zusammen und ist über die Touristikämter zu beziehen. Ebenso bieten die Reiseveranstalter **Mendes** in Hamburg und **Olimar** in Köln Herrenhäuser an.

Wörterbuch

Guten Morgen *bom dia*
Guten Nachmittag (ab 13 Uhr) *boa tarde*
Guten Abend *boa noite*
Hallo! *olá!*
auf Wiedersehen *adeus*
bis später *até logo*
danke *(muito) obrigado/a*
bitte *se faz favor*
Ich möchte ... *Queria ...?*
Haben Sie ...? *Tem ...?*
Geben Sie mir ... *Dême ...*
Was kostet ...? *quanto custa ...?*
Wo ist ...? *Onde fica ...? Onde é ...?*
Rechnung *a conta*
Auto *carro*
Tankstelle *estação de serviço*
Benzin *gasolina*
– bleifrei *sem chumbo*
Bus *autocarro*
Haltestelle *paragem*
Zug *comboio*
Bahnhof *estação*
Postkarte *um postal*
Brief *uma carta*
Briefmarke *selo*
per Luftpost *por avião*
telefonieren *telefonar*
Telefonbuch lista telefónica
Zimmer *um quarto*
Einzel- *quarto individual*
Doppel- *de casal*
mit Bad *com casa de banho*

Zahlen

0	zero
1	um/uma
2	dois/duas
3	trés
4	quatro
5	cinco
6	seis
7	sete
8	oito
9	nove
10	dez

REGIONALE TIPS

Minho

Urlaub im Herrenhaus, auf Weingütern oder im schlichten Landhaus – im Norden wurde die Idee des *Turismo de Habitação* geboren, und im Landesinneren gibt es häufig wenig andere Unterkunftsmöglichkeiten, was besonders für die Region um Ponte de Lima gilt. Wer durch den Norden reist, sollte sich also möglichst vorher bei den entsprechenden Stellen erkundigen (siehe Portugal von A–Z). Oft helfen auch die örtlichen Tourismusbüros weiter.

Auskunft
Região de Turismo do Alto Minho, Castelo Santiago da Barra, 4900 Viana do Castelo, Tel. 058/820270, Fax 829798. Informationen für die Region Alto Minho.

Buchtip
Portugal: Costa Verde-Minho-Peneda Geres, Sunflower Books. Wanderungen und Autotouren.

Extratour
Trilhos-Serviços Ambientais, Rua de Belém, 94, Tel./Fax 02/5504604, Internet: http://www.trilhos.pt. Eine kleine Gruppe umweltbewußter Radler und Bergsteiger veranstaltet in abgelegenen Regionen Nordportugals Wanderungen und Mountainbike-Touren, sie entdecken Höhlen und lassen sich mit der Strömung der Flüsse durch Canyons treiben. Eine Mischung aus Abenteuer- und Naturtourismus. Für Gruppen Sonderprogramme.

Rota dos Vinhos Verdes, Rua da Restauração, 318, 4050 Porto, Tel. 02/6077315, Fax 6077316, E-Mail: rota@mail. cvrvv.pt, Internet: http://www.vinhoverde.pt. Informationen über den grünen Wein, Touren zu Weingütern, oft ist auch Unterkunft auf den Quintas (Turismo de Habitação) möglich.

Amarante

(56000 Einwohner, PLZ 4600, Vorwahl 055)
Abgesehen von der Neustadt, ist Amarante mit seinem mittelalterlich anmutenden Stadtkern am Rio Tâmega noch immer eine Romance. Berühmt ist die Stadt für ihren *vinho verde*, den frischen jungen Wein, ihr süßes Gebäck und das Fest zu Ehren des Schutzpatrons São Gonçalo am ersten Juni-Wochenende. Sein Segen gilt Liebenden, Ehepaaren und der Fruchtbarkeit. Die Bäcker von Amarante kommen jedes Jahr ins Schwitzen, um den Bedarf an phallusförmigen Kuchenteilchen zu decken, die sich die Feiernden in die Hand drücken. Bemerkenswert ist ein kleines Museum im Kloster von São Gonçalo, das Werke von Amadeo de Souza Cardozo ausstellt. 1887 im nahe gelegenen Dorf Manhufe geboren, begann er seine Karriere als Karikaturist und impressionistischer Maler und wurde zu einem der prägenden Künstler des portugiesischen Modernismus. Er studierte in Lissabon und Paris, wo er vom Kubismus beeinflußt wurde, stellte sogar in den USA, Hamburg und München aus. Ein kurzes, aber kreatives Leben: Mit 31 Jahren starb er nahe Porto im Küstenort Espinho an Lungenentzündung.

Auskunft
Turismo, Alameda Teixeiro de Pascoaes, Tel. 432259

Bahn
Von Porto die Douro-Bahn bis Livração, dort umsteigen in die *Linha do Tâmega*, Richtung Amarante.

Essen & Trinken & Treffs
Zé da Calçada, Rua 31 de Janeiro, Tel. 422023. Fast so berühmt wie São Gonçalo: Edelrestaurant mit Terrasse über dem Fluß. Im Haus gegenüber restaurierte der Besitzer einige Zimmer für Reisende (*turismo rural*).

Estoril, Rua 31 de Janeiro 49, Tel. 431291/431892. Nicht so berühmt und nicht so teuer wie der Zé nebenan, mit idyllischer Terrasse über dem Fluß.

Tasquinha da Ponte, Rua 31 de Janeiro, 055/433715. Deftige Kleinigkeiten, der patriotische Wirt garantiert hundertprozentig regionale Küche.

Lailai, Rua 31 de Janeiro, Tel. 432530. Konditorei und Café mit der kompletten Palette süßer Sünden aus Amarante. Wohl bekomm's.

Spark, Avenida Alexander Herculano, Tel. 431486. Schick gestylte Bar am Tâmego.

Camping
Städtischer Campingplatz, Quinta da Cerca de Baixo. Tel. 43 21 33.

Braga

(160 000 Einwohner, PLZ 4700, Vorwahl 0 53)

Auskunft
Turismo, Avenida da Libertade, 1, Tel. 26 25 50.

Bus & Bahn
Bahnhof, westlich des Stadtzentrums, Tel. 26 21 66. Züge nach Lissabon, Porto sowie die *Linha do Minho*, die über Viana do Castelo nach Valença über die Dörfer zuckelt (umsteigen in Nine).
Busse fahren mehrmals täglich nach Barcelos, Chaves, Coimbra, Ponte de Lima, Viana do Castelo sowie Lissabon und Porto; Auskunft, Tel. 61 60 80. Mit den Bussen der «Empresa Hoteleira do Gerês» erreicht man täglich den Nationalpark; Auskunft, Tel. 57 77 19; Zentraler Busbahnhof: Avenida General Norton de Matos (nördlich des Stadtzentrums).

Post
Avenida da Liberdade.

Notfall
PSP, Campo de Santiago, Tel. 61 32 50
GNR Praça Conde de Agrolongo, Tel. 21 54 44
Krankenhaus, Hospital São Marcos Tel. 60 13 00 00

Essen & Trinken
Inácio, Campo das Hortas 4, Tel. 61 32 35, Di geschl.; die gehobene Klasse der regionalen Küche, diverse *bacalhau*-Variationen.

Casa da Pimenta, Praça Conde de Agrolongo 46–48; Do geschlossen. Einfach, aber typisch, und eine Portion reicht garantiert für zwei.

A Ceia, Rua do Raio, 331, Tel. 26 39 32; Mo geschlossen; deftig gute Hausmannskost aus der Region.

Abade de Priscos, Praça Mouzinho de Albuquerque 7, 10, Tel. 27 66 50, So geschlossen. Dieses Wohnzimmer im ersten Stock ist ein Restaurant.

Café Astória, Praça da República 5. Eine Romance von Café in den Arkaden.

Brasileira, Largo da Barão de São Martinho. Klassisches Caféhaus.

O Nosso Café, Avenida da Liberdade. Tagsüber Café, nachts Discothek.

Übernachten
Hotel Dona Sofia (zwei Sterne, 2. Kat.), Largo São João do Souto 131; Tel. 2 31 60 / 7 18 54, Fax 61 12 45. Komfortables, restauriertes Hotel im historischen Stadtkern, das durchaus einen Stern mehr verdient hätte.

Residencial S. Marcos (zwei Sterne, 3. Kat.), Rua de S. Marcos, 80, Tel. / Fax 27 71 77; ruhige, komfortable Zimmer in der Fußgängerzone.

Pousada da Juventude, Rua de Santa Margarida 6, Tel. 61 61 63.

Turismo de Habitação
Casa dos Lagos (1. Kat.), Bom Jesus, Tel. 67 67 38; Herrenhaus aus dem 18. Jahrhundert mit traumhaftem Blick über Braga, ca. 4 Kilometer außerhalb, auf dem Weg zur Wallfahrtsstätte Bom Jesus.

Camping
am Stadtrand, Tel. 27 33 55.

Fest
São João, in der Nacht vom 23. / 24. Juni ist Braga alles andere als katholisch und feiert den Stadtpatron wie sonst nur im strebsamen Porto.

Sehenswürdigkeiten
Wallfahrtstätten: Lieber eine mehr als eine zu wenig – gleich drei Stätten erheben sich auf drei benachbarten Bergen im Osten von Braga: Bom Jesus, Sameiro und Santa Maria da Falperra. Von allen dreien ist der Blick phantastisch; Bom Jesus, im prallen Barock, sei für Touristen, so behaupten Kenner. Wahrhaftig fromm sei, wer Sameiro, die zubetonierte Marienkirche, besuche. Den Sinnen frönen die Picknick-Pilgerer auf dem Weg zur Santa Maria da Falperra.

Kathedrale, Rua Nova Sousa. Das wuchtige religiöse Zentrum der Stadt ließen Heinrich von Burgund und seine Frau Teresa im 12. Jahrhundert als dreischiffige romanische Kirche errichten. In den Jahrhunderten mehrfach umgebaut und erweitert, ist die Kathedrale heute ein Labyrinth der Stile: ursprünglich nur noch die Tierszenen am Südportal, gotisch die Hauptkapelle, manuelinisch das Taufbecken, barock das Chorgestühl aus tropischen Hölzern. In der Capela dos Reis mit ihren Wandmalereien im Mudejarstil liegen Teresa und Heinrich begraben.

Biblioteca Pública, Rua do Souto. 300000 Bände und rund 10000 Handschriften dokumentieren im ehemaligen Bischofspalast die Geschichte Bragas seit dem 9. Jahrhundert.

Palácio dos Biscaínhos, Rua dos Biscaínhos, Di–So 12–12.30 und 14–17 Uhr. Adelspalast aus dem 16. Jahrhundert, nobel eingerichtet, in dem auch ein kleines Regionalmuseum untergebracht wurde.

Umgebung

Citânia de Briteiros, ca. 15 km östlich von Braga an der N 309. Ausgrabungsstätte einer keltischen Siedlung in der Serra da Falperra, die um 300 v. Chr. gegründet wurde.

Barcelos, ca. 22 km westlich von Braga. Im mittelalterlichen Stadtkern liegt der Campo da República, wo jeden Donnerstag der – angeblich – größte portugiesische Bauernmarkt abgehalten wird. Neben leibhaftigen Hasen und Hähnen gibt's natürlich auch den legendären Hahn aus Ton, schwarz und rot lasiert. Am Paço dos Duques erinnert ein Kreuz aus dem 14. Jahrhundert an die Legende mit dem Hahn; in der Ruine des Palastes sind ein archäologisches und ein Keramikmuseum untergebracht. Auskünfte im **Turismo** (Torre de Menagem), Tel. 812135/811882.

Caminha

Wo der Grenzfluß Minho sich weitet und in den Atlantik strömt, der Gebirgsfluß Coura sich aus der Serra d'Arga windet und in den kräftigen Minho mogelt, dort schlummert das lichte mittelalterliche Städtchen Caminha. Von massiven Verteidigungsanlagen der Stadt zeugt noch der Uhrturm, der letzte von ursprünglich zehn Befestigungstürmen. Am Ende der Rua Direita liegt die Festungskirche, die zu den bedeutendsten Portugals zählt und die die Bürger – dank der immensen Umschlagzahlen im Hafen – 1480 aus eigener Tasche bezahlten.

Auskunft

Turismo, Rua Ricardo Joaquim Sousa, 4910 Caminha, Tel. 058/921592.

Essen & Trinken

O Barão, Rua Barão de S. Roque, Tel. 721130; eher ein Salon mit roten Tapeten und Kristallüstern, in dem erstklassige regionale Küche mit entsprechenden Weinen serviert wird.

Unterkunft

Pensão Galo d'Ouro (drei Sterne, 3. Kat.), Rua da Corredouro 15, 4910 Caminha, Tel. 058/921160; 15 frisch renovierte Zimmer in einem Bürgerhaus, teils mit spektakulärem Blick.

Turismo de Habitação

Casa da Eira (1. Kat.), Rua do Ingusto, 274, Gateira-Moledo, Tel. 722180, Fax 921355; zwei Kilometer vom Strand entfernt, drei ruhig gelegene, kleine Landhäuser für Feriengäste restauriert.

Strand

Moledo: weiter, wilder Strand nahe der Mündung des Minho; die einzige Unterkunft: Pensão Ideal (drei Sterne, 3. Kat.), Rua Eng. Sousa Rego, 125, 4910 Caminha – Moledo, Tel. 058/721505, Fax 721518; freundlich, familiär.

Camping

Orbitur, im berühmten Pinienwald «Mata do Camarido», Tel. 058/921295.

Guimarães

(55000 Einwohner, PLZ 4800, Vorwahl 053)

Auskunft

Turismo, Alameda de São Dâmaso, Tel. 412450 und im historischen Zentrum auf der Praça de Santiago, Tel. 518790, Fax 515134; dort auch eine Liste über *Turismo de Habitação* in der Region sowie ein monatlich erscheinender kostenloser *Agenda Cultural*, kultureller Veranstaltungskalender, für Guimarães. Internet: http://www.cm-guimaraes.pt

Bus & Bahn
Direkte Zugverbindung nach Porto, für die Ziele Braga, Póvoa de Varzim, Viana do Castelo in Lousada umsteigen. **Bahnhof** Avenida Dom João IV; **Busse** fahren nach Porto und Braga ab Largo do Toural (Avenida Conde de Margaride).

Essen & Trinken & Treffs
Solar do Arco, Rua Santa Maria, 48/50, Tel. 413823; gelungene Auswahl an Fisch, Meeresfrüchten und Fleisch.

El Rei, Praça S. Tiago 20, Tel. 419096; kleine feine regionale Karte

Bom Retiro, Rua Doutor Avelino Germano 101, Tel. 415136; Mo geschlossen. Wie bei Muttern: Die Pinte im Erdgeschoß ist gleichzeitig Küche.

Docélia, Largo Toural, schwere, süße Teilchen vom Feinsten.

Milenário, Largo Toural, Caféhaus mit Billardtisch.

Übernachten
Pousada da Oliveira (1. Kat.), Rua de Santa Maria, Tel. 51415 7, Fax 514204. In einem restaurierten Herrenhaus im historischen Zentrum.

Pousada de Santa Marinha (1. Kat.), Costa, Tel. 514453, Fax 514459. Im Naturschutzgebiet Penha, ca. 6 km außerhalb von Guimarães, thront das ehemalige Kloster aus dem 12. Jahrhundert.

Hotel Toural (vier Sterne, 2. Kat.), Largo Carvalho (Rückseite des Largo Toural), Tel. 517184, Fax 517149. Das älteste Hotel der Stadt wurde innen komplett modernisiert.

Residencial Das Trinas (drei Sterne, 3. Kat.), Rua das Trinas 29, Tel. 517358, Fax 517362. Gemütliche kleine Pension im historischen Zentrum. Preis ohne Frühstück.

Camping
Zwei Plätze in der nahen Umgebung: **Montanha da Penha**, ca. 5 km südöstlich, Tel. 515912, Fax 516569, und in **Caldas das Taipas**, ca. 7 km nördlich Richtung Braga, Tel. 576274.

Kultur / Feste
Im Mai treten beim **Theater-Festival** professionelle und Amateurgruppen auf, Anfang Juli gedenkt eine Prozession des Märtyrers Torcato, in der ersten Augustwoche wird's turbulent auf den **Festas Gualterianas** mit Markt und Prozession, und Mitte November reisen internationale Stars zum Festival **Guimarães Jazz** an.

Sehenswürdigkeiten
Castelo, unübersehbar thront das Wahrzeichen von Guimarães auf dem «Heiligen Hügel» und bietet eine erstklassige Aussicht. Von der Burg, die die galicische Gräfin Mumadona bereits im 10. Jahrhundert errichten ließ, um die Siedlung und ein von ihr gestiftetes Kloster zu schützen, kündet noch der 27 Meter hohe Torre de Megagem. Vom Grafen Dom Henrique erweitert, gilt das Castelo mit seinen sieben Ecktürmen heute als eine der am besten erhaltenen romanischen Burganlagen Portugals.

Paço dos Duques de Bragança, unterhalb der Burg, Do–So 10–17 Uhr. Normannisch beeinflußt wurde der Palast der Herzöge von Bragança im 15. Jahrhundert unter Dom Afonso gebaut, 1933 waren es nur noch Ruinen, die im wuchtigen Stil des *Estado Novo* restauriert und als Palastmuseum üppigst ausgestattet wurden.

Museu Regional Alberto Sampaio, Largo da Oliveira. Im Kreuzgang des ehemaligen Klosters Nossa Senhora da Oliveira und den angrenzenden Räumen sind Gegenstände der 1834 aufgelösten Klöster und Kirchen der Region ausgestellt.

Antigos Paços de Conselho, Largo das Oliveiras. In dem alten Rathaus mit seinen Arkaden ist heute das Stadtarchiv untergebracht.

Sociedade Martins Sarmento, Largo do Toural. Die Ausstellungsstücke des archäologischen und ethnologischen Museums sind teilweise in dem gotischen Kreuzgang des Gebäudes untergebracht, das nach Martins Sarmento benannt wurde, der die Ausgrabungen der keltischen Siedlung Citânia Briteiros zwischen Braga und Guimarães begann.

Rua de Santa Maria, eine der ältesten Gassen der Stadt, die sich malerisch vom Castelo zum Largo das Oliveiras hinunterzieht.

Monção

Das idyllische Thermalbad am Grenzfluß Minho hatte wüste Zeiten zu bestehen, in denen sich eine Frau einen Namen machte, die noch heute allgegenwärtig in der Namensgebung von Straßen und Plätzen des Ortes ist: Deu-La-Deu Martins. Und nicht von ungefähr hält sich bis heute die Tradition des «Drachenkampfes» zu Christi Himmelfahrt: São Jorge tritt an gegen einen prächtig bunten Drachen, die *coca*, der Heilige besiegt das Untier natürlich Jahr für Jahr, und das ganze Spektakel endet in einem quirligen Fest. Neben den heilsamen Wässerchen rühmt sich die Monção mit seinen alteingesessenen Weingütern auch des besten *Vinho Verde* im ganzen Minho.

Auskunft

Turismo, Largo do Loreto, Tel. 051/52757.

Turismo de Habitação

Casa de Rodas (1. Kat.), Lugar de Rodas (am Ortseingang) Tel. 051/652105. Herrenhaus eines Landgutes, wo in den Weingärten die edlen *Alvarinho*-Trauben für den hauseigenen Vinho Verde angebaut werden. Der weitläufige Pinienwald ist ein Refugium für vom Aussterben bedrohte Tiere.

Camping

Caldas de Monção (nahe den Thermalquellen), Tel. 051/652434.

Stopp

Fährt man aus Arcos de Valdevez Richtung Norden, liegt links, kurz vor Monção, der Palácio da Brejoeira. Der barocke Palast – 1830 von einem Portugiesen gebaut, der in Brasilien sein Glück gemacht hatte – ist Sitz eines der ältesten Vinho-Verde-Güter der Region. Besichtigen kann man den Palast nicht, aber einen kurzen Blick durch das Gitter in den Park zum Haus sollte man allemal riskieren.

Ponte de Lima

(PLZ 4990, Vorwahl 058)

Auskunft

Turismo, Praça da República, Tel. 942335, Fax 741444; im gleichen Gebäude sitzt auch die Zentrale von **Turihab**, dem Verband vieler Herrenhausbesitzer, die *Turismo de Habitação* anbieten, Tel. 942729, Fax 741444.

Bus

Verbindungen nach Viana do Castelo, Braga, Barcelos, Arcos de Valdevez.

Essen & Trinken

Restaurante Encanada, am Fluß, Ecke Avenida Marginal, Tel. 058/941189; Do geschl. Kleines, einfaches Restaurant im Turm mit Blick auf den Fluß.

Café Central, Largo Luis de Camões. So zentral, wie ein Café Central nur sein kann.

Turismo de Habitação

Casa das Pereiras (TH, 2. Kat.), Largo das Pereiras, Tel. 942939. Herrschaftliches Stadthaus mit kleinem Garten, ruhig gelegen im historischen Zentrum. Mit Ausnahme der drei Gästezimmer ist das obere Geschoß vollgestopft mit Büchern, Antiquitäten, Kristall und Geschirr aus Indien und China.

Quinta dos Abrigueiros (TH, 2. Kat.), Lugar da Igreja, Jolda-Madalena (zwischen Arcos de Valdevez und Ponte de Lima), 4970 Arcos de Valdevez, Tel. 058/947315, Fax 01/3538909. Das rustikale Landhaus des Weingutes strotzt zwar nicht vor adeligem Prunk, aber es beherbergt charmante kleine Zimmer mit bemalten Holzdecken.

Markt

Jeden ersten und dritten Montag im Monat Bauernmarkt am breiten Flußstrand. Höhepunkt der Märkte ist die dreitägige **Feiras Novas** am dritten Wochenende im September.

Fest

São João: 23./24. Juni.

Sehenswürdigkeiten

São Ovídio, die kleine weiße Kapelle, blitzt auf einem Berg gegenüber von Ponte de Lima (der Straße nach Valença folgen), weiter Blick über das Tal des Lima.

Ponte da Barca

(PLZ 4980, Vorwahl 058)

Auskunft
Turismo, Largo da Misericórdia, Tel. 42899; auch Informationen über den Nationalpark Peneda Gerês.

Unterkunft
Residencial Os Poetas, Jardim dos Poetas (am Fluß), 4980 Ponte da Barca, Tel. 058/43578; 6000 Esc. Freundliche, einfache Pension am Fluß, der Preis variiert ein ganz kleines bißchen nach Blickrichtung: in den Garten, zum Fluß oder aus dem Eckzimmer in beide Richtungen.

Turismo de Habitação
Torre de Quintela (TH 2. Kat.), Nogueira, Tel. 058/42238. Aus den großzügigen Gästezimmern schaut man über das dunkelgrüne Tal, das Frühstück wird unter dem Kronleuchter oder auf der Veranda serviert, und während der dunkle Honig auf das Brötchen läuft, gibt der junge Graf Tips für Ausflüge in die Umgebung.

Essen & Trinken
Bar do Rio, Praia Fluvial, Ponte da Barca, Tel. 058/42582.
Das Auge ißt mit, sagt Graf Luiz und empfiehlt das kleine, elegante Restaurant in einem alten Bootshaus. Wer kann schon wissen, wie die leckeren Forellen ohne den romantischen Flußblick schmecken würden.

Varanda do Lima, Campo do Côrro, Tel. 43469; Do geschl.
Gute, kräftige Küche des Minho, zum Sattessen besonders geeignet: die *parrilhada* aus fünf Fischarten plus Krabben.

O Espigueiro, Soajo (im Nationalpark), Tel. 058/67136. Gartenrestaurant am Ortsausgang von Soajo, Richtung Arcos de Valdevez. Nach dem *cabrito* (Zicklein) mit Bohnen und Reis folgt zwingend der saftige Honigkuchen *bolo de mel*.

Viana do Castelo

(83000 Einwohner, PLZ 4900, Vorwahl 058)
Im Zentrum der Costa Verde liegt Viana do Castelo. Aus einer Fischersiedlung entstanden, machte Viana die Karriere vieler Küstenorte im 16. Jahrhundert, als Handelsschiffe zu fernen Ufern aufbrachen. Im 17. und 18. Jahrhundert florierte das Städtchen als Hauptumschlagplatz für Zucker und später für Gold aus Brasilien. Noch immer liegen Schiffe am Kai, doch sie wirken etwas zu groß für den gemütlichen Ort mit seinen bunten, engen Fischerhäusern und manuelinisch geschmückten Stadtpalästen. Die guten goldenen Zeiten zeigen sich in Viana nicht protzig überladen, sondern eher dezent.

Auskunft
Turismo, Praca da Erva, Tel. 058/822620, Fax 827873. Nur lokale Information. Für die Region Alto Minho im Castelo Santiago da Barra. Das restaurierte Gebäude der Touristeninformation selbst ist sehenswürdig, denn früher war es eine Unterkunft für Pilger nach Santiago de Compostella.

Bahn
Verbindung nach Porto, Bummelzugstrecke nach Valença und Braga. **Bahnhof** am Ende der Avenida dos Combatantes.

Extratour
Wer einmal richtig mit der Bimmelbahn bummeln will, zuckelt von Viana nach Valenca an der spanischen Grenze, zwischen Gebirge und Küste. Der Zug hält auch direkt im Strandort Moledo (*siehe unter Caminha*).

Post
Avenida dos Combatantes/Avenida Conde Carreira.

Essen & Trinken
Os 3 Potes, Beco dos Fornos, 7–9 (nahe der Praca da Repúplica), Tel. 829928 (Tisch reservieren!); Mo geschl. Warum nur essen die meisten Gäste das *Fondue Bourgonhoise*? Dabei kann man hier sämtliche Spezialitäten des Minho probieren. Seit immerhin 25 Jahren. Davor war das hutzelige Häuschen das kommunale Backhaus.

Casa d'Armas, Largo 5 de Outubro, 30, Tel. 24999; Mi geschl. Ebenso wie die «3 Potes» ist das «Waffenhaus» eine nationale Berühmtheit wegen der perfekten regionalen Küche.

Taberna do Valentim, Rua Monsenhor Daniel Machado, 180, Tel. 827505; So geschl. Bei Valentim im alten Fischerviertel gibt's konsequent Fisch – sonst nichts. Gebraten, gekocht, gegrillt und am liebsten in der *Caldeirada*, der opulenten Fischsuppe.

Mariana, Lugar São Roque – Afife (ca. 5 km nördlich von Viana), Tel. 981327. Die Wirtschaft macht den Eindruck einer Holzfällerstube, aber der Seebarsch *robalo a casa* ist unschlagbar.

Übernachten

Hotel de Santa Luzia (vier Sterne, 1. Kat.), Monte de Santa Luzia, Tel. 058/828890, Fax 828892. Restauriertes Hotel aus den dreißiger Jahren mit Panoramablick über Viana do Castelo.

Residencial Alambique (drei Sterne, 3. Kat.), Rua Manuel Espregueira 86, Tel. 823894; kleine Pension in der Fußgängerzone.

Turismo de Habitação

Quinta da Boa Viagem (1. Kat.), Areosa (4 km nördlich von Viana do Castelo), Tel. 058/835835, Fax 836836. Gemütliche Apartments im ehemaligen Gesindehaus, aber der Trumpf dieser Quinta ist ihr üppig barocker Garten mit Statuen, Brunnen, verwilderten Blumenbüschen und Swimming-Pool, einzig und allein zum Faulenzen geschaffen.

Casa dos Costa Barros (2. Kat.), Rua de São Pedro, 22–28, 4900 Viana do Castelo, Tel. 058/823705, Fax 24383. Familiäre Unterkunft in historischem Stadtpalast, ruhig gelegen im Zentrum von Viana do Castelo.

Camping

Orbitur-Platz an der Praia do Cabedelo, Tel. 322167.

Markt

Jeden Freitag bunter Wochenmarkt mit Handwerk und Klamotten am Ortsausgang Richtung Valença.

Fest

In der dritten Augustwoche steht Viana kopf: Wer beim Fest der **Nossa Senhora da Agonia** nicht mitfeiern will, sollte die Stadt tunlichst weiträumig umfahren.

Sehenswürdigkeiten

Praça da República, kein Auto dröhnt über den zentralen Platz, der sich, gesäumt von schmucken Bürgerhäusern, zwischen den verschachtelten Gassen ausdehnt. Vor dem schmucklos strengen Alten Rathaus aus Granitquadern plätschert das Wasser über die Schalen des zierlichen Brunnens von João Lopes (1554). Links daneben das ehemalige Misericórdia-Krankenhaus mit einer zweistöckigen verzierten Veranda, in der Mitte über den Arkaden die Karavelle, das Symbol der Seefahrerstadt Viana. Vorbei am Alten Rathaus schließt die Rua da Bandeira an, mit einigen noblen Wohnhäusern aus dem 17. Jahrhundert.

Museu Municipal, Rua Manuel Espregueira. In dem Stadtpalast aus dem 18. Jahrhundert werden Kunsthandwerk, vor allem Keramik und Möbel aus Edelhölzern gezeigt. Die kleine Palastkapelle ist mit blau-weißen Azulejos dekoriert.

Santa Luzia, Monte de Santa Luzia. Protzige Wallfahrtskapelle von 1926; interessant ist die Anfahrt mit der Zahnradbahn (Avenida 25 de Abril, hinter dem Bahnhof, 9–19 Uhr), die Aussicht über Viana und die Küste und die Fotografen und ihre museumsreife Technologie, die auf Wunsch die Besucher in Schwarzweiß ablichten und das persönliche Panorama in eine Postkarte einklinken. Dauert nur ein Viertelstündchen, der Künstler hat sein Labor dabei (zwei Aluschüsseln).

Umgebung

Die **Strände** sind oft stürmisch, aber samtig-sandig und ohne Ende nördlich von Viana; Achtung: heftige Strömungen, vor allem im Mündungsbereich des Minho.

Nationalpark Peneda-Gerês

(Vorwahl 053, PLZ 4845)

Auskunft

Parque Nacional Peneda-Gerês, Quinta das Parretas, 4700 Braga, Tel. 053/6003480, Fax 053/613169. Richtig gelesen: Der Hauptsitz der Nationalparkverwaltung ist in Braga!! Eher dort als im Park gibt es Informationen und (Wander-)Karten. Außerdem muß man sich in Braga für Übernachtungen in den Schutzhütten im Park anmelden. Zweigstellen sind in Arcos de Valdevez (Tel. 058/65338) und im Nationalpark im Hauptort Gerês (Tel. 053/391181). Dort organisieren die Ranger Ausritte und Wanderungen. Gerês ist meist der Ausgangspunkt für Nationalparkbesucher und im Sommer brechend voll.

Bus
Mehrmals täglich Busverbindung zwischen Gerês und Braga.

Übernachten
Casas abrigo, geräumige Schutzhütten aus Granit, die im Nationalpark an Touristen vermietet werden (jeweils vier Zimmer mit zwei Betten), Buchung nur über die Nationalparkverwaltung in Braga.

Hotel das Termas (drei Sterne, 2. Kat.), Avenida Manuel F. Costa, 4845 Gerês, Tel. 053/391142, Fax 391102. Alte Hülle – neuer Kern, komfortables Hotel im Ort. Ganzjährig geöffnet.
In Gerês gibt es diverse Pensionen, z. B.:

Pensão Carvalho Araujo (vier Sterne, 2. Kat.), Gerês, Tel. 391185.

Pensão Casa da Ponte (drei Sterne, 3. Kat.), Gerês, Tel. 391125.

Pensão Flor de Moçambique (zwei Sterne, 3. Kat.), Gerês, Tel. 391119.

Pousada da Juventude, Vilarinho das Furnas, São João do Campo, 4840 Terras do Bouro, Tel. 053/351339.

Camping
Wildcampen, dies sei noch einmal vermerkt, ist auch im Nationalpark verboten! Dafür gibt es genug idyllische und günstige Campingplätze:

Rio Caldo, Gerês, Tel. 391271 (ab hier auch Gruppenausritte vom Nationalparkamt); **Vidoeiro**, Vilar da Veiga (vom Nationalparkamt), Tel. 391289; **Ponte de Saltos**, Vilar da Veiga, Tel. 391379; **Parque da Cerdeira**, Campo do Gerês, 4840 Terras de Bouro, Tel. 351835.

Extratour
Trote Gerês, 5495 Boralha-Cabril, Tel. 076/56165, Fax 56167; die Kooperative versucht den Tourismus auf die «sanfte Tour»: Sie unterhält einen Campingplatz, bietet Unterkünfte am Stausee und organisiert geführte Wanderungen und Reittouren (auch mehrtägig). Pferde können tageweise ausgeliehen werden.

Ansehen
Museu Ethnográfico de Vilarinho da Furna, Campo do Gerês, Tel. 053/351888; Internet: http://www.citidep.pt/ngo/afurna/

Porto

(350000 Einwohner, PLZ 4000, Vorwahl 02)

Auskunft
Turismo, Rua Club Fenianos, 25 (neben dem Rathaus), Tel. 02/312740, Fax 323303, oder Rua do Infante Dom Henrique, 63 (Ribeira), Tel. 01/2009770.

Internet: http://www.cm-porto.pt/

Bus & Bahn & Flugzeug
Porto hat drei Bahnhöfe: **Campanhã**, Rua da Estação, Tel. 564141; Züge ins Ausland, nach Lissabon (teilweise Autoreisezüge, die preiswerter als die Autobahngebühr sind) und in den Süden (am Wochenende Direktverbindung in den Algarve).

São Bento, Praça Almeida Garrett, Tel. 2002722; Regionalverkehr (Douro-Tal) und Richtung Galicien. **Trindade**, Rua Alferes Malheiro, Tel. 2005224; Züge gen Norden (Guimarães) und an die Küste (Póvoa de Varzim).

Busse in den Norden: Rodoviária Nacional, Praça Filipa de Lencastre, Tel. 2003152; in den Süden: Garagem Atlántico, Rua Alexandre Herculano, Tel. 2006954. Internationale Verbindungen: Internorte, Praça da Galiza, Tel. 6093220.

Flughafen (ca. 8 Kilometer nördlich), Tel. 9482141; TAP-Air Portugal Tel. 6080200, Portugália Tel. 9412075, Lufthansa Tel. 9410183; Swissair Tel. 9480265

Buslinie 56 fährt ab Rua do Carmo zum Flughafen, die 78 und 1 ab Avenida dos Aliados zu den Stränden und Sonnenterrassen nach Foz. Die letzte Straßenbahn dreht eine halbe Runde ab Rua Infante Dom Henrique am Douro und Atlantik entlang zum Castelo de Queijo bis zur Rotunda da Boavista – oder umgekehrt. Einen *passe turístico*, eine Touristen-Fahrkarte für öffentliche Verkehrsmittel, gültig einen, vier oder sieben Tage, gibt's am Kiosk gegenüber dem Bahnhof São Bento.

Post

Hauptpost an der Praça General Humberto Delgado (am Rathaus), dort auch postlagernde Briefe, Mo–Fr 8–21, Sa, So 9–18 Uhr.

Notfall

PSP Tel. 2006821, **GNR**, Tel. 325711, **Rotes Kreuz**, Tel. 6066872, **Krankenhaus** São António Tel. 2007354.

Deutsches Konsulat, Avenida da Boavista 5004, Tel. 6102336, Mo–Fr 9–12 Uhr.

Ökologie

Loja do Ambiente, Praça da Ribeira 23, Mo–Fr 14–19 Uhr; von Infoblättern über Eukalyptusanbau bis zu Broschüren über den Nationalpark informiert der Umweltschutzladen über Umweltschutz und -schmutz in Portugal.

Essen & Trinken & Treffs

Portucale, Rua da Alegria 598, Tel. 570717. Allerfeinste Portuenser Adresse, etwas zugeknöpft und teuer, dafür köstlich mit Panoramablick aus dem 14. Stockwerk (das 13. wurde ausgelassen), Reservierung empfohlen.

O Tripeiro, Rua de Passos Manuel, 195, Tel. 02/2008586; So geschl. Ein Freund aus Porto, den es nach Lissabon verschlagen hat, empfahl den «Tripeiro» mit !!! Recht hat er. Die kräftige Kost aus Nordportugal, von den *tripas* (Kutteln) bis zum *cabrito assado* (Zickleinbraten) ist bestens geeignet, um das Heimweh nach Porto zu schüren.

A Cozinha do Manel, Rua do Heroísmoo, 2115, Tel. 02/563388; So geschl. Pommes und anderen internationalen Schnickschnack hat Senhor Manel nicht nötig. In seiner Küche wird originär portugiesisch gekocht: *bacalhau com broa* – Stockfisch mit dem im Norden typischen Maisbrot, *vitela no forno* – Kalbfleisch aus dem Ofen oder die diversen *chouriços*, die kräftigen Würste.

Dom Tonho, Cais da Ribeira, 13–15, Tel. 02/2004307, Fax 2065791. Rui Veloso, portugiesischer Rockstar der achtziger Jahre, leistet mit seinem Restaurant einen lobenswerten Beitrag zur interkulturellen Verständigung: Aus Portugals Kochtöpfen präsentiert er den patriotischen *tripeiros*, 13 Spezialitäten aus 13 Regionen Portugals. Das Motto: Der Hunger ist ein schlechter Begleiter.

Mercearia, Rua Cais da Ribeira 32, Tel. 2004389. Von *Bacalhau* (Stockfisch) bis *tripas* (Innereien) ordentliche regionale Kost in einem der ältesten Häuser der Ribeira direkt am Fluß.

Do Molhe, Foz do Douro (Praia do Molhe), Tel. 6173099. Zeitsprung rückwärts in die ehrwürdigen Zeiten der Badekultur: sonniges Restaurant im Pavillon direkt am Strand.

Estrella do Mar, Avenida Norton de Matos, Matosinhos, Tel. 938512. Den besten Fisch von Porto gibt's im angrenzenden Matosinhos; auf dieser Terrasse am Strand vor allem Meeresfrüchte, gut und günstig.

Boa Nova Casa de Chá, Leça da Palmeira (Nähe Leuchtturm), Tel. 02/9951785; So geschl. Hinter dem Hafen, durch eine Industriewüste, Kurs auf Leuchtturm halten. Zwischen den Felsen direkt am Meer, fast schon in der Brandung, sitzt schließlich das «Boa Nova»: ein elegantes Restaurant und architektonisches Pilgerziel. 1958 von Álvaro Siza Vieira entworfen, dem bedeutendsten portugiesischen Architekten der Gegenwart. Seine besten Gebäude seien gar keine Gebäude, heißt es, sondern Landschaften aus Licht und Raum, die in die Topografie eingefügt wurden. Zum Beispiel ins Meer.

Majestic, Rua Santa Catarina, 112, geöffnet bis 21, So geschl. Prächtiges Café, das zu Porto gehört wie der Portwein. Seit der Restaurierung kann man auch im Patio seinen *cafezinho* nehmen.

Café Ceuta, Rua Ceuta, 20, und **Café Aviz**, Rua Aviz. Zwei typische Caféhäuser im Stil der fünfziger Jahre, wo im Untergeschoß – wie es sich traditionell im Portuenser Caféhaus gehört – Billard gespielt wird.

McDonald's (ehemals Café Imperial), Praça da Liberdade, 127. Die absurdeste Filiale seit es Hamburger gibt. Wenigstens einen Blick reinwerfen.

Bela Cruz, Avenida da Boavista 5448 (gegenüber dem *Castelo de Queijo*), Café und Club mit gleichem Namen, der Do, Fr, Sa von 23.30–6.00 Uhr geöffnet ist. Tagsüber ein normales Café. Seit 40 Jahren. Dann übernahm der Sohn die Geschäfte, und nun öffnet am Wochenende der Club Bela Cruz. Club hört sich exklusiv an, tatsächlich darf jeder in die Disco mit Dachterrasse.

Gestrandet ... Früher war das Viertel Foz do Douro zwischen Flußmündung und Atlantik einfach nur eine noble Promeniermeile. Heute pulst das Nachtleben in der «Foz» und in der Ribeira. Dazwischen wälzt sich am Wochenende eine Autolawine hin und her. In den letzten Jahren hat die junge Szene nun auch die ehrwürdige alte Strandpromenade am Atlantik aufgemischt. in den Liegestühlen der Strandcafés kann man sich während der Sommermonate schon vormittags niederlassen. Vorne das Meer, zur Rechten der Kaffee auf dem Tischchen. Später das Bier zum Sonnenuntergang bei klassischer Musik. Noch 'n Bier für den Sternenhimmel.
Die erste Esplanade **Bar da Praia do Ourigo** liegt am Castelo da Foz, direkt an der Mündung, es folgen der **Nova Praia dos Ingleses** und – besonders angesagt – die Bar an der **Praia da Luz**.

Académica Bar, Rua de São João 80 (Ribeira). Nomen est omen.

Ribeirinha Bar, Rua de São João 70–72; tägliche Fete bei Live-Musik.

Meia Cave, Praça da Ribeira 6; Trendsetter der Ribeira: Disko und Bar, einmal im Monat Jazz live.

Terminal X, Avenida de Fontes Pereira de Melo 449; Mi–So 23–4 Uhr. Portuenser Megadisco, deren Eröffnung die Konkurrenz das Fürchten lehrte.

Twins, Rua do Passeio Alegre (Foz); Do–Sa ab 23 Uhr. Partytime auf drei Etagen, ziemlich trendy.

Übernachten

Hotel Infante Sagres (fünf Sterne, 1. Kat.), Praça Dona Filipa de Lencastre, 62, Tel. 2008101, Fax 314937. In der prächtigen Eingangshalle zwischen den Marmorsäulen und Antiquitäten, den chinesischen Vasen und Kristalllüstern glaubt man nicht, daß das Hotel erst 50 Jahre alt ist. Der Luxus in den Zimmern ist weniger aufdringlich: großzügige Räume mit gediegenem Mobiliar.

Hotel da Bolsa (drei Sterne, 1./2. Kat.), Rua Ferreira Borges, 101, Tel. 20267-68, -69, -70, Fax 318888. Aus einem Lager- und Warenhaus in der Altstadt wurde ein freundliches Hotel mit 36 Zimmern. Die Zimmer im 6. Stock unter dem Dach sind zwar kleiner, dafür hat man den perfekten Überblick.

Hotel Internacional (drei Sterne, 1./2. Kat.), Rua do Almada, 131, 200503-2, -3, Fax 2009063. Kleines, modernes Hotel in einem ehemaligen Kloster. Die *tripas* – Kutteln – des Hotelrestaurants sollen die besten der Stadt sein, zumindest sitzen die Köche im Wettbewerb Jahr für Jahr auf einem der drei ersten Plätze.

Pensão Aviz (drei Sterne, 3. Kat.), Avenida Rodrigues de Freitas, 451, Tel. 320722, Fax 320747. Frisch renovierte Pension, freundlich, komfortabel und ruhig. Günstige, bewachte Parkgarage gegenüber.

Residencial Universal (drei Sterne, 3. Kat.), Avenida dos Aliados 38, Tel. 2006758-9, -0, Fax 2001055. Schlicht, günstig, zentral.

Hotel de Paris (ein Stern, 3. Kat.), Rua da Fábrica 27–29, Tel. 321396. Die noblen Tage sind längst gezählt, aber das Hotel hat treue Anhänger nur wegen des hübschen, kleinen Gartens.

Jugendherberge, Rua Rodriguez Lobo 98, Tel. 606553 5; in Vila Nova de Gaia: Colégio de Gaia, Rua Pádua Correia, 166, Tel. 304007.

Camping

Rua Montedos Burgos, Quinta da Prelada, Tel. 8122616.

Einkaufen
Traditionelle Einkaufsmeile ist die Rua Santa Catarina, besonders günstig sind in Porto immer noch Lederwaren, vor allem Schuhe – für die Damen endet die Auswahl aber meist bei Größe 39.

Centro Regional de Artes Tradicionais (CRAT), Rua da Reboleira, 37, Di–Fr 10–12, 13–18 Uhr, Sa, So 13–19 Uhr. Zentrum für traditionelles Kunsthandwerk mit Werkstätten, Laden und einem Raum für wechselnde Ausstellungen.

Lello & Irmão, Rua das Carmelitas, 144. Die Buchhandlung an sich ist schon ein Kunstwerk.

Auf den Märkten **Bolhão** (Rua Sá da Bandeira) und **Bom Sucesso** (Praça do Bom Sucesso) werden Obst und Gemüse verkauft (Mo–Fr 7–17 Uhr, Sa 7–13 Uhr); **Feira de Cerâmica** (Töpferei-Markt) jeden 1. Sa im Monat, Arcos de Miragaia.

Kultur / Feste
Einen Überblick von Ausstellungen bis Theater gibt das monatlich erscheinende Faltblatt *Amar* (kostenlos beim turismo, in Hotels, Kneipen). Weitere Veranstaltungshinweise in den Tageszeitungen *Público* oder *Primeiro de Janeiro*.

Teatro Rivoli, Praça Dom João I, Tel. 2005932. Theater, Konzerte, Ausstellungen, Lesungen, Diskussionen, Restaurant – ein offenes Haus für portugiesische und europäische Kultur.

São João, nirgendwo sonst in Portugal wird der Schutzpatron in der Nacht zum 24. Juni so turbulent gefeiert wie in den Straßen von Porto. Und weil man sich ja sonst nichts gönnt, ist der gesamte Juni vollgestopft mit kulturellen Veranstaltungen.

Casa das Artes, Rua António Cardoso 175, Tel. 6006153, Kino, Ausstellungen und Live-Musik.

Cinema Jardim – Centro de Audiovisuais Cinema Novo, Rua da Constituição 311, Tel. 550890. Zentrum für Filmfreaks und solche, die gerne an der Bar stehen. Retrospektiven in einem kleinen Saal sowie ein «Gartenkino».

Goethe-Institut, Campo Alegre 298, Tel. 6091408.

Kino
Batalha, Praça da Batalha, Tel. 2022407.

Trindade, Rua do Almada 412, Tel. 568894; Kino mit zwei Sälen.

Fantasporto, in einer Stadt, die so zauberhaft im Nebel versackt, ob sommers, ob winters, wundert es nicht, daß sich alljährlich Anfang Februar Dracula und seine Freunde auf den Kinoleinwänden tummeln: drei Wochen internationales Festival des fantastischen Films.

Museen
Casa da Serralves, Rua de Serralves, 977, Di–Fr 14–17 Uhr. Das große Thema der privaten Stiftung «Casa de Serralves» heißt Kunst und Umwelt. Dahinter steht eine Villa aus den dreißiger Jahren, gelegen in einer Landschaft mitten in der Stadt. 18 Hektar Garten, Wälder, Felder. Ein verführerischer Rosengarten, ein Teehaus, ein romantischer See. Wunderbar zum Lustwandeln. Das «Casa de Serralves» zeigt wechselnde Ausstellungen bildender Künstler und Fotografen.

Museu Romãntico, Rua de Entre-Quintas, 220; 10–12.30 und 14–17 Uhr, So 14–18 Uhr, Mo geschl. Im Herrenhaus der Quinta da Macieirinha, dem «Muesu Romântico», erwacht das bürgerliche Lebensgefühl des vorigen Jahrhunderts. Aus dem Schlafzimmer und dem Ankleideraum hat man einen schwülstigen Blick in den verwunschenen Garten und hinunter zum Douro.

Ethnogaphisches Museum, Largo de São João Novo, Di–Sa 10–12, 14–17 Uhr. Alltagsgegenstände aus Porto und der Region sowie ein nachgebauter Weinkeller.

Casa Museu de Guerra Junqueira, Rua Dom Hugo 32, Di–Sa 10–12, 14–17 Uhr. Das barocke Haus, wahrscheinlich von Nicolau Nasoni, enthält die Kunstsammlung des Satirikers und Revolutionärs Abílio Manuel de Guerra Junqueira.

Cooperative Árvore, Rua Azevedo do

Albuquerque 1, Tel. 2083065; wechselnde Ausstellungen moderner Kunst.

Casa do Vinho Verde, Rua da Restauração, 318, täglich 11–20 Uhr; Internet: http://www.cvrvv.pt/default.htm. Ein Palast für den *Vinho Verde*, den grünen Wein aus dem Minho. Informationen und Kostprobe auf der Terrasse mit Douro-Blick.

Sehenswürdigkeiten

Torre dos Clérigos, Rua dos Clérigos, täglich 10.30–12, 15.30–17 Uhr. Der 75 Meter hohe Kirchturm ist das barocke Wahrzeichen von Porto. Erst nachdem die Kirche längst fertig war, wurde der üppig verzierte Turm 1748 angebaut. Gestaltet von dem Italiener Nicolau Nasoni, der zum inoffiziellen Stadtarchitekten avancierte: kaum ein bedeutendes Gebäude dieser Epoche, das er nicht mitgestaltete oder älteren zumindest noch einige barocke Schnörkel verpaßte. Nach 225 Stufen belohnt der Blick über die Stadt.

Kathedrale, der romanische Ursprung der Kathedrale aus dem 12. Jahrhundert ist unverkennbar, allerdings wurde sie mehrfach umgebaut, unter anderem von Nicolau Nasoni, der für die barocke Seitenkapelle verantwortlich ist.

Igreja de São Francisco, Rua Infante Dom Henrique. Von oben bis unten glänzen veredelte Holzschnitzereien im Innenraum: schlicht Gold.

Palácio da Bolsa, Rua Ferreira Borges, Tel. 2004497, mehrsprachige Führungen; Öffnungszeiten abhängig von der Jahreszeit: mindestens geöffnet: Mo–Fr 9–11.30, 14–17.30 Uhr (November bis Februar), im Sommer auch am Wochenende.

Portwein

Die meisten Kellereien in Vila Nova de Gaia sind Mo–Fr von 9–12 und 14–17.30 Uhr, Sa von 9.30–12 Uhr geöffnet.

Solar do Vinho do Porto, Rua de Entre-Quintas, 220, Tel. 697793; Mo–Fr 11–23 Uhr, Sa 17–23.30 Uhr. In einem romantischen Garten versteckt sich die Probierstube von rund 220 verschiedenen Portweinen. Stilvoller als in diesen weichen Lederpolstern läßt sich nirgendwo der wahre Geist des Portweins entdecken.

Internet: Informationen rund um Portwein auf der Homepage des Instituto do Vinho do Porto, http://www.ivp.pt/html/inicio.htm

Umgebung

Espinho, El Dorado der Bodyboard-Künstler, donnerstags breitet sich einer der größten Märkte Portugals bis auf den Strand aus.

Vila do Conde. Neben den Betonburgen von Póvoa de Varzim ist auch die hübsche «Stadt des Grafen» im Sommer proppevoll, aber die Strände sind lang genug. Dort hämmern und sägen auf einer der letzten kleinen Werften Arbeiter an dicken Holzschiffen. In der Mündung des Rio Ave dümpeln zwar noch idyllisch Fischerboote, im Fluß lebt allerdings nicht mehr viel: Textilfabriken im Hinterland machten den Ave zu einem der am stärksten verseuchten Flüsse Portugals.
Mit dem Europäischen Museumspreis wurde 1991 das nahegelegene Freiluftmuseum **Museu Agrícola Entre Douro e Minho**, Lugar do Crasto, Vairão, Tel. 661172, 9.30–12.30, 14–17 Uhr (nur nach vorheriger Anmeldung), ausgezeichnet, das die Geschichte des ländlichen Alltags im Land zwischen Douro und Minho erforscht und darstellt.

Douro-Tal

Raus aus der Stadt, rein in die pralle Weinlandschaft: mit dem Auto, Zug oder Schiff. Etwa 100 Kilometer östlich von Porto beginnt das Anbaugebiet der Portweintrauben zwischen Régua, Pinhão und Barca d'Alva. Auf heftige Kurven müssen sich Autofahrer gefaßt machen, besinnlicher ist eine nostalgische Zugfahrt über Régua, Pinhão bis Poucinho. Abfahrt in Porto ab Bahnhof São Bento. Ab Pinhão steigt das Ufer so steil an, daß keine Straße, sondern nur noch die Eisenbahn dem Fluß folgt. Die Bahnhöfe – azulejogeschmückt, kleine Museen aus Großmutters Zeiten – liegen allerdings häufig kilometerweit vom Ort entfernt (Ausnahmen: Régua, Pinhão).
Bootsfahrten den Douro aufwärts veranstaltet **Enduro Turismo**, Rua da Reboleira, 49, Tel. 324236, Fax 317260

oder **Vistadouro**, Avenida Comendador Ferreira de Matos, 403, Salas 405/406, 4450 Matosinhos, Tel. 02/9387949, Fax 9387950. Viele Schiffstouren enden schon in Peso da Régua, der wirklich spektakuläre Teil durch die Weinlandschaft beginnt erst dahinter. Deshalb mindestens bis Pocinho oder Barca d'Alva buchen.

Peso da Régua

(PLZ 5050, Vorwahl 054)

Auskunft

Turismo, Rua da Ferreirinha, Tel. 22846, Fax 322271.

Casa do Douro, Rua dos Camilos, Tel. 054/320811, Fax 320800. Jede mögliche Information über Portwein. Das «Casa do Douro» hält für Besucher auf Anfrage eine Diashow bereit.

Extratour

Rota do Vinho do Porto, Rua dos Camilos, 90, Tel. 054/320145, Fax 320149, Internet http://ivp.imediata.pt. Die «Route des Portweins» ist im wesentlichen eine Landkarte des Anbaugebietes mit 54 Adressen, vor allem von Weingütern und Kooperativen, die man besuchen kann. Auf Wunsch werden Touren organisiert. Viele Weingüter haben auch Zimmer für Touristen. Probieren kann man allerdings nicht nur Portwein, sondern auch die hervorragenden Tafelweine aus dem Douro-Tal.
Von Régua nach Vila Real kann man auch mit einem Schienenbus fahren. Immer am Abhang lang, mit grandiosen Ausblicken in die Weinberge.

Turismo de Habitação

Casa de Casal de Loivos (1. Kat.), Pinhão, 5085 Casal de Loivos, Tel. 72149; auf Wunsch Abendessen, keine Kreditkarten. Zwischen Olivenhainen und Weinterrassen schraubt sich die Straße von Pinhão hinauf bis zu dem weißen Dorf Casal de Loivos. Die sieben kleinen Gästezimmer im Erdgeschoß des Herrenhauses waren früher Pferdeställe, alle mit Ausgang zur großen Terrasse. Von dort weitet sich ein spektakulärer Blick über Rebstöcke hinunter in das Douro-Tal.

Casa dos Varais (1./2. Kat.), 5100 Lamego – Cambres, Tel./Fax 23251. Alle drei Zimmer im «Casa dos Varais» sind wunderbar altmodisch, mit Blümchen an Wänden und Gardinen und wuchtigen alten Möbeln. Das rosafarbene Herrenhaus am Weinberg liegt am südlichen Ufer des Douro, direkt gegenüber von Régua.

Quinta de Santa Eufémia (2. Kat.), Parado do Bispo, 5100 Lamego, Tel./Fax 322357. Die Quinta de Santa Eufémia produziert seit gut hundert Jahren ihren eigenen Portwein. In dem Herrenhaus aus dicken Granitwänden wurden drei Gästezimmer im ländlichen Stil eingerichtet, inklusive portugiesischem Nippes.

Quinta de Marrocos (2. Kat.), E.N. 222, Valdigem, 5100 Lamego, Tel. 23012, Fax 322680. An das Franziskanerkloster, das die Quinta einst war, erinnern nur noch die beiden mächtigen Zypressen, die wie zwei Mönche vor dem Herrenhaus stehen und auf den Douro blicken. Direkt am Ufer, in der Nähe von Régua gelegen, plüschig-nostalgische Zimmer. Gäste, die selbst gerne mal Wein ernten möchten, werden nicht daran gehindert. Auch an «Nicht-Gäste» werden Wein, Honig und Olivenöl von der Quinta verkauft.

Essen & Trinken

Cacho d'Oiro, Rua Branca Martinho, Tel. 054/321455. Freundliches, kleines Restaurant in einer Sackgasse in der Nähe der Markthalle von Régua; regionale Gerichte und gut sortierte Auswahl an Weinen.

Umgebung

Lamego: Das 30000-Einwohner-Städtchen war im 12. Jahrhundert die Bastion der Christianisierung Nordportugals und ist mit religiösen Bauwerken wahrhaftig gesegnet: romanisch-gotische Kathedrale, Bischofspalast – heute ein archäologisches Museum – und die 686 Stufen hoch gelegene Wallfahrtskirche von Nossa Senhora dos Remédios, wo die Pilger nicht nur im September zur Hauptprozession um Hilfe bitten. Berühmt ist Lamego aber auch für seine dicken Schinken, die beispielsweise im «Casa de Pasto» von Vitor Pinto in der Rua da Olaria von der Decke baumeln.

São Salvador do Mundo (von São João da Pesqueira in Richtung Barragem da Valeira fahren). 1861 packte eine Stromschnelle unterhalb dieses Aussichtspunktes das Ausflugsboot des britischen Portwein-Barons James Forrester. Er ertrank, seine Begleiterin Dona Antónia konnte sich retten: Ihre Ballonröcke sollen sie wie eine Boje getragen haben. Heute ist der Douro ein stiller Fluß, gezähmt durch viele Staustufen, die Aussicht ist immer noch spektakulär.

Weinprobe

Quinta da Pacheca, 5100 Lamego, Cambres (Nähe Régua), Tel. 054/23228, Fax 321359. Vorbei am Portwein-Riesen *Sandeman* durch eine Allee mit uralten Bäumen, und am Ende liegt die lauschige Quinta da Pacheca. Bevor zwischen den Eichenfässern in der *Adega* ehrfürchtig an den Probiergläschen geschnüffelt und genippt werden darf, gibt es eine kurze Führung und Informationen über die Herstellung der Weine. Port- und Tafelwein, aber auch Champagner wird hier gekeltert.

Caves de Santa Marta, Santa Marta de Penaguião, Port- und Tischwein, Tel. 054/91311, Fax 91553, Mo–Fr 9–13 Uhr, 14–17.45 Uhr, Sa 9–12.30. Die Kellerei der lokalen Kooperative «Santa Marta» ist nur eine von vielen Gelegenheiten zur Weinprobe auf dem Weg von Vila Real nach Régua. Die Straße schlängelt sich durch eine hügelige Terrassenlandschaft mit kleinen Weindörfern und Landgütern hinunter zum Douro.

Weiterfahren ...

... mit der Bummelbahn in das Land hinter den Bergen – *Trás-os-Montes*. Von der Douro-Linie zweigt in Tua die Linie Richtung Norden nach Mirandela ab. Als die Linie 1887 eingeweiht wurde, war ein waghalsiges Unterfangen geglückt: Entlang des schmalen, wilden Flusses Tua waren die Schienen steil hinauf, immer am Abgrund entlang gelegt worden. Oben Granitbrocken – unten das wilde Flüßchen Tua. Zwei Stunden dauert die Reise, man sollte sich auf die linke Seite setzen, wenn man Richtung Mirandela fährt. Fünf Züge in jede Richtung täglich.

Vila Real / Trás-os-Montes

(46000 Einwohner, PLZ 5000, Vorwahl 059)

Hinter Vila Real beginnt das «Meer von Steinen», wie der Schriftsteller Miguel Torga seine Heimat nannte, die Region Trás-os-Montes. «Hinter den Bergen» – treffender könnte die Region nicht heißen. Vila Real selbst ist außen Beton – innen Barock: der historische Stadtkern lohnt einen Spaziergang.

Auskunft

Região de Turismo da Serra do Marão, Avenida Primeiro de Maio 70, 1°, Tel. 322819, Fax 321712.

Übernachten

Hotel Tocaio (drei Sterne, 3. Kat.), Avenida Carvalho Araújo 45, Tel. 71027.

Residencial da Sé (3. Kat.), Travessa de São Domingos 19–23, Tel. 24565.

Turismo de Habitação

Quinta da Cumiera (2. Kat.), Cumiera, 5030 Santa Marta de Penaguião, Tel. 059/969544, Fax 969114. Landgut aus dem 16. Jahrhundert, zehn Kilometer südlich von Vila Real in den Weinbergen gelegen. Vier Zimmer unterm Dach, Tennisplatz, Swimmingpool. Die guten Ausflugstips vom Besitzer inklusive.

Camping

Städtischer Campingplatz: Quinta da Carreira, Tel. 24724.

Umgebung

Solar de Mateus, täglich 9–19 (Sommer), 10–18 Uhr (Winter), 13–14 Uhr Mittagspause, Gärten sind durchgehend geöffnet. Das Barockschloß (4 Kilometer von Vila Real) kennt jeder, der in Deutschland einen portugiesischen Wein getrunken zu haben glaubt: Auf den Etiketten des *Mateus Rosé* in den Bocksbeutelflaschen prangt dieser schwülstige Palast, der noch heute bewohnt ist. Der nobel arrangierte Garten und Teile des Palastes können besichtigt werden, darunter auch die Bibliothek mit Originaldrucken der berühmten portugiesischen Heldengesänge, der Lusiaden von Camões. Über den ausschließlich als Exportprodukt produzierten Wein und seine Qualität sei respektvollerweise geschwiegen. Nur soviel: In Portugal ist der «Coca-Cola-Wein» höchstens neben den Filtertüten und Schwarzbrot für deutsche Gelüste im Supermarktregal zu finden.

Parque Arqueológico do Vale do Côa, Avenida Gago Coutinho, 19, 5150 Vila Nova de Foz Côa (südlich des Douro, nahe der Nationalstraße 102), Tel. 079/764317, Fax 765257; Mo–Fr 10–16, Sa, So 14–20 Uhr. Als das Umweltgutachten für den geplanten Stausee erstellt wurde, entdeckten Archäologen die ersten Felszeichnungen. Inzwischen ist klar, daß sich auf einer Länge von 17 Kilometern im Tal des Flusses Côa und seinen Zuflüssen die größte Fläche von Felszeichnungen in Westeuropa befindet. Die ältesten entstanden 28000 Jahre, die jüngsten wohl 1000 Jahre vor Christus. Der Stausee wurde nach langen Auseinandersetzungen nicht gebaut. Inzwischen ist ein Teil zur Besichtigung freigegeben, allerdings nur in Gruppen, die von Mitarbeitern des «Parque Arqueológico Vale do Cóa» geführt werden. Feste Schuhe mitnehmen!

Centro

Aveiro

(66000 Einwohner, PLZ 3800, Vorwahl 034)

Auskunft

Região de Turismo da Rota da Luz, Rua João Mendoça 8 (im Zentrum, am Kanal); Tel. 20760/23680, Fax 28326.

Bus & Bahn

Bahnhof, Avenida Dr. Lourenço Peirinho, Auskunft: 381632; Züge nach Lissabon und Porto. **Buslinien** gibt es mehr als genug: Sechs verschiedene Gesellschaften bedienen die Region. Ziemlich konfus, der Turismo hilft weiter.

Extratour

Das platte Land begünstigt ein in Portugal ansonsten einmaliges Phänomen: Fahrräder. Sie werden vermietet: bei **Culturália**, Rua João Mendonça, 31–1° rechts, Tel. 034/23142, Fax 23219. Culturália bietet neben thematischen Sightseeing-Touren auch organisierte Radtouren mit Begleitung durch die Stadt und Region an.

Tagesausflüge mit dem Boot durch die Lagunenlandschaft von Aveiro nach Torreira werden täglich vom 15. 6.–15. 9. angeboten. Mindestens einen Tag vorher im Turismo anmelden.

Post

Praça Marquês Pombal

Notfall

PSP Praça Marquês Pombal, Tel. 22022; **GNR** Rua Castro Matoso, Tel. 23429; **Krankenhaus** Avenida Artur Ravara, Tel. 22133.

Essen & Trinken & Treffs

Lokale Spezialität: ist die *Caldeirada de Enguias* – der Aaleintopf mit zierlichem Aal, Kartoffeln und köstlichem Sößchen.

A Nossa Casa, Rua do Gravito, 10, Tel. 29236, So geschl. «Unser Haus», ein gediegenes Restaurant und berühmt für *parilhada de mariscos* oder *de peixe*: eine Zusammenstellung verschiedener Meeresfrüchte oder Fische.

O Mercante, Cais dos Mercantéis, 13, Tel. 28057, Mo geschl. Das Tellerklappern schallt mittags aus dem Speisesaal im ersten Stock bis auf die Straße herunter. Im Saal wird kräftig und gut Fisch direkt vom Markt vor der Haustür getafelt.

O Telheiro, Largo da Praça do Peixe, 20–21, Tel. 29473, So/Mo geschl. Hier gibt's im gepflegten Holzbankambiente die Spezialität der Region: *caldeirada de Enguias.*

O Centenário, Praça do Mercado, Di geschl. Neben dem Tagesfisch regionale Fleischspezialitäten wie *rojões* und *chanfana*; gediegen, edel.

8° Oeste, Cais do Paraíso, Tel. 383169; Restaurant mit paradiesischem Sonnenuntergangsblick von der Terrasse.

Salpoente, Canal S. Roque, 83, Tel. 382674; nur abends geöffnet, weil aus dem Restaurant am Kanal später eine Bar mit langer Nacht und Live-Musik (am Wochenende) wird.

Übernachten

Residencial do Alboi (vier Sterne, 1. Kat.), Rua Arrochela 6, Tel. 25121, Fax 22063; ruhig und zentral im Altstadtviertel gelegen, komfortabel.

Paloma Blanca (drei Sterne, 1. Kat.), Rua Luis Gomes de Carvalho 23, Tel. 22529, Fax 381844; Hotel in restauriertem Herrenhaus.

Hospedaria 5 Bicas (2. Kat.), Rua Eça de Queiroz 34, Tel. 24051; freundliche Pension im Zentrum.

Residencial Estrela (drei Sterne, 3. Kat.), Rua José Estevão, 4, Tel. 23818; nette Pension im Zentrum, die meisten Zimmer mit enormen Stuckdecken, man achte auch auf den Marmor im Treppenhaus: der wurde gemalt.

Camping

São Jacinto, Orbitur, Tel. 48284; geöffnet 16. 1.–15. 11.

Costa Nova, Tel. 369822, geöffnet 16. 1.–15. 11.

Fest

Die **Feira do Março** findet bereits seit gut 500 Jahren statt. Ein vierwöchiges Marktfest mit Folklore und Handwerk, das am letzten Wochenende im März beginnt.

Strände

Im Sommer fahren von Aveiro regelmäßig Busse zu den nahe gelegenen Stränden. Ruhiger sind die Strände nördlich von São Jacinto, weil Autofahrer ab Aveiro einen 50 Kilometer langen Umweg um die Lagune fahren müssen. Fußgänger setzt die Fähre ab Barra über. Verbindung ab Aveiro mit Bus, Abfahrt am Canal vor dem Turismo.

Unterkunft

Estalagem Ria Bela (vier Sterne, 2. Kat.), Quintas do Sul, 3870 Murtosa, Tel. 034/838137, Fax 838147; komfortables, freundliches Hotel auf der Lagune, direkt an der Ria gelegen.

Coimbra

(139000 Einwohner, PLZ 3000, Vorwahl 039)

Auskunft

Região de Turismo do Centro, Largo da Portagem; Tel. 23886, Fax 25576.

Turismo (nur Coimbra), Praça da República, Tel. 33202; Praça D. Dinis, Tel. 32591.

Associação Académica de Coimbra (AAC), Rua Padre António Vieira 1, Tel. 23072. Sämtliche studentischen Aktivitäten unter einem Dach, inklusive Café.

Bus & Bahn

Bus: Avenida Fernão Magalhães, Tel. 27081; Busverbindungen in die Umgebung (Conimbriga, Buçaco, Figueira da Foz) sowie nach Porto und Lissabon.

Bahn: Vom Bahnhof Coimbra A, Tel. 34998, fährt der Zug nach Figueira da Foz, von Coimbra B, Tel. 34127, Richtung Lissabon, Porto und Braga.

Post

Avenida Fernão Magalhães 223 (Hauptpost)

Notfall

PSP, Rua Olímpico Nicolau Rui Fernandes, Tel. 22022; **GNR**, Avenida Dias da Silva, 122, Tel. 482085; **Krankenhaus**, Praça Professor Mota Pinto, Tel. 400400.

Essen & Trinken & Treffs

Wer strebsam studiert, soll auch feiern, und so frönt die Boheme traditionell dem ausgedehnten Nachtleben in den finsteren Gassen der Baixa. Die grobe Richtung für ungezählte Restaurants und Pinten: vom Largo da Portagem durch die Rua da Sota oder Rua dos Gatos, von der Praça do Comércio durch die enge Rua das Azeiteiras; ein weiteres Zentrum liegt rund um die Praça 8 do Maio, vor allem in der Rua Direita. Für den weiteren Verlauf der Nacht sei ein Spaziergang durch die Almedina gen Kathedrale oder zur Praça da República empfohlen.

Trovador, Largo da Sé Velha 15 a, Tel. 25475, So geschlossen; gutes Restaurant der Mittelklasse, freitags und sonnabends Fado inklusive.

O Serenata, Largo do Soto, 6, Tel. 039/26729. *Bacalhau com natas*, sensationeller Stockfisch in Sahne. Wer sich nie an des Portugiesen Nationalgericht traute, dies könnte der richtige Einstieg in die 365 verschiedenen Rezepte sein.

O Cantinho do Reis, Terreiro da Erva, 16, Tel. 039/24116; So geschl. Der Wirt José Alves Reis kennt fast alle, die bei ihm mittags essen, das kleine Restaurant ist rappelvoll, Senhor Reis wieselt zwischen den Tischen herum, schwatzt hier und da. Wer's besonders eilig hat, zahlt eben morgen. Spezialitäten vom Holzkohlegrill.

Adega Paço do Conde, Rua Paço do Conde, 1; Tel. 039/25605. Einfach und deftig, das Gewölbe füllt sich im Laufe des Abends, bis der Fernseher vom Geschwätz übertönt wird.

Café Santa Cruz, Praça 8 de Maio. Eines der schönsten Cafés in Portugal, eingerichtet in einer Kirche aus dem 16. Jahrhundert.

Café Galeria Almedina, im Arco de Almedina, Kunst und Café und Live-Musik bis 4 Uhr morgens.

Café im **Teatro Académico de Gil Vicente**, Praça da República, tägl. 12–24 Uhr. Eine lichte Oase der Ruhe im ersten Stock, durch die Glasfassade wächst das Grün der Baumkronen in das Theatercafé.

Café International de Coimbra, Avenida Navarro 5; Fünfziger-Jahre-Caféhaus.

Aqui Há Rato, Largo da Sé Velha 20; Diskothek und Bar, ausgesprochen «in».

Adega Democrática, Travessa da Rua Nova 5–7, Tel. 23784. Klassiker, der studentischen Tradition verbunden; preiswert.

Boémia Bar, Rua do Cabido 6; nomen est omen, Live-Musik.

Diligência Bar, Rua Nova, 30 (Baixa), Tel. 039/27667. Täglich ab 18 Uhr geöffnet, ab 22 Uhr singen die Wirte, und manchmal auch die Gäste, Fado aus Coimbra und Lissabon. Und das seit 25 Jahren mit dem gleichen Schmachter und der gleichen Sangria.

Übernachten

Quinta das Lágrimas (vier Sterne, 1. Kat.), Santa Clara, am südlichen Mondego-Ufer, gegenüber von Coimbra. Tel. 039/441615, Fax 441695. Auf der «Quinta das Lágrimas» – dem Landgut der Tränen – spielte sich die tragische Liebesgeschichte zwischen dem Kronprinzen Pedro und seiner Geliebten Inês ab. 400 Jahre später, im 18. Jahrhundert, wurde ein kleiner Palast auf der Quinta gebaut, der vor kurzem in ein romantisches Hotel umgewandelt wurde, ein Teil der Zimmer liegt im neuen Anbau.

Hotel Astoria (drei Sterne, 1./2. Kat.), Avenida Emídio Navarro 21, Tel. 22055, Fax 22057. *Das* Hotel in Coimbra aus den zwanziger Jahren, zwischendurch immer mal wieder aufpoliert, aber vom Fahrstuhl bis zum Mobiliar – kein Zimmer gleicht dem anderen – ist fast alles im Original erhalten geblieben.

Residencial Coimbra, Rua das Azeiteiras, 55, Tel. 039/37996, Fax 38124; 6500 Esc. Freundliche, kleine Pension, die erst vor kurzem eröffnet wurde. Günstig, ruhig gelegen in der Unterstadt zwischen Largo da Portagem und Praça do Comercio; Parkplatz nebenan.

Pousada da Juventude, Rua Henrique Seco 14, Tel. 22955.

Camping

Praça 25 de Abril, Tel. 701497.

Kultur / Feste

Veranstaltungshinweise veröffentlicht die Zeitung *Jornal de Coimbra*.

Centro Cultural de Dom Dinis, Praça de Dom Dinis (hinter dem alten Krankenhaus), Tel. 38593; Kommunikationszentrum, Live-Musik, Ausstellungen.

Casa da Cultura, Rua Pedro Monteiro, Tel. 702630; städtisches Kulturzentrum mit Bibliothek und monatlichem Programm (Ausstellungen, Konzerte, Lesungen, Filmvorführungen).

Queima das Fitas: Wenn die Studenten das «Verbrennen der Bänder» am Ende des Studienjahres in der zweiten Maiwoche feiern, befindet sich Coimbra im Ausnahmezustand: Eine Studentenfete jagt das nächste Konzert, und während des kunterbunten Umzuges fackeln schließlich die *grelos* im Nachttopf. Die Farbe der Bänder symbolisiert die jeweilige Fakultät.

Sehenswürdigkeiten

Universität, Largo da Porta Férrea, 9.30–12.30 und 14–17 Uhr. Die ehrwürdigen Gebäude, in denen die 1290 gegründete Universität endgültig seit 1537 residiert, befinden sich in dem ehemals mittelalterlichen Königspalast. Die manieristische Porta Férrea, das «eiserne Tor», führt in den Patio der Universität mit der üppig vergoldeten Museumsbibliothek Joanina, der Uni-Kirche Capela de São Miguel und dem kleinen Museum für sakrale Kunst, dem Torre; der Turm mit Aussichtsplattform ist das Wahrzeichen von Coimbra. Über die Treppen des Via Latina erreicht man den großen Festsaal Sala dos Actos, in dem noch heute die Doktorhüte verteilt werden, und den prächtig ausgemalten Sala do Exame Privado.

Museu Machado Castro, Largo Dr. José Rodriguez; Di–So 10–12.30 und 14–17.00 Uhr. Eingeschlossen in den ehemaligen Bischofspalast aus dem 12. Jahrhundert ist ein Cryptoportico, der auf dem höchsten Punkt der Altstadt von den Römern angelegt wurde. Am Eingang zu den Gewölben befindet sich eine Säule, die die Jahreszahl 325 und eine Inschrift trägt, die den Namen *Aeminium* für das römische Coimbra belegt. Das Nationalmuseum zeigt neben römischen Funden und mittelalterlichen Skulpturen auch Werke von Nicolas de Chanterènne, Philipe Hodart und Jean de Rouen aus der Renaissance-Bildhauerschule von Coimbra.

Santa Clara-a-Velha, die Königin Isabel von Aragon wählte einen ungünstigen Platz, als sie 1286 das Klarissenkloster am südlichen Mondego-Ufer gründete: Durch die Frühjahrsfluten des Flusses ist es im Schwemmsand versackt, einzig die schlichte gotische Kirche ist noch nicht gänzlich dem Untergang geweiht.

Santa Cruz, Praça 8 de Maio; das Kloster des bedeutenden Ordens wurde 1131 als romanischer Bau errichtet, im Inneren befinden sich die Gräber der ersten portugiesischen Könige Dom Henrique und Dom Sancho. Im 16. Jahrhundert aufwendig manuelinisch umgebaut, zeigt das Westportal Arbeiten des Bildhauers Nicolas de Chanterènne, der auch die Kanzel gestaltete. Azulejos erzählen von Vasco da Gamas Indienfahrt, in der Sakristei sind Werke des Malers Grão Vasco.

Sé Velha, Largo da Sé Velha; 1162 wurde der Grundstein der «alten Kathedrale» gelegt, die romanisch wuchtig in der Almedina sitzt und wahrscheinlich auf einer wesentlich älteren Kirche erbaut wurde. Auch in der Sé Velha meißelten im 16. Jahrhundert wieder die Bildhauer João de Ruão, im Portal und in der Sakramentskapelle Nicolas de Chanterènne, in der Kapelle São Pedro.

Sé Nova, Largo da Feira; 1598 begannen die Jesuiten die Kirche zu bauen und brauchten fast ein Jahrhundert bis zur Fertigstellung. 1759 wurden die Jesuiten in ganz Portugal des Landes verwiesen, daraufhin wurde die Kirche 1772 zur «neuen Kathedrale» erklärt. Die Fassade erlebte zwei Bauphasen: die unteren zwei Drittel im Stil der Renaissance, der obere Teil ist Barock.

Torre de Anto, Rua Sub Ripas war ein Turm der alten Stadtmauer, in dem später der Poet António Nobre lebte. Heute ein Ort für Ausstellungen und Lesungen, betreut von einem unglaublich freundlichen «Turmwächter».

Portugal dos Pequeninos, in Santa Clara am südlichen Mondego-Ufer, 9–17.30 Uhr (Winter), 9–19 Uhr (Sommer). Portugiesische Größe auf einen Blick: Die Geschichte der Entdeckungen und sämtliche sehenswerten Paläste, Kirchen und Klöster Portugals wurden in dem Kinderpark und Freiluftmuseum in Miniaturgröße dargestellt.

Penedo da Saudade, Avenida Marnoco de Sousa; manch ein Student fand in diesem inspirierenden Park seine wahrhaftige Bestimmung als Dichter.

Quinta das Lágrimas, Estrada das Lages (am südlichen Mondego-Ufer). Auf diesem Landgut «der Tränen» spielte sich die Tragödie von Inês und Pedro ab, die einst an der Fonte dos Amores, der «Quelle der Liebenden», geturtelt hatten.

Extratour
Im Sommer schippert die **Basófia** für eine Stunde auf dem Mondego, während der Kapitän einiges über den Fluß zu erzählen hat. Abfahrt mehrmals täglich an der Uferpromenade im Parque Manuel Braga.

Pioneiro do Mondego, Tel. 039/478385, organisiert Kajak-Touren auf dem Mondego, flußabwärts von Penacova nach Coimbra. Die Gäste werden von Coimbra nach Penacova gefahren und steigen dort in Kajaks um. Nur vom 1. 4. – 15. 10.

Einkaufen

Casa da Serra da Estrela, Adro de Cima, 19 (hinter der Kirche São Bartolomeu), Tel. 32431. Hier gibt's den berühmten Käse aus der Serra da Estrela, dem Sternengebirge mit den höchsten Gipfeln Portugals. Dieses Heiligtum der portugiesischen Küche wird aus Schafsmilch gewonnen und in Handarbeit zu schönen runden, gelben Käseleibern geformt, die mindestens 30 Tage lagern müssen.

O Encanto da Freiria, Largo da Freiria, 5 – 6 (Nähe Praça do Comércio), Tel. 33946. Nostalgischer Krempel und manchmal auch eine richtige Antiquität, zusammengesammelt in ganz Portugal, vom Heiligenbild über den Spazierstock, der auch als Degen taugt, bis zum Grammophon.

Umgebung

Conimbriga, ca. 17 km südlich von Coimbra, Busverbindung; 9 – 13 und 14 – 18 Uhr (im Sommer bis 20 Uhr). Auf den Ruinen einer keltischen Siedlung bauten die Römer an der Hauptstraße zwischen *Olisipo* (Lissabon) und *Bracara Augusta* (Braga) Conimbriga, heute die größte Ausgrabungsstätte Portugals. Vom 2. Jahrhundert v. Chr. – 465 n. Chr. war Conimbriga eine wehrhaft befestigte Stadt, bis die Sueben sie eroberten. Die Ausgrabungen begannen 1899, und heute kann man den Grundriß der Stadt erkennen, mehrere Häuser mit Mosaikböden, Thermen, die frühchristliche Basilika und ein bestens rekonstruiertes Badehaus. Weitere Ausgrabungsstücke und ein Modell des *forums* sind im benachbarten Museu Monográfico ausgestellt.

Penacova, kleiner Ort, hoch über dem Mondego gelegen, mit phantastischer Aussicht. Von dort aus sind der Stausee Aguieira, das Kloster de Lorvão und die Serra de Buçaco gut zu erreichen. Unterkunft in der Pensão Avenida (drei Sterne, 3. Kat.), Avenida Abel Rodrigues da Costa, 3360 Penacova; Tel. 039/477142; Camping am Flußufer; Tel. 039/477464.

Serra da Lousã

Ca. 25 km von Coimbra. Schon die Fahrt in das Gebirge ist beschaulich, durch die fruchtbare Landschaft an Flüssen entlang, bis am Fuß der Serra das Städtchen Lousã auftaucht: Barocke Stadtpaläste erzählen von dem Aufschwung, den der Ort im 18. Jahrhundert nahm, als sich Papierindustrie ansiedelte. Von Lousã kann man hinauffahren in die Serra, ca. drei Kilometer außerhalb balanciert das verwunschene Castelo de Arouce auf einem Fels inmitten dichter Wälder. Einen Hügel weiter klebt eine Kapelle im Wald und darunter das Restaurant «A Azenha» mit einem lauschigen Picknickplatz und Naturschwimmbecken. Die Umweltschutzorganisation «Quercus», Tel. 039/25715, unterhält hier ein «Casa da Natureza» und organisiert Wanderungen. Man kann aber auch markierten Wegen zu verlassenen Bergdörfern folgen, wo die Häuser noch aus Schieferplatten zusammengelegt wurden.

Auskunft

Turismo, Rua João de Cáceres (im Rathaus von Lousã), Tel. 039/993502.

Essen & Trinken

O Gato Rua, Dr. João Santos, 6, Tel. 039/994640; Di geschl.

Übernachten

Residencial Martinho (3. Kat.), Rua Movimento das Forças Armadas, Tel. 039/991397; einfache Pension, direkt in Lousã.

Turismo de Habitação

Casa da Eira (3. Kat.), Casal de Ermio, 3200 Lousã, Tel./Fax 039/991712. Mitten im Dorf kaufte der Stadtflüchtling Fernando Ventura für sich und seine Familie ein Haus mit einem großen Garten dahinter und wurde Imker. Über dem Honiglager baute er drei Zimmer aus, gemütlich eingerichtet mit Dachterrasse und eigener Küche.

Figueira da Foz

(61500 Einwohner, PLZ 3080, Vorwahl 033)

Auskunft

Turismo, Edifício Marisol, Avenida 25 de Abril; Tel. 28895, Fax 28882.

Sehenswürdigkeiten
Palácio Sotto Mayor, Rua Joaquim Sotto Mayor, geöffnet: 1. 7.–15. 9., 14–18 Uhr; romantische Villa vom Anfang des Jahrhunderts.

Casa do Paço, Rua 5 de Outubro (Eingang am Largo do Paço). Im ehemaligen Bischofspalast residiert heute die Associação Comercial e Industrial, trotzdem kann man die rund 8000 Delfter Kacheln, die größte Sammlung der Welt, besichtigen, die der Bischof einem Seemann im 17. Jahrhundert abkaufte.

Extratour
Fahrradverleih: Agência de Viagens e Turismo AFGA, Avenida Miguel Bombarda, 79, Tel. 28989; im Sommer auch am städtischen Campingplatz, Tel. 33033.

Praia de Mira
(PLZ 3070, Vorwahl 031)
Leider sind die einst so pittoresken Fischernester an der «Costa de Prata», der Silberküste, nicht mehr so richtig pittoresk. Mira ist keine tatsächliche Ausnahme, aber ein vergleichsweise angenehmer «Zugang» zum Strand, denn der ist feinsandig und weiß und vor allem: ziemlich lang.

Auskunft
Turismo, Avenida 25 de Abril, Tel. 458506.

Übernachten
Hotelaria Quinta da Lagoa (drei Sterne, 1.–3. Kat.), Lagoa – 3070 Mira, Tel. 031/451688, Fax 458180; der Besitzer liebt Saint-Tropez. Und kräftige Farben. Anlage mit Hotel, kleinen und größeren Villen und Apartments, dicht mit Palmen und Blumen zugewachsen, mit eigenem Strand an einer Lagune. Man wähnt sich irgendwo zwischen Nordafrika und Disneyland – und ist zweifellos nur wenige Kilometer vom Strand in Mira entfernt.

Pensão Maçarico (3. Kat.), Tel. 471114, und **Residencial Arco Iris** (drei Sterne, 3. Kat.), Tel. 471202; günstige Pensionen an der Avenida do Mar.

Camping
Praia de Mira, Orbitur, Tel. 471254.

Viseu
(83000 Einwohner, PLZ 3500, Vorwahl 032)

Auskunft
Região de Turismo do Dão-Lafões, Avenida Calouste Gulbenkian, Tel. 420950, Fax 420957. Informationen für Viseu und Umgebung.

Bus
Zentraler Busbahnhof: Avenida Dr. António José Almeida, Tel. 426685; Busverbindungen nach Aveiro, Braga, Guarda, Porto, Lissabon.

Post
Rua Formosa (nahe Rossio).

Notfall
Krankenhaus, Largo S. Teotónio, Tel. 424124; **GNR**, Largo da Prebenda, Tel. 421958; **PSP**, Rua Alves Martins, Tel. 422041.

Essen & Trinken & Treffs
In Viseu sollte man keinesfalls den *vinho da casa* verschmähen, meist ein schwerer und trockener Wein aus dem Anbaugebiet des Dão.

Muralha da Sé, Adro da Sé, 24 (direkt an der Kathedrale), Tel. 032/27777, So ab 15 Uhr und Mo geschl. Wer unbedingt sein T-Bone-Steak haben will, bitte schön, gibt's hier auch. Aber deswegen sollte man wirklich nicht dieses Haus auf der alten Stadtmauer aufsuchen – die wahrscheinlich beste Adresse in Viseu und Umgebung. Spezialitäten aus der Beira vom Feinsten stehen auf der täglich wechselnden Karte. Der Wirt hatte in langen Emigrantenjahren in Hamburg in verschiedenen Restaurants genug Zeit, sich wunderbar phantasievolle Gerichte auszumalen.

O Claustro da Sé, Rua Augusto Hilário, 60, Tel. 426452, Mo geschl. Die unglaublich gutgelaunte Ex-Buchhalterin und heutige Wirtin erfüllte sich mit diesem kleinen Kellerrestaurant im historischen Zentrum einen Traum. Ihre Gäste sind ihre Freunde und werden entsprechend mütterlich bekocht.

O Cortiço, Rua Augusto Hilário, 43, Tel. 423853. Die regionalen Gerichte nach alten Rezepten werden immer noch hochgelobt, aber das Restaurant ist sehr, sehr typisch und inzwischen sehr, sehr bekannt, und so richtig nötig hat man's irgendwie nicht mehr, daß ein Gast noch eine Visitenkarte zu den vielen, vielen anderen an die Kork-Wand pinnt.

Colmeia, Rua das Ameias 12, Tel. 423718, Sa geschl.; schlicht, günstig und in der Mittagspause rappelvoll.

Übernachten

Hotel Avenida (zwei Sterne, 2. Kat.), Avenida Alberto Sampaio 1, Tel. 423432, Fax 25643. Der Charme der Jahrhundertwende wurde nach langen Jahren abgetretener Teppiche kräftig aufgefrischt. Das traditionsreiche Hotel am Rossio wurde gründlichst restauriert, jedes antike Möbelstück aufgearbeitet und die Zimmer liebevoll mit vielen Blümchen in Gardinen und Bettdecken eingerichtet.

Residencial Duque de Viseu (drei Sterne, 3. Kat.), Rua das Ameias, 22, Tel. 421286. Einzige Pension im historischen Zentrum, an der Kathedrale gelegen.

Turismo de Habitação

Quinta de São Caetano (1. Kat.), Rua da Poça das Feiticeiras, 38 (vom Stadtring Richtung Mealhada, ca. 1 km außerhalb des Zentrums), Tel. 423984. Aus dem Garten des herrschaftlichen Hauses aus dem 17. Jahrhundert reicht der Blick über die Serra de Estrela und die Serra da Lousã.

Camping

Im Parque Fontelo ca. 1 km vom Zentrum, Tel. 26146/26120.

Märkte und Feste

Einen Monat lang feiert Viseu ab Ende August auf der **Feira de São Mateus**. Abgesehen von der Landwirtschaftsmesse ist das Fest ein bunter Jahrmarkt mit Folklore und Tanz. Das Fest des **São João** wird in Viseu mit den Reiterspielen in historischen Kostümen am Morgen des 24. Juni begangen.

Wochenmarkt ist jeden Dienstag, die kleinen Läden in der mittelalterlich anmutenden Rua Direita bieten regionales Kunsthandwerk an.

Sehenswürdigkeiten

Sé (Kathedrale), romanisch-gotisch aus dem 12. Jahrhundert mit ionischem Kreuzgang.

Museu de Grão Vasco, Praça da Sé, Di–So 9.30–12.30 und 14–17.30 Uhr. Im ehemaligen Bischofspalast neben der Sé wurde 1916 ein Museum mit Werken des bedeutenden Renaissancemalers Grão Vasco eingerichtet.

Museu de Almeida Morreira, Praça da República, Di–So 10–12 und 14–17 Uhr. Das Hausmuseum des Kunstliebhabers Almeida Morreira, der bis zu seinem Tod Direktor des Museums Grão Vasco war, zeigt zeitgenössische Malerei, wertvolle Möbel sowie Fayencen und Porzellan.

Umgebung

Von Viseu aus lohnen sich Abstecher oder die Weiterreise in die Serra de Caramulo, nach Guarda oder in den Nationalpark der Serra de Estrela.

Caramulo (ca. 35 km von Viseu), Attraktion des ehemaligen Luftkurortes ist das **Auto- und Kunstmuseum**, täglich geöffnet 10–18 Uhr. Ausgangspunkt für eine Fahrt in die Serra de Caramulo kann **Vouzela** sein, ein kleiner Ort am Rio Vouga, der zwar keine pompösen Monumente, aber eine idyllisch gelegene Römerbrücke zu bieten hat.

Estremadura / Ribatejo

Caldas da Rainha

(43000 Einwohner, PLZ 2500, Vorwahl 062)

Auskunft

Turismo, Rua Eng. Duarte Pacheco, Tel. 062/831003, und Praça da República, Tel. 34511, Fax 842320.

Bahn

Verbindung nach Lissabon, Figueira da Foz und Leira.

Essen & Trinken

Tijuica, Rua Camões 89, Tel. 24255; Spezialitäten aus der Beira Alta und dem Trás-os-Montes, teils jüdischen Ursprungs wie die *alheiras*, die Würste aus koscherem Fleisch.

Restaurante Portugal, Rua Almirante Cândido dos Reis, 30. Stilvoll behäbig tafeln zwischen dunkel getäfelten

Wänden, empfehlenswert: die Orangen-Ente, *pato com laranja*.

Café Central, Praça da República; schick charmant gestyltes Fünfziger-Jahre-Café.

Unterkunft

Pensão Portugal (drei Sterne, 3. Kat.), Rua Almirante Cândido dos Reis, 30, Tel. 062/34280, Fax 841333; gediegene, ruhige Zimmer in der Fußzone zwischen Kurpark und Markt auf der Praça da República.

Pensão Central (zwei Sterne, 3. Kat.), Largo Dr. José Barbosa 22; Tel. 831914, Fax 843282; einfach, in der Altstadt gelegen.

Camping

Kleiner Orbitur-Platz im Stadtpark, Rua Visconde de Sacavém, Tel. 832367.

Sehenswert

Parque Dom Carlos, gegenüber dem Badehospital erstreckt sich ein lauschiger Kurpark voller Kunst: am Rand liegt das *Casa da Cultura*, das kleine Kulturhaus mit seinem lichten Atrium; die imposanten, hochgestreckten *Pavilhões do Parque* im Art-déco-Stil vom Ende des letzten Jahrhunderts wurden nie fertiggestellt und beherbergen heute soziale Einrichtungen, eine Schule für Kunst und Design und die Vereinigung der Kunsthandwerker aus Caldas da Rainha; das *Museu José Malhoa* (10–12.30 und 14–17 Uhr, Mo geschl.), benannt nach dem 1855 geborenen Maler, zeigt Großplastiken und Gemälde zeitgenössischer portugiesischer Künstler.

Museu de Cerâmica, Rua Dr. Ilídio Amado, 10–12.30 und 14–17 Uhr, Mo geschl.; auf dem ehemaligen Landgut des Visconde de Sacavém werden in der Belle-Epoque-Villa Keramik, Fayencen und Azulejos ausgestellt.

Fábrica Bordalo Pinheiro, Rua Rafael Bordalo Pinheiro; Mo–Fr 10–12 und 14–16.30, Laden: 10–13 und 14–19 Uhr, Sa 10–13.30 Uhr. Durch den Künstler und Fabrikanten Rafael Bordalo Pinheiro erlangten die Fayencen aus Caldas da Rainha Ende des letzten Jahrhunderts internationalen Ruhm. Die Fabrik kann besichtigt, die Keramik direkt ab Werk gekauft werden.

Umgebung

Alcobaça, ca. 22 km nördlich von Caldas da Rainha. 9–17 Uhr (April–September bis 18 Uhr geöffnet), Mo geschlossen. Das Landstädtchen wurde berühmt durch die Klosteranlage, die von der UNESCO als Weltkulturerbe klassifiziert wurde.

Übernachten

Hotel Santa Maria (drei Sterne, 2./3. Kat.), Rua Dr. Francisco Zagalo, 20, Tel. 062-597395, Fax 596715. Komfortables Hotel, direkt neben dem Kloster.

Turismo de Habitação

Challet Fonte Nova (1. Kat.), Estrada da Fonte Nova (im Zentrum von Alcobaça), Tel. 062/598300, Fax 596839. Eigentlich wollten die neuen Besitzer das verfallene Haus abreißen, um schicke Apartments zu bauen. Das haben sie sich glücklicherweise überlegt und machten daraus einen kleinen Palast mit exquisiten Zimmern, professionell romantisch dekoriert, für Gäste, die Vier- oder Fünf-Sterne-Komfort gewöhnt sind, sich aber trotzdem wie zu Hause fühlen möchten.

Essen & Trinken

Trindade, Praça D. Afonso Henrique, 22, Tel. 062/42397. Das *frango na púcara* – Huhn im Topf – mit Zwiebeln und Tomaten ist so einfach und so lecker, wie es sich für gute Hausmannskost gehört.

Batalha, ca. 42 km nördlich von Caldas da Rainha. Zwei Jahrhunderte Bauzeit und dennoch unvollendet, zumindest das Pantheon, die *capelas imperfeitas*. Trotzdem gehört dieses mächtige Kloster zu den wichtigsten nationalen Denkmälern und symbolisiert die Souveränität der Nation und den Beginn des Zeitalters der Entdeckungen. *Batalha* heißt Schlacht, und auch mit diesem Kloster wurde ein Versprechen eingelöst: von Dom João I., dem die Jungfrau Maria 1385 in der Schlacht bei Aljubarrota gegen die überlegenen Spanier zum Sieg verholfen haben soll. Drei Jahre später begann der Bau des spätgotischen Klosters und wurde 1521 beendet.
Der schlüsselförmige Grundriß der spätgotischen Kirche symbolisiert den Zugang zur göttlichen Weisheit. In der Gründerkapelle steht der Sarkophag von Dom João I. und seiner Frau

Filipa von Lencastre, der Eingang zum Pantheon ist der pure Überschwang der Manuelinik, der filigran ausgeschmückte königliche Kreuzgang schwelgt in arabischen Einflüssen.

Foz do Arelho, ca. 10 km westlich von Caldas da Rainha. Kleiner Ort zwischen den weiten Sandstränden am Atlantik und der versandeten Mündung der Lagoa do Óbidos, die, fast abgeschlossen vom Meer, sich zu einem Binnensee weitet. Von Foz do Arelho aus zieht sich eine Straße zwischen Pinien und mächtigen Dünen an der Küste entlang, vorbei an den Badeorten Salir do Porto und São Martinho do Porto mit geschützten Badebuchten, bis nach Nazaré, dem einst idyllischen und heute zubetonierten Fischerort. Camping: Foz do Arelho, Tel. 97 91 97.

Ericeira

(PLZ 2655, Vorwahl 0 61)

Auskunft

Turismo, Rua Dr. Eduardo Burnay 33 a, Tel. 86 31 22.

Bus

Busverbindung nach Sintra, Mafra und Lissabon, Auskunft 86 27 17.

Post

Largo Conde da Ericeira.

Essen & Trinken

O Barco, Rua Capitão João Lopes, Tel. 86 27 59. Erstklassige Gambas in Curry *à africana* mit Meeresblick.

Mar-à-Vista, Largo das Ribas 16; Tel. 0 61 / 86 29 28. Kistenweise warten die Schnecken, Muscheln und Langusten auf dem Tresen der winzigen Marisqueira am Fischerhafen.

Tatu, Rua Fonte do Cabo, 58, Tel. 86 47 05, Mi geschlossen; hübsches Restaurant im Ortskern.

Unterkunft

Estalagem Dom Fernando (zwei Sterne, 1./2. Kat.), Quinta da Calada, Talefe, 2640 Mafra; Tel. 85 52 04, Fax 85 52 64. Gediegenes Gästehaus, spektakulär auf einer Nase der Steilküste gelegen. Meerblick garantiert. Zehn Kilometer nördlich von Ericeira.

Hotel Pedro-o-Pescador (zwei Sterne, 3. Kat.), Rua Eduardo Burnay 22, Tel. 86 40 32, Fax 86 23 21. Hübsches, kleines Hotel im Zentrum.

Residencial Gomes (3. Kat.), Rua Mendes Leal, Tel. 0 61 / 86 36 19. Pension in der Altstadt, nahe dem Fischerhafen.

Camping

Riesiger städtischer Campingplatz am Strand; Tel. 86 27 06.

Umgebung

Palácio Nacional de Mafra, Terreiro Dom João V., Mafra; 10 – 13 und 14 – 17 Uhr; Di geschlossen. Das Schlachtschiff aller portugiesischen Paläste, das der absolutistische König Dom João V. im 18. Jahrhundert mit dem Gold aus Brasilien finanzierte.

Aldeia Típica José Franca, Sobreiro (an der EN 116, zwischen Ericeira und Mafra), Tel. 5 24 20; tägl. 10 – 18 Uhr. Ein Dorf im Miniaturformat als Freilichtmuseum, angeschlossen ist eine Töpferei.

Óbidos

(1100 Einwohner, PLZ 2510, Vorwahl 0 62)

Das weißblitzende, mittelalterliche Städtchen innerhalb der noch erhaltenen Stadtmauer steht als Gesamtkunstwerk unter nationalem Denkmalschutz. Komplett restauriert, wirkt der hübsche Ort heute wie ein bewohntes Freiluftmuseum.

Auskunft

Turismo, Rua Direita, 2510 Óbidos; Tel. 0 62 / 95 92 31.

Essen & Trinken

O Alcaide, Rua Direita, Mo geschl., gemütliches, solides Restaurant.

1° de Dezembro, an der Igreja S. Pedro, Do geschl.; Café und Restaurant. Draußen kann man hübsch auf dem Kirchplatz sitzen, drinnen sieht's nach gar nichts aus, die Bedienung sprüht auch nicht gerade, aber das Essen ist wahrhaftig gut.

Unterkunft

Estalagem do Convento (vier Sterne, 1. Kat.), Rua Dom João d'Ornelas, 2510 Óbidos, Tel. 0 62 / 95 92 17, Fax 95 91 59; 15 800 Esc. Behagliche Zimmer im ehemaligen Nonnenkloster, an der Stadtmauer gelegen.

Casa do Poço (2. Kat.), Travessa da Rua Nova, Tel. 959358. Vier nostalgische Zimmer in einem renovierten Haus mitten im Ort.

Casa do Relógio (2. Kat.), Rua da Graça, Tel./Fax 959282, freundlich restauriertes Gästehaus, 8 Zimmer mit Privatbad.

ÓbidoSol (3. Kat.), Rua Direita, 40, Tel. 959188; vier private, nostalgische Gästezimmer, eines unterm Dach, mit Sitzbänken in den Fensternischen zum Tratschen mit Ortsblick, günstig, ohne eigenes Bad, ohne Frühstück.

Peniche

(25000 Einwohner, PLZ 2520, Vorwahl 062)

Auskunft

Turismo, Rua Alexandre Herculano, Tel./Fax 062/789571

Essen & Trinken

Popular, Largo da Ribeira 40, Tel. 782137, Mo geschlossen. Fischspieße, vor allem Fischspieße werden auch vor diesem Restaurant nahe dem Hafen auf Holzkohle gegrillt. Aber an der Avenida do Mar reihen sich die Holzkohlegrills mit den frischen, aufgespießten Fischen endlos aneinander.

late Bar, Largo da Ribeira. Nettes Café mit erstklassiger Aussicht von der Terrasse über den Hafen.

Unterkunft

Residencial Vasco da Gama (3. Kat.), Rua José Estêvão, Tel. 781902, Fax 781787; einfache Pension im Stadtzentrum.

Residencial Mili (3. Kat.), Rua José Estevão, 45, Tel. 783918; gepflegte, kleine Pension im Altstadtviertel. Der Besitzer eröffnete auch ein Gästehaus auf dem Cabo Carvoeiro mit vielen Meeresblicken rundherum.

Turismo de Habitação

Casa das Marés (2. Kat.), Praia do Baleal, Tel. 062/769255; Villa auf der Halbinsel Baleal, wo die Gischt fast zum Fenster hineinspritzt. Rechtzeitig reservieren!

Sehenswert

Berlenga, das kleine Eiland, ist ein Naturschutzgebiet, in dem sich allerlei seltene Vögel tummeln. Im Sommer (1. Mai bis Ende September) ist die Insel, so der Atlantik will, täglich mit dem Boot ab Hafen Peniche zu erreichen. *Turpesca* bietet verschiedene Rundfahrten mit Erklärungen, *Viamar* fährt einfach nur hin und zurück. Info und Tickets am Hafen. Außer einem wilden Campingplatz (Anmeldung im Turismo) gibt es keine Übernachtungsmöglichkeiten auf der Insel.

Fortaleza, 9.30–17.30, Mo geschlossen. Einst schützte sie vor Piratenangriffen, unter Salazar war die Festung eines der sichersten Gefängnisse für politische Gefangene. Die Haftbedingungen dokumentiert eine antifaschistische Ausstellung; zudem befindet sich in dem Fort das Heimatmuseum von Peniche.

Strände

Die Badeinsel **Baleal** ist im Sommer ausgesprochen beliebt, sozusagen proppenvoll. Nördlich und südlich wechseln lange Dünenstrände und Steilküsten.

Sintra

(261000 Einwohner, PLZ 2710, Vorwahl 01)

Auskunft

Turismo, Praça da República 23 (Altstadt), Tel. 9231157, Fax 9235176.

Bus & Bahn & Taxi

Zwischen Lissabon (Bahnhof Rossio) und Sintra fährt der Vorortzug alle 15 Minuten; ab 23 Uhr stündlich bis 1 Uhr morgens. Vom Bahnhof in Sintra starten Busse Richtung Cascais, Estoril, Oeiras, Mafra, Ericeira.
Zum Palácio da Pena fährt ein Bus ab Bahnhof und historischem Zentrum. Taxen fahren außerdem noch in den Garten von Monserrate ab Praça da República (Tel. 9231149) oder Bahnhof (Tel. 9230001). Preis ist Verhandlungssache, die Taxen haben kein Taxameter, der Turismo nennt Richtwerte.

Post

Praça da República 26 (Altstadt).

Notfall
PSP, Rua João de Deus, 6, Tel. 9230761; **GNR**, Largo do Palácio, Tel. 9230417

Unterkunft
Der **Turismo** vermittelt Privatzimmer in Sintra und Unterkünfte auf den Quintas der Umgebung.

Pensão Sintra (drei Sterne, 1./2. Kat.), Travessa dos Avelares, 12, S. Pedro, Tel./Fax 9230738. Traditionsreiche Pension in üppigem Garten am Ortseingang von Sintra.

Hotel Central (zwei Sterne, 2. Kat.), Praça da República 35, Tel. 9230063; nostalgisches Hotel im Zentrum der Altstadt.

Pousada da Juventude, Sta. Eufémia, Tel. 9241210.

Turismo de Habitação
Quinta da Capela (1. Kat.), Tel. 9290170; Fax 9293425. Restauriertes Landgut aus dem 18. Jahrhundert, 3 km außerhalb von Sintra, nahe dem Garten von Monserrate.

Camping
Parque de Campismo dos Capuchos, Capuchos, Tel. 862350; ca. 6 km außerhalb von Sintra, im Wald.

Essen & Trinken
Tulhas, Rua Gil Vicente 4–6, Tel. 9232378; Mi geschlossen. Der Koch empfiehlt: *Arroz com Pato* – Reis und Ente geschichtet, mit Käse überbacken.

Casa da Avó, Rua Visconde de Monserrate 46; Tel. 9231280; Do geschlossen. Das «Haus der Großmutter» hält, was der Name verspricht: Hausmannskost und offenen Weinausschank.

Dom Pipas, Rua João de Deus 62; Tel. 9234278; Mo geschlossen. Solide portugiesische Küche, hinter dem Bahnhof.

Orixás, Avenida Adriano Júlio Coelho 7–9, Tel. 9241672; Mo geschlossen. Brasilianisches Restaurant mit Kunstgalerie und Museum.

Sehenswürdigkeiten
Palácio Nacional de Sintra, Praça da República; 10–13 und 14–17 Uhr; Mi geschlossen. Stadtpalast mit der «ex-libris» von Sintra, den beiden monströsen Küchenschornsteinen.

Palácio Nacional da Pena, Estrada da Pena; 10–13 und 14–17 Uhr; Mo geschlossen. Das portugiesische Neuschwanstein als Krönung der Serra de Sintra; 4 km außerhalb in einem weitläufigen exotischen Garten.

Castelo dos Mouros, Estrada da Pena; 9–19 (Sommer), 10–17 Uhr (Winter); Ruinen der maurischen Festungsanlage.

Convento dos Capuchos, Hinweisschildern an der Estrada da Pena folgen; 10–19 (Sommer), 10–17 Uhr (Winter); Kapuzinermönche zogen sich 1540 in die Einsamkeit der Serra zurück und bauten am kühlfeuchten Nordhang dieses karge Kloster in die Felswände. Schon die niedrigen Decken zwangen zur ständigen Buße in gebückter Haltung, in den spartanischen Zellen waren die mit Kork ausgelegten Wände und Bänke ein Luxus gegen die Feuchtigkeit.

Palast und Park von Monserrate, 4 km außerhalb von Sintra; Estrada de Monserrate, tägl. 9–19 (Sommer), 10–17 Uhr (Winter). Verwunschene Gartenanlage mit orientalisch anmutendem Palast, der allerdings geschlossen ist.

Seteais, Rua Barbosa de Bocage 10; rauschende Feste veranstaltete der Marquis von Marialva in dem Palast, den sich Ende des 18. Jahrhunderts ein holländischer Händler hatte bauen lassen. Der Name *Seteais* soll vom siebenfach zurückgeworfenen Echo des Rufes: *ai!* stammen, aber das kann man selbst vom Platz hinter dem Triumphbogen ausprobieren. Heute ein Luxushotel mit Treppengeländern aus weißem Marmor, antikem Mobiliar und einem Lesesaal, in dem unpassenderweise der *Spiegel* ausliegt.

Museu de Brinquedo, Rua Visconde de Monserrate, Tel. 9242171; private Sammlung mit mehr als 20000 Bleisoldaten, Porzellan- und Pappmachépuppen, «Dinkytoys» von Meccano und Theaterpuppen.

Kultur

Centro International de Escultura, Travessa de São José 11, Pêro Pinheiro (ca. 12 km von Sintra), Tel. 9672080; Mo–Fr 10–13 und 14–20 Uhr, Sa/So 14–20 Uhr. Ständige Ausstellung und Ateliers der Bildhauervereinigung, die über die nationalen Grenzen hinaus mit Künstlern zusammenarbeitet.

Festspiele, alljährlich zwischen Juni und September verwandeln sich die Paläste und Landgüter Sintras zur (Freilicht-)Bühne von Ballettaufführungen und klassischen Konzerten.

Umgebung

Strände: Ab Bahnhof Sintra fährt der Bus Richtung «Fontanelas» die nahe gelegene Küste nördlich des Cabo da Roca unter anderem zu den Stränden Praia Grande (mit Campingplatz, Tel. 9290581) und Praia das Maças. Die **Residencial Real** (zwei Sterne, 3. Kat.), Rua Fernão de Magalhães, Tel. 9292002; liegt direkt an der Praia das Maças.

Museu Leal da Câmara, Calçada da Rinchoa/Rua Leal da Câmara, 2735 Cacém (ca. 6 km von Sintra an der IC 19, Abfahrt Rinchoa); Di–Fr 10–12.30 und 14–18 Uhr, Sa/So 14–18 Uhr; Hausmuseum des Karikaturisten und Malers Tomás Leal da Camâra (1876 bis 1948).

Palácio Nacional de Queluz (an der IC 19, Abfahrt Queluz); 10–13 und 14–17 Uhr; Di geschlossen. Prunkpalast aus dem 18. Jahrhundert, bekannt für seinen Park mit barocken Springbrunnen und Statuen.

Museu Taurino, Quinta Santa Coloma, Alcolmbal (ca. 5 km von Sintra, an der EN 247); tägl. 9–18 Uhr. Das Museum erzählt die unblutige Geschichte des portugiesischen Stierkampfes.

Cabo da Roca, westlichster Punkt Europas. Aufregender als diese Tatsache – man kann sich im Turismo ein «Diplom» über den Besuch ausstellen lassen – ist die tosende Brandung an der Steilküste. (Busverbindung bis Azóia, danach drei Kilometer zu Fuß).

Tomar

(43000 Einwohner, PLZ 2300, Vorwahl 049)

Umberto Eco hielt es angeblich wochenlang im idyllischen Tomar aus, weil er für das *Foucaultsche Pendel* recherchierte. Tomar entstand, als der Orden der Templer 1160 seinen Hauptsitz in der Burg oberhalb der Stadt hatte. Der militärisch-religiöse Orden war offiziell 1118 in Jerusalem gegründet worden, er spielte eine entscheidende Rolle im Kampf gegen die Mauren und bei der Gründung Portugals. Später war das (geheime) Wissen dieses Ordens, das aus wesentlich älteren Kulturen stammt, entscheidend für die portugiesischen Entdeckungsreisen. Heinrich der Seefahrer, der die Finanzen der Templer verwaltete, war ebenso Mitglied des Ordens wie einige berühmte Seefahrer. Papst Klemens V. hatte den Orden zwar im 14. Jahrhundert aufgelöst, in Portugal gründete König Dom Dinis jedoch einige Jahre später den Christusritterorden, in dem die Templer unter neuem Namen weiterexistierten.

Auskunft

Turismo, Rua Serpa Pinto 1, Tel. 313095/313013, Fax 314677; Avenida Cândido Madureira, Tel. 322603, Fax 321026.

Bus & Bahn

Bahnverbindungen nach Lissabon und Santarém; Busse fahren nach Lissabon, Torres Novas, Porto, Santarém, Coimbra, Nazaré und Fátima. Gemeinsamer Bahnhof: Avenida das Combatantes. Tel. 312815.

Post

Avenida Marquês de Tomar.

Notfall

Krankenhaus, Avenida Dr. Cândido Madureira, Tel. 321100; **GNR**, Rua Dr. Lopo Dias de Sousa, Tel. 315010.

Essen & Trinken & Treffs

Chico Elias, Algarvias (ca. 1 km außerhalb Tomar), Tel. 049/311067 (auf jeden Fall am Tag vorher reservieren, sonst gibt es nichts zu essen!), Di geschl. Diese Frau im Blümchenkittel, die die Tür öffnet, ist die Wirtin und Köchin, die aus der *tasca* ihrer Schwiegermutter eines der besten Restaurants im Land machte. Mit allerfeinster, phantasievollster Hausfrauenkost.

A Bela Vista, Fonte do Choupo 6 (direkt an der Brücke im Zentrum), Tel. 049/312870 (Mo/Di geschlossen). Der Sohn hat das Restaurant vom Vater übernommen und ist inzwischen selbst über siebzig Jahre alt und ein freundlicher älterer Herr, der den Gästen den frischen Fisch auch persönlich am Tisch vorführt, bevor er in die Pfanne kommt. Das Huhn in der dicken braunen Soße mit Reis ist übrigens auch eine Spezialität: *frango na cabidela* – im eigenen Blut gekocht – soll aber gut schmecken.

Paraíso, Rua Serpa Pinto 127, Tel. 312997; ältestes Caféhaus der Stadt.

Übernachten

Estalagem de Sante Iria (vier Sterne, 2. Kat.), Parque do Mouchão, Tel. 313326/321238, Fax 321082. Romantisches, kleines Gästehaus, ruhig gelegen auf einer Insel im Park mitten in der Stadt. Zimmer zeigen lassen, einige sind ziemlich klein.

Pensão União (drei Sterne, 3. Kat.), Rua Serpa Pinto 94, Tel. 323161, Fax 321299. Die älteste Pension der Stadt, nicht luxuriös, aber charmant, und die Möbel haben sich in den letzten hundert Jahren gut gehalten. Zentral in der Altstadt. Schräg gegenüber liegt übrigens das älteste Café der Stadt: O Paraiso.

Camping

Städtischer Platz auf dem Sportgelände am Rande des Zentrums, Telefon 322607/8.

Kultur / Feste

Feira de Santa Iria, Ende Oktober feiert Tomar die Heilige Jungfrau Iria, die im 7. Jahrhundert als Märtyrerin starb. Höhepunkt des Jahres ist im Juli die **Festa de Tabuleiros**, die nur in Jahren mit gerader Zahl stattfindet. Im Mittelpunkt des viertägigen Stadtfestes steht die Prozession der *tabuleiros*: weißgekleidete junge Frauen balancieren 1,5 m hohe Körbe mit Brot und Blumen auf ihren Köpfen.

Sehenswürdigkeiten

Convento de Cristo, 1160 ließ der Großmeister Gualdim Pais die Burg der Templer errichten. Die Kuppel der achteckigen Rundkapelle, *Charola*, wurde dem Salomon-Tempel in Jerusalem nachempfunden. Unter astronomischem Aspekt soll die gesamte Burganlage – wie alle Bauten der Templer – exakt ausgerichtet sein: Denkt man sich Linien, ausgehend von der *Charola* als Zentrum, zu den Türmen der Befestigungsmauern, signalisieren sie in der Verlängerung eine bestimmte Sternenkonstellation. Andersherum: In der *Charola* bündeln sich die Strahlen dieser Planeten. Die Burganlage könnte auch als astronomische Beobachtungsstation genutzt worden sein.
Das labyrinthische Kloster wurde bis ins 17. Jahrhundert erweitert, in sieben Kreuzgängen, an Brunnen und Galerien, Säulen und Erkern hinterließen Gotik, Renaissance und Manuelinik ihre Spuren. Das Kirchenschiff ließ Dom Manuel I. anbauen, und an der Außenseite des Kapitelsaals prangt das berühmte, mit verknoteten Schiffstampen, Phantasiefiguren, Korallen und Algen üppig verzierte Fenster – Inbegriff der Manuelinik.

Sinagoga, Rua da Judearia 9.30–12.30 und 14–17 Uhr; Mi geschlossen. Inzwischen weist ein Straßenschild den Weg zur Synagoge im ehemaligen jüdischen Viertel von Tomar. «Was meinen Sie, was das für ein Theater war», Luiz Vasco und die Nachbarn in der Rua da Judearia kümmern sich seit Jahren um die Synagoge, der einzigen in Portugal, die als Synagoge gebaut worden und kein zweckentfremdetes Wohnhaus war. Der quadratische Raum ist inzwischen mit Geschenken von Juden aus aller Welt eingerichtet. In den Ecken hängen umgedrehte Tonkrüge, die Stimmen und Gesang unglaublich verstärken. Die Nachbarn sind längst nicht mehr jüdischen Glaubens – die jüdische Gemeinde wurde 1496 mit dem Erlaß zur Zwangstaufe aufgelöst –, aber seit Jahren erinnern sie in Tomar beharrlich an die jüdische Vergangenheit. Die Synagoge wurde vergessen, diente als Weinkeller, Lagerhaus und Gefängnis, bis der Judaist Samuel Schwarz sie 1923 kaufte und der Stadt schenkte, mit der Auflage, ein Museum daraus zu machen.

Umgebung

Barragem do Castelo do Bode, ca. 14 km von Tomar. Zwischen Pinienwäldern und sanften Hügeln breitet sich der größte Stausee Portugals aus, ein beliebtes Ziel für Wassersportler.

Fátima, am 13. Mai 1917 soll drei Hirtenkindern eine weißgekleidete Dame erschienen sein – die Mutter Gottes. Die Lichtgestalt versprach am jeweils 13. der folgenden Monate wiederzukehren, und so geschah es bis zum 13. Oktober 1917, als sich 70000 Menschen aus ganz Portugal versammelten und das Wunder gesehen haben wollen: Die Sonne sei einer Silberscheibe ähnlich gewesen, die sich wie ein Feuerrad drehte. Die Mutter Gottes soll dieses Zeichen gegeben haben, damit die Menschen den Hirtenkindern Glauben schenkten. Nur zwei der drei Prophezeiungen, die Fátima übermittelte, sind bekannt: Jacinta und Francisco, zwei der Hirtenkinder, würde sie bald holen. Tatsächlich starben sie wenige Jahre später. Nur Lúcia lebt noch bis heute in einem Kloster nahe Coimbra. Die zweite Prophezeiung kündigte das Ende des Ersten Weltkriegs an und beschwor einen weiteren Krieg, falls die Menschheit sich nicht bekehren lasse und die russischen Irrlehren sich weiter verbreiteten. Die dritte Prophezeiung vertraute Lúcia alleine dem Papst an. Was immer auch tatsächlich passierte, der Kirche, die 1917 im republikanischen Portugal arg gebeutelt war, kam die Erscheinung gerade recht. Wo die Mutter Gottes den Hirtenkindern zum erstenmal erschienen ist, wurden eine Basilika und ein riesiger Platz angelegt. Alljährlich am 13. Mai pilgern Hunderttausende nach Fátima – nur Lourdes kennt mehr Anhänger in Europa.

Serra d'Aire, in dem Kalkgebirge verbergen sich südwestlich von Fátima Tropfsteinhöhlen, die zu den größten Europas zählen. Die Grotten von Santo António nahe Pedra de Alta haben eine Gesamtfläche von 6000 Quadratmetern, die Grotten von Alvados bestehen aus verschiedenen Einzelhöhlen und Seen. Geöffnet: Oktober–März 9–18 Uhr, April–September 9–20 Uhr, im Juli und August bis 21 Uhr.

Lissabon

(660000 Einwohner, PLZ 1000, Vorwahl 01)

Auskunft

Turismo, Praça dos Restauradores, Palácio Foz, 9–20 Uhr, Tel. 3466207.

Agenda Cultural: im Internet: http://portugal.hpv.pt/lisboa/agenda/, monatlich erscheinender Veranstaltungskalender mit sämtlichen Adressen von Museen, Bibliotheken, Theatern, Kinos, Initiativen; kostenlos in Hotels, Buchhandlungen zu erhalten. Veranstaltungshinweise auch im Lokalteil der Tageszeitungen *Público* oder *Diário de Notícias*.

Bus & Bahn & Flugzeug

National/international

Estação Santa Apolónia, Avenida Infante Henrique: internationale Verbindungen und in den Norden; **Estação do Rossio**, Avenida 24 de Julho: nach Figueira da Foz und Sintra; **Estação Cais do Sodre**, Fähranleger und Bahnhof für Züge nach Cascais und Estoril; **Estação do Sul e Sudoeste** (nahe Praça do Comércio), Fähre nach Barreiro, wo die Züge nach Sevilla, in den Alentejo und Algarve abfahren.
Zugauskunft: in den Bahnhöfen Rossio und Santa Apolónia, Tel. 876025/877092.

Aeroporto Portela de Sacavém, ca. 8 km nördlich des Stadtzentrums, Busverbindung zum Rossio, Praça do Comércio bis Estação Santa Apolónia, Tel. 8494323 und 8493689.

TAP Air Portugal: Praça Marquês Pombal 3, Tel. 3575020; **Lufthansa**: Avenida da Liberdade 192 A, Tel. 3573722; **Swissair**: Avenida da Liberdade 38, 1°, Tel. 3471200.

Innerstädtisch

Neben dem Netz an Busverbindungen und den vier Metro-Linien (Betrieb bis 1 Uhr nachts) gibt es außerdem den **eléctrico**, die berühmte alte Straßenbahn der Linie 28, die vom Martim Moniz über die Hügel und durch die Altstadtviertel rumpelt, auf der Linie 15, am Tejo entlang durch das Hafenviertel Alcântara nach Belém, werden inzwischen meist moderne Wagen eingesetzt. Antiquiert sind auch die drei **elevadores**, Aufzüge: vom Praça dos Restauradores ins Bairro Alto, von den Portas de Santo Antão (östlich der Avenida da Liberdade) zum Campo dos Mátires da Pátria und von der Rua do Loreto (nahe Praça Luís de Camões) geht es abwährts gen Tejo ins Bica-Viertel. Ein besonderer Kundenservice ist der **Elevador de Santa Justa**: In der kunstvollen Eisenkonstruktion eines Schülers von Gustave Eiffel schwebt eine elegante Holzkabine aus der Baixa, der Unterstadt (Rua Aurea), hinauf in den Chiado zur Carmo-Kirche. Auf dem obersten Deck des Aufzugs ist ein Freiluft-Café mit – logisch – prächtiger Aussicht.

Lisboa Card: Freie Fahrt in fast allen öffentlichen Verkehrsmitteln, nicht dazu gehören – ärgerlicherweise – die Straßenbahnlinien 15 und 28 sowie der Aufzug Santa Justa. Außerdem freier Eintritt in 25 Museen und Ermäßigungen in vielen anderen Museen. Gültig an 1, 2 oder 3 Tagen für 1500, 2500 oder 3250 Esc, erhältlich in der Rua Jardim do Regedor, 50 (am Restauradores).

Passe Turistico: Freie Fahrt in allen öffentlichen Verkehrsmitteln an vier Tagen oder sieben Tagen, erhältlich u. a. am Aufzug Santa Justa.

Post & Telefon

Praça das Restauradores, Mo–Fr 8–22 Uhr, Sa/So 9–18 Uhr. Postlagernde Briefe im Postamt am Praça do Comércio abholen. Telefonieren kann man auch im Telefonladen am Rossio. Man zieht eine Nummer und wird aufgerufen, wenn eine Kabine frei ist.

Notfall

Krankenhaus, Hospital de Santa Maria, Avenida Egas Moniz, Tel. 7975171; **PSP**, Rua de Capelo 13 (Chiado, Seitenstraße der Rua Ivens), Tel. 3466141.

Essen & Trinken

A Tasquinha, Largo do Contador Mor 5–7 (Alfama), Tel. 876899; So geschlossen; eng ist's auf den Holzbänkchen – mehr Taberna als Restaurant mit Spezialitäten aus dem Norden Portugals.

Bacalhau de Molho, Beco dos Armazéns de Linho, 1 (Alfama, beim Arco de Jesus), Tel. 01/8863767. Kleines, feines Restaurant in der Alfama, das dem Klassiker der portugiesischen Nationalgerichte, dem Stockfisch, einige neumodische oder exotische Variationen verpaßt.

Bota Alta, Travessa da Queimada 37 (Bairro Alto), Tel. 3427959; So geschlossen; meist proppevoll das kleine, kunterbunte Restaurant. Berühmt-berüchtigt die Torten zum Nachtisch.

Cantinho da Paz, Rua da Paz, 4, Tel. 01/601963; Mo geschl. Nicht abschrecken lassen von der Hausfassade: Wo man von außen eine Spelunke vermutet, verführen drinnen die Düfte der feinen Küche aus Goa. Auch die Preise entsprechen im übrigen nicht denen einer Spelunke.

Casa da Mó, Rua Condes de Monsanto 1 (Baixa), Tel. 872095; So geschl.; gutbürgerliches Restaurant in der Baixa, vor allem mittags frequentiert.

Cervejaria Trinidade, Rua Nova da Trinidade 20c (Chiado), Tel. 323506; Azulejo-geschmückter Bierkeller in den Gewölben eines ehemaligen Klosters, Meeresfrüchte aller Art.

Costa do Castelo, Calçada Marquês de Tancos/Costa do Castelo (Alfama); Mo geschlossen; hier kommt afrikanische Exotik auf die Teller, untermalt von Salsa und coolem Jazz.

Lautasco, Largo Chafariz de Dentro 11 (Alfama), Tel. 8867355; vor allem in lauen Nächten zu empfehlen, wenn in dem Hinterhof am Fuß der Alfama die Tische draußen gedeckt werden.

Gargalhada Geral, Costa do Castelo 7 (im Chapitô, Alfama), Tel. 8881834, So geschlossen, Reservierung empfohlen; feinsinnig, was der Koch fabriziert, formvollendet-unkonventionell die Kellner, unvergeßlich der Blick – dafür darf die Rechnung etwas höher sein.

Doca Seis, Doca de Santo Amaro, Armazém 6, Alcântara, Tel. 01/3957905, Fax 3957894; Mo geschl., Reservierung angeraten. Edelrestaurant mit freundlichem Service an den *Docas*, den alten, allerfeinst restaurierten Lagerhäusern am Hafen. Berühmt-berüchtigt für die *Bouillabaisse*.

Mercado de Santa Clara, Campo de Santa Clara (Alfama), Mo geschlossen; im ersten Stock der kleinen Markthalle werden deftige Gerichte serviert, während man sich draußen dienstags und samstags durch den Lissabonner Trödelmarkt schiebt.

Primeiro de Maio, Rua da Atalaia 8 (Bairro Alto), Tel. 3426840, Sa/So geschl.; traditionelle Hausmannskost und beste Weine.

Tendinha da Atalaia, Rua da Atalaia 4 (Bairro Alto); einfaches Lokal mit Spezialitäten vom Holzkohlegrill.

Cafés

A Brasileira, Rua Garrett 120–122 (Chiado); eigentlich überflüssig zu erwähnen, die «Brasilianerin» ist die Inkarnation der traditionellen Cafés der Künstler und Intellektuellen, alle anderen gehen aber auch hin.

Benard, Rua Garrett 104–106 (Chiado), direkt neben der «Brasilianerin» betören frischgebackene Croissants.

Confeitaria dos Pasteis de Belém, Rua de Belém 84–92 (Belém); das azulejogeschmückte Caféhaus ist seit 1837 die Institution der berühmten *Pasteis de Belém*, der Küchlein mit warmem Vanillepudding in Blätterteig.

Confeitaria Nacional, Praça da Figueira (Baixa); klassisch-kitschige Konditorei.

Martinho das Arcadas, Praça do Comércio/Rua da Prata (Baixa); hier kippte Pessoa am liebsten seine Schnäpschen.

Nícola, Rossio; eines der wenigen noch erhaltenen, traditionellen Caféhäuser am Rossio, das nach langer Renovierung pünktlich zur Expo wiedereröffnete.

São Roque, Rua Dom Pedro V./Rua da Rosa (Bairro Alto), Museumsstück einer Jugendstilbäckerei.

Suiça, Rossio; keine Frage, hier sitzt man in der ersten Reihe für das alltägliche Schauspiel Lissabon.

Versailles, Avenida da República 15 (Saldanha). Nix mit intellektuellen Debatten, der Kaffeetanten erste Wahl seit 1929.

Nachtleben

Até Qu'Enfim, Rua das Janelas Verdes 8 (Santos), Tel. 3965939; 22–2 Uhr; Bar im Bermuda-Dreieck der Discotheken.

Bar do Rio, Armazém A, Porta 7, Cais de Santos, neben dem Bahnhof (Cais do Sodré), Tel. 3647279; 22.30–3.30 Uhr. Die Adresse ist ausgesprochen trendy: Die Bar am Tejo – im Sommer mit Terrasse – wurde in einem alten Lagerhaus eingerichtet.

Café Targus, Rua do Diário de Notícias, 40 B, 12–2 Uhr, Wochenende 10–2 Uhr. Eine der Bars im Bairro Alto, wo *man* hingeht, aber trotzdem ist es lustig. Innen cooles Styling, aber man trinkt das Bier auch gerne auf der Gasse.

Salsa Latina, Gare Marítima de Alcântara, Tel. 3950505; So geschl. Karibik-Sounds im alten Zollgebäude am Hafen mit Restaurant, Salsa live und Dachterrasse, direkt am Tejo.

Kapital, Avenida 24 de Julho 68, Tel. 3955963; 22–4 Uhr, Di geschlossen. Tanztempel und Bar an der neuen Lissabonner Piste 24 de Julho.

Kremlin, Escadinha da Praia 5 (Avenida 24 de Julho), Tel. 608768; 2–7 Uhr, So geschlossen. Richtig gelesen, die Nachbarin des «Kapital» öffnet, wenn sich andere Discotheken auf die Rausschmeißermusik vorbereiten.

Frágil, Rua da Atalaia, 128, Tel. 01/3469578; So geschl. Seit 1983 überlebt das kleine bunte «Frágil» in einer alten Bäckerei mit seinem schrägen Künstlerpublikum die Konkurrenz von der «Avenida» und ist noch immer eine der ersten Adressen für gute Laune.

Os Três Pastorinhos, Rua da Barroca 111 (Bairro Alto), Tel. 3464301; 22–2 Uhr; kleine, nette Disco mit bunt gemixter Musikpalette.

Hot Clube de Portugal, Praça da Alegria 39, Tel. 3467369; 22–2 Uhr, So/Mo geschlossen; Die portugiesische Jazz-Küche schlechthin mit Hausorchester und täglich wechselndem Programm.

Speakeasy, Rocha do Conde de Óbidos, Tel. 3964257; So geschl. In dem restaurierten Lagerhaus am Hafen bemüht man sich, dem alteingesessenen Jazz-Club «Hot Club de Portugal» Konkurrenz zu machen.

Inda a Noite é uma Criança, Praça das Flores 8 (São Bento), Tel. 3963545; 21–2 Uhr, So/Mo geschlossen; hier werden noch alltäglich die Balladen von José Afonso & Co. gesungen.

Johnny Guitar, Calçada do Marquês de Abrantes 72 (Santos), Tel. 3960415; ab 21 Uhr; Bühne für die Avantgarde des portugiesischen Rock.

Lontra, Rua de São Bento 157 (São Bento), Tel. 3961083; 23.30–4 Uhr. Aus dieser afrikanischen Spelunke, die mittlerweile schicker geworden ist,verbreiten sich Afro-Rhythmen in Lissabon. Die Live-Musik soll noch immer die beste der Stadt sein.

Pavilhão Chinês, Rua Dom Pedro V. 89 (Bairro Alto), 17–2 Uhr, außer So ab 21 Uhr. Wer wissen will, wie's enden kann, wenn man alles sammelt, nehme einen Cocktail in dem rot-plüschigen Gemischtwarenladen. Im letzten der diversen Räume wird Billard gespielt.

Pé Sujo, Largo de São Martinho 6 (Alfama), Tel. 865629. Alltäglich Afrobrasilianische Live-Musik und *caipirinha* bis zum Abwinken.

Ritz Clube, Rua de Glória 57 (Praça da Alegria), Tel. 3425140/3465898; 22–3.30 Uhr, So geschlossen. Neue Töne im alten Cabaret: montags Jazz, ansonsten spielen afrikanische Bands zum Tanz.

Fado

Senhor Vinho, Rua do Meio a Lapa 18 (Madragoa), Tel. 3972681; 20.30–3.30 Uhr, Fado ab 21.45 Uhr, So geschlossen; Reservierung empfohlen; elegantes Ambiente, der Fado ist erstklassig.

Taverna do Embuçado, Beco dos Cortumes 10 (Alfama), Tel. 8865088; 21–2.30 Uhr, So geschl.; das Publikum darf gerne mitsingen.

São Caetano, Rua de São Caetano à Lapa 27 (Lapa), Tel. 3974792; 20–2 Uhr, Fado ab 22 Uhr; hier treten auch Amateure auf.

Übernachten

Hotel Avenida Palace (fünf Sterne, 1. Kat.), Rua Primeiro de Dezembro 123 (Praça dos Restauradores), Tel. 3460151. Würdig protzt dieses nostalgische «Bahnhofshotel» im Zentrum der Stadt.

York House (vier Sterne, 1. Kat.), Rua das Janelas Verdes 32 (Lapa), 1200 Lisboa, Tel. 3962785, Fax 672793. Hinter einem unscheinbaren Eingang verbirgt sich die Idylle des ehemaligen Klosters mit seinem üppig blühenden Garten.

Hotel Metropole (drei Sterne, 1. Kat.), Praça Dom Pedro IV. (Rossio), Tel. 3469164/5. Der Charme der zwanziger Jahre wurde restauriert.

Miraparque (drei Sterne, 2. Kat.), Avenida Sidónio Pais 12, Tel. 578070; komfortables Hotel nahe Praça Marquês de Pombal.

Residencial Ninho das Aguias (drei Sterne, 2. Kat.), Costa do Castelo 74, Tel. 8867008. Das «Adlernest» sitzt unter den Mauern des Castelo in der Alfama.

Casa de São Mamede (drei Sterne, 2. Kat.), Rua da Escola Politecnica, 159, 1250 Lissabon, Tel. 3963166, Fax 3951896; Pension in einem ehemaligen Stadtpalast, Zimmer besser vorher zeigen lassen.

Hotel Borges (zwei Sterne, 2. Kat.), Rua Garrett 108, 1200 Lisboa, Tel. 3461951, Fax 3426617; traditionelles Hotel im Herzen des Chiado.

Hotel International (zwei Sterne, 2. Kat.), Rua da Betesga 3, 1100 Lisboa, Tel. 3466401, Fax 3478635; kürzlich renoviertes Hotel am Rossio.

Pensão Londres (zwei Sterne, 2./3. Kat.), Rua Dom Pedro V., 53, 1250 Lisboa, Tel. 3462203, Fax 3465682, Internet: www.desenvolve.com/plondres. Freundliche Pension am Rande des Bairro Alto, plüschig geblümte Zimmer, teils mit Blick über die Stadt bis zum Tejo.

Pensão Gerês (zwei Sterne, 3. Kat.), Calçada do Garcia, 6 (am Rossio/Praça de São Domingos) 1150 Lisboa, Tel. 01/8810497, Tel. 8882006; 7500 Esc. Eine richtige portugiesische Pension: klein, einfach, supersauber, ruhig, romantisch, und das alles im Zentrum der Hauptstadt.

Pousada da Juventude, Rua Andrade Corvo 46, Tel. 53 26 96.

Camping

Am Stadtrand, im Park von Monsanto, Tel. 70 44 13.

Kachelkunst

Das größte Museum für moderne Kachelkunst liegt unter der Erde, in den renovierten und neuen Metrostationen. Die Stationen bekamen nicht einfach ein paar Prozent «Kunst am Bau» verpaßt, sondern wurden selbst zum Kunstobjekt. In- und ausländische Künstler gestalteten eine farbenfrohe Unterwelt, wo sonst Werbeplakate Einnahmen sichern. In der Station Parque flaniert man auf dem Meeresgrund, die Schalterhalle von Entrecampos wurde zur Nationalbibliothek und die Bahnsteige zum Raum, in dem sich Gedichte von Camões und Pessoa ausbreiten. Besonders gelungen sind die Stationen Rotunda, Cidade Universitária, Parque, Colégio Militar oder Campo Grande.
Die Geschichte der Kachelbilder ist zu besichtigen im «Museu Nacional do Azulejo», Rua Madre Deus, 4; Di 14–18 Uhr, Mi–So 10–18 Uhr.
Ein Kacheltraum in Blau-Weiß ist der «Palácio Fronteira» Largo de Sao Domingos de Benfica, 1, 1500 Lisboa, Tel. 7 78 20 23, mit seinem üppig blühenden Garten in Benfica. Die Familie des Marquis lebt zwar noch in dem Palast, doch vormittags öffnen die Herrschaften ihr Anwesen für Besucher (Juni–September 10.30–12 Uhr, Oktober–Mai 11–12 Uhr, So geschl.).
Seit 1741 fertigen und bemalen in der «Fábrica Sant'Anna» die Keramikkünstler mit Techniken des 17. Jahrhunderts die Kacheln. Im Laden, Rua do Alecrim, 95, Tel. 3 42 25 37, können auch Türschilder, Geschirr oder Fayencen gekauft oder in Auftrag gegeben werden.

Markt / Einkaufen

Auf der Feira de Ladra, Campo de Santa Clara in der Alfama, werden dienstags und samstags Trödel, Klamotten und Haushaltswaren verkauft. Antiquitäten- und Trödelhändler findet man auch in der Rua de São Bento. Obst und Gemüse, Fisch und Fleisch werden alltäglich auf kleinen Märkten in den Vierteln angeboten, die maurisch anmutende Lissabonner Großmarkthalle, Mercado da Ribeira, liegt an der Avenida 24 de Julho.

Schallplatten: Am Rossio richtete Valentim de Carvalho, portugiesischer Plattenverleger, einen Mega-Shop ein. Im ersten Stock gibt's Bücher und Bildbände. Klein, aber fein und auf portugiesische Musik spezialisiert ist die Discoteca do Carmo in der Rua do Carmo.

Café & Co.: Allerlei Düfte verwirren in diesen nostalgischen Läden, die alle nur denkbaren Zutaten und jegliches Zubehör zum stilvollen Genuß von Tee und Kaffee verkaufen: A Carioca, Rua da Misericórdia 9; Casa Macário, Rua Augusta 272; Casa Pereira, Rua Garrett 38; Casa Viana, Rua da Prata 61–63; Pérola do Rossio, Praça D. Pedro 105.

Antiquariate: Die Gassen der *alfarrabistas* liegen nördlich des Praça Luis de Camões und der Rua Garrett: Livraria Barateira, Rua Nova da Trindade 16 c, Tel. 3 42 67 55; Livraria Olisipo, Largo Trindade Coelho 7, Tel. 3 46 27 71.

Kultur / Feste

Kartenvorverkauf: Für Theater, Kino, Fußballspiele, Stierkämpfe, Zirkus und sonstige Spektakel: A.B.E.P., Praça dos Restauradores (in einer kleinen Bude), Tel. 3 47 58 23 / 3 47 58 24 / 3 47 25 94, oder am Parque Meyer, Rua do Salitre, Tel. 3 42 75 24.

Santo António: Der Franziskanermönch António von Padua stammte aus Lissabon, und die Lisboetas feiern ihren Sohn der Stadt in der Nacht vom 12. / 13. Juni. Vor allem in der Alfama wird die ganze Nacht gesungen und getanzt bei frisch gegrillten Sardinen und Wein ohne Ende. Diese Nacht ist nur der Höhepunkt eines Stadtfestes, das im gesamten Juni mit einem prallen Veranstaltungskalender begangen wird.

Archivo Fotográfico Municipal, Rua da Palma 246, Tel. 8 86 66 35; wechselnde Fotoausstellungen.

Associação José Afonso, Rua Voz do Operário 62, Tel. 8 86 28 36; Mo–Fr 15–20 Uhr, Sa 10–19 Uhr; Ausstellung und Dokumentation über José Afonso, mit dem das politische Lied zu Zeiten der Diktatur entstand. In dem kleinen Laden des Vereins werden Platten und Bücher verkauft.

Casa Fernando Pessoa, Rua Coelho da Rocha 16 (Campo Ourique), Tel. 3968190; Mo–Fr 13–18 Uhr, Do bis 20 Uhr. Das Haus, in dem Fernando Pessoa seine letzten fünfzehn Jahre zur Untermiete wohnte, wurde neu gestaltet und verwandelte sich nicht in ein Museum, sondern in einen lichten Raum der Künste mit einer Bibliothek der Poesie, Ausstellungssälen, Arbeits- und Konferenzräumen und einem Café im Patio.

Centro Cultural de Belém, Praça do Império (Belém), Tel. 3019606; der repräsentative «Bunker» wird als Ausstellungszentrum und Konzerthalle genutzt.

Chapitô, Costa do Castelo 7 (Alfama), Tel. 878225/861410; So geschlossen. Man soll sich durch die unscheinbare Tür in der Mauer trauen, später wird man sich fragen, ob der Türsteher im seriösen schwarzen Anzug nicht ein Clown war. Im Chapitô gibt's Kleinkunst und Varieté im Zirkuszelt, eine hauseigene Zirkusschule, ein vorzügliches Restaurant und eine Bar, in der um Mitternacht vielleicht jemand singt oder steppt – und von der Terrasse den schönsten Lissabon-Blick mit Tejo.

Culturgest, Avenida João XXI. (Campo Pequeno), Tel. 8480218; im futuristischen Tempel der Bank Caixa Geral dos Depósitos wurde ein Kulturforum mit wechselnden Ausstellungen moderner Kunst eingerichtet.

Goethe-Institut, Campo dos Mártires da Pátria, Tel. 530305.

Sala do Risco, Largo de Santo António à Sé, Di–So 10–13 und 14–18 Uhr; städtische Galerie für Architektur und Design in einem aufwendig restaurierten Stadthaus.

Videoteca de Lisboa, Largo do Calvário 2 (Alcântara), Tel. 3622008; Retrospektiven, Videoprojekte und ein «Café das Imagens».

Kino

Amoreiras, Avenida Eng. Durate Pacheco, Tel. 691275, zehn Säle im Einkaufszentrum.

Cinemateca Portuguesa, Rua Barata Salgueiro 39, Tel. 546279; Retrospektiven portugiesischer Regisseure und thematische Filmzyklen.

Condes, Avenida da Liberdade 2, Tel. 3422523.

King Triplex, Rua Bulhão Pato 1c, Tel. 8480808.

Londres, Avenida de Roma 7a, Tel. 801313.

Mundial, Rua Martens Ferrão 12a, Tel. 3538743, drei Säle.

São Jorge, Avenida da Liberdade 174, Tel. 579144.

Museen

Museu Calouste Gulbenkian, Avenida Berna 45, Tel. 7950236 und **Museu do Centro de Arte Moderna**, Rua Dr. Nicolau Bettencourt, Tel. 7950241; Di, Do, Fr, So 10–17 Uhr, Mi und Sa 14–19.30 Uhr. Man nannte ihn auch «Mr. Five Percent», denn mit seinen fünfprozentigen Beteiligungen an Ölgesellschaften machte der Armenier Calouste Gulbenkian ein Vermögen. In seinem Testament wählte er die Stadt Lissabon zum Hauptsitz einer zu gründenden Stiftung, der er seinen Reichtum vermachte. Seitdem greift sie der Kulturpolitik des Landes kräftig unter die Arme: ob Musik, Theater, Ballett, bildende Künste, Stipendien für junge Künstler, die Stiftung fördert und initiiert eigene Projekte. Die beiden Museen, in einer wundervollen Gartenanlage gelegen, sind eine kühle Oase und gehören zu den bedeutendsten der Stadt. Im Museu Calouste Gulbenkian wird die Sammlung des Stifters ausgestellt: ägyptische Skulpturen, orientalische Keramik, syrische Glaskunst, französische Möbel, Teppiche und Lalique-Schmuck. Die Gemälde stammen unter anderem von Rubens, Monet, Degas, Rembrandt oder van Dyck. Seit 1983 ist das Museum für Moderne Kunst hinzugekommen, das neben zeitgenössischen Werken von Almada Negreiros, Vieira da Silva oder Amadeo de Souza-Cardoso auch wechselnde Ausstellungen internationaler Künstler zeigt.

Museu da Água, Rua do Alviela 12, Tel. 8135522; Di–Sa 10–12.30, 14–17 Uhr. Wie kam das Wasser nach Lissabon? Eine Ausstellung über den gigantischen *Aqueducto das Aguas Livres*.

Museu da Cidade, Campo Grande 245, Tel. 7591617; tägl. 10–13 und 14–18 Uhr. Der Palácio Pimenta beherbergt das Stadtmuseum, das die Geschichte Lissabons darstellt, u. a. ein Modell der Stadt vor dem Erdbeben von 1755.

Museu de Arte Popular, Avenida Brasília (Belém), Tel. 3011282; Di–So 10–12.30 und 14–17 Uhr; eine Reise durch die portugiesischen Provinzen und ihre Volkskunst.

Museu do Palácio Nacional da Ajuda und **Jardim Botânico da Ajuda**, Calçada da Ajuda, Tel. 3637095; 10–17 Uhr, Mi geschlossen. Das Palastmuseum bietet Einblicke in das Privatleben der letzten portugiesischen Könige. Der nie fertiggestellte klassizistische Klotz befindet sich in der Nähe eines der beiden Botanischen Gärten von Lissabon: 3,5 Hektar Exotik im italienischen Stil.

Museu Nacional de Arte Antiga, Rua das Janelas Verdes 9, Tel. 3976001; Di–So 10–17 Uhr; das Museum der alten Kunst, das zum Kulturjahr 1994 renoviert wurde, zeigt unter anderem bedeutende Gemälde von Albrecht Dürer, Lucas Cranach, Hieronymus Bosch und ist alleine wegen der Aussichtsterrasse über dem Tejo einen Besuch wert.

Museu Rafael Bordalo Pinheiro, Campo Grande 382, Tel. 7950816; 10–13 und 14–18 Uhr, Mo geschlossen. Karikaturen und Skulpturen des Künstlers Rafael Bordalo Pinheiro.

Museu do Chiado, Rua Serpa Pinto 6, Tel. 3468028; Di 14–18 Uhr, Mi, Fr, So 10–18 Uhr, Do, Sa 10–20 Uhr. Das Museu Nacional de Arte Contemporânea wurde vom Brand im Chiado 1988 zerstört, in dem wiederaufgebauten Gebäude wurde das Museu do Chiado eingerichtet, das, neben wechselnden Ausstellungen, hundert Jahre (1850–1950) portugiesische Malerei und Bildhauerei dokumentiert.

Sehenswürdigkeiten

Mosteiro dos Jerónimos, Praça do Império, Di–Sa 10–18.30 Uhr, So 10–14 Uhr. Von Belém, «Bethlehem», das erst im 19. Jahrhundert in Lissabon eingemeindet wurde, segelte Vasco da Gama nach Indien. König Manuel I. stiftete 1502 das Jerónimuskloster, an dem bis ins 17. Jahrhundert gemeißelt wurde: ein Prunkstück der dekorativen manuelinischen Spielerei, finanziert mit fünf Prozent der Gewinne aus dem Indienhandel. Der gotische Grundriß der dreischiffigen Hallenkirche wird durch zierliche Säulen und reiche Dekorationen aufgelockert, in denen die Bildhauer die exotischen Pflanzen und Tiere aus Übersee nachbildeten. Beeindruckend auch das Hauptportal von Nicolau de Chanterène und das Südportal. Im zierlichen doppelstöckigen Kreuzgang liegt heute Fernando Pessoa begraben. König Dom João III. bestimmte 1524, daß nichts den Blick auf die 300 Meter lange Wasserseite des Klosters behindern dürfe, die Bauherren des benachbarten klotzigen Centro Cultural kümmerten sich im ausgehenden 20. Jahrhundert nicht im geringsten darum.

Padrão dos Descobrimentos, Praça do Império; das 52 Meter hohe «Entdeckerdenkmal» erhebt sich direkt gegenüber dem Jerónimuskloster. 1960 wurde es von Salazar zum 500. Todestag von Heinrich dem Seefahrer eingeweiht. Das Denkmal deutet die Form eines Schiffes an, am Bug, der auf den Tejo hinausragt, blickt überlebensgroß der Infante in das Wasser, hinter ihm seine versteinerten Seefahrer. Mit einem Fahrstuhl kann man auf eine Aussichtsplattform fahren.

Torre de Belém, Praça do Império. Als Dom Manuel den quaderförmigen Bau errichten ließ, stand er noch auf einer Insel im Tejo. Ein Leucht- und Befestigungsturm, der im Stil der Manuelinik reich verziert wurde.

Sé (die Kathedrale), Largo da Sé. Wenn alles zusammenbricht, diese Kathedrale bleibt bestehen. Trotzdem mußte im Laufe der Jahrhunderte einiges wiederaufgebaut werden, was Erdbeben zerstörten. Die massive Romanik wurde in der eingestürzten Hauptkapelle durch Barock und Neoklassik mit Marmor und Stuck erweitert.

Umgebung

Boca do Inferno, 29 Kilometer westlich von Lissabon, ab Cascais Busverbindung. Zum «Höllenschlund» gelangt man am westlichen Ausgang von Cascais, dem einstigen Fischerdorf, das heute Schlafstadt von Lissabon und Touristenzentrum ist. In die «Hölle» der Atlantikbrecher blickt man von einer Aussichtsplattform im Felsen. Wenige Kilometer entfernt liegt der lange Sandstrand von Guincho.

Estoril, der feine Badeort ist trotz des größten Kasinos von Portugal, der noblen Hotels und Ferienvillen nicht mehr ganz so fein – der internationale Tourismus macht's möglich. Berühmt wurde der Ort wegen seiner radioaktiven und kohlensäurehaltigen Thermalquellen.

Strände südlich von Lissabon: Mit der Fähre nach Cacilhas, von dort weiter per Bus. Die Halbinsel ist das Naherholungsgebiet vor der Haustür, allen Stränden voran die Costa da Caparica, wo sich am Wochenende Zehntausende drängeln. Eng ist's nur direkt am Ort, und die Strände dehnen sich bis zur Wallfahrtsstätte am Steilufer Cabo Espichel. Am Südrand der Halbinsel stürzt die naturgeschützte Serra Arrábida ins Meer. An ihrem Fuß liegt Sesimbra, ein Fischerort, der heute vom Tourismus lebt, und östlich die Industriestadt Setúbal. Von dort aus setzt die Fähre nach Tróia über, einer langgestreckten Strandzunge. An ihrer Spitze wurden in den sechziger Jahren einige Hoteltürme errichtet, die sich inzwischen zur Seite neigen. Niemand weiß so recht, was damit anzufangen ist, denn selbst mit Dumpingangeboten sind sie nicht zu füllen. Doch für einen Strandtag sind die von Pinienwäldern gesäumten Strände allemal gut.

Alentejo

Auskunft

Região de Turismo de Évora, Rua de Aviz, 90, 7000 Évora; Tel. 066/742535, Fax 066/25238; Informationen über die Region Alto Alentejo (nördlicher Teil).

Região de Turismo da Planície Dourado, Praça da República 12–1°, 7800 Beja, Tel. 084/310150, Fax 310151; Informationen über die Region Baixo Alentejo (südlicher Teil).

Extratour

Turaventur, Rua João de Deus 21–1° Esq., 7000 Évora, Tel./Fax 066/743134; organisiert für Gruppen ab sechs Personen thematische Wanderungen, über Kork, Wein oder den Guadiana, auch Fahrrad- und Jeep-Touren im Alentejo.

Rota dos Vinhos do Alentejo, Praça Joaquim António de Aguiar, 20/21, 7000 Évora, Tel. 066/746498, Fax 746602. Informationen über Alentejo-Weine, Touren zu den Weingütern und Kooperativen können organisiert und die Besucher auf Wunsch begleitet werden.

Beja

(36000 Einwohner, PLZ 7800, Vorwahl 084)

Auskunft

Turismo, Rua Capitão João Francisco de Sousa 25, Tel. 23693.

Internet:
www.sulnet.pt/individual/jejsilva/Principal.htm

Bus & Bahn

Bahnverbindung nach Évora, Lissabon und in den Algarve; Auskunft Tel. 325056. Busse fahren nach Mértola, Évora, Lissabon und in den Algarve.

Post

Rua Luis de Camões.

Notfall

Krankenhaus, Tel. 322133; **PSP**, Largo Dom Nuno Alvares Pereira, Tel. 322022.

Essen & Trinken

Os Infantes, Rua dos Infantes 14, Tel. 22789; gut, bei den Kindertellern wird eine Ausnahme gemacht, für alle anderen gilt: Ohne echten Hunger soll man sich besser nicht an den Tisch setzen. Man befindet sich in einer der Kathedralen der alentejanischen Küche. Zu den Heiligtümern gehören die *sopa de cação* und die *migas* (Brotbrei) mit Schweinefleisch. Wie auch immer, sollte man sich ein Eckchen für das Dessert !!! freihalten.

Dom Dinis, Rua Dom Dinis 11, Tel. 22967; Mi geschlossen. Fisch und Fleisch vom Holzkohlegrill.

A Muralha, Rua de Lisboa 12, Tel. 25928; Sa geschlossen. Günstige regionale Küche.

O Charoco, Travessa Alferes Malheiro 1, Tel. 329188; Mo geschlossen, portugiesisch-chinesische Speisekarte.

O Beco, Beco da Rua dos Infantes, Tel. 25900; So geschlossen. Einfaches Restaurant im Hinterhof.

Übernachten

Pousada de São Francisco (1. Kat.), Tel. 328441, Fax 329143. Nobel restauriertes Franziskanerkloster im Zentrum. Die Zisterne unter dem Kreuzgang wurde restauriert, und die Gäste können heute hinabsteigen in das wassergefüllte Gewölbe.

Pensão Santa Bárbara (vier Sterne, 2. Kat.), Rua de Mértola 56, Tel. 322028/9; komfortabel, günstig und ruhig in der Fußgängerzone gelegen.

Residencial Cristina (vier Sterne, 2. Kat.), Rua de Mértola 71, Tel. 323035; gepflegte Unterkunft.

Camping

Am Sportgelände, Tel. 24328.

Kultur

Galeria dos Escudeiros, Rua dos Escudeiros 30; Di–Sa 10–12.30 und 14–18.30 Uhr; eine ehemalige Kirche wurde zur Galerie moderner Künste. Wechselnde Ausstellungen.

Casa das Artes Jorge Vieira, Rua do Touro, 33; Di–So 13.30–23 Uhr. Haus der Künste mit Café; wechselnde Ausstellungen lokaler Künstler und ständige Ausstellung des Bildhauers Jorge Vieira.

Einkaufen

Artes Infieis, Praça da República, 16, Tel. 084/327208; Di–So 10–19 Uhr. Laden für Töpferei, Körbe, Leinen, Holzspielzeug – kurz: regionales Kunsthandwerk.

Sehenswürdigkeiten

Museu Rainha Dona Leonor im **Concento da Conceição**, Largo da Conceição, Di–Sa 9.45–13 und 14–17.15 Uhr, So 10–13 Uhr. In dem 1459 gegründeten Kloster befindet sich das regionale Museum. Bemerkenswert sind u. a. die verschiedenen Kacheln aus dem 16. und 17. Jahrhundert, teilweise aus Sevilla mit maurischem Einfluß.

Igreja de Santo Amaro, Largo Lima Faleiro; der schneeweiße Innenraum der ehemals westgotischen Basilika, in den einige Original-Kapitelle zurückgebracht wurden, ist heute Zentrum einer in Portugal einmaligen Ausstellung westgotischer Kultur.

Castelo, Largo do Lidador; auf römischen, westgotischen und arabischen Resten ließ Dom Afonso III. das Castelo errichten. Den vierzig Meter hohen Torre de Menagem ließ Dom Dinis 1310 bauen. Über eine Wendeltreppe gelangt man auf eine Aussichtsplattform, im unteren Stockwerk liegt ein Rittersaal mit maurischem Sterngewölbe.

Castelo de Vide

(4100 Einwohner, PLZ 7320, Vorwahl 045)

Die andere Seite des sonnenverbrannten Alentejo: Das naturgeschützte Gebirge Serra de São Mamede (1025 m), im äußersten Nordwesten der Region, erhebt sich aus der Ebene und schiebt sich als Riegel zwischen Spanien und Portugal. Die herbe, felsige Landschaft ähnelt bei Castelo de Vide eher der angrenzenden Region Beira. Das kleine Thermalbad klebt an der nordwestlichen, regnerischen Spitze der Serra de São Mamede. Durch das nach Süden hin abfallende Gebirge verläuft eine Klimagrenze. Während sich im Norden die Wolken fangen, verändern sich mit den Höhenunterschieden innerhalb kurzer Distanz auch die Temperaturen, die Vegetation, der Lebensraum für seltene Tierarten. Castelo de Vide ist ein mittelalterlich anmutendes, weißblitzendes Städtchen. Eng drängen sich die gekalkten, zweistöckigen Häuser mit schmiedeeisernen Balkongittern, manuelinischen Fenstern und leuchtenden Blumen in den krummen Gassen. Castelo de Vide war auch Fluchtpunkt für Juden, die im 15. Jahrhundert aus Spanien vertrieben wurden. Teil des mittelalterlichen Stadtkerns ist das größte ehemals jüdische Viertel in Portugal. In den verschlungenen Gassen wurde ein noch erhaltenes Gebäude auch als Synagoge genutzt.

Auskunft

Turismo, Rua Bartolomeu A. da Santa 81, Tel. 913 61.

Parque Natural da Serra de São Mamede, Rua Santo Amaro, 25, 7320 Castelo de Vide. Informationen über markierte Wanderwege im Naturpark Serra de São Mamede.

Internet: www.amna.pt / Website der Landkreise des nördlichen Alentejo.

Bus & Bahn

Der **Bahnhof** liegt 3 km außerhalb des Ortes, Verbindung nach Portalegre, Auskunft Tel. 916 63. Zentrale **Bushaltestelle** ist an der Rua Bartolomeu A. da Serra. Verbindung nach Portalegre und Lissabon, Busfahrten verkauft der Krämerladen in der Rua 5 de Outubro. Auskunft Tel. 227 22.

Post

Rua da Olivença.

Essen & Trinken

Churrasqueira Fidalgo, Rua Almeida Sarzedas 32 / 34, Tel. 918 82; Mi geschlossen. Natürlich gibt es, wie der Name *churrasqueira* verspricht, allerlei Gegrilltes. Aber eigentlich empfehlenswert sind die täglich wechselnden Gerichte, die als *prato regional* auf der Karte gekennzeichnet sind. Die traditionellen Rezepte sind teilweise jüdischen Ursprungs. Falls eine dem Wörterbuch unbekannte Spezialität in Tomatensauce auf der Karte steht: Probieren und besser erst hinterher fragen, was es ist.

A Castanha (im Hotel Garcia d'Orta), Estrada de S. Vicente, Tel. 911 00 (Reservierung empfohlen). Das Hotelrestaurant wird sogar in der nationalen Presse hochgelobt: für den Stockfisch des Hauses, *bacalhau Garcia d'Horta*, oder den Schwertfisch mit Kastaniensauce, *espadarte com molho de castanha*. In der Jagdsaison tauchen regionale Spezialitäten *javali* und *lebre* – Wildschwein und Hase – auf der Karte auf. Die internationalen Gerichte werden mit einer kräftigen französischen Prise zubereitet.

Übernachten

Garcia d'Orta (drei Sterne, 1. / 2. Kat.), Estrada de São Vicente, Tel. 911 00, Fax 912 00. Erstklassiges, freundliches Drei-Sterne-Hotel, das nach einem jüdischen Mediziner aus Castelo de Vide benannt wurde. Liegt etwas außerhalb von Castelo de Vide. Gutes Frühstücksbuffet.

Albergaria El Rei Dom Miguel (3. Kat.), Rua Bartolomeu Álvares da Santa, 7320 Castelo de Vide, Tel. 045 / 919191, Fax 915 92. Liebevoll eingerichtet in einem historischen Stadthaus im Zentrum.

Residencial Isabelinha (3. Kat.), Largo do Paço Novo, Tel. 918 96. Hübsche Zimmer mit typischen Alentejo-Möbeln in renoviertem Stadthaus.

Sehenswürdigkeiten

Castelo, 9 – 12.30 Uhr und 14 – 20 Uhr (– 17.30 Uhr im Winter). Der Wind zischt durch die hochgelegene, wehrhafte Burg, die von mehreren Mauern gesichert wird – der Blick reicht bis nach Spanien.

Judiaria, unterhalb des Castelos verschlingen sich die buckligen Gassen zwischen den engstehenden Häusern des ehemals jüdischen Viertels, eines der größten in Portugal erhaltenen. Von der Existenz der *judiaria* erzählen noch die spitzbogigen Türrahmen oder das als Synagoge genutzte Haus aus dem 14. Jahrhundert.

Umgebung

Marvão, bei kühl-feuchten Wetterlagen spielen die Jungs in dem kleinen Bergort auf über 900 Meter Höhe Fußball über den Wolken. Rundherum eingefaßt in trutzige Mauern – die nächste Bergkuppe ist spanisch –, existierte das Dorf schon unter den Arabern und war später Grenzfestung.

Unterkunft

Pensão Dom Dinis (drei Sterne, 2. Kat.), Rua Dr. Matos Magalhães, 7330 Marvão, Tel. 045 / 932 36.

Pousada de Santa Maria (1. Kat.), Tel. 045 / 932 01, Fax 932 02.

Estremoz
(15 400 Einwohner, PLZ 7100, Vorwahl 068)

Auskunft
Turismo, Largo da República, Tel. 33 35 41.

Internet:
http://members.xoom.com/LPardal/1pagina.htm

Bus
Verbindungen nach Lissabon, Elvas, Évora, Vila Viçosa.

Post
Avenida 5 de Outubro.

Notfall
Centro de Saúde, Rossio (Largo Marquês de Pombal), Tel. 22 22 7; **GNR**, Avenida 9 de Abril, Tel. 22 80 4; **PSP**, Largo Marquês de Pombal, Tel. 22 28 9.

Essen & Trinken & Treffs
Águias d'Ouro, Rossio Marquês de Pombal; Tel. 22 83 6. Auf dem *Rossio*, dem großen Platz im Zentrum von Estremoz, breitet sich sonnabends einer der größten Bauernmärkte des Alentejo aus. Zum Markt gehört wie die Butter aufs Brot seit mehr als hundert Jahren *das* zentrale Café von Estremoz *Águias d'Ouro*, das fast so berühmt ist wie die Burg. Nicht nur, weil es vor allem an Markttagen proppevoll ist, sondern auch wegen der stilübergreifenden Fassade: ein Mischmasch aus Jugendstil, arabischen Einflüssen und portugiesischem Kitsch.

Zona Verde, Largo Dargões de Olivença 86; Tel. 24 70 1; Do geschlossen. Nicht abschrecken lassen: auf den ersten Blick wähnt man sich in einer Spelunke – das gemütliche Restaurant liegt dahinter. Der Besitzer arbeitete früher als Koch in der Pousada und weiß sehr wohl, daß es bei der Zubereitung regionaler Gerichte auf Details ankommt. Die Zutaten kommen vom Lamm bis zum Koriander garantiert aus der Region.

Adega do Isaias, Rua do Almeida, 21, Tel. 22 31 8; So geschlossen. Die rummelige *tasca* ist eine Institution in Estremoz: Riesige, kugelrunde Weinfässer prangen in dem Gewölbe, an langen, schiefen Holztischen drängt sich allerlei Volk vom Landarbeiter bis zum Gast aus der Pousada. Es gibt einfachen Landwein und harten Schinken mit Brot oder Deftiges aus dem Alentejo: vor allem *feijoada*, Bohneneintopf mit *chourico*, der scharfen Wurst, *migas*, Brotbrei, und *borrego*, Lamm.

Übernachten
Convento de São Paulo (vier Sterne, allererste Kat., DZ um 280 DM), zwischen Estremoz und Redondo gelegen, Aldeia da Serra, 7170 Redondo, Tel. 066/99 91 00, Fax 99 91 04. Im 14. Jahrhundert verzogen sich Mönche zum Gebet in die Stille der Serra d'Ossa. Das Kloster ist noch immer ein wahrhaftig besinnlicher Ort, wo heute nur noch die *azulejos* aus 50 000 Kacheln heilige Geschichten erzählen und die Mönchszellen die Gäste des mittlerweile privaten Hotels mit unaufdringlichem Luxus empfangen.

Pousada da Rainha Santa Isabel (1. Kat.), Tel. 33 20 75, Fax 33 20 79. Wahrhaftig königlich gebettet im Burgturm einer der edelsten Pousadas des Landes.

Hospedaria D. Dinis (2. Kat.), Rua 31 de Janeiro 46; Tel. 33 27 17, Fax 22 61 0. Modern eingerichtete Zimmer im restaurierten Stadthaus.

Turismo de Habitação
Herdade da Barbosa (2. Kat., Turismo Rural), ca. 6 km außerhalb Estremoz, E. M. 504, Estremoz/Sotileira, S. Bento do Cortiço, 7100 Estremoz; Tel. 068/24 51 0, Fax 33 36 75. Urlaub im Gesindehaus – in gemütlich renovierten Zimmern mit Bad auf einem typischen *monte*, einem alentejanischen Gutshof, auf einer Anhöhe inmitten der Felder gelegen. Den Rhythmus des Jahres bestimmen noch immer das Schälen der Korkeichen im Sommer und die Ernte von Nüssen und Oliven im Winter.

Museum
Alfaia Agrícola, Rua Serpa Pinto 87; 10–12 und 14–18 Uhr, Mo geschlossen; das landwirtschaftliche Museum, in dem Anfang des Jahrhunderts die erste elektrische Mühle der Region arbeitete, erzählt lebhaft von dem bäuerlichen Leben im Alentejo.

Museu Municipal, Largo Dom Dinis (am Castelo), 10–11.45 und 14–17.45

Uhr, Mo geschlossen. Das städtische Museum stellt eine Sammlung von *bonecos*, Tonfiguren, des 18./19. Jahrhunderts aus, die nicht nur Heilige und Menschen aus dem Alentejo darstellen, sondern auch die politischen Verhältnisse karikierten. Im Patio haben die Brüder Ginja ihr Atelier, die heute zu den bekanntesten Töpfern von *bonecos* aus Estremoz zählen.

Museu Rural, Rossio, 10–13 und 15–17 Uhr, Mo geschlossen. Was die Alentejanos mit traditionellen Technologien nicht alles mit Ton, Holz, Kork, Stroh oder Metallen angestellt haben!

Umgebung

Avis, ca. 50 km nordwestlich von Estremoz. Das verschlafene Städtchen erinnert noch heute an den Ritterorden der Avis, die 1214 ihre Burg auf dem Hügel errichteten, von der allerdings kaum noch etwas erhalten ist. Am Fuße der Stadt breitet sich ein weiter Stausee zwischen den Hügeln aus. Der kleine Campingplatz ist ganzjährig geöffnet, Tel. 042/42452.

Alter Pedroso, ca. 3 km außerhalb von Alter do Chão, zwischen Estremoz und Castelo de Vide. Mit seinen 100 Einwohnern hat Alter Pedroso nicht einmal den Status «Dorf», es ist einfach ein winziger, weißer «Flecken», mit knubbeligen Gassen und krummem Kirchplatz, um den sich die gekalkten Häuser mit den monströsen alentejanischen Schornsteinen drängen. Von der verfallenen Burg bietet sich ein perfekter 360-Grad-Rundblick. Den gibt es auch in **Cabeço de Vide**, dessen schwefelhaltige Thermalquellen schon die Römer genossen. Der Weg zum Bahnhof ist zwar ausgeschildert, aber vor dem romantischen Gebäude, das ländliche Kachelbilder zieren, hält schon lange kein Zug mehr.

Die **Coudelaria de Alter** (9.30–12 und 14–16.30 Uhr, Mo geschlossen) ist bis heute eine Art nationales Heiligtum. Auf dem Gestüt wenige Kilometer außerhalb von Alter do Chão werden bereits seit 1748 Pferde gezüchtet. Nicht irgendwelche, sondern elegante Lusitanier. Königliche Pferde, die noch heute entsprechend sorgfältig erzogen und für die weitere Zucht – die älteste der Welt – erwählt werden. Das Gestüt kann besichtigt werden, am interessantesten morgens, wenn die Pferde trainiert werden.

Evoramonte, ca. 15 km südlich von Estremoz. Das Castelo mit seinen vier Rundtürmen scheint ein paar Nummern zu wuchtig geraten für das beschauliche Dorf. Die Burgmauern umschließen einen mittelalterlich anmutenden Dorfkern, und der Blick aus 470 Meter Höhe über die gewellte Landschaft ist phantastisch.

Vila Viçosa, ca. 20 km von Estremoz. Nicht nur der Marmor an allen Ecken und Enden kündet davon, daß das Städtchen schon immer etwas Besonderes war. Auf römischen und maurischen Fundamenten wurde die Burg errichtet, die Herzöge von Bragança erkoren Vila Viçosa aus für ihren Paço Ducal, einen riesigen Palast, in dem heute ein Familienmuseum untergebracht ist. Davor dehnt sich der 16000 Quadratmeter große Terreiro do Paço, auf dem früher Hoffeste und Stierkämpfe gefeiert wurden.

Évora

(53000 Einwohner, PLZ 7000, Vorwahl 066)

Wer Évora nur für einen Tag besucht, sollte das Auto auf den Parkplätzen vor der Stadtmauer abstellen.

Auskunft

Turismo, Praça de Giraldo; Tel. 22671.

Bus & Bahn

Bus: Rua da República 131; Tel. 22125; **Bahnhof**: Rossio S. Brás, ca. 1 km außerhalb; Tel. 22125.

Fahrräder

Rent a Bike, Tel. 761453; Kiosk im Jardim Público, nahe der Kirche São Francisco – die mit der Knochenkapelle.

Post

Rua do Menino Jesus.

Notfall

Krankenhaus, Largo Senhor da Pobreza; Tel. 25001; **GNR**, Av. Dr. Francisco Barahona; Tel. 22178; **PSP**, Rua Francisco Lusitano, Tel. 26341.

Essen & Trinken & Treffs

Eins vorweg: Évora war die erste Stadt, in der die regionale Küche des Alentejo kultiviert wurde. Konkurrenz belebt das Geschäft, und inzwischen ist es schwer, in Évora richtig schlecht zu essen.

Adega do Alentejana, Rua Gabriel Vitor do Monte Pereira 21 a; Tel. 744447; Mo geschlossen; im Gewölbe gibt's an Holztischen deftige Gerichte und Wein vom Faß, man möge einen Fehler vermeiden: die *sopa de cação* für eine leichte Suppe oder gar eine Vorspeise zu halten. Dieses typische Alentejo-Gericht aus Brot, dicken Stücken einer Haifischart und einer köstlichen – tatsächlich auch – Suppe kommt im Bottich auf den Tisch.

¼ **Para As Nove**, Rua Pedro Simões, 9-A (im Aquädukt), Tel. 066/26774; Mi geschl. Als Daniel Leal zum erstenmal in das Haus trat, stand die Uhr an der Wand auf Viertel vor Neun. Die Uhr hängt bis heute am gleichen Platz, und die Geburtsstunde gab dem Restaurant seinen Namen. Hingebungsvoll kann der bescheidene Wirt von der Zubereitung seiner *Pezinhos de porco de coentrada*, den Schweinefüßchen mit frischem Koriander, erzählen, aber auch von harmlosen traditionellen Gerichten wie dem *carne de porco à Alentejana*, Schweinefleisch mit Herzmuscheln.

O Forcado, Rua dos Mercadores 26; Tel. 22566; Preis: günstig, Sa/So geschlossen; schlicht, für den täglichen Mittagshunger.

Jardim do Paço, Palácio das Cinco Quinas (am römischen Tempel), Tel. 744300: Mo geschlossen; Restaurant und Café im duftigen Innenhof, diverse Salate.

Burgo Velho Rua de Burgos, 10, Tel. 25858, Sa nachmittag und So geschl., nettes, kleines Restaurant mit regionaler Küche.

Kopos Bar, Rua de Valdevinos 21 A; Bar mit Live-Musik.

Kalamaria, Rua de Valdevinos 21 B; Tel. 27505; älteste Diskothek Évoras fürs studentische Volk.

Slide-Burguer, Rua Serpa Pinto 135; Tel. 28272; Bar und Discothek auf der Serpa Pinto, der «Piste» von Évora.

Übernachten

Pousada dos Lóios (1. Kat.), Large Conde de Vila Flor; Tel. 24051/2, Fax 27248. Gästehaus im ehemaligen Kloster am römischen Tempel.

Hotel da Cartuxa (vier Sterne, 1. Kat.), Travessa da Palmeira, 4/6, 7000 Évora, Tel. 066/743030, Fax 744284. Einer der wenigen Neubauten in Évora, die, unter strengen Auflagen, im historischen Stadtkern genehmigt wurden. Bei der Gestaltung waren die Dekorateure allerdings etwas verkrampft um ländliches Ambiente bemüht. Trotzdem: großzügige, komfortable Zimmer, ruhig gelegen, mit Swimmingpool im Garten.

Solar Monfalim (vier Sterne, 1./2. Kat.), Largo da Misericórdia 1; Tel. 22031, Fax 742367. In dem Stadtpalast aus dem 16. Jahrhundert wurde 1892 der erste zahlende Gast empfangen. Seitdem ist das Solar eine romantische Unterkunft mitten im historischen Zentrum. Und soll man nun den Nachmittag im Patio oder auf der Veranda vertrödeln?

Hotel Santa Clara (zwei Sterne, 3. Kat.), Travessa da Milheira 19; Tel. 24141/2, Fax 26544. Kleines, freundliches Hotel nahe der Praça de Giraldo.

Residencial Riviera (vier Sterne, 2. Kat.), Rua 5 de Outubro 49; Tel. 23304, Fax 20467. Portugiesische Romance mit Kacheln und Blümchentapeten; in der Fußgängerstraße.

Residencial Diana (drei Sterne, 3. Kat.), Rua Diogo Cão 2, Tel. 22008, Fax 743101. Pension im historischen Zentrum.

Turismo de Habitação

Quinta da Espada (Turismo Rural, 2. Kat.), 4 km von Évora in Richtung Arrailos, Apartado 68, 7001 Évora Codex, Tel. 066/734549, Fax 735264. Die neuen Besitzer des Anwesens restaurierten das flache Landhaus und richteten sieben Zimmer mit alentejanischen Bauernmöbeln ein, gemeinsam kann eine Küche benutzt werden. Hinter dem Haus liegt ein Garten, vorne reicht der Blick über die Felder bis ins vier Kilometer entfernte Évora.

Camping
Orbitur, Tel. 25190; Fax 29830, ca. 3 km vom Zentrum.

Markt / Einkaufen
Alle zwei Wochen Markt mit regionalem Handwerk, Kleidern, Geschirr vor der Stadtmauer. Diverse Läden mit Kunsthandwerk aus dem Alentejo in der Rua 5 de Outubro.

Fest
Jährliches Stadtfest São João, 20./21. Juni.

Sehenswürdigkeiten
Römischer Tempel oder auch Diana-Tempel genannt, aus dem 2./3. Jahrhundert v. Chr. Die korinthischen Säulen sind in Portugal einmalig.

Museu de Évora, am römischen Tempel. Von prähistorischen Funden bis zu wertvollen Möbeln aus dem 18. Jahrhundert beinhaltet die Ausstellung im ehemaligen Bischofspalast vor allem Skulpturen sowie bemerkenswerte Gemälde und Azulejos portugiesischer und flämischer Künstler.

Universität, das 1551 gegründete Jesuitenkolleg wurde sieben Jahre später zur Universität erhoben, 1759 mit der Vertreibung der Jesuiten geschlossen und erst zweihundert Jahre später wiedereröffnet. Imposante Barockfassade mit allegorischen Marmorfiguren, Renaissance-Kreuzgang, Azulejos in den Hörsälen und Universitätskirche Nossa Senhora da Conceição.

Kathedrale, romanisch-gotische Kathedrale, die größte in Portugal, aus dem 12./13. Jahrhundert mit französischen Einflüssen und einigen bedeutenden Skulpturen: am Hauptportal die Gruppe der Apostel oder die marmorne Senhora do O. Der Chor wurde im 18. Jahrhundert vom deutschen Architekten Ludovice entworfen und in mehrfarbigem Marmor aus dem Alentejo neu gestaltet. Vom Kreuzgang neben der Kathedrale erreicht man die Dachterrasse mit weitem Ausblick über Évora und den Alentejo. Im nördlichen Turm ist das Museu de Arte Sacra untergebracht.

Casas Pintadas do Vasco da Gama. Hinter einem hohen, grünen Tor in einer Gasse nahe dem römischen Tempel versteckt sich ein blühender Hinterhof. Die gewölbten Decken sind bemalt mit der exotischen Tierwelt, die Vasco da Gama angeblich in Indien gesehen haben soll: siebenköpfige Ungeheuer, Pelikane, kämpfende Hähne, Meerjungfrauen.

Igreja São Francisco, Praça 28 de Maio. Die Kirche aus dem 15. Jahrhundert vereinigt gotische, manuelinische und *Mudejar*-Stilelemente; skurril die Knochenkapelle: Über dem Portal lädt der Schriftzug «Wir, die hier versammelten Knochen, warten auf die eurigen» zum Eintritt, die Wände und Säulen sind ausschließlich und sehr dekorativ mit einigen tausend Knochen und Totenschädeln verkleidet, die im 17. Jahrhundert auf den alten Friedhöfen ausgebuddelt wurden.

Igreja dos Lóios (am römischen Tempel). Die Kirche aus dem 18. Jahrhundert ist Privatbesitz, aber vor der Tür wartet meist ein Senhor, der täglich zwischen 10–12.30 und 14–18 Uhr die Tür exklusiv öffnet: in das blau-weiß ausgeschmückte Kirchenschiff, das komplett mit *azulejos* verkleidet ist.

Largo da Porta de Mouro, der weiße Marmorbrunnen mit der Weltkugel ist einer der Hauptbrunnen, die durch den Aquädukt versorgt wurden. An dem dreieckigen Platz liegt außerdem das manuelinische Wohnhaus Casa Cardovil mit einem zierlichen manuelinischen *Mudejar*-Turm.

Stadtpaläste, Évora blühte im 15./16. Jahrhundert auf. An diese Zeit erinnern die Paläste, deren Fassaden, Veranden, Fensterbögen, Arkaden reich verziert sind mit der für Évora einzigartigen Stilmischung aus Gotik, Manuelinik und islamischen Einflüssen und ersten Anklängen der Renaissance. Deutlich erkennbar am **Palácio Dom Manuel** (im Stadtpark am Ende der Rua da República), dem ehemaligen Palast der Avis-Dynastie, wo Vasco da Gama den Auftrag, nach Indien zu reisen, entgegennahm. Erhalten ist die *Galeria das Damas* mit ihren geschwungenen Arkadenbögen, darüber eine Veranda mit Fenstern im Manuelinik-*Mudejar*-Stil.

Der **Palácio dos Duques de Cadaval** (am römischen Tempel) war Teil der alten römisch-arabischen Stadtmauer, gotisch-manuelinisch ist der **Paço dos Condes de Basto** (Largo de São Miguel) mit hufeisenförmigen Fensterbögen. Zu den schönsten Häusern zählt das **Casa de Soure** (Rua da Misericórdia) mit seiner manuelinischen Veranda.

Umgebung

Dolmen, Menhire und Kromlechs: Rund 150 megalithische Denkmäler, meist Stätten kultischer oder religiöser Handlungen, bezeugen prähistorisches Leben in der Region von Évora, beispielsweise der 4 Meter hohe Menir dos Almendres, ein senkrecht stehender, phallusförmiger Fels, das Hünengrab von Zambujeira aus 6 Meter hohen Dolmen oder der Cromeleque dos Almendres aus rund 95 kreisförmig angeordneten Felsblöcken. Die wichtigsten Monumente, einschließlich der 12000 Jahre alten Höhlenmalereien in der **Gruta do Escoural** (12 km südlich von Montemor-o-Novo), wurden in einer Broschüre zu drei verschiedenen Routen zusammengefaßt. Erhältlich im Tourismusbüro Évora.

Arraiolos, 22 km nordwestlich von Évora. Das Städtchen ist seit dem 17. Jahrhundert für seine bunten Wollteppiche berühmt, die die Frauen des Ortes noch heute sticken und in den Läden des Ortes verkaufen. FRACOOP (Fraternidade Cooperativa de Artesanato de Tapetes de Arraiolos), Praça Lima e Brito, 7040 Arraiolos; Tel. 42277.

Redondo, ca. 35 km von Évora. Stilles Landstädtchen, bekannt für seine Keramik und die mit bunten Blumen bemalten Bauernmöbel.

Mértola

(PLZ 7750, Vorwahl 086)
Eine Burg, ein archäologisches Camp, eine Basilika, vier Museen – darunter ein islamisches und ein romanisches –, Kunsthandwerkerinnen, die auf alten Webstühlen Decken mit arabischen Mustern weben oder Repliken von arabischen Schmuckstücken herstellen – ziemlich viel zu gucken für ein Städtchen mit 1300 Einwohnern.

Auskunft

Turismo, Largo Vasco da Gama, 1, Tel. 086/62573. Beim Turismo kann man einen Termin für die Besichtigung des archäologischen Camps absprechen.

Bus

Täglich nach Vila Real de Santo António und Beja.

Essen & Trinken

Migas, Mercado Municipal; Tel. 62811. Die Frauen, die dieses kleine Restaurant eröffneten, verstehen nicht nur, schlichten regionalen Gerichten die entscheidende Prise mehr zu verpassen, sondern rühren auch luftige *mousses* zum Nachtisch zusammen.

Alengarve, Avenida Aurelino Mira Fernandes; Tel. 62210; zu den Spezialitäten des Hauses zählt das *cabrito*, das gebratene Zicklein.

Übernachten

Pensão Beira Rio (3. Kat.), Rua Dr. Alfonso Costa 18; Tel. 62340; günstige, helle Zimmer, die meisten mit Blick auf den Guadiana und die Altstadt von Mértola, einige auch mit Balkon.

Turismo de Habitação

Casa das Janelas Verdes (3. Kat.), Rua Dr. Manuel Francisco Gomes 38–40; Tel. 62145. Drei Zimmer in der Altstadt, ein Patio voll wild wuchernder Blumentöpfe und ein Frühstück mit hausgemachten Spezialitäten: Marmelade, Kuchen, Käse, eine Masse aus Süßkartoffeln und Mandeln; Zimmer rechtzeitig reservieren.

Monsaraz

(100 Einwohner, Vorwahl 066, PLZ 7200 Reguengos de Monsaraz)
Blitzeblank leuchtet der winzige Ort hoch über den Feldern nahe des Guadiana. Ein Kleinod aus kopfsteingepflasterten Gassen, weißgekalkten Häusern, Kirchen, Schandpfahl, eingefaßt in eine mächtige Befestigungsmauer; Übernachtung im Sommer rechtzeitig reservieren.

Auskunft

Turismo, Largo D. Nuno Alvares Pereira; Tel. 55136.

Essen & Trinken

Santiago, Rua de Santiago 3; Tel. 55188. Die Terrasse mit dem schönsten Blick im Ort, lohnt sich mindestens für ein Glas Wein.

Lumumba, Rua Direita; Tel. 5 51 21; solide regionale Küche.

Übernachten

Estalagem de Monsaraz (vier Sterne, 1. Kat.), Largo de S. Bartolomeu 5; Tel. 5 51 12, Fax 5 51 01. Klein, aber fein, außerhalb der Stadtmauer.

Casa da Dona Antónia (3. Kat.), Rua Direita 15, Tel. 5 51 42. Privatzimmer im Ortskern.

Turismo de Habitação

Casa D. Nuno (2. Kat.), Rua José F. Caeiro 6, Monsaraz; Tel. 5 51 46. Fax 5 54 00. Liebevoll restauriertes Haus im Ortskern, Zimmer mit Balkon.

Einkaufen

TEAR, Estrada de Monsaraz (ca. 1 km vor Reguengos de Monsaraz), Tel. 5 17 10; Zusammenschluß junger Kunsthandwerker, die töpfern, weben und tischlern, Bildhauer sind dabei und Experten für Kräuterliköre oder geräucherte Würste. Die meisten Künstler lernten bei den alten Meistern der Region. Aus diesem Wissen formen sie ihre eigenen Ideen und setzen auf Qualität statt Massenproduktion.

Kultur

Museu Aberto, im Juli wird Monsaraz zum «offenen Museum», mit Kunstausstellungen und Kulturprogramm von Jazzkonzerten bis zu alentejanischen Männerchören.

Santiago do Cacém

(PLZ 7540, Vorwahl 0 69)

Wer mit dem Zug das Landstädtchen wenige Kilometer von der Küste entfernt erreicht, weiß sofort, wo er sich befindet – oder auch nicht: zunächst in einem verschlafenen, museumshaften Bahnhof, der vor hundert Jahren nicht anders ausgesehen haben dürfte, außen erzählen Azulejos von der Korkernte, denn der Ort liegt inmitten sanft geschwungener Korkeichenwälder. Über der idyllischen Altstadt thront das (obligate) Castelo.

Auskunft

Turismo, Praça do Mercado, Tel. 82 66 96.

Internet: http://redein.com/pagept/costazul/

Bus & Bahn

Busbahnhof an der Rua Cidade de Setúbal, Tel. 2 26 25; der **Bahnhof** liegt außerhalb des Ortes; Tel. 2 36 84.

Notfall

PSP, Rua Joaquim Inácio Silva, Tel. 0 69/9 71 71; **Krankenhaus**, Rua Conde da Bracial, Tel. 2 28 69.

Übernachten

Pousada de Santiago (2. Kat.), Rua de Lisboa, Tel./Fax 2 24 59; idyllische kleine Pousada im ehemaligen Herrenhaus.

Residencial Gabriel (drei Sterne, 3. Kat.), Rua Professor Egas Moniz 24, Tel. 2 22 45, Fax 82 61 02; im Ortszentrum gelegen.

Museum

Museu, Rua da Cadeia; Di–Fr 12.30–14 und 14–17.30 Uhr, Sa/So 14.30–17 Uhr; das regionale Museum erzählt vom Alltag im Alentejo.

Umgebung

Nur Pinienwälder säumen die Dünenstrände an der unbebauten Küste nördlich von Sines, der Stadt der Ölraffinerien. Dort liegen drei Campingplätze: Lagoa de Santo André, Tel. 7 91 51; Lagoa de Melides, Melides, 7550 Grândola, Tel. 0 69/9 71 51; Praia da Galé, Fontainhas do Mar, Melides, 7570 Grândola, Tel. 0 69/9 71 51.

Zwischen Melides und der Küste liegt ein erholsames Haus für Gruppen und Workshops unter deutscher Leitung, in dem zeitweise auch einzelne Zimmer vermietet werden. Anfragen: Moinho Velho, Melides, 7570 Grândola, Tel. 0 69/90 73 23, Fax 90 73 20.

Südlich von Sines erstreckt sich die wohl schönste Küste Europas, mittlerweile naturgeschützt. Sie ist zwar nicht mehr «unberührt», aber vom Bauboom verschont geblieben. Die Orte direkt an der Küste bieten nur wenige Unterkünfte an, oft werden Privatzimmer vermietet.

Serpa

(PLZ 7830, Vorwahl 0 84)

Auskunft

Turismo, Largo Dom Jorge Melo 2–3, Tel. 5 37 27; ausführliche Infos über die Stadt und Region, Traditionen und Geschichte.

Extratour
ASUD, Rua de São Pedro 29, Tel. 905 86 / 903 02; erkunden die Region auf Ausritten, Wanderungen, Mountainbike- und Jeep-Touren.

Bus
Verbindungen mit Beja und den umliegenden Orten sowie Lissabon und Sevilla. Auskunft Tel. 5 37 40.

Essen & Trinken
Aus Serpa stammt eine der besten Käsesorten Portugals, die in einer der Fabriken der Stadt noch mit der Hand geformt werden.

Alentejano, Praça da República, Tel. 5 33 35; traditionelles Café und Restaurant im ersten Stock.

Übernachten
Serpínia (2. Kat.), Rua Serpa Pinto, Tel. 5 36 28 / 5 30 55, Fax 5 39 61. Neues, kleines Hotel am Ortsrand.

Turismo de Habitação
Casa da Muralha (Turismo Rural, 2. / 3. Kat.), Rua das Portas de Beja, 43, 7830 Serpa, Tel. 084 / 54 31 50, Fax 54 31 51. Stadthaus direkt an der Stadtmauer, die Zimmer haben eine Tür zum blühenden kleinen Innenhof.

Camping
Städtischer Campingplatz am Ortsrand; Tel. 5 32 90.

Markt
Bauernmarkt an jedem vierten Dienstag im Monat. Die **Feira Anual** ist der jährliche Höhepunkt der Märkte am dritten Augustwochenende mit einem Viehmarkt.

Kultur / Feste
In der Region von Serpa singen noch heute Männerchöre die getragenen Lieder des Alentejo wie auf den jährlichen Festen der **Festa de São Pedro** am 28. / 29. Juni, dem Fest der Schäfer von Serpa, oder auf der **Festa de Sant'Ana** am 28. / 29. Juli.

Umgebung
Moura, ca. 30 km von Serpa. Schon islamische Poeten kurten in der Stadt der «Maurin», die für ihre Thermalquellen bekannt war. Und wenn man sich im Alentejo ohnehin schon eher in Afrika denn in Europa wähnt, so gehört Moura sicherlich zu den Orten, die das arabische Erbe am eindrücklichsten bewahrten. Von den geduckten, azulejoverzierten Häusern mit mächtigen Schornsteinen bis zu einer Inschrift am Marmorbrunnen in der ehemaligen *mouraria*, die an den Emir von Sevilla erinnert. Turismo: Largo de Santa Clara, Tel. 085 / 2 23 01.

Algarve: Küste

Auskunft
Região de Turismo do Algarve, Avenida 5 de Outubro, 8000 Faro, Tel. 089 / 80 04 00, Fax 80 04 89.
Internet: www.rtalgarve.pt

Ökologie & Wandern
Almargem, Alto de São Domingos 14, Apt. 251, 8100 Loulé, Tel. 089 / 41 31 38, Fax 41 29 59. Die Öko-Initiative organisiert regelmäßig Tageswanderungen ins Hinterland in die Serras des Algarve.

Um auf eigene Faust den Algarve zu erwandern, sei folgender Wanderführer empfohlen: *Landschaften in Portugal / Algarve*, Sunflower Books, 25,80 Mark.

Flughafen
Internationaler Flughafen für Charter- und Linienflüge in **Faro**, Tel. 089 / 81 85 81; Flugauskunft, Tel. 089 / 81 89 82; **TAP Air Portugal**, Tel. 089 / 81 85 39; **Lufthansa**, Tel. 089 / 81 82 81.

Extratour
Ausflüge vor Ort, Rua Antero de Quental, 55, 2° Esq, 8000 Faro, Tel. 089 / 80 73 64, Fax 80 73 61. Die andere Seite des Algarve kennenlernen – die Agentur hat sich auf thematische Ausflüge in die Serra de Caldeirão spezialisiert.

Die **Eisenbahn** von Lagos nach Vila Real de Santo António trödelt in gemessenem Abstand parallel zur Küste, vorbei an weißen Dörfern und Obstplantagen durch die ländliche Seite des Algarve, hinauf ins Gebirge nach Silves und hinunter nach Faro entlang der Lagunenlandschaft bis zur spanischen Grenze. Die Reise dauert etwa zweieinhalb Stunden, die Züge fahren mehrmals täglich, die Bahnhöfe liegen allerdings oft kilometerweit vom Ort entfernt.

Carvoeiro
(PLZ 8400, Vorwahl 0 82)

Auskunft
Praia do Carvoeiro, Tel. 35 77 28

Unterkunft
Gästehaus von Baselli (3. Kat.), Rua da Escola, Tel. 35 71 59, Fax 35 77 62, Zimmer ohne Bad beim deutschen Honorarkonsul, der Blick von der Terrasse ist purer Algarvekitsch, so schön.

Essen & Trinken
O Cantinho, Estrada do Farol, Tel. 35 82 34, Okt.–März und Mo geschlossen. Gutbürgerliche portugiesische Küche, solide und lecker.

Keramik
Alternativ zu den üblichen üppigen Blümchen auf den Tellern und Töpfen gibt's erfrischend klares, munteres Design in der «Olaria Chamusca», Straße von Lagoa Richtung Praia do Carvoeiro, links Richtung Benagil halten.

Faro
(Bezirkshauptstadt, 50 000 Einwohner, PLZ 8000, Vorwahl 0 89)

Auskunft
Turismo, Rua da Misericórdia 8–12 (neben dem Arco da Vila), Tel. 80 36 04.

Bus & Bahn
Busverbindungen: mehrmals täglich nach Lissabon, Braga (über Porto und Coimbra), nach Lagos und Vila Real de Santo António, Olhão und Albufeira. Die **Busstation** befindet sich in einer Halle an der Avenida da República, in unmittelbarer Nähe des **Bahnhofes**. Von dort Züge nach Lissabon und Porto sowie Anschluß an die Algarve-Bahn. Der **Flughafen** liegt ca. 6 Kilometer außerhalb, mit Bus Nr. 18 zu erreichen.

Post
Largo do Carmo.

Notfall
Krankenhaus, Tel. 80 34 11 / 15 / 18, **GNR**, Tel. 80 37 01 / 02.

Essen & Trinken
O Bruno, Rua do Alportel 94, Tel. 20 40 4, angeblich das Info-Zentrum für die lokale Journaille, gutes Essen zu mittelmäßigen Preisen.

Café Aliança, Rua de Santo António; seit 1908 *das* zentrale Caféhaus von Faro; erhalten sind nicht nur die Marmortischchen, sondern auch die Schwarzweißfotos in der Holzvertäfelung, die das Leben im Algarve vor der Touristenflut zeigen.

Übernachten
Hotel Faro (drei Sterne, 2. Kat.), Praça Dom Francisco Gomes 2, Tel. 80 32 76, Fax 80 35 46, solides Stadthotel, zentral gelegen.

Camping
Auf der Ilha de Faro, Tel. 82 48 76

Einkaufen
Casa da Serra, Rua Justino Cúmano, Praça d'Alandra (Erdgeschoß rechts); Verkaufsstelle für regionale Produkte aus der Serra de Caldeirão. Der Verdienst fließt direkt an die Hersteller.

Strände
Die **Ilha de Faro** ist mit dem Bus, im Sommer auch mit Booten vom Hafen in Faro zu erreichen. Auf die östlich gelegene Ilha da Barreta kommt man ausschließlich mit dem Boot, entsprechend ruhiger ist der Strand, wo es allerdings auch keinerlei Kiosk oder ähnliche Einrichtungen gibt.

Sehenswürdigkeiten
Altstadt, hinter dem Arco da Vila verbirgt sich das mittelalterlich anmutende Faro. Das Viertel ist teilweise von der Stadtmauer umgeben, deren Ursprung noch von den Mauren herrührt. Dort befinden sich die Kathedrale, der Bischofspalast, das ehemalige Kloster Nossa Senhora da Assunção, in dem heute das Archäologische Museum untergebracht ist.

Museu Maritimo im Hafen; Mo–Fr 9–12.30 und 14–17.30 Uhr, Sa 9–13 Uhr; Fischereimuseum, das auch, neben anderen Schiffen der Entdecker, Vasco da Gamas «São Gabriel» ausstellt.

Museu Etnográfico Regional, Rua do Pé da Cruz / Praça da Liberdade; Mo–Fr 9.30–12 und 14–17 Uhr, das Völkerkundemuseum zeigt in den Modellen typischer Häuser aus dem Algarve die Lebens- und Arbeitswelt der Region.

Umgebung
Almansil, ca. 16 Kilometer westlich von Faro an der N 125. Ein himmlisches Badezimmer – im Innenraum der Kirche São Lourenço pinselte Policarpo de Oliveira Bernades 1730 blauweiße Azulejogemälde bis unter die Kuppel, auf denen er das Leiden des heiligen Lourenço darstellte. In den benachbarten, restaurierten Algarve-Häusern existiert seit 1981 das Kulturzentrum eines Münchner Ehepaares, in dem Lesungen, Ausstellungen, Konzerte und Theatervorstellungen stattfinden.

Ruinen von Milreu, ca. 15 Kilometer nördlich von Faro; Di–So 10–12.30; 14–17 Uhr; nahe dem Dorf fand man die Reste einer luxuriösen römischen Villa mit Bade- und Wohnräumen, in denen polychrome Mosaike erhalten sind. Daneben die Ruine einer westgotischen Basilika aus dem 4. Jahrhundert, die auf einem römischen Tempel errichtet wurde.

Estói, ca. 16 Kilometer nördlich von Faro. In einem verwunschenen, barokken Park zwischen Palmen und blühenden Büschen, mit Marmorstatuen und Büsten prominenter Portugiesen schlummert der Rokoko-Palast der Viscondes von Estói. Jahrelang verstaubte und verfiel das Schlößchen mit seiner pompösen, azulejogeschmückten Freitreppe, bis sich endlich der Staat zum Kauf entschloß und dort mittlerweile kulturelle Veranstaltungen stattfinden.

Parque Natural da Ria Formosa, Quinta de Marim, Olhão, Tel. 70 41 34, Fax 70 41 65; täglich 9–17 Uhr. 60 Kilometer Lagunenlandschaft, von Ançâo über Faro bis nach Cacela Velha, stehen seit 1987 unter Naturschutz und gehören zu den Feuchtgebieten von weltweitem Interesse. In dem Dokumentationszentrum nahe Olhão erklärt eine Ausstellung die Zusammenhänge, dort können Führungen vereinbart werden.

Fuzeta, ca. 15 Kilometer östlich von Faro. Der Wind aus Afrika scheint über die Dachterrassen der kubischen Häuser des Fischerdorfes zu wehen. Ein Fährboot setzt über zu der vorgelagerten Insel mit kilometerlangem Dünenstrand. Die geneigten Badegäste mögen sich bei der Ankunft nach dem letzten Boot zurück erkundigen, sonst bleibt nur, die Nacht in der kleinen Kneipe zu versacken. Campingplatz in Fuzeta, Tel. 79 34 59.

Albufeira, yes, that's life! Eine interkulturelle Dröhnung der Marke: «Was die Spanier klotzen, kriegen wir auch hin.» Es sei zumindest die gigantischste Discothek der ganzen Nation erwähnt, in der auch Bands live auftreten: Kadok (an der alten Straße von Albufeira nach Vilamoura).
Wer im Winter das einstige Fischernest besucht und über die alte Straße nach Armação de Péra an der Küste entlang fährt, wird noch einige verschwiegene Buchten finden. Schön sind dann die Strände von São Rafael, Galé oder Castelo und östlich von Albufeira der lange Strand von Falésia unterhalb einer 30 Meter hohen Steilküste.

Unterkunft
Hotel Boavista (vier Sterne, 1. Kat.), Rua Samora Barros, 20, 8200 Albufeira, Tel. 58 02 240, Fax 58 88 34; das komfortable Hotel war eines der ersten in Albufeira und konnte sich noch die perfekte Lage auf der Steilküste am Rand mit freiem Blick sichern.

São Rafael, Sesmarias, 8200 Albufeira, Tel. 089/591154/591324, Fax 591154; Apartmentanlage der guten Mittelklasse, 4 Kilometer von Albufeira und fast am Strand. Kinderbetreuung.

Lagos
(21 000 Einwohner, PLZ 8600, Vorwahl 082)

Auskunft
Turismo, Largo Marquês de Pombal, Tel. 76 30 31.

Bus & Bahn
Busverbindungen in alle Regionen des Algarve und nach Lissabon. Zentrale **Bushaltestelle**: Rua Vasco da Gama; Busse Richtung Sagres fahren hinter der Post an der Avenida dos Descobrimentos. Fahrpläne hängen im Turismo aus. Der **Bahnhof** liegt hinter dem neuen Yachthafen. Züge nach Vila Real de Santo António und Lissabon (umsteigen in Tunes).

Fahrräder
Motoride, Rua José Afonso, Lote 23, Loja C, Tel. 761720, vermietet Räder und Mopeds, Stadtbüro: Rua 25 de April, 89.

Post
Rua das Portas de Portugal / Avenida dos Descobrimentos.

Notfall
Krankenhaus, Rua Castelo dos Governadores, Tel. 763034 / 6; **PSP**, Tel. 762930.

Essen & Trinken & Treffs
O Alberto, Largo Convento Sra. Da Gloria, 27 (Nähe Hotel de Lagos), Tel. 769387; Do und So mittags geschlossen. Der Chef köchelt und brutzelt und kauft auch die Muscheln, Shrimps oder Thunfischsteaks persönlich auf dem Markt ein.

O Patinhas, Rua Professor Luís de Azevedo 10, Tel. 763284; So geschl.; schlicht portugiesisch mit viel Fisch.

Serrão, an der EN 120 in Portelas, Tel. 762258; Spezialitäten vom Holzkohlegrill auf der Terrasse serviert; günstig.

Bar Latino, Rua Primeiro de Maio 42, dezent gestylte Bar.

Phoenix Club, Rua 5 de Outubro; kleine Discothek in der Altstadt.

Übernachten
Hotel de Lagos (vier Sterne, 1./2. Kat.), Tel. 769967, Fax 769920; *das* Hotel in Lagos, zwischen Stadt und Strand.

Pensão Sol a Sol (drei Sterne, 3. Kat.), Rua Lançarote Freitas 22, Tel. 761290, Fax 761955; komfortabel, renoviert, im Stadtzentrum.

Pensão Mar Azul (zwei Sterne, 3. Kat.), Rua 25 de Abril 13, Tel. 769749, Fax 769960. Gut und günstig, hell und freundlich, vorne Fußgängerzone, hinten Zimmer mit Meerblick.

Pousada da Juventude, Rua Lançarote de Freitas 50; Tel. 082 / 761970.

Camping
Imulagos, Estrado do Porto de Mós, Tel. 760031 / 2 / 3 / 4, Fax 760035, und **Trindade** Rossio da Trindade, 089 / 763893.

Markt / Einkaufen
Täglich bis 13 Uhr werden in der Markthalle an der Avenida dos Descobrimentos Obst und Gemüse, Fisch und Fleisch verkauft.

Trödel, Rua 25 de Abril 27–29. Der Laden ist vollgestopft mit allem, was man in irgendeiner Weise auf dieser Welt mit Trödel in Verbindung bringen könnte. Ein Flohmarkt findet sonntags am Busbahnhof statt.

Kultur
Centro Cultural, Rua Lançarote de Freitas 22, Tel. 763403. Wechselnde Ausstellungen, Konzerte und freies Theater.

Sehenswürdigkeiten
Igreja de Santo António, Rua General Alberto Silveira; prächtige, mit vergoldeten Holzschnitzereien und Azulejos ausgestattete kleine Kirche.

Museu Regional, Rua General Alberto Silveira; 9.30–12.30 und 14–17 Uhr, Mo geschlossen. Ein wenig angestaubtes Sammelsurium aus dem Leben der Bauern und Fischer.

Forte da Ponta da Bandeira, Avenida dos Descobrimentos, Festungsanlage am Hafen.

Ponta da Piedade, südlich von der Stadt. Es gibt sie tatsächlich, die bizarren Postkartenfelsen. Zweihundert Stufen führen hinunter zum Meer zwischen den zerklüfteten, von Wind und Wasser zerfressenen Felsformationen. Bei Sturm zischt die Gischt meterhoch empor, bei schönem Wetter plätschern die Wellen leise vor sich hin, und am Holzsteg warten Fischer, um die Grotten mit ihren Booten zu zeigen.

Strände
Meia Praia, der Stadtstrand von Lagos, ist eine 4 Kilometer lange Mondsichel. Südlich der Stadt liegen malerische kleine Buchten zwischen den Felsen, die im Sommer brechend voll sind.

Salema
(Vorwahl 082, PLZ 8650 Vila do Bispo) 17 Kilometer westlich von Lagos. Der

Fischerort direkt am Strand ist im Sommer rappelvoll.

Unterkunft
Im Ort werden Privatzimmer vermietet.

Estalagem Infante do Mar (vier Sterne, 2. Kat.), Salema, 8650 Vila do Bispo, Tel. 690100, Fax 690109. Nettes, kleines Hotel über dem Ort. Sämtliche Zimmer mit Balkon und Meerblick.

A Maré (3. Kat.), Salema, 8650 Vila do Bispo, Tel. 65165. Kleine Pension am Ortseingang.

Camping, Quinta dos Carriços, Tel. 65201, Fax 65122.

Essen & Trinken
Boja Bar, Rua dos Pescadores, Tel. 65382; im Winter geschlossen. Zweierlei Dinge – ein Platz auf der schmalen Terrasse über dem Strand und ein frischer Fisch aus der Boja-Küche – weisen den Weg zur Glückseligkeit.

Umgebung
Quinta Al-Gharb (2./3. Kat.), Praia da Ingrina, 8650 Raposeira, Tel. 082/639428, Fax 639660. Westwärts, bei Raposeira Richtung Meer. Und wenn nur noch ein Haus dort und da hinten auch noch eins weiß blinkt, dann ist man richtig. Auf der «Quinta Al-Gharb» mit ihren drei Apartments, wo die gestreßte Großstadtseele baumeln kann und Eltern ihre Gören gefahrlos in die Pampa schicken können.

Portimão
(38000 Einwohner, PLZ 8500, Vorwahl 082)

Auskunft
Turismo, Largo Primeiro de Dezembro, Tel. 419131, Praia da Rocha: Rua Tomás Cabreira, Tel. 419132.

Bus & Bahn
Busverbindung in die Region (Monchique, Lagos, Faro), zentrale Haltestelle an der Praça Manuel Teixeira Gomes; der **Bahnhof** (Linie der Algarve-Bahn) liegt nördlich der Rua Infante Henrique.

Fahrräder
Motorent, Praia da Rocha, Rua Caetano Feu, Tel. 83495/416998, Fax 83495, auch Mopeds.

Post
Praça Manuel Teixeira Gomes.

Notfall
Krankenhaus, Tel. 415115, **GNR**, Tel. 417217/8.

Essen & Trinken & Treffs
A Lanterna, Rua Foz do Arade, Parchal, Tel. 414429, Reservierung angeraten; nur Abendessen, So geschlossen. Abgesehen vom feinsten Fisch, ist das Restaurant für seine Ente (*pato*) berühmt: Im Ofen gebacken, mit Honigkruste und Orangen. Auf Wunsch auch ohne Knochen – *sem ossos* –, der Koch hält die Ente trotzdem in Form.

Avozinha, Rua do Capote, 7, Tel. 082/22922; Di geschlossen. Ausgezeichnete Schalentiere, besonders die gegrillten Shrimps – *camarões grelhadas* – mit einer tollen *molho picante* (Soße aus Butter, Zitrone, *piri-piri*).

Taberna da Maré, Travessa da Barca 9, Tel. 414614. Einst eine schmuddelige Spelunke, nun hat der Wirt ein wenig ausgefegt, karierte Tücher auf die langen Holztische gelegt; von den alten Tagen, als Portimão von Sardinen lebte, erzählen die Schwarzweißfotos an den Wänden – und manchmal der Wirt, der diesen Geist aus der Taverne im Hafenviertel gar nicht verjagen will. Fisch je nach Tagesangebot.

Sardinen kann man wie seit Generationen direkt am Hafen verdrücken. Und das finden alle gleichermaßen romantisch, Portugiesen und Touristen.

Casa Inglesa, Praça Teixeira Gomes. Das traditionelle Caféhaus in Portimão ist überhaupt und gar nicht zu verfehlen, weil sich dort alle anderen auch treffen, von der Handtuch-Nachbarin am Strand bis zum Postkartenverkäufer.

Vilalisa, Mexilhoeira Grande (an N 125 zwischen Portimão und Lagos), Tel. 082/968478; reservieren! Der Reihenfolge nach: 1. Es gibt kein Schild, nichts, was auf ein Restaurant in dem Algarve-Haus mit den sonnengelben Fenstern hinweisen könnte. 2. Der Kunstmaler: José Vila läßt sich auf dem Markt inspirieren und rührt nur am Wochenende (Fr/Sa), im Kochtopf. 3. Ungefragt werden fünf Gänge hingestellt. 4. Einfach essen, was auf den langen Holztisch kommt. Muscheln, Fischsuppe, Bohneneintopf, Kichererbsensuppe, Tintenfische – ausschließlich Spezialitäten aus dem Algarve und Alentejo. 5. Glücklich und satt. 6. Der Meister schlurft mit Kippe und Rotweinglas vorbei, palavert über dies und jenes und kassiert den Einheitspreis fürs Essen.

Übernachten

Albergaria Vila Lido (vier Sterne, 1./2. Kat.), Praia da Rocha, Tel. 082/24127, Fax 24246. Zehn große, lichte Zimmer in Blau-Weiß, fast alle mit Balkon und Meeresblick in einer Villa am Rand von Praia da Rocha.

Pensão Praia do Vau (zwei Sterne, 2./3. Kat.), Tel. 401312, Fax 401756; eine der ältesten Pensionen, immer noch freistehend, direkt an der Praia do Vau. Zimmer mit Balkon oder Terrasse.

Pousada da Juventude, Lugar da Coca Maravilhas; Tel. 082/85704.

Kultur

CLCC – Centro de Linguas, Cultura e Comunicações, Rua Dona Maria Luisa 122, Jardim Gil Eanes, Tel. 430250. Eine Art private Volkshochschule, in der unter anderem günstige Portugiesisch-Kurse angeboten werden.

Umgebung

Ferragudo, dem Trubel zum Trotz blieb der malerische Ort, der einst Portimão vor Piratenangriffen schützen sollte, eine Oase. Die geschützte Bucht ist nicht nur für Kinder zum Baden ideal, sondern auch für Leute auf dem Surfbrett. Infos bei Windsurfing, Praia Grande, Tel. 461115.

Alvor, auch in dem hübschen Ort auf einem Hügel westlich von Praia da Rocha haben die jungen Leute kaum noch Lust, das Fischerleben ihrer Eltern fortzusetzen. Es eröffneten diverse Bars, Restaurants und Pensionen, denn vor der Haustür liegt ein langgestreckter Dünenstrand. Die weite Flußmündung, die Ria de Alvor, wurde erst kürzlich unter Naturschutz gestellt, während die Baumaschinen aus Richtung Praia da Rocha vorrücken. Die Fischer flicken weiterhin ihre Netze, ihre Boote leuchten noch immer ziemlich idyllisch im kleinen Binnenhafen. Angesagte Fischbude am Strand das **Restinga**, Tel. 459434; ab Ende Okt.–März geschl. Das Konzept dieser Strandbude heißt Strandbude, und das soll auch so bleiben. Obwohl, oder gerade deshalb, die portugiesische Prominenz hier ihren Fisch gabelt. Zu den Fans gehören der ehemalige Staatspräsident Mário Soares und sein Sohn João, Bürgermeister von Lissabon.

Sagres (Costa Vicentina)

Vorwahl 082, PLZ 8650

Auskunft

Turismo Sagres: in der Fortaleza, Tel. 64125; **Aljezur**: Largo do Mercado, Tel. 98229.

Turinfo Praça da República, Sagres, 8650 Vila do Bispo, Tel. 082/620003, Fax 620004; Reiseagentur, die auch Ausflüge, Wanderungen, Mountainbike-Touren in der Region, u. a. Costa Vicentina, anbietet.

Bus

Verbindungen ab Vila do Bispo und Sagres nach Lagos.

Essen & Trinken & Treffs

A Eira do Mel, Estrado do Castelejo, Vila do Bispo, Tel. 66016. Die jungen Leute wollen nur noch Cola und Pommes? Von wegen: Der junge Koch José António Pereira aus Vila do Bispo rührt energisch gegen den internationalen Einheitsbrei und serviert regionale Gerichte, wie er sie als Kind kennenlernte. Auf dem Weg zum – übrigens traumhaften – Strand Castelejo.

Übernachtungen

Pousada Infante (1. Kat.), Tel. 64222, Fax 64225; grandios gelegen: der beste Blick auf die Steilküste.

Hotel da Baleeira (drei Sterne, 2. Kat.), Sagres, 8650 Vila do Bispo, Tel. 64212/3/4, Fax 64425. Modernes Hotel am Hafen von Sagres.

Pensão Dom Henrique (vier Sterne, 2./3. Kat.), Sagres, 8650 Vila do Bispo, Tel. 64133. Hübsche kleine Pension, einige Zimmer mit Balkon und Meerblick, im Zentrum von Sagres.

Pensão Mira-Sagres (zwei Sterne, 3. Kat.), Rua Primeiro do Maio 4, Vila do Bispo, Tel. 66160. Einfache Unterkunft am Ortseingang von Vila do Bispo.

Hospedaria Claudio, Rua do Correio 2, Odeceixe, 8670 Aljezur, Tel. 94117, Fax 94483. Neugebaute Pension in Odeceixe, einem Dorf an der Grenze zwischen Alentejo und Algarve. Der Grenzfluß mündet am Strand in einer weiten Bucht, ca. 3 Kilometer vom Ort entfernt. In den Sommermonaten ist in Odeceixe für Westküsten-Verhältnisse – höflich ausgedrückt – ungewöhnlich viel Trubel, zahlreiche Privatzimmer.

Turismo de Habitação

Sítio do Rio, Carrapateira, Praia Bordeira, 8670 Aljezur, Tel. 97119, Fax 97186. Zwischen Carrapateira und dem gewaltigen Dünenstrand liegt dieses kleine «Anwesen», das sich dem Naturtourismus verschrieben hat. Ein freundliches Restaurant, auf Pferden kann man die Umgebung erkunden und in einem der neun Zimmer des Casa Fajara (3. Kat.) übernachten.

Camping

Parque de Campismo do Serrão, südlich des Dorfes Rogil, Herdade do Serrão, Apartado 145, 8670 Aljezur, Tel. 98612, Fax 98612. Modern ausgestatteter Campingplatz, ca. 3 Kilometer vom Strand entfernt.

Tavira

(24000 Einwohner, PLZ 8800, Vorwahl 081)

Auskunft

Turismo, Rua da Galeria, 9, Tel. 081/22511.

Fahrräder

Verleih in der Rua Dr. Parreira 133–135 (nahe der Markthalle), Tel. 81282, Fax 23083.

Essen & Trinken & Treffs

4 Aguas (fast an der Fähre zur Ilha da Tavira gelegen. Hinweisschildern zur *praia* folgen), Tel. 081/325329; im Winter Mo geschlossen. Das neugebaute Restaurant gleicht von außen einem der alten Salzspeicher, drinnen streut der Koch allerdings kaum Salz, dafür um so mehr aromatische Kräuter in die Speisen. Der Fisch hier ist richtig frisch und nicht aufgetaut, Hummer und Langusten räkeln sich im Aquarium, und der Nachtisch *tarte de figo* – Feigenkuchen – ist preisgekrönt.

Patio, Rua António Cabreira, 30–1°, Tel. 23008; die Dachterrasse ist perfekt für die laue Sommernacht.

Bica, Rua Almirante Cândido dos Reis 22, Tel. 23843. Einfache Fischgerichte, Neonlicht über pastellgrünen Kacheln.

Aguasul, Rua Silva Carvalho, 13, Tel. 325166, März bis November geöffnet. In frischen, bunten Farben richteten die beiden Franzosen ihr Restaurant ein, und wenn sie vom Markt zurückkommen, schreiben sie die Speisekarte. Spezialität: Gerichte aus den ehemaligen portugiesischen Kolonien.

Übernachten

Residencial do Castelo (zwei Sterne, 3. Kat.), Rua da Liberdade 4, Tel. 323942; nostalgische Zimmer im Zentrum.

Turismo de Habitação

Quinta do Caracol (2. Kat.), Tel. 081/22475, Fax 23175. Zwischen den kleinen gekalkten Häusern ranken Blumen aus allen Ecken und die Wände hinauf, Hühner wackeln durch den Garten und hopsen auch schon mal in die Zitronenbäume hinein – ein lebendiger Bauernhof fast in der Stadt, mit hübschen Gäste-Apartments im lichten Stil der Algarve, mit Tennisplatz und Swimmingpool.

Camping

Auf der Ilha da Tavira.

Strände

Fährboote zur Ilha da Tavira während der Saison alle zwanzig Minuten ab Cais das Quatro Aguas – 2 Kilometer von Tavira, mit dem Bus zu erreichen – oder vom Anleger nahe der Markthalle (9.15–20.30 Uhr).

Castro Marim

(Vorwahl 081, PLZ 8950)
Städtchen am Guadiana inmitten der Feuchtwiesen und Salinen des Naturparks «Reserva Natural do Sapal».

Auskunft
Turismo, Largo 1° de Maio, Tel. 531232

Reserva Natural do Sapal, Monte Trancisco, Tel. 081/531141, Fax 539257. Dort können auch die Unterkünfte in umgebauten Häusern der ehemaligen Grenzposten gebucht werden.

Extratour
Ausritte in die Salinenlandschaft: Quinta do Cavalo, Monte Francisco, Tel. 531385.

Bootstouren, ab Vila Real de Santo António vom Anleger der Fähren nach Ayamonte/Spanien fährt ein Ausflugsboot den Guadiana hinauf bis nach Odeleite. Zu buchen über Rio Sul, Rua Tristão Vaz Teixeira, 5, Tel. 081/510200 und Transguadiana, Rua Diogo Cão, 8, Tel. 081/512997, beide in Monte Gordo.

Algarve: Serra

Alcoutim

(400 Einwohner, PLZ 8970, Vorwahl 081)
Mit kleinen Fischerbooten kann man übersetzen in das spanische Zwillings-Nest San Lucar. Die Burg von Alcoutim wurde restauriert, in der weiß leuchtenden Igreja Matriz wurde ein Museum über Kirchenkunst im Landkreis Alcoutim eingerichtet.

Auskunft
Turismo, Praca da República, Tel. 081/546179

Internet www.cm-alcoutim.pt/

Übernachten
Estalagem do Guadiana, Tel. 540120, Fax 546647, neues Gästehaus mit Swimmingpool, direkt am Fluß.

Pousada da Juventude, Tel. 081/546004, moderne Jugendherberge.

Umgebung
Guerreiros do Rio: Wer von der Küste flußaufwärts die Uferstraße nach Alcoutim hinauftrödelt, sollte in Guerreiros do Rio, dem «Flußkämpfer», anhalten. In der alten Dorfschule wurde ein kleines Museum eingerichtet, das Geschichten vom Leben am Guadiana erzählt. Auf der Terrasse des Restaurants Guerreiro gibt es Spezialitäten der Region: Wildschwein, Aalsuppe oder Kaninchen, dazu den Wein vom eigenen Berg.

Martimlongo: Der kleine Ort war Knotenpunkt der Handelswege aus dem Alentejo über die Serra in den Algarve. Heute fertigen die Frauen der Werkstatt «Flor da Agulha» Jutepuppen, *bonecos:* nach dem Motto: «Sie sollen die Serra verlassen, damit wir bleiben können.» Etwas außerhalb an den EN 124 Richtung Alcoutim liegt das Restaurant Monte Branco mit einer schattigen Terrasse.

Vaqueiros: Wer einen Abstecher in die karge Weite der Serra wagen möchte, kann von Martimlongo in das schneeweiße Dorf Vaqueiros fahren und von dort weiter nach Bentos, das oberhalb der Ribeira de Odeleite liegt; hier gibt es schöne Badestellen am Flußstrand. Die lange Kupfertradition der Region bezeugt das Freilichtmuseum **Cova dos Mouros** in Vaqueiros. An dieser prähistorischen Fundstelle wurde bereits 2500 Jahre vor Christus Kupfer verarbeitet. Heute kann man ein Stück in einen 50 Meter tiefen Minenschacht hinabsteigen.

Cachopo: Einer der größeren Orte der Serra, wo sich ein Abstecher in die Weberei «A Lançadeira», Rua da Escola, lohnt. Früher war Cachopo auch für seine Quelle berühmt, aus der eisenhaltiges Wasser plätschert, das im Winter warm, im Sommer kalt ist. Die *Fonte Ferrea* liegt in einem kleinen, verwilderten Park, ca. 1 Kilometer hinter Cachopo auf der EN 124 Richtung Süden, hinter einem steinernen Torbogen.

Alte

(PLZ 8100 Loulé, Vorwahl 089)
Das blitzblanke Vorzeigedorf am westlichen Rand der Serra de Caldeirão. In einem Wettbewerb, mit dem Diktator Salazar das portugiesischste» Dorf auszeichnete, belegte Alte immerhin den zweiten Platz. Heute lebt der schmucke Ort vom Vorzeigen, wenn im Sommer Reisebusse einfallen. Früher verkauften die Bauern von Alte ihre Produkte sogar im Alentejo. Zahlreiche Quellen bewässerten ihre Felder, ein Weg führt zu der *Fonte Grande* am Rande des Or-

tes. In der Nähe befinden sich Tropfsteinhöhlen, *Rocha dos Soidos*.

Unterkunft
Hotel Alte (drei Sterne, 2. Kat.), Montinho, 8100 Loulé, Tel. 685 23/4, Fax 686 46. Neugebautes Landhotel am Ortsrand mit phantastischem Blick bis zum Meer.

Turismo de Habitação
Quinta do Freixo (Agroturismo, 2. Kat.), Benafim, 8100 Loulé, Tel. 089/472153, Fax 472148. Ein gesunder ökonomischer Mix macht aus dem einzigen Großgrundbesitz des Algarve ein Vorzeigeprojekt: Es gibt acht Gästezimmer in einem Neubau und ein Restaurant, dazu Weinhänge, Olivenhaine, Schafe und biologischen Obstanbau für allerfeinste Marmeladen und den preisgekrönten Feigenkuchen der Besitzerin.

Einkaufen
Holzspielzeug: In der alten Dorfschule von Torre da Alte (ca. 5 km außerhalb von Alte, über Santa Margarida) stellt eine Frauenkooperative Holzspielzeug ohne giftige Klebstoffe oder Farben her, das mittlerweile in ganz Portugal bekannt ist.

Loulé

(46 000 Einwohner, PLZ 8100, Vorwahl 089)

Auskunft
Turismo, am Castelo, Tel. 463900.

Arquivo Histórico und Museu Municipal, Rua D. Paio Peres Correia 17 (am Castelo), Tel. 414536; neben den Räumen des kleinen Regionalmuseums kann man sich im Lesesaal des Stadtarchivs durch die Geschichte dieser Provinz lesen, die Archivare bieten Hilfe an. Im ersten Stock wurde eine traditionelle Küche aus dem Algarve eingerichtet.

Ökologie
Almargem, Alto de São Domingos 14, Apt. 251, Tel. 413138, Fax 412959; lokale Umweltschutzgruppe, die auch Tageswanderungen organisiert.

Bus & Bahn
Busverbindung nach Lissabon, Faro und Lagos über Silves. Zentrale **Bushaltestelle**: Rua Dr. F. da Silva (Seitenstraße der Avenida José da Costa Mealha). Der **Bahnhof** liegt etwa 8 Kilometer südlich des Zentrums (Buszubringer). Züge der Algarve-Bahn, mit Anschluß in Tunes nach Lissabon.

Post
Rua Engenheiro Duarte Pacheco/Rua Primeiro de Dezembro.

Notfall
Centro de Sáude (Gesundheitszentrum), Nationalstr. 396, am Stadtrand, Tel. 4101000, **GNR**, Petro Nun 13, Tel. 27701.

Essen & Trinken & Treffs
Casa dos Arcos, Rua Sá de Miranda 23–25, Tel. 416713; Mo geschlossen. Zwischen den Arkadenbögen der Gasse versteckt sich diese *Marisqueira*, die besonders auf ihre *cataplana* hält.

Paralelo 38, Rua Dona Filipa de Vilhena, Tel. 462698; familiäres Restaurant mit frischestem Fisch, der alltäglich ohne Umweg vom Hafen direkt geliefert wird.

Calcinha, Praça da República, 67, Tel. 415763; altehrwürdiges Caféhaus.

Markt / Einkaufen
Täglich und vor allem sonnabends ist am Vormittag Markt in der maurisch anmutenden Halle an der Hauptstraße. Traditionelles Handwerk lebt noch immer in Loulé, so daß man direkt beim Töpfer oder Tischler, Sattler oder Kupferschmied einkaufen kann. In den Gassen, die sich bis zum Largo da Matriz verzweigen, unterhalb der Reste der Stadtmauer, dreht sich manche Töpferscheibe in oft winzigen Werkstätten.

Umgebung
Querença: Eine verschlafene Perle auf einem Hügel zwischen Loulé und Salir. Auf dem Dorfplatz strahlt, umgeben von blitzweißen Häusern, das weißeste aller Kirchlein. Erstklassige Aussicht über die Serra aus dem Restaurante de Querença neben der Kirche, wo regionale Gerichte mit Fleisch und Gemüse von den Bauern nebenan zubereitet werden.

Moinho Ti Casinha (von Loulé Richtung Barranco Velho, 3 km südlich von Querença), Tel. 089/438108; auf jeden Fall anmelden! Ein lebendes Museum: Die alte Wassermühle wurde instandgesetzt und mahlt das Korn für das selbstgebackene Brot der Maria de Jesus. Sie lädt zum traditionellen Essen – garantiert ohne Schnitzel und Pommes – auf der Veranda unter Nußbäumen.

Monchique
(Vorwahl 082)

Essen & Trinken
Foz do Banho an der Straße von Portimão nach Monchique, vor der Abzweigung in die Caldas. Schlicht, aber lecker, mit Blick in die Serra kann man hier, claro, *frango com piri-piri,* den Gockel mit dem scharfen roten Gewürz, fingern.

Unterkunft
Bica-Boa (vier Sterne, 2. Kat.), Estrada de Lisboa 266, 8550 Monchique, Tel. 912271, Fax 912360, Vier-Zimmer-kleine-Pension am Rand von Monchique.

Pensão Miradouro da Serra (zwei Sterne, 3. Kat.), Rua Combatantes do Ul-tramar, 8550 Monchique, Tel. 912163; einfache Pension im Ort.

Ferienhäuser, 100–140 Mark/Tag, Tel/Fax 082/913324, Mietzeit mindestens eine Woche, rechtzeitig anmelden. Es gibt Gäste, die vergessen auf der blumenumrankten Terrasse, zwischen Oliven- und Orangenbäumen und Blick bis zur Küste, daß sie eigentlich an den Strand fahren wollten. Kurz vor Monchique am Berg Picota gelegen, mit zwei oder drei Schlafzimmern, großem Wohnraum mit Kamin und Küche.

Wandern
Zwischen Terrassenfeldern und Korkeichen am Picota wandern Ines und Uwe Mo und Do von September bis Mitte Juni. Anmeldung: 911041.

DIE AUTORIN / DER FOTOGRAF

Kirsten Wulf, geboren 1963, reiste Anfang der achtziger Jahre zum ersten Mal nach Portugal. Und danach immer und immer wieder. Die Journalistin lebt in Hamburg und schreibt Reportagen für Zeitschriften (u. a. *Brigitte, mare, GeoSaison*) und Radiosender.

Bernhard Schurian, geboren 1962 in Rotenburg/Fulda, absolvierte 1986 die Münchner Fotoschule und hat seitdem als freischaffender Fotograf viele Länder bereist. Seine Reportagen und Fotoprojekte erschienen in Magazinen, Büchern und auf CD-ROMs. Seit 1994 lebt und arbeitet er in Berlin.

DANKSAGUNG

Dem portugiesischen Touristik- und Handelsbüro ICEP möchte ich für die Unterstützung bei der Recherche danken. Beijinhos an Jorginho und Herminio für die langjährige Überzeugungsarbeit zum Thema Porto, an Maria für diverse Abendessen mit Tejo-Blick und natürlich an Roman für seine wahrhaftig portugiesische Geduld.

BILDNACHWEIS

Bernhard Schurian 2/3, 4/5, 6, 8/9, 11, 13, 16/17, 21, 27, 30, 39, 44/45, 51, 54/55, 58/59, 61, 64/65, 69, 72/73, 76, 81, 82/83, 86/87, 90/91, 92/93, 95, 98/99, 102/103, 107, 109, 113, 116/117, 120, 125, 129, 132/133, 143, 144/145, 151, 155, 156/157, 164/165, 166/167, 169, 173, 180, 182/183, 187, 188/189, 194/195, 200, 205, 209, 210/211, 212/213, 216/217, 224/225, 230/231, 234/235
Kirsten Wulf 35

REGISTER

Die *kursiven Zahlen* verweisen auf den Infoteil.

PORTUGAL

N
0
50 km
ATLANTIK
Costa Verde
Costa de Prata
Vigo
Ponteáreas
Ourense
Ponferrada
Rio Minho
Tui
Valença
Monção
Melgaço
1373
Caminha
Ponte de Lima
Ponte de Barca
Rio Lima
1755
La Gudiña
Viana do Castelo
MINHO
Parque Nacional da Peneda-Gerês
Rio Cávedo
Verín
Chaves
Esposende
Barcelos
Braga
Venda Nova
Bragança
Rebordelo
1318
Póvoa de Varzim
Vila do Conde
Guimarães
Rio Tâmega
TRÁS OS MONTES
Valpaços
DOURO
Vila Pauca de Aguiar
Macedo de Cavaleiros
Amarante
1329
Vila Real
Mirandela
Porto
Vila Nova de Gaia
Penafiel
Mesão Frio
Pêso da Régua
Miranda do Douro
983
Espinho
Entre-os-Rios
Lamego
Rio Douro
Mogadouro
Zamora
Serra de Mogadouro
Torre de Moncorvo
Ovar
Oliveira de Azemeis
Vale de Cambra
1116
BEIRA ALTA
Castro Daire
Moimenta da Beira
Estarreja
Albergana-a-Velha
São Pedro do Sul
Barca de Alva
Aveiro
Ílhavo
Figueira de Castelo Rodrigo
Trancoso
Viseu
Mangualde
Salamanca
Mira
BEIRA
Cantanhede
Sta. Comba Dão
Rio Mondego
Nelas
Celorico da Bareira
Freixedas
Vilar Formoso
Fuentes de Oñoro
Tocha
Luso
Guarda
Seia
Figueira da Foz
Penacova
Estrela
Ciudad Rodrigo
Coimbra
LITORAL
1991
Belmonte
Rio Côa
Condeixa-a-Nova
Góis
Serra da
Covilhã
Sabugal
Monte Retondo
Pombal
Rio Zêzere
Fundão
Penamacor
Marinha Grande
Pontão
Cambas
Foz Giraldo
Vale de Prazeres
Leiria
BEIRA BAIXA
Medelim
Nazaré
Batalha
Sertã
Sarzedas
Termas de Monfortinho
Ilha Berlenga
Cabo
Alcobaça
Fátima
01
80
82
801
802